国家社科基金
GUOJIA SHEKE JIJIN HOUQI ZIZHU XIANGMU
后期资助项目

赵尔巽与清末奉天政局
（1905—1907）

Zhao Er-xun:
the Military Governor of Fengtian,1905-1907

李　皓　著

中华书局
ZHONGHUA BOOK COMPANY

图书在版编目(CIP)数据

赵尔巽与清末奉天政局:1905-1907/李皓著. —北京:中华书局,2019.11(2024.4重印)
(国家社科基金后期资助项目)
ISBN 978-7-101-14230-3

Ⅰ.赵… Ⅱ.李… Ⅲ.①沈阳-地方史-1905~1907②赵尔巽-生平事迹 Ⅳ.①K293.11②K827＝52

中国版本图书馆 CIP 数据核字(2019)第 241976 号

书　名	赵尔巽与清末奉天政局(1905-1907)
著　者	李　皓
丛 书 名	国家社科基金后期资助项目
责任编辑	王传龙
责任印制	陈丽娜
出版发行	中华书局
	(北京市丰台区太平桥西里38号　100073)
	http://www.zhbc.com.cn
	E-mail:zhbc@zhbc.com.cn
印　　刷	三河市中晟雅豪印务有限公司
版　　次	2019 年 11 月第 1 版
	2024 年 4 月第 2 次印刷
规　　格	开本/710×1000 毫米　1/16
	印张 18½　插页 2　字数 300 千字
国际书号	ISBN 978-7-101-14230-3
定　　价	68.00 元

国家社科基金后期资助项目出版说明

后期资助项目是国家社科基金设立的一类重要项目,旨在鼓励广大社科研究者潜心治学,支持基础研究多出优秀成果。它是经过严格评审,从接近完成的科研成果中遴选立项的。为扩大后期资助项目的影响,更好地推动学术发展,促进成果转化,全国哲学社会科学工作办公室按照"统一设计、统一标识、统一版式、形成系列"的总体要求,组织出版国家社科基金后期资助项目成果。

全国哲学社会科学工作办公室

目 录

绪　　论

一、研究缘起

日俄战争末期，盛京将军出缺，赵尔巽被调到几经兵燹的奉天地方主持战争善后，推行新政改革，从光绪三十一年（1905）四月初四日接任盛京将军到光绪三十三年（1907）五月初二日正式卸任，历时两载。[①]

作为清王朝的"龙兴之地"与陪都所在，东北不同于一般地方，地位颇为特殊。管理体制与内地省份亦多有不同，清廷划三个将军辖区，分设盛京、吉林、黑龙江三个将军驻守。出于维护其丰沛故地与战略后方的需要，清廷入主中原后，除在清初有短暂的移民招垦，绝大部分时间在此地实行封禁政策。尽管不断有关内移民流入，但是长时间的封禁，仍造成该处地广人稀，闭塞落后，转而成为强邻觊觎的目标。

甲午战争以降，东北亚地缘政治局势急剧变化。新晋殖民者日本迅速崛起，与俄国展开对中国东北与朝鲜的争夺，并最终诉诸武力。战争过后，东北地方的外力影响由沙俄一国独大遽变为两强分踞南北。两国对于未得权益依然虎视眈眈，使得外交事务异常棘手。对于清政府而言，消除积弊、改革地方以缓解危机，不仅是守护丰沛故地的需要，也是充实东北边防、维护主权的手段。这些事务，同样也是清政府日俄战争善后的内在需

---

① 赵尔巽（1844—1927），字公让，号次珊，别号无补，晚号无补老人，隶汉军正蓝旗籍（详见李皓：《赵尔巽籍贯与名号考辨》[《历史档案》2015 年第 1 期]）。生于道光二十四年（1844）五月二十三日，卒于民国十六年（1927）九月三日。同治十三年（1874）由进士选翰林院庶吉士，散馆授编修、改御史。后外放，历知府、道员、藩臬、巡抚、将军、总督，于各任职地方的发展，贡献良多，成为清廷颇为倚重的封疆大吏。入民国，历任东三省都督、奉天都督。民国元年（1912）十一月，辞官归隐青岛。旋接受袁世凯之邀出任清史馆馆长，为前朝修史，直至逝世。按：宣统三年（1911）三月二十二日，赵尔巽由四川调任东三省总督，再度主政"龙兴之地"，直至清廷覆亡。可见，从盛京将军到东三省总督，在清王朝统治的最后几年间，赵尔巽曾两度镇守东北边疆，均处于重要的历史时期。

求与重要内容。① 几经兵燹的奉天地方,疮痍满目、百废待举,内外交困,急需一位开明、干练的大吏留守陪都,负责战争善后事务。正是在这种情况下,赵尔巽以汉军留守陪都,出任位高权重的盛京将军。赵尔巽之膺斯任,更不可以例行任转视之。

或曰自鸦片战争以来,在反抗外敌入侵与镇压国内民众反抗过程中,曾经的八旗铁骑已经锐气不再,清政府早已完全依赖汉族官僚势力及地方武装维护其统治,因此,赵尔巽以汉军出任八旗驻防将军,似不足为奇。诚然如此。然而,终有清一代,全国13处(盛京、吉林、黑龙江、绥远城、江宁、福州、杭州、荆州、西安、宁夏、伊犁、成都、广州)八旗驻防将军,籍隶汉军确切可考者,不足十人。② 东北既是清王朝的"龙兴之地",又是其战略后方,三个将军身份地位特殊。而陪都所在的盛京将军辖区,③又与北部两个将军辖区不同,既是清王朝入关前的国都所在暨统治者先祖的长眠之所,又是东北的区域中心、清王朝大后方的枢纽。④ 故而,有清一代,地位尊崇。即使在清朝覆亡后的一定时期内,仍然享有某些方面的特权。惟其如此,历代帝王对该地区均极为关注。盛京将军代表皇帝镇守其祖宗发祥之地,保护关外一宫三陵,责任重大,不同于一般地方的八旗驻防长官。⑤ 故而

---

① 清政府的日俄战争善后,指的是为处理战争遗留问题、消除战争影响与维护国家主权,清政府所采取的各种相关举措。其中,既有事前的筹议、准备以及战中战后对受灾民众的赈抚,又有不断深入、扩大的内政改革整顿以及贯穿始终的外交斡旋,可以说是一项涉及政治、经济、军事、外交等诸方面的系统工程。笔者所言善后,主要是指以赵尔巽为中心的战争善后地方事务,主要包括战后对奉天内政的改革整顿以及维护国家主权的对外交涉。

② 详见张德泽:《清代国家机关考略》,学苑出版社2001年版,第234—235页。

③ 清末盛京将军辖区,包括今辽宁省(旧柳条边除外)及内蒙古呼伦贝尔、通辽各一部分,加之今吉林西部和东南部一带地方。东三省改制之前,盛京将军辖区并非行省体制,而是作为一种特殊的军府行政建置而存在。然而,时人往往称其为"奉天省",简称"奉省",在正式公文中亦不乏如是之称谓。之所以如此称呼,笔者以为其可能性原因如下:清朝入主中原后尊盛京(大概相当于辽宁沈阳)为陪都,并于此地设立地位相当于京师所在顺天府的京府治所,称为奉天府。于是,奉天府所在的盛京往往又被简称为"奉天"。与此同时,该处驻防大臣——盛京将军的名称几经变更,曾经称为"镇守奉天等处将军",所以,人们往往又将其辖区称为"奉天"。虽然清廷于盛京将军辖区建立特殊的行政体制并赋予不同于一般行省的政治地位,但也是作为省级行政单位存在的。时人为了区别盛京与盛京将军辖区,而称前者为"奉天",称后者为"奉天省",简称"奉省",清季行省改革之后,遂用此名称称呼这一区域。进入民国,依然沿用这一称谓。需要特别说明的是,为了行文方便暨与引文中的称谓保持一致,笔者亦采用这一约定俗成的说法。另外,文中所使用的地名,均依据清代行政区划沿用其名称。

④ 详见定宜庄:《清代八旗驻防研究》,辽宁民族出版社2003年版,第59—83页。

⑤ 一宫三陵指沈阳故宫(时称"留都宫殿"、"盛京宫阙"等)与清永陵、清福陵、清昭陵。

有清一代,该职守非比寻常。① 细数以往的盛京将军,无一例外地全部由满蒙贵族担任,其中不乏贝子、贝勒等天潢贵胄。终有清一代,赵尔巽是唯一以汉军充任者。

日俄战争及其和约虽然暂时调和了两国之争,重新划分了它们的侵略权益,但是,战争过后,两国继续觊觎更多的侵略权益而不断染指地方事务,最终形成了既竞争又合谋侵略东北的新格局。战后的奉天地方,内忧、外患并存,外交、内政交错,盛京将军面临着与以往不尽相同的新任务,既有繁杂的地方改革,又有急迫的善后赈济,更少不了棘手的交涉斡旋。清廷在如此危迫形势下的人事选择,更加彰显了对赵尔巽的欣赏与倚重。

在内外交困的窘境下,作为日俄战争善后事务地方主持者与奉天地方最高军政长官的赵尔巽,时刻面临着医治战争创伤,赈抚灾黎,因应强邻逼处,保卫主权,以及稳定政局,推动地方发展等诸多亟待解决而又十分棘手的问题。职是之故,稳定政局、发展地方、保卫主权,成为其主要施政目标。具体手段,一为新政改革,一为战争善后。莅任之后的赵尔巽不负重望,于兵燹之余的奉天省赈抚灾黎、推行新政,寓维护主权于地方改革整顿之中。奉天各政,或筚路蓝缕,或斟酌损益,均有不同程度的发展。于此,赵尔巽的贡献,实不可小觑。其内政外交各项举措,一定程度上消除了地方积弊,不仅迅速医治了战争创伤,使得屡遭兵燹的奉天地方各业得以恢复并得到发展,开创了东北边疆的新局面。而且,昔日保守颟顸的陪都官场,气象为之一新,为继起的东三省改制开辟了一个大好局面并奠定了坚实基础。处此特殊时地,赵尔巽的各项施政举措,无不折射着时代的变迁。

以战争善后地方主持者为中心的考察,可以基本厘清清政府的战争善后地方举措,更加深入认识战争对清末中国的影响。而从日俄战争善后的角度审视清末东北新政及其发轫阶段,不失为将相关研究推向深入的一个新视角。以奉天早期现代化改革政策制定者与执行者为中心考察这段历史,对于更加全面地考察清季奉天新政,以至整个东三省改制及边疆开发等问题,都具有极其重要的意义。将战争善后与新政改革有机整合,进行同构研究,不仅符合史实,而且有利于全面认识清政府对日俄两国战事的

---

① 在全国 13 个八旗驻防将军中,盛京将军所统辖的兵力最多,达 17,000 多人。详见张德泽:《清代国家机关考略》,学苑出版社 2001 年版,第 235 页。

应对举措以及对战争善后的处理,推进日俄战争相关研究。

二、研究现状

关于赵尔巽与日俄战争后的奉天,学界关注不多。与之相关的研究,从清末东北新政与清政府的"局外中立"两个方向展开。对于清末东北新政的研究,虽有一些成果涉及赵尔巽某些方面的改革整顿,但是主要集中在东三省改制暨首任东督徐世昌的改革而忽视了此前赵氏的开拓之功。对日俄战争的探讨,除了战事本身以及帝国主义的侵略及其破坏之外,研究成果往往集中于清政府的"局外中立",对于同期开始的战争善后,关注者寥寥无几。偶有涉及者,亦多集中于立宪一项,将日俄战争作为清末立宪的背景来分析,更少有研究者将本来关系十分密切的清政府日俄战争善后与清末东北新政联系起来。

根据研究视角与研究重心的不同,此前的研究成果可以从三个方面考察,即对赵尔巽本人的研究、清末新政有关内容以及日俄战争善后研究。

赵尔巽作为清末重臣、民国名流,国内外的研究者不乏其人。就国外而言,由于条件所限,笔者所见到的有关赵尔巽的研究成果十分有限。直接以赵尔巽为研究对象的,只有两篇简要介绍的文字,对于了解赵尔巽本人的自然状况以及生平事迹等方面具有参考价值。一为美国包华德主编的《民国名人传记辞典》中收录的"赵尔巽"词条,作者对赵尔巽的生平简要介绍之后,主要讲述了赵尔巽在东三省总督任内破坏东北辛亥革命以及辞去奉天都督后的活动等大概情况。尤其重点评述了赵尔巽通过卓绝的努力,坚持为前朝修史,最终成书的情形,并对《清史稿》进行了简单的评价。[1] 另一篇收录在美国勃德编纂的《中国近代名人图鉴》中。该条目以英汉对照的形式,简要介绍了赵尔巽的生平,所附的照片增加了历史人物的直观形象感。[2]

国内的相关研究,主要从两个方面展开:

其一,对赵尔巽本人及其社会关系与家世的研究。《赵尔巽家族与泰安》对赵氏家族进行了简要的介绍,着重就赵尔巽家族成员(包括其祖父、

---

① 〔美〕包华德:《民国名人传记辞典》第二分册,沈自敏译,中华书局1980年版。

② 〔美〕勃德:《中国近代名人图鉴》,张睿译,天一出版社1977年版。

父亲、赵尔巽本人及其妹夫、幼弟等人)与泰安的渊源关系展开了论述,对于了解赵尔巽的家族历史以及更好地认识赵尔巽本人,具有重要的参考价值;①《熊希龄与赵尔巽关系述论》主要通过讲述后者对前者的赏识与提拔,分析了赵尔巽对熊希龄发展的深远影响,展现了赵尔巽爱惜人才以及对青年才俊热情提携的一面;②《赵氏家族:老照片记载百年沧桑》则主要就赵尔巽胞弟赵尔丰及其家人进行了深入的阐述。③ 此外,清史编委会编的《清代人物传稿》中的《赵尔巽》一文扼要介绍了赵尔巽的生平,并以其在四川总督任内的几种主要行政举措为中心,对赵氏在各任内的施政事略进行了简要评述。④ 朱淑君的博士学位论文《赵尔巽与清末新政研究——基于制度史视野的考察》专门有一章叙述赵尔巽的家世及其宦途。⑤ 上述成果,主要是以赵尔巽为中心,针对其家族及其与同时代人的关系等有关问题所展开的研究,从多个侧面丰富了历史人物研究的内容,是更好地认识赵尔巽这一历史人物的重要参考。

其二,对赵尔巽在各地方任职的研究。由于受到国内学术发展的阶段性影响,这类研究实际上又包含了两种类型:第一种类型是在革命叙事框架之下,早期对赵尔巽在东三省总督任内种种作为的考察。研究成果以辛亥革命为中心,集中阐述赵尔巽在东三省总督任内与地方士绅相勾结,破坏东北立宪运动以及杀害革命志士、压制东北辛亥革命暨反对民主共和的反动行径。例如《赵尔巽与东三省辛亥革命活动》、⑥《赵尔巽在辛亥革命时期的政治行为》⑦等以赵尔巽对辛亥革命的态度、对地方革命的破坏活动及其影响等问题为重点研究内容,强调的是赵尔巽反对武昌起义,扼杀东北辛亥革命,作为封建卫道士的一面。与上述文章略有不同,同时期的

①　田承军:《赵尔巽家族与泰安》,《历史档案》2005年第2期。

②　张大伟:《熊希龄与赵尔巽关系述论》,《康定民族师范高等专科学校学报》2002年第4期。

③　王晓超:《赵氏家族:老照片记载百年沧桑》,《新华文摘》2002年第11期(原载《中华儿女》2002年第15期)。

④　迟云飞:《赵尔巽》,清史编委会:《清代人物传稿》下编,第7卷(本卷主编罗明、徐彻),辽宁人民出版社1993年版,第164—171页。

⑤　朱淑君:《赵尔巽与清末新政研究——基于制度史视野的考察》,博士学位论文,北京师范大学,2012年。

⑥　刘丽楣:《赵尔巽与东三省辛亥革命活动》,《历史档案》1986年第4期。

⑦　关捷:《赵尔巽在辛亥革命时期的政治行为》,《满族研究》1992年第1期。

《赵尔巽与辛亥革命前后的东北政局》一文,重点探讨了赵尔巽压制地方辛亥革命的种种举措对东北政局的长远影响。① 第二种类型,即在现代化史观影响之下,以清末新政为中心,对赵尔巽在各地方施政及其与当地发展、清末新政关系的研究。清末新政时期,赵尔巽于多个重镇担任地方最高军政长官。已有研究,主要围绕其在湖南巡抚、盛京将军、四川总督任内对地方发展的贡献展开:《赵尔巽与清末湖南新政》从整顿吏治、发展教育、倡办实业、改良社会风气等几个方面展现了赵尔巽对湖南地方发展的成就;②《赵尔巽与湖南近代教育的发展》则深入分析了湖南巡抚赵尔巽发展地方教育的举措及其巨大贡献;③《清末新政时期湖南官绅对书院改制政策的不同思考——以俞廉三、王先谦、赵尔巽的教育改革活动为例》以此间湖南官绅对书院改制政策所持的不同观点为考察对象,反映了他们对于教育改革的不同思考,肯定了赵尔巽建设学堂系统,推行新学教育的举措。④ 研究赵尔巽四川总督任内施政的文章,主要有《赵尔巽与四川清末新政中的经济改革》,简要分析了赵尔巽任四川总督期间,设立全省矿务总公司、成立成都商务总会、开展禁烟运动、组织川江轮船公司、筹办成都电话等事业对四川经济早期现代化进程的积极作用;⑤《从赵尔巽档案看清末四川禁烟》则主要根据中国第一历史档案馆收藏的"赵尔巽全宗档案",从禁种、禁贩、禁吸等方面对赵尔巽主政四川期间的具体禁烟措施加以梳理分析。⑥ 上述研究成果,考察了赵尔巽于湖南巡抚、四川总督任内的施政举措及其影响,不同程度地肯定了赵尔巽对任职地方近代转型的积极贡献。《赵尔巽与清末新政研究——基于制度史视野的考察》一文,通过赵尔巽主政奉天与四川两地的基层治理改革、治安控制改革、财政改革、边疆治理改革四个制度史意义的角度,解读赵尔巽在清末新政期间的政治改革实践,透视疆吏施政与制度变革之间的关系。与本书相关的内容涉及奉天的基层治理、治安控制模式、财政改革以及东北边疆治理变革,为解析赵尔巽的相关

---

①　李侃:《赵尔巽与辛亥革命前后的东北政局》,《历史档案》1991 年第 3 期。

②　阳信生:《赵尔巽与清末湖南新政》,《株洲师范高等专科学校学报》2006 年第 6 期。

③　阳信生:《赵尔巽与湖南近代教育的发展》,《船山学刊》2005 年第 2 期。

④　谢丰:《清末新政时期湖南官绅对书院改制政策的不同思考——以俞廉三、王先谦、赵尔巽的教育改革活动为例》,《湖南大学学报(社会科学版)》2006 年第 6 期。

⑤　杨勇玲:《赵尔巽与四川清末新政中的经济改革》,《商业文化(学术版)》2008 年第 12 期。

⑥　王克强:《从赵尔巽档案看清末四川禁烟》,《清史研究》2003 年第 2 期。

举措提供了一个新的认识视角。①

　　赵尔巽在盛京将军任内的各项施政,因涉及清末东北新政,受到清末新政暨东三省改制研究的推动,越来越引起学界的关注,成果日渐丰富。除了上述成果中涉及者之外,已有研究,或以赵尔巽为中心,或以清末东北新政为考察对象,针对赵尔巽奉天改革的多个侧面展开:

　　其一,财政改革。《赵尔巽对清末奉天省财政的整顿》主要运用辽宁省档案馆藏的"奉天省公署档",对其改革措施进行了初步解剖,从几个侧面展现了赵尔巽对奉天的财政改革。②《清末东北新政改革论——以赵尔巽主政东北时期的奉天财政改革为中心》则主要运用中国第一历史档案馆所藏的"赵尔巽全宗档案",对赵尔巽任内奉天的财政改革进行了比较全面的梳理,其主旨在于厘清赵尔巽在奉天所施行的财政改革之全貌,并由此折射清末东北新政改革之一般景象。③

　　其二,警政改革。《浅析盛京将军赵尔巽的奉天警务改革》以原始档案为主要参考资料,展现了赵尔巽在内外交困的窘境下,为维护地方社会治安和国家主权,对奉天警政进行的深入改革和整顿,对改革手段及其影响给予了充分肯定,指出赵尔巽的改革不但推动了奉天警政现代化的全面启动,而且为其他新政的推行提供了相对良好的社会环境。此外,赵氏还将振兴警政作为抵御日本侵蚀中国地方权利的一种手段,在改革中寓兵于警,为奉天地方新式军队的编练奠定了基础。④

　　其三,教育改革。《赵尔巽与奉天新式教育的崛起》通过梳理赵尔巽的兴学举措及其成果,肯定了赵尔巽改革教育的积极态度及其对于奉天新式教育崛起的积极作用,并予以极高的评价,称其为"'奉天教育近代化的推进者'和奠基人"。⑤《赵尔巽与清末东北学务变革》则在简略分析赵氏兴学举措的基础上,肯定了赵尔巽对东北学务变革的积极作用,并总结了相

　　①　朱淑君:《赵尔巽与清末新政研究——基于制度史视野的考察》,博士学位论文,北京师范大学,2012 年。

　　②　余阳:《赵尔巽对清末奉天省财政的整顿》,《满族研究》1992 年第 4 期。

　　③　高月:《清末东北新政改革论——以赵尔巽主政东北时期的奉天财政改革为中心》,《中国边疆史地研究》2006 年第 4 期。

　　④　李皓:《浅析盛京将军赵尔巽的奉天警务改革》,《社会科学辑刊》2008 年第 6 期。

　　⑤　李皓:《赵尔巽与奉天新式教育的崛起》,《历史档案》2009 年第 2 期。

关举措的利弊得失。①

　　其四,行政改革。《清末新政期间东北边疆的政治改革》②与《清代东北的军府建置》③主要分析了清代东北军府设置的原因、主要职掌及其历史作用。《清代东北地方行政制度研究》系统梳理了清代东北地方行政制度的变迁,相关部分侧重于对东三省行政改革的整体研究,对于全面改制前赵尔巽的行政改革关注较少。④《清代盛京将军与陪都机构权力关系的演变》就清代盛京将军与陪都机构权力关系的演变进行了梳理,侧重分析了清廷对奉天旗民二元管理体系的调整,对赵尔巽的相关改革虽有涉及,但尚不够深入。⑤ 此外,一些研究边疆史地的专著,对该问题亦有所研究。⑥ 一些清末东北新政与边疆史的研究成果,例如:《清末东三省改制的背景》、⑦《清末东北新政研究》、⑧《清末东北新政研究——近代中国民族国家构建视野下的疆域统合》⑨等,对赵尔巽的行政改革亦有程度不同的涉及,为该问题的研究提供了更加广阔的思路与视野。已有的研究,对赵尔巽在奉天的行政改革或少有涉及,或不够全面深入。

　　其五,经济改革。关于清季东北农业等项经济的发展的研究,已经有很多成果问世,《清末辽宁地区农业经济的近代化》、⑩《论东北农业近代化》、⑪《近代东北农业历史的变迁:1860—1945 年》⑫等专题论文、论著,以清末奉天以及东北农业在近代的发展转型为中心,考察了当地农业的发展

---

① 黄晓通:《赵尔巽与清末东北学务变革》,《兰台世界》2011 年第 5 期。
② 赵云田:《清末新政期间东北边疆的政治改革》,《中国边疆史地研究》2002 年第 3 期。
③ 赵云田:《清代东北的军府建置》,《清史研究》1992 年第 2 期。
④ 任玉雪:《清代东北地方行政制度研究》,博士学位论文,复旦大学,2003 年。
⑤ 孟繁勇:《清代盛京将军与陪都机构权力关系的演变》,《社会科学辑刊》2009 年第 3 期。
⑥ 如赵云田:《中国治边机构史》,中国藏学出版社 2002 年版;马汝珩、马大正:《清代边疆开发研究》,中国社会科学出版社 1990 年版;马汝珩、马大正:《清代的边疆政策》,中国社会科学出版社 1994 年版;马大正:《中国东北边疆研究》,中国社会科学出版社 2003 年版;等等。
⑦ 赵中孚:《清末东三省改制的背景》,《中研院近代史研究所集刊》第 5 期(1976 年)。
⑧ 郭艳波:《清末东北新政研究》,博士学位论文,吉林大学,2007 年。
⑨ 高月:《清末东北新政研究——近代中国民族国家构建视野下的疆域统合》,博士学位论文,中国社会科学院研究生院,2011 年。
⑩ 衣保中:《清末辽宁地区农业经济的近代化》,《辽宁师范大学学报(社会科学版)》1988 年第 2 期。
⑪ 衣保中、吴祖鲲:《论东北农业近代化》,《社会科学战线》1997 年第 1 期。
⑫ 于春英、衣保中:《近代东北农业历史的变迁:1860—1945 年》,吉林大学出版社 2009 年版。

变迁。此外,《论清末东北经济区的形成》、①《清代东北地区经济史》②等以近代东北经济为对象的研究,也不可避免地要涉及清季奉天经济的发展变化暨赵尔巽的相关改革。

　　长期以来,人们说到赵尔巽在东北之作为,多言其在东三省总督任内纵横捭阖,压制、破坏东北辛亥革命的反动行径,而忽视了此前其留守陪都期间的治绩。这样的认识,不免有失公允,从而影响到对历史人物的客观评价,不利于历史研究的良性发展。而谈及清末东北新政,学界言必称徐世昌改制。然而,"稽考史实,在东北地区首倡'新政',开通风气的却不是徐世昌而是赵尔巽"。③ 早在徐氏改制之前,赵尔巽的各项举措,实际上已经开始了新政的脚步,且各个方面均取得了不俗的成绩。其各项工作,对于消除积弊、推动地方的近代转型具有重要作用。赵尔巽的改革举措在清季东三省新政改革的发轫阶段不但为其开辟了一个良好的局面,而且为徐世昌督东期间各项改革的深入发展奠定了坚实基础。近年来,在清末新政研究的推动下,这种状况有所转变,已有很多成果或专题论述或涉及赵尔巽在盛京将军任内的改革。但是,已有的研究大多仅仅从新政改革本身出发,并未从日俄战争善后的视角来审视日俄战争后的东北新政改革,对东北新政的这一大背景很少涉及。此就赵尔巽在清末东北新政改革过程中的地位与作用言之,已有的研究尚与事实相去较远,需要深入探究。

　　就日俄战争而言,除了为数不多的以战事为中心的成果④之外,学界的研究主要围绕着战争影响以及清政府对战争的反应展开。关于日俄战争的影响,主要成果有《日俄战争对近代中韩关系的影响》、⑤《试论日俄战争对清末政治的影响》、⑥《日俄战争中日俄军队在中国东北的暴行研究》、⑦《日俄战争给东北人民带来的灾难》⑧等,上述论文或就日俄战争对

①　衣保中:《论清末东北经济区的形成》,《长白学刊》2001 年第 5 期。
②　孔经纬:《清代东北地区经济史》,黑龙江人民出版社 1990 年版。
③　李侃:《赵尔巽与辛亥革命前后的东北政局》,《历史档案》1991 年第 3 期,第 111 页。
④　陈功甫:《日俄战争史》,商务印书馆 1934 年版;穆景元、毛敏修、白俊山:《日俄战争史》,辽宁大学出版社 1993 年版;刘志超、关捷:《争夺与国难:甲辰日俄战争》,辽海出版社 1999 年版。
⑤　权赫秀:《日俄战争对近代中韩关系的影响》,《近代史研究》2005 年第 6 期。
⑥　郑华、王芳:《试论日俄战争对清末政治的影响》,《北方论丛》1998 年第 6 期。
⑦　闫冬:《日俄战争中日俄军队在中国东北的暴行研究》,硕士学位论文,东北师范大学,2007 年。
⑧　王金梅、董慧云、刘学:《日俄战争给东北人民带来的灾难》,《兰台世界》2004 年第 11 期。

近代中韩国际关系、对清末政治产生的深远影响进行了分析,或就日俄战争给战区带来的灾难性后果进行揭露。随着研究的逐步推进,清政府对战争的反应日益成为国内研究日俄战争的一个重要方向。已有研究成果,主要围绕着以下两个方面展开:

其一,清政府的"局外中立"。对这一政策的研究,实际上要从两个方面来考察:一是总体研究。《日俄战争中清政府的局外中立与列强态度》、①《日俄战争期间清政府"中立"问题研究》、②《日俄战争期间清政府中立政策研究》、③《日俄战争中清政府的"局外中立"》、④《试论日俄战争时期清政府的外交政策》⑤等成果,从不同的角度考察了清政府的"局外中立"政策。研究者对这一问题的认识渐趋理性,对于清政府的这一反应,多持理解与认可的态度;一是对相关具体问题的探讨。一些学者考察了战争期间清政府围绕中立政策就一些具体问题展开的对外交涉,如《日俄战争时期的上海外交》主要分析了清政府"局外中立"政策在上海地区的贯彻以及为此展开的交涉,肯定了当时清政府的外交政策符合中国利益。⑥《日俄战争期间中日两国围绕海上中立权的交涉》则在综合分析战争期间围绕海上中立权交涉的四个案例基础上指出,日本在具体事件的处理上我行我素,肆意侵犯中国中立权。清政府通过外交手段对日本违反国际法、侵犯中国主权的行为给予了坚决抗议,并采取了一定措施尽力维护自身权益。⑦

其二,战中与战后清政府的应对举措。关于清政府对两国战和局势的应对问题,国内外的研究成果颇为丰富。美国学者迈克尔·休斯敦·亨特的专著 Frontier Defense and the Open Door: Manchuria in Chinese American Relations,1895－1911 以日俄战争后清政府在东北引进美国势力与日俄抗衡为中心,全面分析了清政府所采取的加强边防以及门户开放

---

　　① 周厚清:《日俄战争中清政府的局外中立与列强态度》,《惠州大学学报(社会科学版)》2000 年第 3 期。

　　② 喻大华:《日俄战争期间清政府"中立"问题研究》,《文史哲》2005 年第 2 期。

　　③ 杨国栋:《日俄战争期间清政府中立政策研究》,硕士学位论文,东北师范大学,2005 年。

　　④ 赵金金:《日俄战争中清政府的"局外中立"》,《牡丹江教育学院学报》2007 年第 2 期。

　　⑤ 孙昉:《试论日俄战争时期清政府的外交政策》,《烟台大学学报(哲学社会科学版)》2007 年第 2 期。

　　⑥ 崔志海:《日俄战争时期的上海外交》,《史林》2005 年第 2 期。

　　⑦ 王刚:《日俄战争期间中日两国围绕海上中立权的交涉》,《郑州大学学报(哲学社会科学版)》2008 年第 2 期。

政策,对于从总体上把握清政府的战争善后具有重要的参考价值。① 日本学者江夏由树的专著*Banner Legacy: The Rise of the Fengtian Local Elite at the End of the Qing* 尽管以清朝最后十年间奉天汉军精英的崛起为主要研究内容,但是由于汉军赵尔巽日俄战争后留守陪都,也不可避免地要涉及日俄战争善后相关内容,为我们认识清政府的善后举措及其影响,提供了一个全新的视角。② 国内,王刚的专著《清末中日关系研究:以日俄战争时期的中日交涉为中心》借助日文资料,围绕日俄战争期间中日两国的交涉,系统分析了日俄战争爆发后中国的反应、中国对日本的态度及秘密援助、日本对中国的侵略以及清政府准备战争善后及相关谈判等内容。 此外,该专著还利用日文资料简要分析了日本对于日俄战后的筹划,为我们展现了敌对方对这场战争善后的应对。③ 其余成果主要为论文:《日俄战争后的中日东三省电信交涉》考察了日俄战争后清政府就收回"南满"铁路附属地外的电信利权、烟台至大连海底电信线的经营管理、中韩边境接线等问题与日本展开的交涉及其结果。④《日俄战争时期中日关于东北矿产资源的交涉研究》、⑤《日俄战争后东北地方官反对日本掠夺路矿利权的抗争》⑥侧重分析了日俄战争时期中日就东北地区矿产资源的交涉情况,揭露了日本对中国路矿资源的大肆掠夺,肯定了清政府维护权利的斗争。《日俄战争后的清廷东北防务》则侧重分析了战争过后清廷部臣和地方督抚旨在缓解"龙兴之地"内外交困的危机局面、恢复其日益削弱的实际统治权、加强东北防务的政治、经济、军事等方面的种种努力暨系列措施,肯定了他们的努力及其积极作用。⑦《日俄战争后清政府在满洲的外交政策及其失败》则考察了清政府战争善后中的积极举措,即为了应对危急局势,采

————————————

①　Michael Houston Hunt, *Frontier Defense and the Open Door: Manchuria in Chinese American Relations*, 1895—1911, New Haven and London, Yale University Press, 1973.

②　Yoshiki Enatsu, *Banner Legacy: The Rise of the Fengtian Local Elite at the End of the Qing*, Ann Arbor, Michigan, Center for Chinese Studies, The University of Michigan, 2004.

③　王刚:《清末中日关系研究:以日俄战争时期的中日交涉为中心》,知识产权出版社 2016 年版。

④　薛轶群:《日俄战争后的中日东三省电信交涉》,《近代史研究》2018 年第 1 期。

⑤　金凤:《日俄战争期间中日关于东北矿产资源的交涉研究》,硕士学位论文,辽宁大学, 2011 年。

⑥　马永山:《日俄战争后东北地方官反对日本掠夺路矿利权的抗争》,《史学集刊》1998 年第 4 期。

⑦　康沛竹:《日俄战争后的清廷东北防务》,《近代史研究》1989 年第 3 期。

取了引进欧美资本以牵制日俄的政策,试图通过外交维护国家主权。[①] 此外,也有研究者注意到了普通民众对日俄战争的态度,如《试论日俄战争时期中国普通民众的心态》分析了作为中国社会底层的普通民众面对外敌入侵,爱国与麻木的两极反应及其原因。[②]

可见,已有的成果,多集中在战争爆发背景的分析、具体战争经过的考证以及战争给中国造成的灾难等方面的考察,尤其对战争后果进行了较为深入的研究,而对清政府的日俄战争善后相关问题,涉及不多。对于赵尔巽在清政府日俄战争善后中的作用,除《赵尔巽与清政府日俄战争善后》之外,鲜有提及。[③]

第二次鸦片战争以来,东北地区日益成为列强争夺的重要目标。特别是中日甲午战争以后,日本的侵略势力急剧膨胀,威胁到了俄国在东北亚的殖民利益。双方剑拔弩张,对朝鲜以及中国东北的争夺愈益白热化。最终,两强兵戎相见,在中国的领土上动用武力来解决侵略中的利益争端。战事本身及其结果,不论是对于近代中国,还是对于东北亚国际关系格局,抑或对于世界历史进程而言,均产生了深远影响,因而备受瞩目。战争的争夺目标与主要战场所在地(今辽沈地区及其沿海,当时隶属盛京将军辖区)主权均为中国所有,将这场战争与中国紧密联系起来。无论结果如何,作为此役的既定受害者,清政府的境遇已然雪上加霜。战争中,战线内外主权半失,民不聊生。光绪三十一年(1905)下半年,日俄战事尘埃落定,新兴的殖民强国日本战胜了昔日的欧洲宪兵沙俄,重新划分了日俄两国在东北的侵略权益:俄国势力迅速收缩到长春以北地区,日本不但控制了长春以南的东北地区,而且为进一步侵略整个东北奠定了基础。作为争夺目标与战场所在地的奉天,也是清政府处理日俄战争善后事务的地方行政单元。而身为奉天地方最高军政长官的赵尔巽,当然不能厕身事外,直接或间接参与了很多战争善后事务的决策与处理:一方面,他大量地参与了战后与日俄两国——尤其是与日本的交涉工作,积极维护国家主权;另一方面,赵尔巽实际主持了日俄战争善后地方事务,除赈济难民之外,为稳定地方政局、维护主权所推行的各项改革整顿不但有效地稳定了战后政局,而

① 张同侠:《日俄战争后清政府在满洲的外交政策及其失败》,《宜宾学院学报》2006 年第 5 期。
② 彭法:《试论日俄战争时期中国普通民众的心态》,《兰州学刊》2007 年第 1 期。
③ 李皓:《赵尔巽与清政府日俄战争善后》,《社会科学辑刊》2016 年第 1 期。

且有力地推动了清季奉天各项事业的近代转型。

综上所述,目前对赵尔巽盛京将军任内施政的相关研究,多从清末新政的视角出发,将重点集中在财政、警政、教育、行政等方面的改革活动,均在一定程度上肯定了赵尔巽的改革举措及其积极意义。而对各项举措出台的背景及其影响等相关问题的探讨则略显不足,尤其是对同期推行的战争善后关注不够。不但很少有人将这些改革整顿与清政府日俄战争善后联系起来,而且对于赈济灾民以及对战争遗留问题的处理等战争善后举措,亦很少涉及。笔者以为,理清这些问题,有利于客观认识清政府对日俄战争的态度、应对举措及其深远影响。除此之外,要深入研究清末东北新政,也需要从日俄战争善后的视角出发,深化对这些问题的探讨。

三、研究方案

本研究以光绪三十一年(1905)至三十三年(1907)赵尔巽留守陪都期间各项施政为中心,考察其稳定战后奉天政局、推动地方发展的种种举措,同构解析清政府的日俄战争善后以及清末奉天新政改革暨其间关系,在此基础上探析赵尔巽与日俄战争后的奉天之关系。

第一,研究路线。本研究旨在总结梳理赵尔巽在盛京将军任内改革地方与处理战争善后的内政外交举措——面对积弊甚深的陪都各政,赵尔巽采取了哪些举措来消除积弊,推动地方发展;面对日俄战争后千疮百孔的烂摊子,又有哪些内外各政来处理战争善后事务、抵御强邻侵夺,在稳定奉天政局的同时推动地方发展。这是研究的两条基本路线。在此基础上,分析、探讨赵尔巽留守陪都期间的种种内政外交举措对清季奉天乃至东北地区的深远影响。

第二,在研究资料上,主要采用原始档案与其他文献资料互补互证。本研究主要资料来源,是中国第一历史档案馆藏的"赵尔巽全宗档案"以及辽宁省档案馆藏的"盛京军督部堂档"、"奉天省长公署全宗"、"奉天交涉局档案"等档案资料。这些原始档案为研究提供权威资料,呈现历史真相的同时,也存在着一定的局限,即解析这些原始档案所获得的历史信息往往是零散的碎片,影响对于事件发展逻辑的客观判断,不利于全面地还原历史事实。

　　要客观准确地重构史实,还需要借助其他史料:其一,报刊资料。近代以来,报刊在中国大量出现,为近现代史研究提供了一份独到的珍贵资料。时至清末,大多省级行政单位都有了地方性的报纸,东北的《满洲日报》、《盛京时报》等日人所办报纸,对地方事务进行了大量的报道。同时,日俄战争是具有世界影响的重大时事,加之战场所在地的特殊地位使得战中战后的东北地方也成为各大媒体关注的焦点。因此,其他地方的报刊,如上海的《申报》与《东方杂志》、天津的《大公报》、北京的《顺天时报》等对日俄战争形势、两国对中国的争夺、赵尔巽的行政举措以及战后的奉天地方情况等等,亦多有报道。作为原始档案的有益的补充,报刊具有独到的作用。一方面,报纸新闻的时效性决定了这些报道所传递信息的及时性,能够为还原相关历史事件的发展脉络提供必要的线索。对相关报刊内容的爬梳剔抉,能够为相关问题的研究提供重要的线索,原始档案与报刊报道,二者互补、互证,有助于使得本来散乱的信息碎片形成完整的逻辑链条,有利于客观真实地重建史实。反过来,报纸报道的严谨性稍差,在具体内容上大多只言片语、语焉不详,或时间、地点、人物、事件经过等道听途说,不够准确,所报道事件的详细情节与较为可靠的记录,往往需要从原始档案中寻找答案。正因为报刊文献的这一缺陷,需要研究者在运用时特别留意甄别、考辨,因此离不开相关原始档案的支撑。这也正是这种资料的局限所在。另一方面,报刊报道一定程度上保留了一些重要的历史细节,能够有效补充原始档案之不足。因为档案所载内容多为原始文件,由于种种原因,多有散佚者。因而,现存相关档案并非当时的全部行政文件遗存。而同时期的一些报刊,如《东方杂志》、《大陆报》等通常辟有"谕旨"、"纪事"、"内务"、"实业"、"教育"等栏目,对清政府的内政、外交等重大时事进行记述。其中不乏奏牍等重要的历史文件,能够在一定程度上补充原始档案的缺失。此外,报刊报道往往集中体现了社会的反响,对这些报道的考察利用,有利于辩证认识原始档案中的记述;其二,其他文献资料。原始档案与报刊资料虽然保留了一些历史事件的发展脉络,然而反映的往往是最终结果。对于事件的决策过程以及个人情感等其他因素在事件发展中的作用,则往往难以体现。因此,对一些历史事件的详细考察,需要借助相关参与者与时人的日记、书信等有利于体味其真情实感的文献资料。而对于一些地方性事件历史细节的发微,则离不开相关方志的记载。

第三,具体研究中,以史学方法为主体,同时借鉴社会学、政治学以及管理学等相关学科的理论、方法,以充分占有和认真解读资料为前提,从清末新政与战争善后两个方面同构解析此间赵尔巽的内政、外交举措,以期以小见大,全景勾画清政府的日俄战争善后内政外交举措以及对奉天地方的改革整顿暨其影响:其一,对战争善后以及新政改革各项举措的重构,需要牢牢把握历史学实证研究的基本方法,主要利用始档案文献以及相关事件参与者的个人文集,辅以东北三省相关地方志记述、国内外报刊相关报道、评论等文献资料。采用多源文献互补互证、比勘研究的方法,在考察分析史料过程中,重视考察文献的出处与相关责任者的关系,详细体察当时的历史情境,对材料进行科学分析与合理取舍。从内政与外交两个方面着手,在综合解读、分析各种史料的基础上,梳理、重构赵尔巽的内外举措,考察其实施效果。其二,对战争善后及新政改革的认识与评价,需要在东北亚国际关系新格局的大背景下从战争善后与东北新政两个不同视角,借鉴政治学、社会学、统计学的观点方法多角度审视这些举措,解析清末主权意识、国防观念、社会保障、外交工作等方面的转型与进步,探讨特殊时地之下战争善后与新政改革的关系及其深远影响。

第四,具体研究内容,以日俄战争及清政府的战争善后为大背景,从赵尔巽的个人因素与日俄战争善后地方需要的视角,考察、解读清廷以赵尔巽为盛京将军这一人事任命举措。根据赵尔巽在盛京地方各项工作的重要程度及其影响大小,结合现有材料,主要截取行政、财政金融、经济、文化教育、外交等有机联系的几个侧面,从清末新政与日俄战争善后两个方向考察赵尔巽的各项相关举措暨其深远影响以及新政与善后的互动,最终呈现赵尔巽与日俄战后奉天的关系。

本研究的创新之处主要体现在三个方面:

其一,深化历史人物研究,还原历史本来面目。前已言及,日俄战争后,赵尔巽于危难之际留守陪都,对于地方的发展转型贡献良多,影响深远。然而,以往谈及这一历史人物,多数人的止步于其在东三省总督任内破坏革命、反对共和,作为清朝遗老的反面形象。本研究拟运用"赵尔巽全宗档案"、"盛京军督部堂档"等为主要参考资料重建历史事实。在此基础上,利用其他学科理论解构此间赵尔巽稳定政局、发展地方的种种举措及其成就,力求在重建史实的基础上,还原赵氏对清政府日俄战争善后的贡献暨其对清末东北新政的筚路蓝缕之功,拓展对历史人物的认知。

其二,拓展清末新政的研究视角,推进东北新政研究。以往谈及东北新政,首推徐世昌的改制及其各项改革。事实上,早在徐氏督东之前,赵尔巽的各项举措已经拉开了改革的序幕,并为继起的改革开辟了一个良好局面,为东三省改制奠定了基础。就清末新政改革的目的而言,已有研究多从挽救清朝统治危机的角度展开,但是这种认识,并不能完全概括清末东北新政之目的。其实,面对日俄战争后的百废待兴局面,赵尔巽推行的各项改革整顿,很大程度上也是为了满足战争善后的需要。而且,很多改革本身,也是战争善后举措。诚然,不可否认的是,其终极目标仍是为了维护清政府的统治。但同样不可否认的是,这些举措既是战争善后的当务之急,也是维护主权的重要手段,而并非仅仅出于维护清政府统治之唯一目的。本研究在以往成果的基础上,从日俄战争后稳定奉天政局、推动地方发展以及收回主权等角度,解构赵尔巽留守陪都期间的各项内外举措,以期从全新的视角认识赵尔巽的改革整顿及其与日俄战争后奉天的关系,更加客观地展现清末新政的全息图景。

其三,清政府日俄战争善后研究。作为世界近代历史上的重大事件,日俄战争不仅改变了两国在东北亚地区的争夺态势,也在一定程度上影响了世界历史的发展进程。对相关第三方中国而言,战争本身及其结果的影响更为深远。以往相关研究,多侧重两国战事本身及其对中国的侵略暨清政府的反应——"局外中立"。本研究则以赵尔巽为中心考察清政府的善后举措,厘清战争过后清政府为消除战争影响与巩固边防、摆脱边疆危机在奉天采取的相关举措,力求客观解读其深远影响。

第一章　日俄战争与晚清中国

日俄战争是日本和沙皇俄国为争夺对朝鲜和中国东北的控制权,主要以盛京将军辖区(奉天)为陆上战场,以渤海、黄海以及对马海峡为海上战场展开的一场侵略战争。战事从光绪二十九年(1903)十二月二十三日日本驱逐舰偷袭旅顺港俄舰到光绪三十一年(1905)七月初一日日军攻占库页岛暨俄军投降,历时一年半时间,以俄国的彻底失败宣告结束。八月初三日,双方签署停战议定书,初七日,俄日两国谈判代表维特和小村寿太郎等在《朴次茅斯和约》上签字。① 这场战争,无论对交战双方以及相关第三方的未来发展,还是对东北亚国际关系乃至整个世界历史进程都产生了广泛而深远的影响。

第一节　日俄的争夺——战争爆发前的东北亚

自从西方列强踏海而来叩开了古老中国的大门之后,北面邻国沙俄即更加觊觎中国的领土,从东北、西北两个方向不断蚕食中国北部边疆。早期与中国有类似遭遇的日本,通过明治维新逐渐摆脱了民族危机而跻身亚洲强国之列。在国力迅速增强的同时,从光绪二十年(1894)起,日本开始与欧美列强进行交涉,展开修约运动。与此同时,开始走上对外侵略扩张的道路,矛头直指西部隔海相望的中国与朝鲜。相同的侵略目标使得日俄两国形成竞争态势,继而产生矛盾。"日俄矛盾的交汇点在朝鲜和中国东北:沙俄欲由朝鲜而南下,称霸东亚;日本欲取朝鲜北上,征服大陆。两国在地理上的接近及其所觊觎的对象的重叠性,预示着双方在朝鲜和中国东北迎面相撞的一天终将来到。"② 出于整体战略利益的考虑,英、美等国尤

---

① 中国社会科学院近代史研究所:《沙俄侵华史》第4卷上,中国社会科学出版社2007年版,第328页。

② 中国社会科学院近代史研究所:《沙俄侵华史》第4卷上,中国社会科学出版社2007年版,第2页。

其是英国,同样极为关注东北地方并觊觎侵略权益。但是,争夺中国东北的各国,尤以占据地利优势的日俄两国,矛盾最为突出与激烈,两国同时向朝鲜和中国东北展开了紧锣密鼓的侵略扩张。中日甲午战罢,俄国强势干涉,迫使日本"退还"已经割让的辽东半岛,二者对中国东北的争夺日趋激烈。庚子以后,日俄两国的扩张暨其对邻国侵略权益的争夺与角逐,构成了此后一段时期内东北亚国际关系格局的一项主要内容,最终导致两国在中国领土上兵戎相见。

一、中日甲午战争与三国干涉还辽

"中日甲午战争,是近代日本正式侵略中国的开始",[①]孰料,中国满盘皆输。不仅陆上防军节节败退,而且号称亚洲第一、风光一时的北洋舰队亦全军覆没。屡败于欧洲列强的中国,复竟完败于迅速崛起的"蕞尔小邦",被迫签订丧权侮国的《马关条约》。除巨额赔款之外,日本不仅强迫中国废除《中日修好条规》和《通商章程》,以中国与欧洲各国现行条约为本,另订新约,在中国建立一个完整的不平等条约体系,还强迫中国承认朝鲜独立,将台湾、澎湖列岛、辽东半岛割让给日本。《马关条约》的签订,使中国陷入亡国灭种的严重危机,而从士气与实力上助长了日本的侵略野心。

作为日本推行大陆政策而发动的第一次大规模的侵略战争,中日甲午战争及其结果极大地改变了东北亚国际关系格局,地缘局势发生了巨大变化:其一,日本崛起,一跃而为东亚强国。中国的赔款,成为其《(明治二十九年—三十八年度)十年计划》扩充军备的主要经费来源,充实了日本进一步侵略东北、与俄国竞争的侵略实力。其二,俄国借口还辽有功,加强对清政府的控制,大力向中国东北、朝鲜扩张。几年间,不仅取得远东不冻港旅顺口、大连湾,又铺设了东清铁路南满支线,几乎使整个东北沦为其势力范围。同时,从政治上控制了朝鲜。其三,日俄矛盾迅速激化。沙俄强劲的扩张势头,与日本的侵略利益发生激烈冲突。日俄矛盾的加剧,最终导致两国兵戎相见。其四,清朝进一步衰落,国际地位急剧下降。中日甲午战争结果及三国干涉还辽,引起列强加紧对中国的侵略、掠夺,很快掀起瓜分

---

① 王芸生:《六十年来中国与日本》第2卷,生活·读书·新知三联书店2005年版,第1页。

中国的狂潮,给中华民族带来空前严重的民族危机。①

日本强劲的北上势头与俄国的南下战略发生了激烈的冲突,引起后者不满,遂拉上其盟友德法两国一起强迫日本将刚刚割取的辽东半岛归还中国,日俄矛盾进一步激化。两国的矛盾,由来已久。沙俄从清政府手中夺取黑龙江以北之土地后,其人民至库页岛者日多,不免与日本居民时起冲突。光绪元年(1875),两国定议以千岛归日,库页岛归俄。然其时二岛尚欠开发,两国并未予以足够重视。光绪十七年(1891),西起莫斯科东到海参崴,被俄国视为"脊柱"的西伯利亚大铁路开始动工。该铁路的修建,改变了日俄两国在该地的势力格局,加强了俄国对远东地区的控制。此后,"二国之势力,相遇于朝鲜及满洲,及中日战事起,而暗斗遂以益烈"。② 战后,日本割让辽东半岛之举,阻遏了俄国南下获取太平洋沿岸通道的夙愿。"俄以日占辽东,有害东洋和平,遂联德法二国,为实际之干涉。"③经历甲午之战而国库空虚的日本政府面对三国之强大压力,别无长策,惟有向其让步。俄国主导的"三国干涉还辽",不仅开启了其侵华的新起点,而且拉开了列强瓜分中国的序幕。于中国的恶劣影响,自不待言。

就两国关系而言,此举无疑大大激化了二者的争夺与矛盾。作为俄国主持还辽之功的回报,清政府派李鸿章赴俄参加俄皇加冕典礼,同时签订《御敌互相援助条约》,即《中俄密约》。该同盟条约规定:如遇日本侵犯俄国亚洲东部或中国、朝鲜领土时,中俄两国共同出兵并互相接济军火、粮食。开战时,俄国军舰可驶入中国所有港口;允许俄国在黑龙江、吉林两省修筑铁路直达海参崴,无论平日战时,俄国均可借此运送兵员或军需。揆诸内容,中国实对此同盟承担了更多的义务,由此形成对中国颇多权益之侵犯,造成了极其严重的后果。有学者认为,密约之缔结,"既种满洲问题之祸胎,更引起列强之剧烈角逐。庚子事变、日俄战争,以至欧洲大战,均此一线绵延之牵连"。④ 清政府为拒前门之虎,而后门进狼。随后,沙俄借此强筑中东铁路(哈尔滨西至满洲里,东至绥芬河,南至大连的铁路线),获得了使西伯利亚大铁路穿过中国领土直达海参崴的特权。并以德国占据

---

① 沈予:《日本大陆政策史(1868—1945)》,社会科学文献出版社 2005 年版,第 110—117 页。
② 陈功甫:《日俄战争史》,商务印书馆 1934 年版,第 6 页。
③ 陈功甫:《日俄战争史》,商务印书馆 1934 年版,第 7 页。
④ 王芸生:《六十年来中国与日本》第 3 卷,生活·读书·新知三联书店 2005 年版,第 3 页。

胶州湾为契机,借口履行密约,防御他国需要,派其太平洋舰队南下,占据旅顺、大连。提出租借旅大,建筑东清支路以接大连之要求。光绪二十四年(1898)三月初六日,签订《中俄旅大租地条约》(原称为《中俄会订条约》,又称为《中俄条约》)。通过该约,俄国强租旅大,在辽东半岛南端建立了海军基地,并通过中东铁路与南满支线把这个远离俄国本土的军港同俄国联结起来。"自此,南满中东,联为一气,旅大海参崴,遥相呼应,东北大地,俨然在俄之掌握中矣。"①强租旅大的第二年,俄国擅自把旅大租借地改为"关东省",实行军政合一的殖民统治。中国东北成了沙俄的势力范围,俄国在远东的战略地位大大加强。沙俄在中国东北势力的增强,最终成为日俄战争爆发的远因。曾有学者评论:"当李鸿章在俄皇加冕典礼上奉献'归辽神鹤'和《中俄密约》以为报偿时,他大概也不曾构想这份'献礼'会给中国社会带来如此深刻的影响。"②

中日甲午战争与"三国干涉还辽",是近代东北亚国际关系史的重大转折点。此后,封建主义国家之间的宗主藩属关系瓦解,资本主义国家与封建国家间的宗主与殖民地、半殖民地关系开始形成。列强间的利害冲突日益表现为明显的直接对抗,并且占据特别突出的地位。③ 而中东铁路的修建,顿使中国的东北成为沙俄的囊中之物,引起同样对东北觊觎已久的日本强烈不满,导致日俄两国的争夺迅速白热化。早有学者指出,"俄国在我国东北之扩张,在俄人视之,固为日本侵略东北之自然反响。然在日人视之,则以交还中国之名而夺自日本者,反为俄国占据,岂心所甘"?④ 而在朝鲜,光绪二十四年,俄日达成协议,"俄国首次公开承认日本在朝鲜经济发展中的特殊利益关系,并保证绝不妨碍其进一步发展"。⑤ 由此,日本逐渐取得了与俄国同样的优势地位,加紧了对朝鲜的争夺。此后,沙俄远东政策与日本大陆政策的冲突日益剧烈,日俄关系全面紧张。

---

①　方乐天:《东北国际外交》,商务印书馆1933年版,第13页。

②　刘真武:《三国干涉还辽与日俄战争爆发》,《世界历史》1983年第3期,第81页。

③　崔丕:《近代东北亚国际关系史研究》,东北师范大学出版社1992年版,第13页。

④　方乐天:《东北国际外交》,商务印书馆1933年版,第14页。

⑤　中国社会科学院近代史研究所:《沙俄侵华史》第4卷上,中国社会科学出版社2007年版,第219页。

二、庚子事变后日俄对东北的争夺

光绪二十六年（1900）义和团运动爆发后，日俄两国急于利用动荡的政局以东北地区为中心扩大对华侵略。鸦片战争以来，随着列强侵略的不断深入，反洋教斗争此起彼伏。长期郁积的仇外心理加之中日甲午战争后掀起的瓜分中国狂潮，使得运动愈演愈烈。正如民国学者所言："构成中国重大国耻之庚子事变，一般咸责义和团之无识，实则尚有重大之历史前因在。盖自甲午战后，割地赔款，国家人民，交受其辱。继以三国干涉以后之列强瓜分运动，创痛益深。德占胶州，俄攫旅大，法索粤土，英租威海，日本垄断福建，意大利亦起而要索三门湾，眈眈角逐，中国一时有土崩瓦解之势。外人至此直已视中国如无物，更兼一般教民，假借教会暨领事裁判权之特殊势力，横断乡曲，恶印象直接深入于民间。大者远者，有国家危亡之惧，小者近者，尤深切肤之痛，排外仇教之感情，因而洋溢全国。"①自光绪二十二年（1896）起，山东、直隶两省频遭天灾，特别是光绪二十五年（1899）、二十六年的特大旱灾尤为严重。大规模灾荒引发饥饿，迅速点燃了义和团运动的燎原大火。戊戌政变后，清廷内部守旧势力为泄私愤，有意将这次反洋教运动作为其排外的工具，以便火中取栗。加之后来列强干预己亥建储，反对废光绪另立新帝，因此遭忌于慈禧太后。慈禧乃支持、怂恿义和团仇洋排外。北方各省区的无政府状态以及对外国人的打击，为列强扩大侵略提供了口实，终在世纪之交酿成庚子巨变。

义和团运动给急于南下，在中国东北建立"缓冲殖民地"的沙俄提供了新的侵略契机与出兵的口实，在沙俄看来，进一步推行酝酿已久的"黄俄罗斯"计划的时机已经到来。②"黄俄罗斯"计划的提出和实施，"将沙俄远东政策推向了新阶段，也将二十世纪初中华民族危机推到了顶点。"③除了派兵组成联军进攻北京外，还趁机大举出兵中国东北。"自黑龙江，而吉林，而奉天，两三月间，三省全为所陷。"④随后，俄国单方拟定《奉天交地暂且

---

① 王芸生：《六十年来中国与日本》第 4 卷，生活·读书·新知三联书店 2005 年版，第 1 页。

② 郭瑞：《沙俄"黄俄罗斯"计划始末》，硕士学位论文，吉林大学，2009 年，第 7—12 页。

③ 刘真武：《三国干涉还辽与日俄战争爆发》，《世界历史》1983 年第 3 期，第 81 页。

④ 王芸生：《六十年来中国与日本》第 4 卷，生活·读书·新知三联书店 2005 年版，第 43 页。

章程》草案九条,诱骗、强迫中方签字。"据此九条以观,则东省名存实亡,不啻割让与俄矣。"①十月初九日,盛京将军增祺被迫有保留地签押用印。②《奉天交地暂且章程》曝光后,中外惊诧。光绪二十六年(1900)十一月二十八日,清廷将增祺革职。③ 在八国联军入侵后的谈判过程中,"俄国强调俄军占领东三省为'个别问题',它将同清政府另行协商"。④ 因此,《辛丑各国和约》并未涉及俄军撤离东三省问题。清政府应俄国要求,任命驻俄公使杨儒为全权大臣,交涉接收东三省事宜,缔结正式条约。几乎与此同时,"为引起他国对中俄单独谈判的注意,李鸿章私下将《暂且章程》透露给了第三国人。"⑤在接下来的中俄彼得堡谈判中,杨儒"在各方煎迫之下,矛盾攻袭之中",不惜以身殉职,承受着来自各方的巨大压力,犹能始终顽强坚守国家主权,终于抵制了俄国的威逼欺骗,拒签俄约。⑥

　　而同样对东北垂涎已久的日本,在积极出兵与其他列强一道进攻北京的同时,自然对东北地方尤为关注。《奉天交地暂且章程》各条款不仅严重侵犯中国主权,而且与列强为避免彼此武装冲突而达成的"保全中国"的协议相矛盾。更重要的则在于,庚子事变期间俄国在东北的单独行动威胁到了英美希望维持中国领土完整及贸易开放的政策,引起列强的强烈不满。其中,尤以日本反应最为激烈。之所以如此,除了日本自己希望在此扩展势力范围之外,另一个重要的原因在于伺机报复俄国。拒签俄约的杨儒对此有精辟的分析:

　　　　查光绪二十年中日之役,日本兵占辽东,遂欲据为己有,嗣因俄会

---

　　① 王芸生:《六十年来中国与日本》第 4 卷,生活·读书·新知三联书店 2005 年版,第 54 页。

　　② 中国社会科学院近代史研究所:《沙俄侵华史》第 4 卷上,中国社会科学出版社 2007 年版,第 186—187 页。

　　③ 李节传:《有关〈奉天交地暂且章程〉史料的考证》,《天津师大学报》1983 年第 3 期,第 52 页。另据学者考证,自光绪二十六年八月戊子至三十一年四月丙午,增祺丁忧解任,其间并未离职(刘文波:《盛京将军增祺既未离职亦未复任考》,《内蒙古师范大学学报(哲学社会科学版)》2007 年第 6 期,第 41—43 页)。

　　④ 沈予:《日本大陆政策史(1868—1945)》,社会科学文献出版社 2005 年版,第 124 页。

　　⑤ 中国社会科学院近代史研究所:《沙俄侵华史》第 4 卷上,中国社会科学出版社 2007 年版,第 190 页。

　　⑥ 王芸生认为:"杨儒实大有功于国家。……因其固执之一念,未由中国自画卖身契,为东三省留下一线生机,日俄战后,日本仍不能不将东三省交还中国者,实杨儒固执之功也。"(王芸生:《六十年来中国与日本》第 4 卷,生活·读书·新知三联书店 2005 年版,第 129 页。)

同法德二国,出场力阻,慑以兵威,日本竟未遂所欲,得而复失,心终快快。二十四年俄订辽东租地之约,而日本愤俄益甚。此次俄议东三省条约,日本既嫉其事机之顺,多得利权,遂触其积怨之心,阴图报复。其恐俄渐逼朝鲜,尚在其次。其借口爱助中国,更是托词。①

当日本得知俄国政府提出在东三省驻兵护路等侵略要求后,决定进行干预。经过与英国磋商,告诫中国驻日公使,中国不应同任何国家签订涉及中国领土权利的协定。英、德、美、意、奥等国亦纷纷表态予以支持,反对中俄单独签约。② 清政府最终顶住了俄国的强大压力,于光绪二十七年(1901)二月初七日拒绝了其限期签约的要求。杨儒故后,对俄交涉任务由奕劻、王文韶继续担任。"此时英日同盟已成,国际局势又有变迁,俄国态度因之软化。"③遂有光绪二十八年(1902)三月初一日《交收东三省条约》之成。俄国承诺"如果再无变乱,并他国之举动亦无牵制,即将东三省俄国所驻各军陆续撤退"。具体办法是,"由签字画押后,限六个月,撤退盛京省西南段至辽河所驻俄国各官军,并将各铁路交还中国;再六个月,撤退盛京其余各段之官军暨吉林省内官军;再六个月,撤退其余之黑龙江省所驻俄国各官军"。④ 显然,该约虽明确规定了撤兵期限,但并非无条件撤兵,且撤兵条件含糊其辞,给俄国留下了极大的操作空间。这些通过贿赂清政府谈判官员得以保留下来的条件,既为后来俄国撤兵愆期提供了口实,又为日俄战争埋下了祸根。

此后,尽管俄国迫于国际形势承诺按期撤兵,但依然不免强烈觊觎东北地方权益。所以,在光绪二十八年九月第一期如期撤兵后,迨光绪二十九年(1903)三月第二次撤兵届期,俄国不但拒绝履行条约,而且秘密提出七条要求:

　　一、中国不得将东三省之地让与他国或租贷与他国;二、自营口至

---

①　王芸生:《六十年来中国与日本》第4卷,生活・读书・新知三联书店2005年版,第132页。

②　中国社会科学院近代史研究所:《沙俄侵华史》第4卷上,中国社会科学出版社2007年版,第196页。

③　王芸生:《六十年来中国与日本》第4卷,生活・读书・新知三联书店2005年版,第136页。

④　北京大学法律系国际法教研室:《中外旧约章汇编》第二册,生活・读书・新知三联书店1959年版,第40页。

北京电线,中国宜许俄国别架一线;三、无论欲办何事,不得聘用他国人;四、营口海关税,宜归华俄道胜银行收储,税务司必用俄人,并以税关管理检疫事务;五、除营口以外,不得开为通商口岸;六、蒙古行政悉当仍旧;七、北京事变以前,俄国所得利益,不得令有变更。①

显然,沙俄以此作为新的撤兵条件,迫使清政府承认,意在巩固其在中国东北的优势地位。"此七条要求,不啻将东三省闭关,为俄人之禁脔。"三月二十二日,利用参与荣禄葬仪之机,外务部左侍郎联芳将俄人的要求泄与日本公使内田康哉。② 消息一出,世界舆论哗然。对于俄国的做法,列强极其不满,纷纷劝告中国政府勿为俄国所胁迫。美国立即做出反应,一则以其有背"门户开放",向沙皇俄国提出抗议。再则,抗议中国接受前两款,并保留对其他各款的磋商。"英国政府以接受俄国要求的危险,警告中国;日本则'致送一件警告兼抗议的通牒。'"③面对列强的压力,俄国极力否认的同时,暗中仍逼迫中国承认。最终,清政府在美英日各国的干预、"劝告"之下,再次顶住了俄国的压力,乃拒绝其侵略要求,挫败了沙俄独霸东北的企图。而且,通过庚子事变后的商约谈判,美日得以在东北开辟商埠,直接渗透到俄国的势力范围之内,构成对其独占东北的公开挑战。

另一方面,旨在对抗俄国的英日同盟大大提高了日本的国际地位,使日本与俄国争夺中国以及朝鲜的野心迅速膨胀。而此前从中国攫取的经济利益加之与英国结盟的政治利益,有力地武装了日本这个迅速崛起的新晋殖民者。于是,日本进一步积极推行其对外扩张政策,决意扩大在亚洲大陆的殖民权益,争夺东北亚霸权。由此,日本大陆政策与俄国远东政策的冲突愈益激烈。而光绪二十九年(1903)完工的中东铁路,为沙俄侵略势力进一步深入和控制中国东北地区提供了种种便利,在大大加强沙俄争夺远东霸权实力的同时,也迅速地加剧了日俄两国的矛盾。二者的争夺,渐趋白热化。本已波谲云诡的地缘政治局势,愈加复杂,最终引发日俄战争,致使中国无辜受害。

---

① 商务印书馆编译所:《日俄战纪》第 8 期,第 16—17 页,历史。

② 王芸生:《六十年来中国与日本》第 4 卷,生活·读书·新知三联书店 2005 年版,第 161—162 页。

③ 〔美〕马士:《中华帝国对外关系史》第 3 卷,上海书店出版社 2000 年版,第 448 页。

第二节　日俄战争与晚清中国

日俄战争对于清政府而言完全是无妄之灾。面对两强以自己的权益为争夺目标而在自己的领土上兵戎相见,作为战争的既定受害者,清政府不但划出辽东地区供二者厮杀,而且还要接受战后两国对自己权益的让渡,承受着两国战争与和平的双重灾难。"日俄为瓜分中国东北和朝鲜而诉诸战争,又以完成对东北和朝鲜的分割而结束战争。"①这种情形,进一步凸显了殖民者的霸权与中国的孱弱。同时,也正是这一战争及其结果的刺激作用,推动了清廷在东北的改革全面铺开并走向深入。

一、日俄辽东之战的影响

就战争对中国的影响而言,两国构兵,无论结果如何,对中国均是一场不折不扣的灾难。从光绪二十九年(1903)年末到光绪三十一年(1905)三四月间,日俄战争在辽东地区进行。兵燹所及,生灵涂炭,百业荒废。"虽非亡国,已历亡国之惨矣。"②有报道称,仅"盛京一省损失资产二千万两,死伤约三万余人"。③ 然而,不论是战胜而骄的日本,还是势力萎缩的沙俄,两国均拒绝赔偿中国所遭受的战争损失,致使中国在丧失主权之余还要坐受无妄之灾。因此,无论从哪个角度来看,唯有"局外中立"的中国,才是战争的真正受害者。

除了战火造成奉天的直接破坏之外,日俄战争的结果——两国对中国权益的分赃,无异于雪上加霜,又带来了新的灾难,对晚清中国的影响尤为深远。战后,两国签订《朴次茅斯和约》,完成对侵略目标的瓜分。中国东北地方由一国独占变为日俄分踞南北。光绪三十一年十一月二十六日,日本强迫中国签订中日《会议东三省事宜正约》,不仅确认了俄国让渡给日本的中国权益,而且又通过"附约"攫取了更多的额外利益,使中国的领土和主权进一步丧失,给中国人民带来了新的劫难;日本势力植入"南满",为日本帝国主义的扩张打开了方便之门,特别是为日后日本帝国主义扩大侵

---

① 崔丕:《近代东北亚国际关系史研究》,东北师范大学出版1992年版,第15页。
② 钱公来:《辽海小记》,祁孟瑜(出版者)1947年版,第18页。
③ 《调查东三省居民之损害》,《大陆报》第三年(1905年)第十五号,纪事,内国之部,第6页。

华,埋下了祸根。此外,战争胜利者日本又加紧了对朝鲜的控制,至宣统二年(1910)完全兼并了朝鲜,为侵略中国提供了方便。

二、清政府的应对举措

面对日俄两国剑拔弩张之势,清政府既无从斡旋以调停二者之争,又无力阻止两国在自己的领土、领海上兵戎相见。最终,只能划辽东为战场供二者厮杀,被迫奉行"局外中立"以自保。[①] 战争爆发后,清廷意识到,"此事为全球各国所注意,实我中国大局安危所关"。[②] 在别无选择的情况下,一面竭力维护被迫执行的"局外中立"政策,一面积极谋求调停,以减少破坏。几度争取无果后,只能期盼战局早定,寄希望于战争善后,将其视为捍卫国家主权的一个重要契机。一方面,尽快恢复战区的行政主权,收回各项权益;另一方面,实施改革整顿以发展地方,巩固边围。

正因为如此,清政府对于此次战争善后极为重视。除了朝廷与地方外

---

① 清政府的"局外中立"之举,实出于迫不得已。既有来自列强的授意与安排——美国力主中国应守局外中立,德、法、英等国皆表赞同(《录呈往晤美外部问答关于日俄开战事》,外务部全宗档案,02—23—001—12—001,台湾中研院近代史研究所档案馆藏),又有囿于综合国力的限制因素(详见喻大华:《日俄战争期间清政府"中立"问题研究》)。综合国力的限制,更使得清政府无力阻止日俄两国在自己的领土上兵戎相见。事实上,当日俄态势吃紧之际,清廷内部也进行了该何去何从的讨论。最终,中立派的意见占据上风,决定"日俄果决裂,我当守局外"。其中,袁世凯的意见一针见血地指出了清政府面临的窘境,颇具代表性:"附俄则日以海军扰我东南,附日则俄分陆军扰我西北。不但中国立危,且恐牵动全球。"(详见《直督袁世凯致外部日俄开仗我应守局外祈核示电》[光绪二十九年十一月初九日],王彦威辑,王亮编,王敬立校:《清季外交史料》卷179,书目文献出版社1987年影印本,第4页)。此外,俄日两国尤其是日本亦主张清政府局外中立,并希望将东三省以外地方作为中立区。俄国同样也希望将东三省以及蒙古东北部作为交战区。但是,清政府仍然竭力将战争影响限定在东三省之内,将辽河以东划为交战区,辽河以西划为中立区。清廷上谕谓:"现在日俄两国失和用兵,朝廷念彼此均系友邦,中国应按局外中立之例办理。著各直省将军督抚、通饬所属文武,并晓谕军民人等,一体钦遵,以笃邦交而维大局。毋得疏误!"(《德宗景皇帝实录》卷525,《清实录》第58册,中华书局1987年影印本,第948页)同时,外务部照会驻京各国公使与清政府驻外使节,向所在国外务部切实声明:"日俄失和,朝延以两国均系友邦,重念邻好,奉上谕按局外中立之例办理。业经通行各省一律遵守并严饬弹压地面,保护商教。盛京、兴京为陵寝宫殿所在,责成该将军敬谨守护。东三省城池、衙署,民命、财产,两国均不得损伤。原有之中国兵队,彼此各不相犯,辽河以西俄兵已退之地由北洋大臣派兵驻扎。各省及沿边内外蒙古,中国按照局外中立例办理,两国均勿侵越。惟满洲地方尚有外国驻扎兵队,未经退出之地面,中国力有未逮,恐难实行局外中立之例。东三省疆土权利,无论两国胜负,仍归中国自主,不得占据。"(《日俄失和奉上谕按局外中立事》[光绪二十九年十二月二十七日],外务部全宗档案,02—23—001—12—002,台湾中研院近代史研究所档案馆藏)

② 《德宗景皇帝实录》卷532,《清实录》第59册,中华书局1987年影印本,第87页。

务部门以及相关地方政府之外,其他内外官员大多积极参与其间,建言献策;朝廷地方,大力支援。就内容而言,既有事前的认真筹议、准备以及战后一段时期内对受灾民众的赈抚,又有不断深入、扩大的内政改革以及贯穿始终的外交斡旋。内政以如何减少战争冲击、加强东北边疆防务、促进"龙兴之地"的发展为核心;外交以收回东三省、极力抵制日俄侵略,维护国家权利为基本内容。

战争爆发不久,清廷即全局动员,着手这一事务。在向各官员广泛征询善后意见的同时,基本选定湖南巡抚赵尔巽作为战争善后的地方负责人,命其晋京陛见,后留京权署户部。光绪三十一年(1905)四月,日俄战事渐近尾声之际,增祺丁忧,盛京将军出缺,清政府命署理户部尚书赵尔巽补授盛京将军,同时全面负责战争善后地方事务。①

战争乃因日俄争夺东北与朝鲜而起,两国通过战争虽然完成了对侵略权益的暂时瓜分,但依然对中国东北垂涎三尺,觊觎更多的未得利益。因此,与日俄等国的外交接触成为处理战争善后的一项重要事务。同时,对于日俄战后的奉天而言,改革内政、发展地方是治本之计,无疑更为重要。日俄之战凸显了清政府东北地区边防的薄弱及其面临的严重危机,引起清廷的高度重视。战争过后,清政府亡羊补牢,决定改革地方以巩固东北边疆。

小　　结

不可否认的是,两国的战争与媾和,对于清政府而言都是一场灾难。日俄战争进一步暴露并迅速激化了东北边疆危机,促使清廷决心开发"龙兴之地",在处理战争善后的同时开始推行新政改革,以推动地方发展,巩固边疆。清末新政大背景之下的这一主观诉求加之消除战事影响的客观需要,决定了清政府的日俄战争善后与战争过后奉天地方的新政改革同期展开。两项施政,虽主观诉求不尽相同,实则终极目标指向一致,都在于抵制强邻侵略,维护清政府统治。

①　《东省善后并不另派专员(北京)》,《申报》光绪三十一年五月二十七日第三版。

第二章　赵尔巽之留守陪都

光绪三十一年(1905)四月,日俄战事渐近尾声之际,陪都留守增祺丁忧,盛京将军出缺。面对纷乱复杂的内外形势,为发展"龙兴之地",巩固东北边疆,重振清朝在东北的统治,清政府命署理户部尚书赵尔巽接任。此项人事变动,看似赵尔巽临危受命,实则清廷对这一变更酝酿已久。日俄战争开始后,清政府在"局外中立"的同时,即着手准备战争善后事务。一方面向各官员广泛征询意见,另一方面开始物色合适人选,待战争结束后留守陪都,在具体负责处理善后事宜的同时,改革各政以推动地方发展,巩固边圉。最终,选中时任湖南巡抚的赵尔巽。

第一节　清廷的人事意向

从奉旨入觐到留京权署户部,再到出任盛京将军这一系列事件的发展轨迹来看,大概可以断定,清廷早已决定将来日俄战争结束后由赵尔巽留守陪都,具体负责地方战争善后事务:光绪三十年(1904)四月十一日,"命湖南巡抚赵尔巽来京陛见",并由此引起一连串的人事变动:以漕运总督陆元鼎署湖南巡抚,江苏巡抚恩寿署漕运总督,湖北巡抚端方署江苏巡抚,湖广总督张之洞兼署湖北巡抚。[①] 按惯例,巡抚入觐,抚篆往往由本省布政使暂行护理。而此时清廷一反常态,如此大费周章,大概已经决定对应诏陛见者另有任用。而巡抚之位不可久悬,遂有此番人事变动。未及新旧大吏交代,十五日,清廷再发谕旨催促赵尔巽迅速来京,以布政使张绍华护理湖南巡抚[②]——召赵氏入京之急迫,可见一斑。令时人颇为不解的是,清廷何以不顾湖南新政前景调其离湘。舆论不免种种猜测:

---

① 中国第一历史档案馆:《光绪宣统两朝上谕档》第 30 册(光绪三十年),广西师范大学出版社 1996 年版,第 64 页。

② 《德宗景皇帝实录》卷 529,《清实录》第 59 册,中华书局 1987 年影印本,第 48 页。

……征赵入京,以陆某代之,尤出人意外。其为湘中顽锢党所倾陷,或京中诸大老所深嫉,故去之欤? 抑政府重其才、服其胆,欲引参枢密欤? 要非外人所得而知矣。①

在日本驻长沙副领事看来,湖南乡绅势力极为强大,赵尔巽因汲汲于奖掖新人,引入新鲜事物而遭到湖南地方乡绅的嫌恶,最终不得不离湘而去。②

不论赵尔巽离湘的原因以及将来出处究竟如何,可以肯定的是,清廷之所以调其离湘并如此急迫催其北上,当是有要事相商或欲委以重寄。

两个月后,赵尔巽抵京。③ 帝后多次召见,连日垂询东三省善后事宜,赵尔巽主张以外交、兵备、财政为入手要着。两宫大为赞许,授其在日俄战争善后问题上不拘常格,便宜行事之特权。④ 兹事体大,清廷又要求各封疆大吏密陈日俄战争善后意见,各省通力合作。⑤ 七月初三日,赵尔巽奉旨呈递了一封长达十几扣的《为筹办东三省善后事宜条陈》,提出了对日俄战局的因应之策及清廷经营战后东北的详细主张,抓住了问题的关键,尤为办理日俄战争善后各政、稳定奉天政局的扼要之论,颇得中枢赞许。⑥以条陈所列各项,比照其后来留守陪都期间之举措,可见各项主张基本可行。很可能是这一颇为切实可行的善后施政主张,进一步坚定了清廷以赵尔巽留守陪都,负责日俄战争善后事务的决心,最终成为左右其出处的一个决定因素。

呈递善后条陈翌日,清廷上谕:"以户部尚书鹿传霖署工部尚书,湖南

①　《端方与赵尔巽》,《大陆报》第二年(1904年)第三号,时事批评,第70页。

②　《驻长沙副领事井原真澄致外务大臣男爵小村寿太郎》(1904年12月23日),《清国湖南省概要在長沙領事館ヨリ報告ノ件》,机密信第十二号,东京:亚洲历史资料中心藏,档号:B16080767400。

③　据报道,六月十四日赵尔巽到京请安(详见《申报》光绪三十年六月二十六日附张,宫门抄)。

④　《德宗景皇帝实录》卷532,《清实录》第59册,中华书局1987年影印本,第87页。据《申报》所记,六月十四日、十五日、十七日,赵尔巽均被召见(详见《申报》光绪三十年六月十六日第一版,电传 宫门抄;《申报》光绪三十年六月二十六日附张,宫门抄;《申报》光绪三十年六月十七日第一版,电传 宫门抄)。

⑤　《德宗景皇帝实录》卷532,《清实录》第59册,中华书局1987年影印本,第87页。

⑥　详见赵尔巽:《为筹办东三省善后事宜条陈》(光绪三十年七月初三日),宫中硃批奏折,04-01-01-1067-036,中国第一历史档案馆藏。

巡抚赵尔巽署户部尚书。"①由此，赵尔巽被彻底调离湖南。此项人事变动再次出乎人们的意料，更加令人不解。赵尔巽抚湘一年多以来，克服重重阻力，实力推行新政，成绩不俗，深得湘人赞许（详见后文）。此刻突然调其离湘，以相对保守之陆元鼎接任，湖南新政前景不禁令人担忧。事实也正如此，没有了开明地方大吏的支持，上年开明士绅龙绂瑞创办的女学堂，最终在地方守旧力量的打击下被迫停办。②

　　与此同时，令赵尔巽权署户部而非实授，亦初步显露了清廷对其另有任用的意图。搜诸零散的史料不难断定，大概就在此一时期，赵尔巽即已经领命留守陪都，负责日俄战争善后地方事务。只是其时不便东行，需待战局大定。③ 加之碍于东北敏感的地缘局势，亦不便公布。在局外人看来，当时，"人们认为增祺是俄国人的心腹，当奉天还在俄国人占领下的时候，中国人是不敢调动他的职务的"。④ 所以，此后赵尔巽在主政户部的同时，依然持续关注日俄战局，继续筹划战争善后事宜。⑤ 十一月初七日，又获赏尚书衔，奉命留京当差。⑥ 这一系列的人事变动，加之此后赵尔巽的关

----

　　① 　中国第一历史档案馆：《光绪宣统两朝上谕档》第 30 册（光绪三十年），广西师范大学出版社 1996 年版，第 136 页。

　　② 　据《德宗景皇帝实录》卷 534，《清实录》第 59 册，中华书局 1987 年影印本，第 109—110 页。

　　③ 　光绪三十年七月十一日，赵尔巽曾致电鄂督张之洞，请其"代筹生利之方"，有谓："东事未定，暂缓往。忝摄非分，惶恐求诲。"（《张之洞收北京赵尚书[赵尔巽]来电[光绪三十年七月十一日]》，虞和平：《近代史所藏清代名人稿本抄本[第二辑]》第 99 册，大象出版社 2014 年版，第 383 页）可见，最迟至七月十一日，赵尔巽已然领命，于战后留守陪都。此外，光绪三十一年二月十六日，赵尔巽致电张之洞谈及推迟赴任时，有"我备往东省，中外皆知"之谓（《张之洞收北京赵尚书[赵尔巽]来电[光绪三十一年二月十七日到]》，虞和平：《近代史所藏清代名人稿本抄本[第二辑]》第 101 册，大象出版社 2014 年版，第 721 页）。与此同时，对于赵尔巽的此项任命，坊间也有消息称："北京官场闻得日军大捷于奉天之信，莫不惊绝叹复。立由军机大臣面圣奏闻。两宫即与庆邸商量满洲善后策，遂有简派赵尔巽为满洲总督之命。"（《简赵尔巽为满洲总督之原因》，《大陆报》第三卷[1905 年]第四号，纪事，内国之部，第 12 页。按：光绪三十一年二月初五日，战争全面失利的俄军开始让出奉天北撤，二月初十日，日俄战争中最大的战役奉天会战结束。详见穆景元、毛敏修、白俊山：《日俄战争史》，辽宁大学出版社 1993 年版，第 267—269 页）以此比照上述两则资料所言，至少时间上是吻合的。可见，舆论报道并非全无根据。此外，对清末官场非常熟悉且与赵氏颇有交谊的莫理循亦曾直言，其时召赵尔巽晋京，就是为了这个目的。

　　④ 　〔澳〕骆惠敏：《清末民初政情内幕——〈泰晤士报〉驻北京记者、袁世凯政治顾问乔·厄·莫理循书信集》上卷（1895—1912），刘桂梁等译，严四光等校，知识出版社 1986 年版，第 369 页。

　　⑤ 　光绪三十一年二月十四日，赵尔巽曾专程奔赴天津，与袁世凯商议东三省善后事宜（苏振申：《中日关系史事年表》，华岗出版有限公司 1977 年版，第 142 页）。

　　⑥ 　中国第一历史档案馆：《光绪宣统两朝上谕档》第 30 册（光绪三十年），广西师范大学出版社 1996 年版，第 204 页。

注取向,使得清廷的这一人事安排用意越发明显。光绪三十一年(1905)四月初四日,增祺丁忧,盛京将军出缺。① "廷议谓盛京重要,须急派能员前往,方免失□之忧。万口喧腾,皆谓非赵公(赵尔巽——引者)不可。"②于是,赵尔巽由署户部尚书转任盛京将军,莅任前以奉天府府尹廷杰署理盛京将军。③

　　综合上述分析,日俄战争后赵尔巽接替增祺留守陪都,看似临危受命,实乃清政府早有此意,并预为准备的顺理成章之举。结合增氏留守陪都期间的表现,④愈见清廷于光绪三十年(1904)四月命赵尔巽晋京陛见之初,即已然大概决定由其负责战争善后事宜,遂有当初一番人事更动。复命其留京当差,署理户部尚书而非实授,当是有意等待日俄战争定局后赴东北处理战争善后事宜。对于这一情节,赵尔巽在其后来奏请归并盛京五部事务折中,亦有提及:

　　　　上年(光绪三十年——引者)奴才入觐天颜即奉裁五部之谕,到任以后,悉心考察,愈服圣断之明。⑤

以这段文字佐证赵尔巽来京后的任职轨迹,不难进一步证明,清廷的这一人事安排的确早有打算。而且,日俄战争爆发后,增祺也退意甚坚,曾两次乞退,奏请另简大员留守陪都。⑥ 因此,光绪三十一年四月盛京将军出缺,

① 《德宗景皇帝实录》卷544,《清实录》第59册,中华书局1987年影印本,第225页。

② 谓:《赵次老详细事略(四)》,《顺天时报》1927年9月12日第五版,艺林。

③ 《德宗景皇帝实录》卷544,《清实录》第59册,中华书局1987年影印本,第225页。

④ 在朝廷看来,"增祺懦弱无能,难负善后责任"(《简赵尔巽为满洲总督的原因》,《大陆报》第三卷[1905]第四号,纪事,内国之部,第12页)。此外,庚辛之际,锡良请辞东督。增祺仍在清廷考虑的接替人选之列,消息一出,遭到奉天民众的反对。从东省民众对增祺督东的反对,大概不难想象其此前留守陪都期间的表现:"闻增祺当俄国占领沈阳时,首先弃城逃走,为俄人追至新民府拥载而回,使之镇抚地面。当时曾有旨革职,盛京将军亦另简他人。其时道途梗塞,旨未到而增已回。且俄人欲利用之,暗中为之拥护,遂废革职之命,仍听其在任。嗣日人占领沈阳时谓其为俄党,将其部下自驿巡道以次十八人俱囚之狱中。赵次珊制军到东,首先办此交涉,迭费缪辕,始将十八人索回。其辱国溺职如此。故奉人决计拒之,不令再来。"(《申报》宣统三年正月二十二日第一张第五版,东三省通信)

⑤ 赵尔巽:《奏为归并盛京五部事务办理大概情形事》(光绪三十一年七月二十四日),宫中硃批奏折,04-01-02-0011-021,中国第一历史档案馆藏。

⑥ 日俄开战后,盛京将军增祺即萌生退志,两次奏请清廷另派大员接替,均被拒绝。第一次是在光绪三十年五月二十一日(增祺:《为请另简外交大员事》,军机处电报档,专题类一东事收电档一光绪-030,3-13-12-030-0582,中国第一历史档案馆藏),翌日,军机处电寄谕旨,要求增祺"随时妥为因应,一切力任其难"。并表示"所请另简大员,著毋庸议"(《军机处电寄增祺谕旨》,故宫博物院编:《清光绪朝中日交涉史料》卷68,北平故宫博物院1932年铅印本,第17页);第二次是在光绪三十年八月二十七日(增祺:《为请另简贤员事》,军机处电报档,专题类一东事收电档一光绪-030,3-13-12-030-0983,中国第一历史档案馆藏)。

即立刻由赵氏补授。时任《泰晤士报》驻华首席记者,对清末官场非常熟悉的莫理循道出了此次人事变动的玄机:

> 人人感到遗憾的是户部尚书赵尔巽已调奉天。不过,他的任命早在人们意料之中,把他召进北京无疑就是为了这个目的。[①]

第二节　赵尔巽留守陪都原因

作为陪都留守,盛京将军实乃清王朝皇权在其"龙兴之地"的最高代表,位高权重,不同于一般地方的八旗驻防将军。同治中兴以来,汉族大吏地位日益上升,清廷愈加倚重,但是,有清一代二百多年、十几处八旗驻防,历任将军极少有汉军。即便是同治中兴之后,亦同样如此。尤其是留守陪都的盛京将军,此前更是全部由满蒙大员充任,而且不时有贝勒、贝子、辅国公等天潢贵胄。赵尔巽是唯一一位以汉军膺此重寄者,朝廷之倚重,可见一斑。而于日俄战争后留守陪都,所面临的局面自然不同以往。清廷在奉天地方内外交困危局下的这一抉择,更加彰显了对其个人能力及其施政主张的认可,可以说是稳定日俄战争后奉天地方政局的客观需要与赵尔巽勇于任事、开明进取个人性格的完美结合。[②]

一、奉天地方的客观要求

日俄战争过后,要发展地方,有效地保护"龙兴之地",离不开稳定的地方政局与和谐的内外关系。本已积弊甚深的陪都奉天,又屡被兵燹之祸,内外各政更加窳败不堪,内忧外患交错并存,需要一位不畏艰险、勇于任事的干才主政战后奉天地方,主持战争善后。

由于长时间的封禁,加之偏处边疆一隅,东北地区尤显封闭落后。奉

---

① 〔澳〕骆惠敏:《清末民初政情内幕——〈泰晤士报〉驻北京记者、袁世凯政治顾问乔·厄·莫理循书信集》上卷(1895—1912),刘桂梁等译,严四光等校,知识出版社1986年版,第369页。

② 除此之外,也有美国学者从日俄战争后袁世凯对东北的影响出发,来解释清廷对赵尔巽的任命,指出赵尔巽之膺斯任,与袁世凯对东北地方的着意经营有密切关系。(详见:Michael Houston Hunt, *Frontier Defense and the Open Door*: *Manchuria in Chinese-American Relations*, 1895—1911, New Haven and London, Yale University Press, 1973, p. 120.)关于这一问题,国内学者的研究,详见马平安的《北洋集团与清末东三省新政》(《中国边疆史地研究》2001年第4期)与张华腾的《袁世凯对东北问题的关注与东三省改制》(《中国边疆史地研究》2010年第2期)。

天虽为三将军辖区中最为发达者,然各项事业发展水平与关内省份仍存在巨大差异。地方的动荡不安也影响了各项发展进程。一方面,胡匪横行。由于东北地广人稀、行政管理不力,胡匪滋扰,终成地方顽疾。另一方面,晚清以降兵戈频仍。谈及此间奉天政局,时人往往要提及"十年间三遭兵燹"。这一说法高度概括了十九世纪到二十世纪之交十年间发生的三次战争——中日甲午战争(1894)、庚子八国联军侵华(1900)、甲辰日俄战争(1904)。此三次战争对奉天影响极大,不但战区内外民众的生产、生活遭到严重破坏,而且每一次战事都使中国遭受新的侵略,结果每每严重影响奉天地方政治、经济、文化、教育等各个方面的正常发展。连绵不断的战事影响,也成为清王朝在其"龙兴之地"新政改革一误再误的一个重要原因。尤其是日俄两国以辽东地区为陆上战场的战争,使得本来已经灾难深重的东北地方再一次遭受无妄之灾。"人为刀俎,我为鱼肉。"面对战争,尽管清政府选择"局外中立",并声明要求两战国对奉省城池衙署、民命财产均不得有所损伤,"乃蔓延日久,殃及无辜。地方之蹂躏、生灵之涂炭,殊堪悯恻"。[1] 因此,不论战争双方胜负结果如何,作为这场战争的战场所在暨争夺目标之一,作为相关第三方的中国,注定是此役的最大受害者,承受着"帝国主义战争与和平的双重损害,经历了一次空前的浩劫"。[2] 开发不足、官场腐败与行政效率低下,加之战争破坏与地方动荡,使得日俄战争后的奉天地方内政外交混乱不堪。正因为如此,"百废待兴"成为战后地方状况与发展任务的真实写照,也是各级官员谈到东北尤其是奉天时被每每提及的一句话。

从外部环境来看,虽然两个交战国家通过战争在东北划分了新的势力范围,并完成了对侵略权益的瓜分,但是,双方依然虎视眈眈,觊觎更多的侵略权益。尤其是战争的胜利者日本,将战前不占土地、不侵权利之"承诺"完全抛诸脑后,不但夺取了东北长春以南原属俄国的侵略权益,而且战胜而骄,不断试图染指奉天地方事务。因此,为了处理战争遗留问题与维护主权,与日本的外交接触成为日俄战争后奉天地方的一项重要行政事务,急需一位勇于任事,能够当此重任的干练大臣收拾战争残局,并推动地方发展,巩固东北边疆。

---

① 赵尔巽全宗档案,第 136 卷(《伍廷芳那桐瞿鸿禨联芳等人根据东三省日俄战争局势密商向俄国索赔损失"聘用"日本人向日俄交涉事宜之函》),缩微号:0025,中国第一历史档案馆藏。

② 崔丕:《近代东北亚国际关系史研究》,东北师范大学出版社 1992 年版,第 15 页。

　　作为清朝统治者的祖宗发祥之地暨清政府的陪都所在,其行政机构设置与一般地方完全不同。为了凸显其尊崇地位,除盛京将军之外,还设有奉天府尹与府丞、盛京五部①与盛京总管内务府等几套特殊的管理机构。其中,既有八旗驻防系统,又有地方民人管理系统,还有陪都系统。三者共处一地,管辖区域相当,对地方事务均有不同程度的管理权限,不免政出多门、事权不清,导致不同的行政系统之间矛盾重重,效率低下。② 一方面,官场上权力分散,军府、府尹与五部互相牵制,事权不一。由此造成的一个严重后果是,旗民二重统治下的各民族各有畛域,不利于民族发展和文化交流,经济发展亦难以启动。如此情形,既不利于国家统治,也不利于巩固边疆。③ 另一方面,这种管理上的混乱状态,使得清末各省吏治通病在奉天地方表现得尤为突出。以投效补充员缺的惯例以及各衙门使用门丁、长随等传统陋习,更加助长了奉天吏治的腐败,终成地方积弊。正因为如此,清廷不断调整三者的管理权限,以期调解矛盾、协调其间关系。

　　就地方管理而言,整个东北地广人稀,奉天地方的人口密度虽大于吉、江两地,相对内地而言,人口依然十分稀少。因此,各基层地方不但治所稀少,而且管理力量薄弱。随着大量耕地的迅速开发与日益增多的移民涌入,人口密度增大。此外,随着管辖范围扩大,一些地方经济中心发生改变,原机构不免鞭长莫及。加之官吏素质低下,根本无法满足新形势的需要,不能妥善处理日益繁杂的行政事务,以致"凡旗署分驻之城,守尉以下及府县佐贰皆得理受词讼;其距官较远,号称乡约者,亦往往由商民推令经纪庶务,裁判民刑。治理刌弊为各省所未有"。④ 之所以出现如此情形,实因正途官员不敷展布。奉省地处偏远,天寒缺苦,又迭遭兵燹,被奏调者往往视为畏途,不愿往任。而地方又无掣签分发之制,造成正途官员的不足,遂为投效人员创造了极大的生存空间,投效之风大行其道。虽然此中不无

---

　　① 　盛京五部主要包括户、礼、工、刑、兵,因其各部官员直接隶属清朝廷,归吏部管辖,故不设盛京吏部。

　　② 　关于三者之间的矛盾,详见赵中孚:《清末东三省改制的背景》,《中研院近代史研究所集刊》第 5 期(1976 年),第 315—316 页。

　　③ 　马汝珩、马大正:《清代的边疆政策》,中国社会科学出版社 1994 年版,第 329 页。

　　④ 　徐世昌:《考察奉天省情形单》,《退耕堂政书》卷 5,天津徐氏退耕堂刻本 1914 年版,中国书店 1984 年重印本,第 13—14 页。

精干者,但是大部分"投效者或系获咎之员,或捐一职衔以供差遣"。① 不仅难以胜任本职工作,而且加剧了吏治的腐败,造成行政效率低下。就地方行政经费来源而言,厘税一向为主要进项,然各项陋规积习积重难返,既腐败吏治,又侵蚀税项,导致捐税流失,极大地影响了地方财政收入。行政经费不足,不免另觅渠道,致开腐败之源。中饱愈甚,则地方财政收入流失者愈多。上述几种因素形成了恶性循环,导致吏治腐败风行,得官受贿视为故常。日俄战争爆发以来,奉天地方各项行政均遭到了严重的破坏。一方面,一些地方官员被日俄两国掳掠监禁,甚至连盛京将军增祺本人亦未能幸免。另一方面,包括将军衙门在内的大量衙署被两国交相占据,文书丢失,极大地影响了地方行政的正常运转。行政机构的冗余、吏治的腐败加之屡遭破坏的行政系统,势必约束、影响日俄战争善后事务,要有效地推动地方发展,抵御列强的侵略,改革行政、重建行政秩序势在必行。总之,洎乎清季,奉天原设地方机构已无法胜任新形势下日益增多的日常行政管理任务,需要根据实际情况做出调整。

从经济发展来看,在东北三个将军辖区当中,盛京将军辖区(奉天)因其地方开发最早,加之地理位置、政治地位以及资源等多重优势的共同作用,其经济发展水平最高。当时奉天的主要粮食作物是大豆、高粱、玉米,主要经济作物有棉花、烟、麻、蚕丝等。盖平、营口、大连等沿海地方渔业相对发达,并有大量的海盐出产,不仅供奉天本地消费,而且还能够满足北部吉林、黑龙江两地的食盐需求。清朝末期,粮食产量增加之后,奉省生产的高粱、大豆等农产品除自食以外,已有相当数量的余粮或加工成烧酒、豆油等初级工业制成品,或作为原粮销往其他地方。然而,自甲午战争以来,地方政局的动荡不安,严重破坏了奉天经济的正常发展。日俄战争爆发后,两军兵燹所及,"城镇、乡村,人民房屋、财产,无不波及损失"。② 战线之内生灵涂炭、人民流离失所,战线外之地方百姓同样未能幸免。战争中,城市被俄日军队交相占领,交通阻滞;厂房被毁被占,生产被迫停滞。农村大量

---

① 徐世昌:《考察奉天省情形单》,《退耕堂政书》卷5,天津徐氏退耕堂刻本1914年版,中国书店1984年重印本,第14页。

② 《增祺、廷杰为各地方查报日俄交战损失事给奉天交涉总局札》(光绪三十年三月二十九日),辽宁省档案馆:《日俄战争档案史料》,辽宁古籍出版社1995年版,第332页。按:标点为引者所加,原文为"城镇乡村人民房屋财产无不波及损失"。

赖以进行农业生产的青壮骡马牛等畜力被两军掳去充当战马或用于运输战争物资，其老弱者，被全部屠杀，以免资敌。大量青苗被用于饲养战马，其他车辆等生产资料，亦被交战双方竞相征用。① 在战火的直接、间接破坏之下，广大战区内外工农业生产濒临停滞。或直接或间接的掠夺同样致使商业萧条、物价飞涨，人民生活因之雪上加霜。以奉天省城为例，"俄军在据守城垣时，向各店铺索要财物及酒、肉供给。日军占领后，1,366 户商店被迫向日军'献纳粮秣费白银十万两，致使全城商店的总资本额减至五万五千两，因而影响到各钱庄、银号发行的钱票贬值或难于流通'。这些掠夺使盛京商民深受其害"。② 一次次的战争破坏，打破了地方原有的政治秩序，社会动荡不安，严重影响了奉天经济的正常发展。新的政治经济局势之下，要更好地维护国家主权，抵制经济侵略，尤其需要增强自身的经济发展能力。迅速恢复屡次战争中严重受损之元气、振兴奉天经济，不仅关系地方发展前景，而且影响到国家主权的挽回与边疆之巩固，因而成为地方主政者面临的一项重要任务。

　　奉天地方财政收入以地价和税收为大宗。经济发展水平有限，税源自然不旺。加之税则混乱，管理不严，大量收入落入私人腰包，极大地影响了政府的财政收入。奉天岁入之款，在庚子以前除民蒙垦务各项进款之外，每年收入不过 150 万两左右，显然不敷开支，故而历来为财政受协省份。自甲午战争以来，地方频遭兵燹，财政愈加困难。日俄战争爆发后，社会经济遭受严重破坏，极大地削减了地方税收。此外，为了掠夺战争物资和地方财富，两国在战区各自发行军用票，强迫地方居民接受。作为战时掠夺财物的一种手段，此军用票不具备任何本位货币储备，不能兑换，一旦地方易主或战争结束即告作废，不啻为明火执仗的掠夺，不仅使各被占领区民众承受两国军用票交替掠夺所带来的损失，而且扰乱了地方金融秩序。而频繁的战事，也使得大量耕地遭到破坏，直接影响了地价收入。战争的破坏与直接的掠夺，致使地方政府财政收入锐减，各项行政，经费无着。日俄战争过后，要改革地方、巩固边防，离不开长于财政的大员留守陪都。

　　东北介日俄之冲，且偏处边疆一隅，地广人稀、治所稀疏，加之连年的

---

　　① 赵尔巽全宗档案，第 178 卷（《赵尔巽提学使司张鹤龄等关于废科举兴学堂筹经费选官员改察学务等事之札禀电函》），缩微号：0029，中国第一历史档案馆藏。
　　② 丁海斌、时义：《清代陪都盛京研究》，中国社会科学出版社 2007 年版，第 262 页。

战争,造成奉天地方动荡不安,各种势力杂糅并存。他们的活动构成了危害地方治安最主要的不稳定因素:其一,外国侵略势力。甲午战争以后,外国力量占据大片奉天地方。尤其自庚子以来,俄国军队大量进入。俄军纪律松弛,时常骚扰地方。日俄战争爆发后,两国军队更是以战争需要为名,大肆侵扰地方居民,使得正常的生产生活秩序遭到严重破坏,战线内外民不聊生,人人自危。战争结束后的一段时间内,日俄两国的散兵游勇又成为威胁地方治安的主要因素。其二,胡匪。清朝统治者为了保护其祖宗发祥之地,在东北地区圈占、封禁了大量的土地、山林。在相当长的一段时间里——尤其是清中叶东北大规模开禁之前,整个东北地方人口覆盖率极低,政府控制力量薄弱。各种边缘社会力量利用政府控制更为薄弱的一些边远地方作为老巢,迅速滋生、发展,加之政府剿办不力,各股势力渐成坐大之势,终成扰害地方治安的一大顽疾。其中,尤以胡匪为最主要代表。日俄战争爆发后,战区内外地方的动荡不安更进一步加剧了治安的混乱状况。胡匪势力的猖獗、地方局势的动荡,给奉天各项行政工作的正常开展造成了新的困难。地方的发展离不开安定的社会环境,要推行新政改革,必须消除危害地方治安的不稳定因素。除了严厉打击胡匪之外,还需要提高对突发治安事件的防控能力,更好地预防社会犯罪发生。要在这种情况下推行新政改革、举办善后各政,维护社会治安、重建社会秩序的新任务又摆在新授盛京将军面前。

概言之,历次战事的破坏,造成奉天地方"官诎于交涉而内政不修,民苦于兵戎而本业坐废。旗蒙凋瘵,盗贼杂揉(糅——引者),受病既深且迫"。[①] 当时的奉天,外有强邻逼处,内有胡匪搅扰,加以本来积弊已深,已然是一个千疮百孔、百废待举的烂摊子。时论评价曰:"财罄于藏,民嗷于野。种种新政,百无一举。所属官吏又多行尸走肉者流,惟以搜括民资为目的。"[②]由此造成的一个后果是,地方发展困难重重:要迅速稳定地方政局,需要各级行政机构的高效运转,然而行政秩序混乱,行政效率低下;要赈抚灾黎、推行新政,却财政枯竭,经费无出;要发展经济,离不开安定的社会秩序,却社会失范,治安混乱;要收回国家主权,而强邻日本战胜而骄,对

---

① 赵尔巽:《奏为筹办奉省善后事宜各端情形事》(光绪三十一年十二月十四日),军机处录副奏折,光绪宣统朝,03-5764-083,中国第一历史档案馆藏。

② 《赵次帅在奉之治绩》,《满洲日报》光绪三十三年五月二十九日第三版,中外要闻。

各种权益在在染指;要推动社会进步,却风气闭塞,文化教育落后……"此可见奉事之难办矣。"①

二、赵尔巽的个人因素

客观地说,赵尔巽之留守陪都,在某种程度上是他的个人能力及其性格特点与东北地方时势需要的完美结合。而赵氏的卓越表现,大概与其出身书香门第的熏陶以及官宦世家的影响,又是密不可分的。②

(一)家世背景

赵尔巽籍隶汉军正蓝旗。其十世先祖由奉天铁岭从龙入关,此后世居北京,历代为官。其祖父、父亲,均为进士出身。道光二十四年(1844),赵尔巽正是出生在这样一个处于上升阶段的官宦世家与书香门第相结合的家庭。及至尔巽一代,四兄弟中的三人(尔震、尔巽、尔萃)又名列甲榜。祖孙三代进士本不多见,而其父亲文颖与兄弟同榜进士,及至赵尔巽又与其兄赵尔震同榜进士,父子两代兄弟同榜进士,更为稀奇,一时传为佳话。洎乎清季,赵尔巽、赵尔丰兄弟二人均位列封疆,且位居要津,又属极为难得。特别是二人同官四川,于当地发展稳定贡献良多。入民国,赵尔巽又受袁世凯之邀主修清史,历十余载,终成一代清史,行将就木之际,嘱人以《清史稿》之名刊出。除了致力于为前朝故主修史之外,古稀之年的赵尔巽仍致力于以自己的政治影响力平息争端,稳定政局。正因为得益于两兄弟的影响力,赵氏家族渐成中国近代史上名望颇盛的名门。

赵尔巽的祖父和父亲均以进士出身而入仕:其祖父达纶,字莲洲,号经圃。道光辛巳(道光元年,1821)恩科举人,癸未(道光三年,1823)进士,国史馆分校。外放陕西,历知县、延安府安边厅理事同知兼摄佛坪抚民厅。后辞官归隐,怡情著述,有《枣花轩稿》、《经圃日记》、《六十自述》行世。终老于济南,诰封中宪大夫,晋封光禄大夫、建威将军。③ 赵尔巽的父亲文颖,字负奇,号鲁斋。道光庚子(道光十二年,1840)恩科举人,乙巳(道光二

---

① 《赵次帅在奉之治绩》,《满洲日报》光绪三十三年五月二十九日第三版,中外要闻。
② 日本学者江夏由树援引《奉天通志》,认为赵尔巽家族世居辽阳,是奉天当地极有影响的一个家族,这是赵尔巽能够以汉军留守陪都的另一个重要原因。详见: Yoshiki Enatsu, *Banner Legacy: The Rise of the Fengtian Local Elite at the End of the Qing*, Ann Arbor, Michigan, Center for Chinese Studies, The University of Michigan, 2004, p. 25.
③ 赵尔巽:《赵氏族谱》卷 1,1910 年刻本,第 30 页。

十五年,1845)恩科进士。历任山东蒙阴县知县、署理阳信知县、商河县知县、署理阳谷县知县,知州衔。咸丰四年(1854),太平军进攻阳谷,文颖莅任方五日而遇难,时年40岁。文颖故后,"奉旨照知府例从优赐恤,世袭云骑尉,建立专祠,奉旨入祀商河县名宦祠、京师山东省城昭忠祠、国史有传,诰授奉直大夫,追赠朝议大夫。覃恩貤封翰林院庶吉士,加一级晋封光禄大夫,建威将军"。同治三年(1864),经巡抚阎敬铭奏请入祀商河名宦祠。同治七年(1868),复经巡抚丁宝桢奏请入祀省城昭忠祠。① 赵尔巽的母亲陕西延川李氏,出身书香门第,善诗文,著有《双清阁吟稿》、《训子手札》。诰封恭人,晋封一品太夫人。尔巽兄弟少年失怙,母亲对其管教甚严,于四人之成材,居功至伟。

　　赵尔巽兄弟四人,除赵尔丰为举人,其余三人均系进士出身。尔巽、尔丰先后成为镇守要地的封疆大吏,权倾一方。赵尔巽行二。其兄赵尔震,字公威,号铁珊。世袭云骑尉兵部郎中,国史馆协修。同治癸酉科(同治十二年,1873)举人,同治甲戌科(同治十三年,1874)进士,选翰林院庶吉士,散馆改工部主事。因修缮西陵工程,擢工部郎中。历硝磺库主事、营缮司员外郎等职,截取直隶州知州知府,记名道府。钦派宝泉局监督,大婚典礼总办,万寿庆典总办。会典馆纂修,监运司衔,二品顶戴,候选道。② 其弟赵尔丰,字公保,号季和。以丙子科(光绪二年,1876)乡试挑取誊录议叙盐大使,历署广东盐运司、知县,补河东监掣同知、护理河东盐法兵备道。大计卓异,以道员发往河南委用,军机处存记。后调四川,历署成绵龙茂道、永宁道、建昌道。督办川汉铁路,剿办川边土匪,特简川滇边务大臣、护理四川总督,授驻藏大臣兼办川滇边务大臣、署理四川总督。宣统三年(1911)十一月初四日,被新任都督尹昌衡派人杀死。③ 其幼弟赵尔萃,字公庆,号小鲁。光绪壬午科(光绪八年,1882)举人,己丑科(光绪十五年,1889)进士,分山东,历任知县,加同知衔,赏戴花翎。升用直隶州知州、三品衔候补道。创办山东工艺局、提调直隶工艺局、矿务局会办。④ 后辞官,

---

　　① 《钦定原任山东商河县署理阳谷县知县文公忠义传》,清国史馆光绪年间抄本,国家图书馆古籍馆藏。

　　② 赵尔巽:《赵氏族谱》卷3,1910年刻本,第10页。

　　③ 赵尔巽:《赵氏族谱》卷3,1910年刻本,第16页。

　　④ 赵尔巽:《赵氏族谱》卷3,1910年刻本,第19页。

归隐山东泰安。酷爱书法,造诣颇深。曾将所藏真迹辑成《五朝墨迹选》加以刊行,为后世保留了部分珍贵书法作品。

　　长期的家庭熏陶,造就了赵尔巽一代"一门三进士,弟兄两总督"①的荣耀。虽然赵尔巽籍隶汉军,且为正蓝旗,并没有上三旗的尊贵身份,但是因其清季历任封疆,开明进取,于任职地方发展贡献颇多而成为一代名臣,成为清代中期以后汉军中少见的杰出人物。

　　(二)赵尔巽及其性格气质

　　赵尔巽由进士而选翰林院庶吉士,散馆授编修,改御史。后外放,一步步地成长为镇守一方的封疆大吏,颇为清廷所倚重。由编修到总督,尽管并非平步青云,但是一路踏实升迁,可谓仕途坦荡。除了其较强的个人能力之外,与其率直认真、勇于任事并且开明进取的鲜明个性也是密不可分的。

　　在时人的笔下,赵尔巽既开明进取,又刚正不阿、②敢于直言,在初入仕途任御史期间,曾屡次上折奏参慈禧太后擅政专权,③又是一位"意志坚强、态度谦和、做事稳妥、有政治眼光的人"。④ 对行政事务的处理,事事持以稳慎。作为赵尔巽的昔日下属,曾任户部主事的龙建章曾这样评价这位老上司的为人:"不畏强御、勇于任事,是将军之勇;洁己奉公、簠簋必饬,是将军之廉;赏罚严明、不阿所好,是将军之义;推心置腹、开诚布公,是将军之直;谦恭下士、罗致英雄,是将军之德;临下宽简、先司赦过,是将军之仁。"在这封私人请托信函中,龙氏的评价可能不免溢美之词。可是将上述诸人的记述加以对比,不难找出其共同之处:为人踏实、正直、谦和,为政廉洁。然而,人无完人。龙建章在高度赞扬赵尔巽的同时,也指出其存在着轻信人言、喜顺恶逆、疾言遽色、喜怒不时等不足。⑤ 以此反观上述龙氏对

---

　　① 田承军:《赵尔巽家族与泰安》,《历史档案》2005 年第 2 期,第 96 页。

　　② 详见《赵尔巽轶事》,《自求》1929 年第 7 期,第 41 页。

　　③ 《赵尔巽尚欲有言》,徐珂:《清稗类钞》,中华书局 1984 年版,第 1521—1522 页。

　　④ 〔英〕杜格尔德·克里斯蒂著,〔英〕伊泽·英格利斯编:《奉天三十年(1883—1913)——杜格尔德·克里斯蒂的经历与回忆》,张士尊、信丹娜译,湖北人民出版社 2007 年版,第 215 页。杜格尔德·克里斯蒂(Dugald Christie,1855—1936),中国名"司督阁",英国籍苏格兰人。1881 年毕业于英国爱丁堡大学,1882 年奉苏格兰基督教会派遣来华施医布道,1883 年到达奉天省城,设立盛京诊所。两年后,创办盛京医院,任院长。1922 年,离开奉天回国。在奉天生活近 40 年,于奉天地方极为熟悉。对中国东北地区近代医学的推广贡献良多,被誉为"东北西医的传播者"。

　　⑤ 赵尔巽全宗档案,第 186 卷(《知县李鼎元李时敏等人关于整顿地方筹款练兵开荒采矿开埠通商兴学理财改革宪政官制等方面条陈奏稿》),缩微号:0030,中国第一历史档案馆藏。

赵尔巽的评价,虽不无恭维,但仍不失客观公正。在奉天地方施医布道长达40年的英国传教士杜格尔德·克里斯蒂(Dugald Christie,中国名"司督阁"),与赵尔巽多有接触。杜氏在其回忆录中对这位地方大吏兼好友留守陪都期间的作为,有着形象直观的描述:

> 赵尔巽的人生格言可以用"进步、效率、节约"来概括。他免去了那些只食俸禄而无所事事人的职务,把一些有事业心的人聚集到自己周围,委以重任。他把自己的开支降到最低点,生活朴素,轻装简从,从不矫饰张扬。①

尤为可贵的是,作为科举正途出身的封建官员,虽然饱读四书五经,浸淫八股文章,但是并非僵化守旧之辈。相反,他极其乐于接受新鲜事物,勇于革新,以"好改旧制而变新法"闻名当时。② 据李书城回忆,赵尔巽抚湘之际,他与吴禄贞等三人曾借机拜访,受到热情接待。其间,吴氏侃侃而谈,陈述其推行新政、发展地方的种种主张,"使赵尔巽连连点头,面露兴奋之色"。以至于他们几次起身辞别,均被赵一再挽留,"一直谈了三、四点钟才揖别出门"。赵还亲自送至大门口,以示谢意。临别之际,又对吴说,"与君一席话,胜读十年书"。③ 赵氏之趋新,可见一斑。对此,外间报纸亦有类似评价:"在革新派中,近时之知名者,为奉天将军赵尔巽及外务部侍郎唐绍仪也。赵为奉天将军,而驰名于内外;唐亦以外交事务得显其名。"此二人,"颇称敏健,精于事务"。④

(三)任职经历及其政绩

受命留守陪都之前,赵尔巽曾任职于多个地方,历经府道藩臬,护理抚篆,后迁湖南巡抚。勇于任事、踏实认真的性格,加之丰富的行政经验,共同造就了赵氏在各地任职的显著治绩。从太守到抚台,无论是独当一面还是主政一方,其各项施政,于任职地方发展均可谓贡献良多。

---

① 〔英〕杜格尔德·克里斯蒂著,〔英〕伊泽·英格利斯编:《奉天三十年(1883—1913)——杜格尔德·克里斯蒂的经历与回忆》,张士尊、信丹娜译,湖北人民出版社2007年版,第167页。

② 奭良:《清史馆馆长前东三省总督盛京将军赵公行状》,《无补老人哀挽录》,民国年间铅印本,第4页,国家图书馆古籍馆藏。

③ 李书城:《我对吴禄贞的片断忆录》,全国政协文史资料研究委员会:《辛亥革命回忆录》第5集,中华书局1963年版,第450页。

④ 大东生:《革新派人物(三)》,《台湾日日新报》光绪三十二年九月十日第一版,杂报。

光绪二年(1876)散馆后，赵尔巽授职编修。历国史馆协修官、湖北乡试副考官。八年(1882)十月，奉旨记名以御史用。九年(1883)十月，补授福建道监察御史。十年(1884)九月，掌广东道监察御史。十一年(1885)京察一等，引见，奉旨记名以道府用。同年十月，俸满截取，奉旨记名以繁缺知府用。十二月，奉旨补授贵州贵阳府遗缺知府。十二年(1886)十二月，到石阡府本任。十四年(1888)，题补贵阳府知府。十八年(1892)，大计卓异。十九年(1893)，题升贵东兵备道。① 此后一路辗转升迁，历安徽按察使(光绪二十年，1894)、②陕西按察使(光绪二十四，1898)、甘肃新疆布政使(光绪二十四年，1898)，③至光绪二十八年(1902)四月丁忧起复，转任山西布政使。④ 光绪二十八年(1902)七月初二日，⑤护理山西巡抚。⑥ 十二月二十四日，擢湖南巡抚。⑦

在主政湖南的一年半时间里，赵尔巽极力推行新政，于地方新政多所创行。在整顿吏治、发展教育、倡办实业以及改良社会风俗等方面颇有建树，为推动清末湖南社会的早期现代化做出了重要贡献。⑧ 尤其是所办新式教育，颇具特色，在清末新政运动中很有代表性。⑨ 赵氏抚湘期间的新政成绩可谓有目共睹，得到了时人与后世研究者的共同肯定。赵奉旨进京后，曾立即有人在《觉民》发文，对其离湘表示惋惜，担忧湖南新政前景：

> 乃观近日北京有电，著湖南巡抚赵尔巽来京陛见，而以年老龙钟之陆元鼎代之之谕。湖南学界自赵抚莅任后，大有猛进气象。而各地怀抱利器之流，亦源源归之。赵固十八省督抚中之铮铮者也。今我知此旨一下，赵抚必不得不离任。赵去而陆来，湖南学界势不得不一复其旧□。顷刻之间，可使前此之经营计画都归乌有。夫位至疆圻，不

---

① 秦国经：《清代官员履历档案全编》第 5 册，华东师范大学出版社 1997 年版，第 654 页。

② 赵尔巽：《奏报到皖接受臬篆日期事》，光绪二十一年十一月初六日，军机处录副奏折，03－5333－009，中国第一历史档案馆藏。

③ (清)朱寿朋编，张静庐等校点：《光绪朝东华录》，中华书局 1958 年版，第 4126、4245 页。翌年八月，丁母忧。

④ (清)朱寿朋编，张静庐等校点：《光绪朝东华录》，中华书局 1958 年版，第 4865 页。

⑤ 《德宗景皇帝实录》卷 502，《清实录》第 58 册，中华书局 1987 年影印本，第 630 页。

⑥ 朱寿朋编，张静庐等校点：《光绪朝东华录》，中华书局 1958 年版，总第 4984 页。

⑦ 中国第一历史档案馆：《光绪朝上谕档》第 28 册，广西师范大学出版社 1996 年版，第 350 页。

⑧ 详见阳信生：《赵尔巽与清末湖南新政》，《株洲师范高等专科学校学报》2006 年第 6 期。

⑨ 阳信生：《赵尔巽与湖南近代教育的发展》，《船山学刊》2005 年第 2 期。

可谓无实权矣;贤如赵抚,不可谓非热心矣。然而,区区不满十字之旨
一下,而势不得俯首帖耳随之而去者,积势之使然也。①

光绪三十三年(1907),《时报》曾刊发《湖南学务近状之报告》一文,开
篇即言:"湖南之有教育事业,自赵次帅(赵尔巽,号次珊——引者。下略)
始也。赵改岳麓书院为高等学堂,而全省之视听一倾。"②

从光绪三十年(1904)七月初四日权署户部,③到光绪三十一年(1905)
四月初四日调任盛京将军,④赵尔巽主政户部整整九个月时间。此一时期的
任职,既是其出任盛京将军,到东北收拾战争残局之前的缓冲与准备,也可以
说是对其财经管理能力的检验与锻炼。其间,赵氏主持处理变通捐税、清丈
土地、整顿盐厘以及改革币制等各项事务,展现了其财经管理能力与特长。

综上可见,赵尔巽辗转任职多个地方,或任藩臬独当一面,或为巡抚主
政一方,既有财经管理能力,又有行政管理经验。⑤ 在时人看来,赵尔巽
"有才略,有胆识,而又以忠诚见称",堪称"今日督抚中之表表者"。⑥ 而日
俄战争后的奉天地方,各项行政亟需改革整顿,财政整理任务尤为急切和
繁重。丰富的行政经验与突出的执政能力,使得赵尔巽成为接替增祺留守
陪都的一时之选。

三、善后施政主张

日俄战争爆发后,清政府在"局外中立"的同时,开始考虑并着手准备
战争善后事宜。面对两国的战争及东北地方的危迫局势,各大臣见仁见
智,纷纷发表对战后东北的整顿改革意见。奉旨入觐之初,赵尔巽曾于光

---

① 《赵尔巽之去任》,《觉民》1904 年第 8 期,第 25 页,时评。
② 《湖南学务近状之报告》,《时报》光绪三十三年三月十一日(一),社论。
③ 《德宗景皇帝实录》卷 533,《清实录》第 59 册,中华书局 1987 年影印本,第 94 页。
④ 《德宗景皇帝实录》卷 544,《清实录》第 59 册,中华书局 1987 年影印本,第 225 页。
⑤ 恽毓鼎对赵尔巽的行政能力大为赞赏,其光绪二十九年正月二十九日的日记有谓:"赵次
山(赵尔巽——引者)中丞,今之贤督抚也。其抚晋诸疏,皆切实透达,不减林文忠、曾文正。今日
见其整顿晋省乡社一疏,重任社长,惩劝兼施,有乡官之利而无其弊。读其文,知其能实心办事,非
徒纸上空谈。……中丞此举,洵治内要图也。"(恽毓鼎著,史晓风整理:《恽毓鼎澄斋日记》,浙江古
籍出版社 2004 年版,第 209 页)
⑥ 顽:《噫,赵尔巽亦如是乎》,《大陆报》第三卷(1905 年)第五号,时事评论,第 3 页。本刊此
前亦有类似评价,称其为"今日督抚中之矫矫者也"。见《端方与赵尔巽》,《大陆报》第二卷(1904
年)第三号,时事批评,第 12 页。

绪三十年(1904)七月初三日奉旨呈递日俄战争善后施政条陈。该条陈从全局出发,主张朝廷从外交、兵备、财政等三个方面预先做好准备:外交上,宜早日准备议约事宜。此次议约为从来所未见,非深通法律之学者不能因应周全。建议由外务部预选法律专业毕业生翻译各国成案,拟为条议,议约时派为随员。兵备上,派知兵将领考察实地情况,预筹办法。东北收回后,"非自守不可"。但是,考虑到战后日本为防止俄国南下复仇,断不会从所占几处战略要地立即撤兵,且清政府一时间没有足够的军队在东三省全面设防,不妨接受日本暂时驻兵、共同防守的要求。但需要根据地方实际情况,与其议定何处可共守,何处可以代守,何处必须自守。同时,派知兵将领赴各战略要地实地考察战区情况,以备将来全面接防之需。财政上,预筹善后经费。建议由户部筹定专款,提存备用。①

至于东北收回后的经营方略,赵尔巽主张从十五个方面入手,进行全方位的改革整顿:(一)改官制。改设督抚,府尹改为藩司,添设巡道,其下根据地方情况陆续分设府厅州县各缺。裁撤副都统与五部侍郎,另设专局办理其事。(二)练土兵。因短时间内难以添练大枝劲旅,战区收还以后,可暂借客军代为防守。责成各巡道招练土兵,专以防剿胡匪之用。针对其行动迅速的特点,同时大力发展巡警,专以防剿胡匪。(三)练旗兵。挑练新军,整顿旗营,消除旧有陋习。参佐协领,不拘常格择能任使。对旧有旗兵进行考核,优者加饷,次者改习巡警,劣者汰除,准其自谋生计。(四)兴教育。以启蒙教育为主,多设寻常小学及半日半夜学堂。同时,推行成人扫盲教育,识字之外,首重宣讲。派遣留学生出洋,培养新式教育的师资。(五)清词讼。责成知府周巡各属,督饬各州县审断积案,随审随结。加强监督,严禁积压新案。(六)加廉俸。东三省官吏,贪墨者多,欲惩其贪必须先养其廉,此乃势在必行之策。宜于定例俸廉而外,酌定办公经费,以舒其困。(七)惩贪墨。除加强监督之外,应禁止腐败吏治的投效之例。由地方大吏抱定宗旨,假以便宜之权,慎选州县各员,肃清奉天吏治腐败之源。(八)筹屯垦。设垦务总局,由大员负责,专司招徕客民,编制垦户,师古人屯田遗意,寓征兵之法于屯田之中,仿日本北海道办法编为屯籍,以兵法管

---

① 赵尔巽:《为筹办东三省善后事宜条陈》(光绪三十年七月初三日),宫中硃批奏折,04－01－01－1067－036,中国第一历史档案馆藏。

理。(九)振工艺。劝导榨油、烧酒作坊各自成立公司,联合生产,以推动此两项产业良好发展,保证利源。其他适合东北地方之织呢、纺纱、制鱼等产业,宜招外省之商人集股兴办。(十)兴林利。利用招租的方式开发黑龙江、吉林两省的原始森林资源,以杜外人觊觎之心,增加地方财政收入。(十一)定矿章。众多矿藏,除自开最佳数处之外,其余各处宜遵照商部新章,设局招商。若办理得法,可保全均势之局。我既可收租税之利,又可免矿权落入一国之手。(十二)改盐法。改革盐业管理办法,设盐官或专局经理其事。于产盐地方划定盐场地界,改为就场征税,行销三省不再重征。一则可保政府盐利之不失,再则可避免因任意需索加重民众负担。(十三)制钱币。整顿银元局,添购机器鼓铸铜圆,以补制钱之缺。另设官银号,发行纸币,改变三省钱币淆杂,制钱短缺以及银币不敷兑换的混乱局面,"以保利权而维圜法"。(十四)辟商埠。预筹税关、工巡等相关事宜,待交战区收回后,约开、自开商埠次第开放。(十五)通航路。营口收还后,自己设立轮船公司,以通运道。同时,加强对内河航道的利用管理,招商设立公司,以争转运之利。①

赵尔巽的这一战后东北经营方略,从改革地方行政、清除积弊入手,意在使战后地方迅速地转入建设轨道,推动地方各业的发展。其各项主张,既有短期当务之急,又不乏长远规划。既有对战争遗留问题的处理,又包含对战后地方的改革整顿,是一项将战争善后与改革地方有机整合的通盘整改计划,不失为切实可行的施政纲领。综观其条陈所列诸项,无论对于日俄战争形势的认识,还是对中国应对策略的主张,皆可谓切中要害,鞭辟入里,因此深得帝后赞许。抛开其他因素,或许正是这一条陈的作用,促使清廷最终决定派赵尔巽留守陪都,全面负责地方战争善后。

概言之,日俄战争过后的东北地方,满目疮痍,百废待举。正是战后奉天地方的客观要求、赵尔巽的个人能力及其勇于任事、锐意进取的个人性格,加之其切实可行的善后主张,使得赵尔巽成为日俄战争后留守陪都的不二人选。久居奉天的英国传教士杜格尔德·克里斯蒂通过他的观察分析,道出了一个局外人对于此项任命的理解:

日俄战争好像慢慢地唤起了中国政府对于满洲重要性的认识。

---

① 赵尔巽:《为筹办东三省善后事宜条陈》(光绪三十年七月初三日),宫中硃批奏折,04-01-01-1067-036,中国第一历史档案馆藏。

朝廷第一次任命了一位有杰出能力的盛京将军。他不像从前的将军那样是位满人,而只是一个汉军旗人,叫赵尔巽。他是一位难得的干才和优秀的理财家;年纪有些大了,又没有留过洋,不懂外语,接受的完全是儒家教育,更不同情革命党推翻朝廷的活动。尽管如此,他确是一个现代派,不是顽固派。他知道中国需要什么,治理满洲的当务之急是什么,因此,尽其全力投身于最为紧迫的各项改革。在推进改革的过程中,他采取一种平静的,渐进的方式,没有干扰当地人民的正常生活。在其不到两年的任职期间,满洲取得了显著的进步。①

客观地说,揆诸赵尔巽留守陪都期间的各项施政举措暨其治绩可见,日俄战争后以其接任盛京将军,堪称得人。

第三节　赴任前的准备

赵尔巽受命留守陪都之际,日俄战事尚未结束,虽然战局日渐明显,但外国军队依然占据着包括省城在内的奉天大片土地。不但战争的持续给东北地方造成的破坏日益加深,且战局的走势对东三省的下一步发展影响甚大。清政府亟盼日俄两国握手言和,以便尽快收回东北地方。然而,鉴于波谲云诡的地方局势,新授盛京将军并没有立即出关履新,而是直到日俄胜负大局已定,六月十九日才离京赴任,②六月二十四日接印

---

　　① 〔英〕杜格尔德·克里斯蒂著,〔英〕伊泽·英格利斯编:《奉天三十年(1883—1913)——杜格尔德·克里斯蒂的经历与回忆》,张士尊、信丹娜译,湖北人民出版社 2007 年版,第 166 页。
　　② 在奏报接印日期折中,赵尔巽并未言及何日出京赴任。笔者的结论,基于以下史料得出:其一,赵尔巽在信札中谈及何时赴任时,有"准于十九日早车出京"之说(赵尔巽全宗档案,第 98 卷〔兵部署理盛京将军廷杰为赵尔巽补授盛京将军事之咨文及赵尔巽接印任职及卸任文件〕,缩微号:0019,中国第一历史档案馆藏);其二,据《那桐日记》所记,赵尔巽在六月十九日离京赴任(北京市档案馆:《那桐日记》,新华出版社 2006 年版,第 542 页);其三,在致军机处、外务部函稿中,赵尔巽曾提及"叩辞以后,于十九日到津,与北洋大臣晤商一切"(赵尔巽全宗档案,第 140 卷〔袁世凯那桐等关于磋商收抚冯麟阁事与赵尔巽往来密电及有关文件〕,缩微号:0025,中国第一历史档案馆藏);其四,《大公报》曾载有下面一则消息记述袁世凯等迎接新授盛京将军赵尔巽到达天津的情形:"新授奉天将军赵尔巽留守于十九日由京乘专车起程,午十二钟到津。"(《留守到津》,《大公报》光绪三十一年六月二十日第四版,中外近事,本埠,督辕纪事)比较以上记述,几种说法的时间是相吻合的。因而可以断定,赵尔巽离京赴任的日期当在光绪三十一年六月十九日,时为公元 1905 年 7 月 21 日。

视事。[①] 从受命留守陪都到请训离京,其间经历整整两个半月时间。正是利用滞留京城的这段时日,赵尔巽先行介入和处理了一些内政和外交事务,为到任后各项事务的迅速展开奠定了基础。

一、推迟赴任之原因

任命上谕公布之后,新授盛京将军并未立即赴任。决定其行期的主客观因素颇为复杂,既有战争进程,又有相关事务的进度,还有内外关系的调节,具体如下:

(一)等待日俄战局尘埃落定

赵尔巽受命留守陪都之际,日俄战争尚无最终结果。奉天会战后,两国陆战已基本结束,俄军优势尽失,龟缩至东北北部待援。尽管俄国败局已定,但其海军力量尚存,仍为其负隅之资。奉天是日俄战争的战场所在,此时的盛京将军除留守陪都之外,尚同时肩负一项重要的任务,即主持日俄战争善后地方事务。盛京将军,作为中立国皇权在其"龙兴之地"的最高代表,地位尊崇、身份特殊,若此时急于赴任,与日俄两国的关系难于处理,处境未免尴尬。正如直隶总督袁世凯所言:"盖战时两国为全球属目,日本专用诡谲,以期独占利益。我若此时派大员前往,纵不作从前中俄故智,将来各报哗然,必以密约为言。则取怨于俄法犹小,所忌于英美必甚。全欧本有黄□之说,日本战胜而骄。我中国受人迫逼,愈不可为矣。"[②]因此,至少需要待战局初定,新授将军方可莅任。赵尔巽自己也曾明确表示,要静观时局变化,"大约克复平和之后,方可赴任"。[③]

(二)调整与日本军政当局的关系

尽管战前日本声称为中国利益与俄国开战,战后不占土地,不侵主权,但是世人皆知其承诺不过具文。事实证明,战后日本非但占据土地,而且干涉行政,觊觎更多权益。不仅战后如此,日俄战争后期盛京将军更替之际,两国——尤其是与盛京将军辖区关系密切的日本,即开始干预盛京将

---

① 赵尔巽全宗档案,第 98 卷(《兵部署理盛京将军廷杰为赵尔巽补授盛京将军事之咨文及赵尔巽接印任职及卸任文件》),缩微号:0019,中国第一历史档案馆藏。

② 赵尔巽全宗档案,第 97 卷(《赵尔巽亲属给赵的函电及私人日记》),缩微号:0018-0019,中国第一历史档案馆藏。

③ 《赵尔巽缓赴东三省之原因》,《申报》光绪三十一年四月初五日第四版。

军人选以及赴任时机等问题,尽管遭到清政府反对,但是他们的意见不能不影响后者的相关决定。赵尔巽素以开明进取闻名,以其出任盛京将军,不免招致日人的反对。获得日本对新授留守的认可以及调整与日本驻奉天军政当局的关系,在很大程度上影响了新授盛京将军的赴任时机。所以,日本取代俄国占领奉天省城之后,新授盛京将军依然不能贸然前往,尤其需要预先理顺与日本驻奉天军政当局的关系。就其时其地的内外局势而言,二者关系事实上包含着三个层次的问题:一是接替人选的认可。赵尔巽受命留守陪都后并未立即赴任,原因之一,即"因日有违言,东行未定"。[①] 光绪三十一年(1905)四月二十一日,[②]赵尔巽曾亲拟电稿致电张之洞,谈及推迟出关时有谓:"枢谓外人不能干放缺主权,日使谓战地必须通商。现俟前敌复音。"[③]五月初五日,更有报道直言:"奉天新任将军赵尔巽赴任无期,不合于日军之意也。"[④]二是赴任时机的商定。强邻不仅干预陪都留守的人选,他们对于赴任时间的意见,也令清政府颇费思量。早在任命上谕公布之前,赵尔巽致电张之洞,不止一次提及此事,如:二月十三日电称:"巽东行暂缓,因日使谓重在和后布置,俄使亦谓宜缓,廷议乃定。"[⑤]二月十六日,赵又致电曰:"现因彼使言,暂缓。"[⑥]给袁世凯等人的电报与信函中,赵尔巽也不止一次谈及推迟出关赴任,就是因为与日本驻奉天地方军政当局尚未谈妥,静候枢廷指示。[⑦] 此外,赵尔巽在接受《申报》采访时亦明确表示,曾与日本驻华公使内田康哉商议,彼认为赴任时机未到。[⑧]后来,《申报》也有报道说,赵尔巽缓赴奉天,"实因命下之日,外部即照会日

　　① 赵尔巽全宗档案,第68卷(《湖南巡抚端方等为东省任用人员求职升调离职病故赏假事与赵尔巽来往函电及谢恩奏折》),缩微号:0014,中国第一历史档案馆藏。

　　② 《张之洞北京赵尚书(赵尔巽)来电(光绪三十一年四月二十一日)》,虞和平:《近代史所藏清代名人稿本抄本(第二辑)》第102册,大象出版社2014年版,第445—446页。

　　③ 赵尔巽全宗档案,第96卷(《直督袁世凯等致赵尔巽函电及户部等关于各司承办稿件事的奏稿等》),缩微号:0017—0018,中国第一历史档案馆藏。

　　④ 《光绪三十一年五月中国事纪》,《东方杂志》第2卷(1905年)第7期,杂俎,第54页。

　　⑤ 《张之洞北京赵尚书(赵尔巽)来电(光绪三十一年二月十四日到)》,虞和平:《近代史所藏清代名人稿本抄本(第二辑)》第101册,大象出版社2014年版,第690页。

　　⑥ 《张之洞北京赵尚书(赵尔巽)来电(光绪三十一年二月十七日到)》,虞和平:《近代史所藏清代名人稿本抄本(第二辑)》第101册,大象出版社2014年版,第721页。

　　⑦ 详见赵尔巽全宗档案,第67卷(《湖南巡抚端方等为赵尔巽赴盛京任职事与赵尔巽的来往函电》),缩微号:0014,中国第一历史档案馆藏。

　　⑧ 《赵尔巽缓赴东三省之原因》,《申报》光绪三十一年四月初五日第四版。

本内田公使允为转达日政府,至今尚未回复"。[1] 直至六月初三日,才有结果。[2] 三是筹议善后外交需要。在任命上谕公布之前,赵尔巽曾明确表示:"将去之先,有许多事应与彼商,责在政府外部,若不预筹,空去何益。"[3]

(三)调整与反对者的关系

前已述及,清入关后尊盛京为陪都,历代帝王对此均极为重视。盛京将军实乃清王朝皇权在其"龙兴之地"的最高代表,所以多由王公重臣出任。赵尔巽以汉军留守陪都,不免招致反对。曾有报纸报道称:"满人均不喜其就任满洲,故有暗中运动以阻其行者。"[4]

(四)户部事务交代尚需时日

从光绪三十年(1904)七月初四日署理户部尚书,到光绪三十一年(1905)四月初四日奉命留守陪都,赵尔巽主持户部九个月时间。其间变通捐税、筹措款项、清丈土地、整顿盐厘以及改革币制等各项事务,纷繁复杂。受命留守陪都后,各项事宜交代颇繁,短时间内难以就绪,是以迟行。[5]

正是由于上述诸项原因,新授盛京将军并未立即出关赴任。然而,赵尔巽并未坐待履新,而是利用滞留京城的这段时日,在交代户部事务的同时,先行介入和集中处理了一些力所能及的内政和外交事务,为赴任后各项举措的迅速施行,奠定了基础。

二、赴任前的准备

如前述,奉旨入觐后,赵尔巽即被选定为日俄战争后留守陪都的人选。实际上从那时起,赵尔巽即已经开始有意识地为赴任后相关事务的处理做准备了。具体工作,主要是围绕着善后方针等问题的探讨与制定。任命上谕公布后到赴任之前,赵尔巽尤其集中处理了一些内政外交事务。这些先期准备,主要围绕着三个方面展开:其一,奏调官吏,网罗各类人才;其二,筹措经费,准备启动资金;其三,谋划善后,商讨施政大纲。上述准备,为其

---

① 《赵次帅缓赴奉天之故(京师)》,《申报》光绪三十一年五月初七日第三版。

② 赵尔巽全宗档案,第 67 卷(《湖南巡抚端方等为赵尔巽赴盛京任职事与赵尔巽的来往函电》),缩微号:0014,中国第一历史档案馆藏。

③ 《张之洞北京赵尚书(赵尔巽)来电(光绪三十一年二月十七日到)》,虞和平:《近代史所藏清代名人稿本抄本(第二辑)》第 101 册,大象出版社 2014 年版,第 721 页。

④ 《赵尔巽缓赴东三省之原因》,《申报》光绪三十一年四月初五日第四版。

⑤ 《赵次帅缓赴奉天之故(京师)》,《申报》光绪三十一年五月初七日第三版。

到任后各项改革与建设的迅速展开,奠定了坚实的基础。分析这一艰难的准备过程,我们不仅能够感受到赵尔巽未雨绸缪的良苦用心,而且不难管窥清王朝在处理日俄战争善后、恢复东北主权过程中所面临的重重困境和艰难抉择。

(一)网罗各类人才

几经兵燹的奉天百废待举,战争善后各项事务尤须广集人才。因而,赵尔巽对各种人才的延揽尤为重视。接受盛京将军任命之后即专折或附片奏请调用湖北委用道已革广西巡抚史念祖、[①]已革翰林院庶吉士熊希龄、[②]署广西右江镇总兵黄忠浩、[③]湖北襄阳府知府邓嘉缜以及广西南宁府知府王人文、[④]又同折奏请调用内阁中书沈兆祉、商部主事章宗祥、户部主事唐宗愈及袁绪钦、刑部主事刘鸣复、二等侍卫希兰都、河南追补道韩国钧、直隶候补道姚锡光、安徽候补道许鼎霖、江苏候补道徐绍祯、山西候补道吴廷燮、分省试用道陈希贤、湖北候补知府叶景葵、四川补用知府寿廷、山西候补知府陈政诗、山东候补知县王曾俊、安徽另补知县柴朴、江苏补用知县彭作润及沈文孙、日本早稻田毕业学生周宏及陆宗舆、陆军士官学校毕业生蔡锷、法科大学毕业学生吴振麟、钱承鋕、曹汝霖等人。赵尔巽的奏折称:“以上各员生或为奴才所素知,或为臣僚所尝保,或久著政声,或屡蒙恩奖,皆堪备任使之选。”[⑤]

除史念祖外,光绪三十一年(1905)五月二十九日,上述各员多获朝廷允准。[⑥] 换言之,赵尔巽对史念祖之奏调,当时并未见允。[⑦] 后经赵尔巽一再奏请,直至其赴任前始获允准。

---

① 赵尔巽:《奏请特简湖北委用道史念祖帮办奉天事务事》(光绪三十一年),军机处录副奏折,光绪宣统朝,03-5969-120,中国第一历史档案馆藏。

② 赵尔巽:《奏为已革翰林院庶吉士熊希龄深悔前非请准援案开复原官发交奉省差遣委用事》(光绪三十一年),军机处录副奏折,光绪宣统朝,03-5969-123,中国第一历史档案馆藏。

③ 赵尔巽:《奏为署广西右江镇总兵黄忠浩文武兼资请授东省副都统一缺帮同办理营务事》(光绪三十一年),军机处录副奏折,光绪宣统朝,03-5969-117,中国第一历史档案馆藏。

④ 赵尔巽:《奏为调湖北襄阳府知府邓嘉缜广西南宁府知府王人文迅速赴奉办理善后事宜事》(光绪三十一年),军机处录副奏折,光绪宣统朝,03-5969-124,中国第一历史档案馆藏。

⑤ 赵尔巽全宗档案,第100卷(《赵尔巽为东三省调补官员之奏稿》),缩微号:0019,中国第一历史档案馆藏。

⑥ 《德宗景皇帝实录》卷545,《清实录》第50册,中华书局1987年影印本,第244—245页。

⑦ 详见《调道员史念祖由》(光绪三十一年六月初七日),军机处随手登记档,光绪三十一年,03-020-2-1231-145,中国第一历史档案馆藏。

　　然而，或因其现任上司的阻滞、或身任要职，工作交割尚需时日，很多奉调人员并不能及时到任。而战争善后内政外交，需才甚亟。为了尽快介入地方事务，不致耽误善后工作时机，赴任之前，赵尔巽再次具折奏请调用翰林院编修魏景熊等六人赴奉供其差委，以暂缓燃眉之急。① 然而，即便如此，各项人员仍不敷分布。一个重要的原因在于奉天天寒缺苦，被奏调者多不愿往任。有报道称：赵尔巽奉命留守陪都之后，前后两次入奏共调请44员前往奉天襄理政务，"其实在调往随行者，仅三人：一为袁绪钦、一为陈□□、一为叶景葵。其他人员或陆续前往，或决意不往，刻尚未定"。②

　　上述赵尔巽奏调诸人，多为各级政府的在职官员。因此，从奏调官吏的操作流程来看，清廷的允准只是赵尔巽网罗人才的第一步。而在奏请前后与拟调用人员的现任上司进行沟通求得谅解、允让所调之人，仍是此中必不可少的重要环节。于是，在请调金还、熊希龄时，赵尔巽曾亲自拟稿，致电湖南巡抚端方，称"奉事至急，实在乏才。或金或熊，求让其一"。同样，尽管清政府已然允准调用徐绍桢、黄忠浩，但是赵尔巽还是要专门分别致电其各自的上司周馥、岑春煊，请求允让二者。③

　　从被调用者主体来看，此间赵尔巽所奏调者大概可以分为三类：一为门生故旧，一为降革人员，还有威望素著之人才，尤以前两种为主。对于门生故旧的请调，一般不会遇到太大的阻力。因为各地方大员素知奏调双方的密切关系，故而很少阻挠。但是，有时也会因为被调用者身任要职不可或缺，其现任上司与奏调者一方激烈争夺。而主事的清廷大多只是居中画诺，对于被奏调者的去向并无定见，往往随不同大吏的争夺而摇摆不定。所以，对于一些在职人员的调用能否成功，其实又与该员所在地方主政者关系极大。赵尔巽对王人文的奏调，就因地方大吏阻挠而几经波折。王人文，字隐豹，云南太和县（今云南大理）人。光绪癸未科（光绪九年，1883）进士，丙戌（光绪十二年，1886）殿试三甲即用知县，签分贵州，各任内屡获褒奖。光绪二十九年（1903），因回避与布政使曹鸿勋姻亲关系，经吏部掣签

<hr>

① 赵尔巽：《奏为翰林院编修魏景熊等员学有专长请饬发往奉天差遣委用等事》（光绪三十一年六月初七日），军机处录副奏折，光绪宣统朝，03－5443－046，中国第一历史档案馆藏。

② 《赵次帅调员人数》，《时报》光绪三十一年七月初三日第二张第六页，政界纪闻，京师。

③ 赵尔巽全宗档案，第198卷（《盛京将军赵尔巽与外务部袁世凯等来往电报》），缩微号：0033，中国第一历史档案馆藏。

广西。八月,被赵尔巽以"志虑忠纯,实心实政,曾任地方,屡著循声,奏留湖南补用"。光绪三十年(1904)三月,"因卓异保升,请咨赴引"。① 可见,王人文不仅曾为赵尔巽的下属,而且受其赏识、多有提携。赵尔巽奉旨留守陪都后亟需人才,加之受陕抚曹鸿勋之托,遂奏调王人文赴奉任职。其时王氏刚刚获授广西南宁府知府,但不愿前往。得知赵尔巽有意奏调,乃于五月初八日电请赵尔巽从速出奏。其电云:

> 桂催调急,公如调,乞速奏。奉旨大可借词。否恐桂奏催急,难东行。②

赵尔巽对这位新授广西知府的奏调之请,本来已于五月二十九日奉旨"依议"。但是桂抚李经羲电请外务部代奏,以"广西南宁府知府王人文需用孔殷,无员可代"阻止奏调。尽管赵尔巽附片申辩指明王人文系新授知府,尚未到任,并无经手事宜,且桂省长于吏治、堪任守土者,不乏其人,南宁府缺尚可拣员署理,而奉天办事无人,已调人员多半裹足不前,且王人文与其共事有年,不可或缺,奏请"仍准饬王人文迅速赴奉,以备任使"。③ 但是,清廷最终还是拒绝了他的请求,六月初四日上谕要求"王人文著仍赴广西新任"。④ 赵尔巽与王人文过从甚密,王氏亦极愿赴奉任职,二人自然少不了函电往复,商讨对策。最初是赵尔巽在电请陕西巡抚曹鸿勋协款时提及拟调用王人文,王人文到陕得知此事,随即致电赵尔巽表示极愿奉调前往,但因李经羲奏调在先,"公调赴东,似须奏明方能前往"。遂有赵尔巽对王人文之奏调并奉旨允准。随后,李经羲又奏准阻止赵尔巽所请,并不断催促王人文迅速赴南宁府任。面对广西方面的催促,王人文急电赵尔巽,询问"东事可定准否,奏调意在酬知。不定,在缺,桂屡催行,势难再宕。候电定复"。⑤ 然而,面对李经羲的极力阻调,赵尔巽最终回天乏力。在获得

---

　　① 秦国经:《清代官员履历档案全编》第7册,华东师范大学出版社1997年版,第390—391页。

　　② 赵尔巽全宗档案,第68卷(《湖南巡抚端方等为东省任用人员求职升调离职病故赏假事与赵尔巽来往函电及谢恩奏折》,缩微号:0014,中国第一历史档案馆藏。

　　③ 赵尔巽全宗档案,第100卷(《赵尔巽为东三省调补官员之奏稿》),缩微号:0019,中国第一历史档案馆藏。

　　④ 《德宗景皇帝实录》卷546,《清实录》第59册,中华书局1987年影印本,第248页。

　　⑤ 赵尔巽全宗档案,第157卷(《全国各省为筹东三省建设经费给赵尔巽来电清单》),缩微号:0026,中国第一历史档案馆藏。

嗣后允许奉调赴奉承诺之后,只能接受清廷中枢的处理结果,同意王人文赴桂任职,并致电陕抚曹鸿勋表示歉意:"采臣兄(王人文——引者)仲帅(李经羲——引者)电争,奉旨饬仍赴南宁。巽奏争、面争,俱难挽。现允俟后升调奉缺。无法,愧甚。"①迟至光绪三十一年(1905)八月,在李经羲的一再催促之下,王人文最终只得奔赴广西新任。但是,此时的王人文依然寄希望于事情出现转机,对应调赴奉一事抱有极大热情。在赴任途中尚致函赵尔巽,表示亟望开去南宁府缺,赴奉任事。②无奈此时事局已定,赵尔巽亦无力转圜,只得从长计议。乃于九月十三日电告王人文:"万无开理,只可前进。候机,勿两误。"③至此,这场对王人文的争夺战,以赵尔巽的失败而告终。几个月后,原锦州府知府邓嘉缜调补奉天府。赵尔巽立即抓住这一出缺机会,奏请以王人文调补锦州府知府,十二月初九日获得允准。④几经周折,双方最终如愿以偿。但是,奉调者何时赴任,仍然遥遥无期。无奈之下,光绪三十二年(1906)二月初八日,赵尔巽致电军机处,请其代奏请旨饬王人文速赴新任。翌日,军机处奉旨:"王人文已有旨调补奉天锦州府知府,著林绍年饬令迅赴新任。"⑤数月过后,王人文最终得以赴奉就职。

赵尔巽对黄忠浩的请调,虽没有上述的一波三折,但也因黄忠浩经手要政一时难以脱身,李经羲电奏暂缓赴任,赵尔巽只好做出让步,请求朝廷"仍准前请,量授黄忠浩为东省空缺副都统,暂缓到任,俟经手事宜交代妥协,再行北上"。⑥此二者皆因其所在上司的关系,未能及时应调。然而,即便经过其现任上司同意,所奏调者最终能否及时就道,尚有诸多不确定性因素左右着事情的结果。

赵尔巽奏请对熊希龄的开复与调用,实始于与二者关系颇为密切的端

---

① 赵尔巽全宗档案,第 68 卷(《湖南巡抚端方等为东省任用人员求职升调离职病故赏假事与赵尔巽来往函电及谢恩奏折》),缩微号:0014,中国第一历史档案馆藏。

② 赵尔巽全宗档案,第 105 卷(《扬润文炳等关于求职推荐人选来奉任职等事给赵尔巽的信函履历及赵尔巽的复信稿等文件》),缩微号:0020,中国第一历史档案馆藏。

③ 赵尔巽全宗档案,第 198 卷(《盛京将军赵尔巽与外务部袁世凯等来往电报》),缩微号:0033,中国第一历史档案馆藏。

④ 赵尔巽:《奏请以王人文调补锦州府知府事》(光绪三十一年十二月初五日),军机处录副奏折,光绪宣统朝,03-5451-030,中国第一历史档案馆藏。

⑤ 赵尔巽:《为请饬王人文速赴锦州知府任事》(光绪三十二年二月初八日),军机处电报档,综合类-收电档-光绪-032,2-04-12-032-0148,中国第一历史档案馆藏。

⑥ 赵尔巽全宗档案,第 100 卷(《赵尔巽为东三省调补官员之奏稿》),缩微号:0019,中国第一历史档案馆藏。

方居间运作。熊希龄，字秉三，湖南省凤凰厅（今湖南省凤凰县）人。壬辰
科（光绪十八年，1892）进士，改庶吉士。① 戊戌变法期间，熊希龄为陈宝箴
所用，对于湖南地方改革尤为出力。光绪二十四年（1898），熊氏与陈宝箴
父子一道获咎，被革职永不叙用，交地方官严加管束。② 赵尔巽抚湘时，对
熊氏即青眼相加，委以重任。受命留守陪都之后，赵尔巽即致电端方要求
允让熊希龄，而端方亦有意成全此事。赵尔巽奏准将熊希龄开复委用之
后，因等待日俄战局结果赴任无期，遂请其先行来京，待赴任时一同出
关。③ 但是未及熊氏动身，清廷上谕特简端方等随带人员分赴东西洋各国
考察政治。④ 随后，端方上折请准带领熊希龄等员一同前往，其赴奉任职
一事就此搁置。⑤ 光绪三十一年（1905）十一月初六日，熊希龄随同端方、
戴鸿慈一行离京出洋，半年过后，仍未回国赴任。此间，焦急等待的赵尔巽
一度致电熊希龄促其即速由美折回，赴奉任职。还曾电请华盛顿的中国驻
美使署转致端方，请其允准熊希龄由美折返赴奉。⑥ 尽管如此，熊希龄到
达奉天的时间，已是光绪三十二年（1906）的八月份之后了。⑦ 此时距赵尔
巽电请熊希龄由美折回赴奉任职，已过半载。⑧ 而赵尔巽请准对其开复委
用，则是一年多之前的事情了。赵尔巽奏调的另一个重要人物史念祖从奉
旨允准到履任的时间虽不及熊希龄长，但是从光绪三十一年六月十六日清
廷允准，到九月初七日最终莅奉履职，亦耗时将近三个月时间。⑨

　　对降革人员的开复委用，遇到的阻力通常不是来自其所在地方大吏，

---

　　① 秦国经：《清代官员履历档案全编》第 8 册，华东师范大学出版社 1997 年版，第 194 页。

　　② 《德宗景皇帝实录》卷 428，《清实录》第 57 册，中华书局 1987 年影印本，第 615 页。

　　③ 赵尔巽全宗档案，第 198 卷（《盛京将军赵尔巽与外务部袁世凯等来往电报》），缩微号：0033，中国第一历史档案馆藏。

　　④ 端方：《端忠敏公奏稿》第 6 卷，民国年间铅印本，第 1 页。

　　⑤ 端方：《考察政治调员差奏折》，《端忠敏公奏稿》第 6 卷，民国年间铅印本，第 1—4 页。

　　⑥ 赵尔巽全宗档案，第 105 卷（《扬润文炳等关于求职推荐人选来奉任职等事给赵尔巽的信函履历及赵尔巽的复信稿等文件》），缩微号：0020，中国第一历史档案馆藏。

　　⑦ 详见周秋光：《熊希龄集》上册，湖南出版社 1996 年版，第 138 页。

　　⑧ 根据赵尔巽电文及端方等出洋考察与在美逗留的时间推断，赵尔巽向华盛顿中国驻美使署发电报的时间当在光绪三十二年一月间。光绪三十一年十一月初六日端方等考察政治大臣离京出洋，熊希龄随行。十二月十一日，到达美国。光绪三十二年一月二十三日，戴鸿慈、端方离美赴德。见郭廷以：《近代中国史事日志》，中华书局 1987 年影印本，第 1243—1248 页。

　　⑨ 赵尔巽：《奏报奉旨授随同办理赈抚事宜副都统衔史念祖到奉日期事》（光绪三十一年九月二十日＊），军机处录副奏折，光绪宣统朝，03－5447－037，中国第一历史档案馆藏。按：因无具奏时间，故标示奉硃批时期供参考，并于日期后加＊，以示区别。下同。

而是清廷。双方往往关系非同一般,因而奏调者才甘愿冒犯上听,为被降革者请求开复。因此,面对这种情形,被奏调者所在地方大吏通常不会阻挠,但朝廷一关却往往不容易通过。赵尔巽奏请对史念祖的起用,就因受阻而颇费周折。史念祖,字绳之,江都(今江苏扬州)人。因渎职,光绪二十三年(1897)秋于广西巡抚任上被参革职。① 光绪三十年(1904)十一月末,赵尔巽以"文武兼资,为预筹东事难得之材"密折奏请起用史念祖负责考察东北战场情形,预筹日俄战争善后事务,未获允准。② 光绪三十年十二月初二日,清廷赏给史念祖道员衔发往湖北,交张之洞差遣委用。③ 揆诸情理,赵尔巽之所以奏请命史念祖赴东北考察战场情形,目的有二:于公,史念祖久经战阵,能征善战,堪当此任。派如此知兵将领考察战地情形,以满足将来全面接防之需。此议与其当初所呈《为筹办东三省善后事宜条陈》中所列相关主张,一脉相承。于私,史念祖对赵尔巽有知遇之恩,此请一举两得,一则借此机会重新起用史念祖,二则将其纳入自己麾下,以便为其起复后谋得一个更好的出处。考虑到此时清廷以赵尔巽赴东北收拾战争残局的意图,他的这一用心,就越发明显。因此,得旨获授盛京将军后,赵尔巽即"再申前请",奏请特简湖北委用道史念祖,量授京秩,帮办奉天事务或任以东三省空缺副都统,协理善后事宜。赵尔巽的奏片对史念祖给予了极高的评价,称赞其志虑忠诚,才能练达,"少习军旅,久更大任,于内政外交皆阅历有得"。自己与其共事有素,"其宅心之缜密,办事之坚定,足辅奴才所不及"。④ 尽管如此,仍未见允。⑤ 直到光绪三十一年(1905)六月十六日,即赵尔巽出关赴任的前几天,清廷才最终同意赵尔巽所请,赏给史念祖副都统衔,随同赵尔巽办理赈抚事宜。⑥ 这期间,赵尔巽等人是否通其他渠道运作以成此

①　《德宗景皇帝实录》卷 410,《清实录》第 57 册,中华书局 1987 年影印本,第 353 页。

②　赵尔巽:《奏为遵旨密陈已革广西巡抚史念祖文武兼资为预筹东事难得之材恳令其酌带干员赴东省事》(光绪三十年十一月三十日),宫中硃批奏折,04－01－12－0640－100,中国第一历史档案馆藏。

③　《德宗景皇帝实录》卷 539,《清实录》第 59 册,中华书局 1987 年影印本,第 167 页。

④　赵尔巽:《奏请特简湖北委用道史念祖帮办奉天事务事》(光绪三十一年),军机处录副奏折,光绪宣统朝,03－5969－120,中国第一历史档案馆藏。

⑤　《调道员史念祖由》(光绪三十一年六月初七日),军机处随手登记档,光绪三十一年,03－020－2－1231－145,中国第一历史档案馆藏。

⑥　中国第一历史档案馆:《光绪宣统两朝上谕档》第 31 册(光绪三十一年),广西师范大学出版社 1996 年版,第 92 页。同日实录记:"命湖北道员史念祖随同赵尔巽办理赈抚事宜,赏副都统衔。"(《德宗景皇帝实录》卷 546,《清实录》第 59 册,中华书局 1987 年影印本,第 253 页)

事,尚不得而知。

对于威望素著者的调用能否成功,同样受到诸多因素的限制。各地方的激烈争夺、被奏调者的任职意向加之所在地方大吏的截留,使得已经奏准在先的事情,有时最后并不能如愿以偿。赵尔巽在请调日本稽镜士官学校毕业生蔡锷时,就遇到了这种情形。蔡锷,字松坡,湖南宝庆(今邵阳)人。赵尔巽抚湘时留日学习军事,"学问甚优"。回国后,按例当归湖南优先使用。然为广西巡抚李经羲所赏识,必欲为己所用。时任湖南巡抚的端方不想将蔡锷交与李氏委用,而又不好拒绝,遂在给赵尔巽的电报中表示可以允让蔡锷,令其赴奉任职。于是,有赵尔巽对蔡锷的奏调,并获谕允。但是李经羲执意要调蔡锷赴广西任职,端方碍于情面不好回绝,遂以已允赵尔巽请调为词,准其"暂行赴桂陈谢,即赴奉天",并电嘱赵尔巽"仲帅如电公留蔡,万望峻词拒之"。接电后,赵尔巽断定蔡锷一旦到达广西,即难以脱身,遂立即拟电,请端方即速将其追回,并请代为垫拨蔡锷赴奉川资。[1] 但为时已晚,事情的发展印证了赵尔巽的预见,蔡锷终至广西为李经羲所用。此中原因,除了李经羲的极力争夺之外,很可能是蔡锷本人的意愿对事情的最终结果起到了决定性的作用。[2]

经过赵尔巽屡次奏调、广为罗致,终于在其身边聚集了一些干才,日后多担任奉天地方各级各类行政机关的要职,成为赵尔巽颇为倚重的幕僚。其中,获赏副都统衔的史念祖随同赵尔巽办理赈抚事宜,于善后赈济贡献尤多,后出任奉天财政局总办、[3]东三省盐务总局总办。[4] 熊希龄受赵尔巽之托,赴日本考察商务,出任农工商总局局长[5]兼地方自治局局长。[6] 邓嘉

---

　　① 赵尔巽全宗档案,第198卷(《盛京将军赵尔巽与外务部袁世凯等来往电报》),缩微号:0033,中国第一历史档案馆藏。

　　② 详见卢仲维:《蔡锷在桂始末》,《广西师范大学学报(哲学社会科学版)》1988年第3期,第69—74页。

　　③ 《奉天财政总局章程(录〈时报〉)》,乙巳(1905)十月十四日刊,国家图书馆分馆:《(清末)时事采新汇选》,北京图书馆出版社2003年版,第7418页。

　　④ 赵尔巽:《奏报拟特派大员督办东三省盐务事》(光绪三十二年闰四月二十日),宫中硃批奏折,04—01—35—0538—010,中国第一历史档案馆藏。

　　⑤ 金还、熊希龄:《奉天农工商局呈军督部堂公文》,明志阁:《满洲实业案》,游艺社1908年版,第13页。

　　⑥ 秦国经:《清代官员履历档案全编》第8册,华东师范大学出版社1997年版,第194页。

缜初为锦州府知府,后补授盛京首府奉天府知府。① 王人文补授锦州府知府,②后出任奉天地方巡警总考察官。③ 陈希贤出任巡警局总办,具体负责地方警务的改革整顿工作。④ 彭毅孙出任法政学堂总办。⑤ 魏景熊任农业试验场及奉天垦务局总办。⑥ 刘鸣复主办法库门设治事宜,后出任法库门直隶厅抚民同知。⑦ 叶景葵任财政局会办,⑧还与吴廷燮一起分任文案工作,赵尔巽的重要文稿,多出自二人之手。⑨ 这些人多为赵尔巽昔日下属,或与其私交甚密,或为其所开复委用。正是凭借此层关系与赵尔巽的积极争取,以他们为主干,新授盛京将军的行政班底初具规模。可以说,没有赵尔巽赴任前的竭力网罗,其到任后各项工作的迅速展开是不可想象的。

(二)筹措开办经费

奉天地方十年间三遭兵燹,民穷财匮。北洋大臣直隶总督袁世凯尝

---

① 赵尔巽:《奏请以锦州府知府邓嘉缜调补奉天府知府事》(光绪三十一年十一月二十二日),军机处录副奏折,光绪宣统朝,03-5451-029,中国第一历史档案馆藏。

② 赵尔巽:《奏请以王人文调补锦州府知府事》(光绪三十一年十二月初五日),军机处录副奏折,光绪宣统朝,03-5451-030,中国第一历史档案馆藏。

③ 赵尔巽:《奏为委令王人文任奉天地方巡警总考察官等事》(光绪三十三年二月十四日),军机处录副奏折,光绪宣统朝,03-6290-033,中国第一历史档案馆藏。

④ 赵尔巽:《奏为筹办奉省乡镇巡警情形事》(光绪三十一年十二月十四日),宫中砖批奏折,04-01-02-0156-001,中国第一历史档案馆藏。

⑤ 赵尔巽全宗档案,第99卷(《赵尔巽补授盛京将军后奏留调奉省官员佐杂名单》),缩微号:0019,中国第一历史档案馆藏。

⑥ 赵尔巽:《奏为调奉委用翰林院编修魏景熊呈请回京供职事》(光绪三十三年四月十七日*),军机处录副奏折,光绪宣统朝,03-5480-006,中国第一历史档案馆藏。

⑦ 赵尔巽:《盛京将军赵尔巽委刘鸣复试办法库门设治事宜札文》,法库县志编纂委员会:《法库县志》,沈阳出版社1990年版,第607页。

⑧ 赵尔巽全宗档案,第99卷(《赵尔巽补授盛京将军后奏留调奉省官员佐杂名单》),缩微号:0019,中国第一历史档案馆藏。

⑨ 赵尔巽全宗档案,第100卷(《赵尔巽为东三省调补官员之奏稿》),缩微号:0019;第101卷(《赵尔巽为东三省改革官制的奏稿及相关文件》),缩微号:0019;第122卷(《赵尔巽离任宴请各国领事告别讲稿及有关日军官回国告别赠字画诗之来往文电函》),缩微号:0023-0024;第129卷(《东三省政府颁布"局外中立条约"及中日议订东三省条约[抄本]》),缩微号:0024;第135卷(《盛京将军赵尔巽等关于日俄战争议和交涉撤军等事宜及东三省善后筹办各业之信札文件》),缩微号:0024-0025;第136卷(《伍廷芳那桐瞿鸿禨联芳等人根据东三省日俄战争局势密商向俄国索赔损失"聘用"日本人向日俄交涉事宜之函》),缩微号:0025;第143卷(《奉天善后赈捐筹济局各员衔名赈捐筹款解交之札信函缮单》),缩微号:0025;第154卷(《天津造币总厂元津银元局关于设立银号铸钱货币改革管理问题之禀条陈文稿等》),缩微号:0025-0026;第193卷(《盛京将军赵尔巽给军机处外务部袁世凯等电报信函之抄录本》),缩微号:0031,中国第一历史档案馆藏。

言,"奉省举办善后事宜需款甚巨,而民生凋敝,物力艰难,宜筹安集之方,更无筹款之策"。① 对于这位刚刚交卸户部印钥的新授陪都留守而言,赵尔巽对此显然较他人有着更为深刻的认识。同时,身在奉天的官员给他的信函中复多有谈及:奉天府府尹兼署盛京户部侍郎廷杰在增祺去职后署理盛京将军,他在给赵尔巽的信中就曾慨叹,日俄战争以来,地方财政收入锐减,"就其岁出之款,尤不啻数百万。关东民力尽矣,休养不暇,而忍诛求捐税? 余荒其获有限,不足供大兴作之用。夫权子赖母,无米何炊? 藉非上请协款、外借洋债,难可图功"。② 其他在奉各官,亦"金称奉省各属以日俄兵争,耕商废业,粮税等项分别停缓。或局卡虽设,收数无多。或迫在战区,经征窒碍。计较常年应入之项,十不敌一"。③ 通过已有的了解加上当局者的描述,赵尔巽认识到:"若不预筹巨款,勉图应付,则无论安民保商需款无著,即现办之警察诸政亦难庚(赓——引者)续。"④ 考虑到清廷的财政困难,"只有分电各省督抚,请其酌量协济方可有裨实用"。⑤ 遂于召对之际将此情面陈上听,请求向各地预筹经费,奉旨允准。⑥ 随后,赵尔巽"即遵旨电商各省,筹济东款"。⑦ 其中,发给川督锡良的电文尤为恳切,可为代表:

> 成都制台锡:巽以铨材,滥膺重任,惶恐失次,亟求明教,垂助愚蒙。行期未定,惟疮痍满地,百端待理,莫不依赖财政而行。连蒙召对,谕令向各省妥筹,少亦百万。因思各省同此艰窘,何敢勉为取求。第东事关系大局,东安而各省举安。知公必能宏此远谋,敢求电示能代筹若干,备东行开办经费之用。巽到彼相宜布置,断不敢浪

①　袁世凯:《奏报筹解奉省善后款需银数事》(光绪三十一年十二月十八日＊),军机处录副奏片,03－6662－089,中国第一历史档案馆藏。

②　赵尔巽全宗档案,第 178 卷(《赵尔巽提学使司张鹤龄等关于废科举兴学堂筹经费选官员考察学务等事之札禀电函》),缩微号:0029,中国第一历史档案馆藏。

③　赵尔巽全宗档案,第 100 卷(《赵尔巽为东三省调补官员之奏稿》),缩微号:0019,中国第一历史档案馆藏。

④　《赵尔巽全宗档案,第 100 卷(《赵尔巽为东三省调补官员之奏稿》),缩微号:0019,中国第一历史档案馆藏。

⑤　《次帅着意东省》,《大公报》光绪三十一年五月初四日第三版,时事要闻。

⑥　赵尔巽全宗档案,第 100 卷(《赵尔巽为东三省调补官员之奏稿》),缩微号:0019,中国第一历史档案馆藏。

⑦　赵尔巽全宗档案,第 105 卷(《扬润文炳等关于求职推荐人选来奉任职等事给赵尔巽的信函履历及赵尔巽的复信稿等文件》),缩微号:0020,中国第一历史档案馆藏。

掷一文。如能自筹,亦不多求。俟得赐复,即当据以入告上纾圣廑。至恳。巽。①

接到赵尔巽的发棠之请,各地纷纷复电允诺协款:直隶、②湖北③均允助银二十万两,湖南、广东、江宁十万两,④江苏、浙江八万两⑤,河南允助银约三、五万两(实际协济五万两),山东允助银四万两,江西、安徽、山西允助银三万两,⑥四川、陕西允助银二万两。⑦尽管各省都迅速响应,并允诺协款,但是揆诸各省地方财政经济状况与其允协款数额,可见他们对此事的热情实不尽相同。同样,赵尔巽对各省的态度亦各自有别。其态度的变化与各地方允准协款的绝对数额大小并无必然联系,而是衡量各省允协款数目与其财政经济综合实力的结果。赵尔巽的不同反应,恰好折射了各省对于协济东款一事的不同态度。

对那些慷慨输将的省份,无论多寡,赵尔巽除一一专电致谢之外并无再求。多者如湖南,巡抚端方在接到赵尔巽的电请之后,表示备银十万,已汇二万,余八万,随时候示拨用。⑧少者如安徽,巡抚诚勋在复电中陈述了地方的困难情形,表示:"所需开办经费,与藩司一再商酌,勉筹三万,容凑齐汇解。"⑨在赵尔巽看来,这些省份不论允协款数量多少,均属已经尽力而

---

① 《北京赵次帅来电》(光绪三十一年四月二十二日),《锡良督川时与外省往来电报》,锡良档案,甲 374-5,中国社会科学院近史研究所档案馆藏。

② 赵尔巽全宗档案,第 157 卷(《全国各省为筹东三省建设经费给赵尔巽来电清单》),缩微号:0026,中国第一历史档案馆藏;袁世凯:《奏报筹解奉省善后款需银数事＊》(光绪三十一年十二月十八日),军机处录副奏片,03-6662-089,中国第一历史档案馆藏。

③ 赵尔巽全宗档案,第 100 卷(《赵尔巽为东三省调补官员之奏稿》),缩微号:0019,中国第一历史档案馆藏。

④ 赵尔巽全宗档案,第 157 卷(《全国各省为筹东三省建设经费给赵尔巽来电清单》),缩微号:0026,中国第一历史档案馆藏。

⑤ 赵尔巽全宗档案,第 198 卷(《盛京将军赵尔巽与外务部袁世凯等来往电报》),缩微号:0033,中国第一历史档案馆藏。

⑥ 赵尔巽全宗档案,第 157 卷(《全国各省为筹东三省建设经费给赵尔巽来电清单》),缩微号:0026,中国第一历史档案馆藏。

⑦ 赵尔巽全宗档案,第 198 卷(《盛京将军赵尔巽与外务部袁世凯等来往电报》),缩微号:0033,中国第一历史档案馆藏。

⑧ 赵尔巽全宗档案,第 157 卷(《全国各省为筹东三省建设经费给赵尔巽来电清单》),缩微号:0026,中国第一历史档案馆藏。

⑨ 赵尔巽全宗档案,第 157 卷(《全国各省为筹东三省建设经费给赵尔巽来电清单》),缩微号:0026,中国第一历史档案馆藏。

为,因此感谢之余并无续筹之请。

对于一些财政较为充裕的省份,赵尔巽在复电感谢之余恳请对方再行续筹,但语气比较缓和,可以看出并非强求。奉旨向各省筹款次日,赵尔巽即致电陕西巡抚曹鸿勋,请求协款。电称:

> 东事关系全局,百端悉赖财政。昨蒙召对,谕向各省筹开办经费。我公伟略公忠,谅肯相助。祈示成数,以便入告,上纾圣厪。并乞勿在十万以下,至恳。①

但陕西省误为常年经费,允协二万金,按年汇解。赵尔巽亲拟复电声明,恳筹者乃开办急费,并非常年经费,万不敢久累各省,仍祈多筹。最终,陕西承诺增加一倍,以四万两协济奉天。② 山西省和河南省复电允济款项均在三万左右,赵尔巽同样亲自拟电感谢,并请续筹或分期赐解。③ 最终,两省并未增加协款,而赵尔巽亦未再求。

而对那些库帑充足的富裕省份,赵尔巽显然对他们的慷慨解囊抱有极大的希望。因此当他们的允协数目与其心理预期相去甚远时,赵尔巽失望之余,乃强烈要求对方追加协款数目。江西巡抚胡廷幹最初回电中表示勉筹三万,以佐开办之需。④ 赵尔巽复电感谢的同时,执意要求江西省续筹协款,甚至明确指出这笔款项的来源:

> 去岁夏淑帅(夏旹,字菽轩,时任署理江西巡抚——引者)允以新增款四十万备还镑亏,弟权农署,并未提用。续请暂备之款,今年亦皆奉还,此方伯所知。今遇奉省如此急需,倘蒙拨前款一半,亦纫厚谊。请查淑帅原电。⑤

---

① 赵尔巽全宗档案,第157卷(《全国各省为筹东三省建设经费给赵尔巽来电清单》),缩微号:0026,中国第一历史档案馆藏。

② 赵尔巽全宗档案,第198卷(《盛京将军赵尔巽与外务部袁世凯等来往电报》),缩微号:0033,中国第一历史档案馆藏。

③ 赵尔巽全宗档案,第157卷(《全国各省为筹东三省建设经费给赵尔巽来电清单》),缩微号:0026,第198卷(《盛京将军赵尔巽与外务部袁世凯等来往电报》),缩微号:0033,中国第一历史档案馆藏。

④ 赵尔巽全宗档案,第157卷(《全国各省为筹东三省建设经费给赵尔巽来电清单》),缩微号:0026,中国第一历史档案馆藏。

⑤ 赵尔巽全宗档案,第198卷(《盛京将军赵尔巽与外务部袁世凯等来往电报》),缩微号:0033,中国第一历史档案馆藏。

几经磋商之后,江西省最终增加两万协款。① 对于四川省二万两、山东省四万两白银的协济承诺,赵尔巽同样极力恳求续筹。为此,双方文电往来,几近讨价还价。然而,两省终未追加协款数额。②

综合上述情形可见,尽管有朝廷的支持,筹款依然十分困难。《大陆报》就曾以"东三省善后经费难筹"为题,对此进行了报道。③

经赵尔巽极力争取、多方筹措,最终共筹得各省协济经费银大约一百万两。④ 但是奉天地方几经兵燹,百废待兴,战争善后各项事务,在在需款。而地方动荡,导致财政收入锐减,使得上述已筹经费益形短绌。所以,在奏报各省允协款数目的同时,赵尔巽恳请清廷"饬下户部,于各省允济之款外,特再筹拨奉专款。共合成二百万之数,俾令筹备一切要政有所凭藉,稍资补救"。⑤ 为减轻阻力,赵尔巽允诺"将来利源浚辟,窘急略舒,仍当设法拨还,以重部款"。⑥ 五月二十九日,奉硃批:"户部议奏。"⑦最终,户部会同吏部拟定《推广捐输十九条》,并将此项收入定为协济奉省专款,不

---

　　① 赵尔巽全宗档案,第157卷(《全国各省为筹东三省建设经费给赵尔巽来电清单》),缩微号:0026,中国第一历史档案馆藏。

　　② 赵尔巽全宗档案,第157卷(《全国各省为筹东三省建设经费给赵尔巽来电清单》),缩微号:0026,中国第一历史档案馆藏。

　　③ 《东三省善后经费难筹》,《大陆报》第三年(1905年)第十号,纪事,内国之部,第1页。

　　④ 赵尔巽:《奏为报明遵旨筹商各省允济东款数目并恳恩饬拨部款以免贻误折稿》,赵尔巽全宗档案,第156卷(《奉省股票收支表报及有关理财股票请奖办彩票的条陈函电》),缩微号:0026,中国第一历史档案馆藏。另据《各省允协开办经费已未解清单》所记,各省允协济奉款数目为九十二万两,其中已解七十七万两,欠解十五万两(见赵尔巽全宗档案,第157卷[《全国各省为筹东三省建设经费给赵尔巽来电清单》],缩微号:0026,中国第一历史档案馆藏)。又据赵尔巽《奏为翰林院编修魏景熊等员学有专长请饬发往奉天差遣委用等事》中所说:"再正缮折间接湖广督臣张之洞电筹银二十万两,陕西抚臣曹鸿勋电筹银四万两,合并报明。"军机处录副奏折,光绪宣统朝,03－5443－046,中国第一历史档案馆藏)其中,陕西省已在上述《各省允协开办经费已未解清单》中,是为重复。故据目前资料,各省允诺协济奉款的总额可统计者为一百一十二万两。但并未全数寄到,赵尔巽在光绪三十二年春间的信函中曾提及"上年各省协解只有百万,现亦尚未解足"(赵尔巽全宗档案,第143卷[《奉天善后赈捐筹济局各员衔名赈捐筹款解交之札信函缮单》],缩微号:0025,中国第一历史档案馆藏)。这一数目与赵尔巽所奏报者相当,故笔者断定各省协济奉款总额约在一百万两。

　　⑤ 赵尔巽:《奏为报明遵旨筹商各省允济东款数目并恳恩饬拨部款以免贻误折稿》,赵尔巽全宗档案,第156卷(《奉省股票收支表报及有关理财股票请奖办彩票的条陈函电》),缩微号:0026,中国第一历史档案馆藏。

　　⑥ 赵尔巽全宗档案,第100卷(《赵尔巽为东三省调补官员之奏稿》),缩微号:0019,中国第一历史档案馆藏。

　　⑦ 中国第一历史档案馆:《光绪宣统两朝上谕档》第31册(光绪三十一年),广西师范大学出版社1996年版,第80页。

得挪作他用。① 经赵尔巽努力筹得的各省百万协款及户部的专门项款,虽然远不能满足战争善后与新政各项支出所需,但是,这些行政经费不但在短期内有效地缓解了奉天省的财政困难,而且为一些战争善后举措的及时推行提供了必要的启动资金,为整个战争善后与新政改革提供了一定的保障。

(三)谋划战争善后

自甲午以来,奉天十年间三遭兵燹。甲辰日俄交恶,构衅辽东。奉天"以积弱难为之地,为两雄争胜之场。若束手待时,则振兴无日;若任情施设,则牵掣横生"。② 面对如此纷乱复杂的奉天地方形势与进退两难之境地,更需要及早预筹战争善后。正如光绪三十一年(1905)四月初五日赵尔巽在谢恩折中所言:"当此强邻互竞,中立其间,一切内政外交如何因应咸宜……刻下未经莅任,虽凡百悉待躬亲,而宗旨必须预定。"③因此,滞留京城期间,除了奏调官吏、筹措行政经费之外,赵尔巽还对战争善后工作从内政与外交两个方面进行了认真的准备:对内,密切关注日俄奉天战事暨地方形势,与中枢政要反复商讨善后事宜,并初步制定赴任后的施政大纲;对外,与日俄驻华公使频繁接触,商谈战争善后,以期为各项事务的迅速展开预先扫清障碍。

受命留守陪都之后,赵尔巽即十分留意奉天善后问题,并广泛征求各政要的意见。④ 四月十一日,赵尔巽乘早车奔赴天津,⑤与袁世凯商讨赴任时间及办理奉天事务等相关事宜,⑥勾留两日方才离津回京。⑦ 五月二十二日,赵尔巽呈递封奏一件,初步陈述善后办法。⑧ 五月二十九日,觐见之时,赵尔巽面奏奉天善后主张,并与帝后探讨将来日俄和议后应如何接收

① 赵尔巽:《奏为所收捐款即抵部拨协奉专款等事》(光绪三十一年九月二十日＊),军机处录副奏折,光绪宣统朝,03—6539—089,中国第一历史档案馆藏。

② 赵尔巽全宗档案,第178卷(《赵尔巽提学使司张鹤龄等关于废科举兴学堂筹经费选官员考察学务等事之札禀电函》),缩微号:0029,中国第一历史档案馆藏。

③ 赵尔巽全宗档案,第98卷(《兵部署理盛京将军廷杰为赵尔巽补授盛京将军之咨文及赵尔巽接印任职及卸任文件》),缩微号:0019,中国第一历史档案馆藏。

④ 《次帅着意东省》,《大公报》光绪三十一年五月初四日第三版,时事要闻。

⑤ 《盛京将军来津》,《大公报》光绪三十一年四月十二日第五版,中外近事,本埠。

⑥ 《次帅商办要件》,《大公报》光绪三十一年四月十七日第二版,时事要闻。

⑦ 《大公报》光绪三十一年四月十四日第四版,中外近事,本埠,官场纪事。

⑧ 《赵次帅之封奏》,《大公报》光绪三十一年五月二十六日第四版,时事要闻。

并调何处兵队接收防守等问题。^①六月初八日,赵尔巽再次专程赴津,就战后奉天地方各项事务与袁世凯展开讨论。^②六月十九日,赵尔巽一行乘早车离京赴任途中又取道天津,再次与袁世凯商讨一些战争善后具体问题。^③

制定切实可行的善后工作方案,离不开对奉天地方形势的准确把握。为此,赵尔巽在京期间还十分关注奉天地方局势。相关信息的获取,主要有两个渠道:其一,是奉天地方官员的汇报,身处战区的奉天官员经常向新授留守函报地方战局、内政、外交、经济等情形;^④其二,则是赵尔巽搜集来的各路消息。为了充分了解奉天地方情况,赵尔巽除派员赴奉天地方实地考察之外,还经常主动、详细地询问来京的奉天官绅。^⑤这些信息,加深了赵尔巽对奉天地方形势的了解,成为正确制定战争善后施政纲领的重要参考资料。综合此前自己和其他官员的日俄战争善后条陈,赵尔巽就已经明确认识到:"……办理东事,舍整练兵伍、蠲除旧制、破格用人,别无入手之法。而尤以妥筹交涉,保持主权为立足之地。"^⑥具体措施则"当安内为主,地方自治为的。拟商允以新兵渐换旧兵。弭胡匪,办巡警,立民团,安难民,种晚粮,兴学劝工。裁平行,添丞参"。^⑦到任后,赵尔巽谈及战争善后举措时,依然强调"奉省兵燹之后,内政以求才、练兵、兴学、理财、安民、饬吏为亟,外交以保持东方权利为重"。^⑧以上述两者相对照,结合赵尔巽的施政举措可以断定,赵尔巽赴任前所拟定的施政大纲显然是切实可行的,

---

①　《交议善后事宜》,《大公报》光绪三十一年六月初二日第三版,时事要闻。

②　《赵将军之行期》,《大公报》光绪三十一年六月十一日第三版,时事要闻。

③　赵尔巽全宗档案,第140卷(《袁世凯那桐等关于磋商收抚冯麟阁事与赵尔巽往来密电及有关文件》),缩微号:0025,中国第一历史档案馆藏。

④　详见赵尔巽全宗档案,第135卷(《盛京将军赵尔巽等关于日俄战争议和交涉撤军等事宜及东三省善后筹办各业之信札文件》),缩微号:0024—0025),第142卷(《黑龙江协领承春等为整顿东三省之官制军务理财等方面之条陈〈奉天游记撮要〉》),缩微号:0025,第152卷(《沈金铠(鉴)等关于昌图新民等地货车通行收捐之电函》),缩微号:0025,第178卷(《赵尔巽提学使司张鹤龄等关于废科举兴学堂筹经费选官员改察学务等事之札禀电函》),缩微号:0029,中国第一历史档案馆藏。

⑤　赵尔巽全宗档案,第100卷(《赵尔巽为东三省调补官员之奏稿》),缩微号:0019,中国第一历史档案馆藏。

⑥　赵尔巽全宗档案,第103卷(《吏部等关于官员考语议叙奖惩革职开复事之札呈抄奏稿清单》),缩微号:0019—0020,中国第一历史档案馆藏。

⑦　赵尔巽全宗档案,第198卷(《盛京将军赵尔巽与外务部袁世凯等来往电报》),缩微号:0033,中国第一历史档案馆藏。

⑧　赵尔巽全宗档案,第167卷(《赵尔巽等关于整顿盐务盐征税派员管理盐务的奏稿信札告示表报》),缩微号:0028,中国第一历史档案馆藏。

并且成为其赴任后各项工作的一个重要指导思想。

东北亚地区的争夺,表面看是日俄两国对朝鲜与中国东北虎视眈眈,剑拔弩张,实则尚有欧美各国。他们同样蠢蠢欲动,对中国的权益垂涎三尺。面对纷乱复杂的国际关系,只有预先妥筹因应之策,方免临事仓促失利。所以,与日俄两国公使商讨善后相关问题,亦成为赵尔巽在京期间的另一项重要工作。① 接受盛京将军任命之后,赵尔巽即与日本驻华公使内田康哉接触、会谈,商议奉天地方事务。② 离京赴任前夕,还专门往谒俄国公使,就战争善后问题进行长时间讨论。③ 其时,长春以南的一些东北地方已为日本占领,作为奉天地方最高军政长官,到任后,自然少不了与日本驻奉天地方军政当局的接触。因此,与他们的情感联络尤为重要。六月十九日离京赴任之际,赵尔巽分别致函日本满洲军总司令陆军元帅大山岩和满洲军总参谋长副将儿玉源太郎,"预为通候,藉告行期"。④ 为了更深入观察地方形势、增进对日员的了解,在赴任途中还特地取道营口,会晤军政署日员,并宴请晚餐。⑤ 接印视事翌日,赵尔巽即与日本驻奉天军政要人大山岩、儿玉源太郎、福岛安正诸人晤面,"周旋晋接,尚称惬洽"。⑥ 赵尔巽的上述外交活动,目的在预筹战争善后事宜,对日本军政当局加深认识之余,更多的是一种外交礼仪性质的情感联络。其用意显而易见,无非是希望日后能够与日本驻奉天地方军政当局融洽相处,以期为将来的各项工作减少外部阻力,由此可见赵尔巽谋划日俄战争善后、经营陪都重地的良苦用心。事实证明,赵尔巽莅任前的这些联络,对于日后与日本的外交,不无积极作用。⑦

得益于赴任前的充分准备,赵尔巽莅任后,战争善后与新政改革各项工作迅速展开。仅就内政而言,接印视事仅一个月后的光绪三十一年

---

① 《留守问答》,商务印书馆编译所:《日俄战纪》第 28 期第 37 页,中国中立汇记。

② 《奉省近闻》,商务印书馆编译所:《日俄战纪》第 26 期第 67 页,中国中立汇记。

③ 《留守问答》,商务印书馆编译所:《日俄战纪》第 28 期第 37 页,中国中立汇记。

④ 赵尔巽全宗档案,第 98 卷(《兵部署理盛京将军廷杰为赵尔巽补授盛京将军事之咨文及赵尔巽接印任职及卸任文件》),缩微号:0019,中国第一历史档案馆藏。

⑤ 赵尔巽全宗档案,第 140 卷(《袁世凯那桐等关于磋商收抚冯麟阁事与赵尔巽往来密电及有关文件》),缩微号:0025,中国第一历史档案馆藏。

⑥ 赵尔巽全宗档案,第 140 卷(《袁世凯那桐等关于磋商收抚冯麟阁事与赵尔巽往来密电及有关文件》),缩微号:0025,中国第一历史档案馆藏。

⑦ 《赵次帅电陈日军情形》,《时报》光绪三十一年七月十八日第二张第八页,交涉界纪闻,京师。

(1905)七月二十四日,赵尔巽就同时呈递数封奏折,奏请裁撤奉天府尹、[①]
裁撤奉天府丞、改设奉天学政兼管吉江两省学务,[②]归并粮饷处以及税务
总局、筹设财政总局,[③]归并盛京五部事务为下一步裁撤张本,[④]对原有行
政资源进行有机整合。赵尔巽的这些改革,同时拉开了其处理日俄战争善
后事务、改革地方的序幕。可以肯定,没有赴任前赵尔巽对奉天地方情形
的全面了解及其对赴任后各项工作的精心筹划,莅任仅仅一个月时间是很
难做出这些影响深远的重大决策的。

新授盛京将军赵尔巽利用赴任前滞留京城的两个半月时间,罗网各类
人才、筹措行政经费、谋划善后施政,这些前期工作为其赴任后各项善后改革
举措的迅速推行奠定了坚实基础。分析这一艰难的准备过程,我们不但能够
感受到赵尔巽的良苦用心以及清政府在处理日俄战争善后、恢复东北主权过
程中所面临的重重困境和艰难抉择。而透过赵尔巽罗致人才、筹措协款过程
中的种种纷争,也不难管窥晚清政府的财政经济状况以及政治运行机制。

第四节　出关赴任

随着战事渐近尾声,战争结果日益明朗,日俄两国已有和议之说。议
和结果,事关东三省乃至整个中国的前途与命运。因此,中国应当如何应
对新的局势、交战区收还后应如何经营,再次成为清政府的工作重点。五
月二十一日[⑤]与二十四日[⑥],清廷相继要求各衙门、督抚以及各出使大臣

---

①　赵尔巽:《奏为请裁奉天府尹以祛窒碍而规久远事》(光绪三十一年七月二十四日),军机
处录副奏折,光绪宣统朝,03-5445-017,中国第一历史档案馆藏。

②　赵尔巽:《奏为请特旨将奉天府丞即行裁撤另设奉天学政一员兼管吉江两省学务事》(光绪
三十一年七月二十四日),军机处录副奏折,光绪宣统朝,03-5445-018,中国第一历史档案馆藏。

③　赵尔巽:《奏为筹设财政总局先将粮饷处税务总局酌拟归并事》(光绪三十一年七月二十
四日),军机处录副奏折,光绪宣统朝,03-5445-019,中国第一历史档案馆藏。

④　赵尔巽:《奏为归并盛京五部事务以便裁撤办理情形事》(光绪三十一年七月二十四日),
军机处录副奏折,光绪宣统朝,03-5446-032,中国第一历史档案馆藏。

⑤　《奉旨著各督抚直陈日俄相和如何因应接收东三省善后事》(光绪三十一年五月二十一
日),军机处电报档,谕旨类-电寄谕旨档-光绪-031,1-01-12-031-0054,中国第一历史档
案馆藏。

⑥　《奉旨著各大臣直陈日俄相和如何因应接收东三省善后事》(光绪三十一年五月二十四
日),军机处电报档,谕旨类-电寄谕旨档-光绪-031,1-01-12-031-0055,中国第一历史档
案馆藏。

筹划日俄和议之后应如何因应以及将来接收东三省善后办法。随后,六月初四日,清政府向日俄两国声明,凡牵涉中国事件未经与中国商定者,概不承认。① 显然,此时的清政府除了通过外交手段筹备战争善后、维护国家主权之外,更需要新授盛京将军奔赴战区,收回行政权,并尽早地接手地方事务,迅速稳定奉天政局。于是,六月初五日,清廷上谕要求"盛京将军赵尔巽著迅速请训启程"。② 两天后,赵尔巽请训。③ 就在其请训当日,清廷再发上谕,要求"赵尔巽到任后,地方一切事宜著责成认真整顿,并破除常例,因时制宜。所有应兴应革及劝惩各员,均著悉心体察,随时电奏请旨办理"。④ 及至濒行之际,两宫太后更界以破除常例、便宜行事之特权,面谕曰:"尔尽其当为者为之。勿拘常例,不中制也。"⑤两宫的面谕,既体现了清廷对赵尔巽的倚重与信任,又大大增强了赵尔巽到任后各项改革整顿工作的信心与决心。光绪三十一年(1905)六月十九日晨,赵尔巽离开北京,取道天津出关赴任。当日中午抵达天津,奔赴袁世凯吴楚公所行辕,继续与其商讨奉天善后各项事宜。六月二十一日早晨,赵尔巽一行由天津起程,⑥取道营口,会见日本军政官。然后,途经辽阳、新民等地,奔赴奉天省城,于二十三日晚抵达。翌日,恭谒陵寝之后,署理盛京将军廷杰派人将一

---

　　① 光绪三十一年六月初四日,清外务部照会日俄两国及其驻华公使,称"前年贵国与俄日本国两国不幸失和,中国政府深为惋惜。现闻将开和议,复修旧好,中国政府不胜忻幸。但此次失和,曾在中国疆土用武。现在议和条款内倘有牵涉中国事件,凡此次未经与中国商定者,一概不能承认。业经本部电知出使大臣照达贵国政府预为声明。"(《致日俄两国照会[电寄档]》[光绪三十一年六月初四日],北平故宫博物院:《清光绪朝中日交涉史料》卷69,北平故宫博物院1932年铅印本,第14页)但是,日本驻华公使内田康哉随即照覆清政府,强硬反对此项声明,有谓:"此次议和,自当专在日俄两国直接商定,断不容有第三国从中干预,有所容喙也。至若关乎清国利害所系各节,日本国政府酌核适宜之机,应与清国政府径行妥商订定。"(《日本外交文书》第37卷·第38卷别册日俄战争Ⅴ,国际连合协会昭和35年版,174—175页)沙俄政府虽语气较缓,但同样拒绝清政府的要求,声称:"战属俄日两国,则和议条款必由俄日全权商议。虽然俄与中国系属友邦,此次会议之问题,中国应有关心之处,俄承认焉。"(《收路透电》[光绪三十一年六月十九日],故宫博物院:《清光绪朝中日交涉史料》卷86,第6页)

　　② 《德宗景皇帝实录》卷546,《清实录》第59册,中华书局1989年影印本,第248页。

　　③ 《大公报》光绪三十一年六月初九日第一版,宫门邸抄。又见《赵将军之请训》,《大公报》光绪三十一年六月初十日第三版,时事要闻。

　　④ 《德宗景皇帝实录》卷545,《清实录》第59册,中华书局1987年影印本,第249页。

　　⑤ 夔良:《清史馆馆长前东三省总督盛京将军赵公行状》,《无补老人哀挽录》,民国年间铅印本。

　　⑥ 《次帅启行》,《大公报》光绪三十一年六月二十一日第五版,中外近事,本埠。又见《大公报》光绪三十一年六月二十二日第四版,中外近事,本埠,官场纪事。

切相关文件、印信等移交给赵尔巽。新任将军正式接印视事。①

小　　结

清廷以赵尔巽留守陪都负责收拾战争残局,颇得时人认可,"论者无不颂政府之知人善任矣"。② 受命留守陪都之际,奉天地方,"疮痍未复,纲纪全隳"。③ 镇守满目疮痍的奉天省,赵尔巽所面临的主要任务有三:其一,处理战争遗留问题;其二,改革、发展地方;其三,维护主权。此三项任务,实乃不可分割的三个方面,最终统一于巩固边疆、维护主权之上。这一任务,实际上可以通过两个方面来实现,即推行新政与战争善后。新政的推行,在奉天与内地多有不同,仅就目的而言,除推动地方发展之外,其终极目标在于巩固边围,更加有效地抵制强邻觊觎。正因为如此,它与其他两项任务也是密不可分的。从这个角度来说,推行新政,也是处理战争遗留问题与维护主权的一种手段。就处理战争遗留问题而言,外交上,包括对已失主权的索回与未失权益的维护。内政方面,主要是对遭受战争破坏各政的恢复、整顿与对战争难民的赈抚安置。这些任务,又与新政有着千丝万缕的联系。除了直接的交涉之外,推行新政改革,显然是更加有效消除战争后果的一个终极手段,也是巩固边疆的彻底解决之道。而处理战争善后、消除战争影响与推行新政、发展地方的终极目标则统一于维护统治与国家主权之上。留守陪都三年间,最后一任盛京将军赵尔巽寓维护国家主权以及体恤民艰、与民休息的深远用意于推动地方发展的各项改革整顿之中,将战争善后与对奉天地方的改革整顿有机结合,积极推行新政、处理战争善后地方事务。

---

① 《收盛京将军致军机处外务部请代奏电》(光绪三十一年六月二十四日),北平故宫博物院:《清光绪朝中日交涉史料》卷86,北平故宫博物院1932年铅印本,第7页。

② 《论政府不应亟派赵尔巽至东三省》,《申报》光绪三十一年五月二十日第一版。

③ 赵尔巽全宗档案,第135卷(《盛京将军赵尔巽等关于日俄战争议和交涉撤军等事宜及东三省善后筹办各业之信札文件》),缩微号:0024-0025,中国第一历史档案馆藏。

第三章　调整行政体制

作为陪都重地，奉天地方狃于故习，原有行政体制积弊甚深。复屡经战争破坏，各项行政窳败不堪。赵尔巽莅任之际，几经兵燹的奉天省几近无政府状态，其当务之急——稳定社会治安、赈抚灾黎、发展地方——各项事务，宗宗件件均离不开良好行政环境以及各级政府机构的密切配合与整个行政系统的高效有序运转。因此，下车伊始，赵尔巽将改革地方行政与重建行政秩序合二为一，拉开了其改革陪都行政、处理战争善后事务的序幕。这种行政秩序的重建，不仅是日俄战争善后的内在需求及其重要内容，也是赵尔巽改革地方的核心工作之一。其积极意义，在于迅速结束了战后地方的无政府状态，稳定战后地方社会秩序，为其他善后举措与改革整顿的顺利展开提供了基础与条件保障。

第一节　原有行政体制及其弊端

前已述及，定鼎中原后，清王朝尊盛京为陪都。奉天既是其祖宗发祥之地，又为陪都所在，因此各代帝王都极为重视，政治地位自然不同于一般地方。为了凸显其尊崇地位，行政机构设置也与众不同，设有盛京将军、奉天府尹与府丞、盛京五部与盛京总管内务府等几套行政管理系统，职能不同，重心各异。从行政建置来看，既有作为陪都系统存在的盛京总管内务府和盛京五部，又有盛京将军衙门、奉天府等盛京地方管理机构；从官缺设置来看，除总管内务府大臣、五部侍郎以及将军和府尹之外，还有奉天府兼管府尹事大臣一人，以将军兼任，其职权地位与总督无异。将军与府尹一道掌管地方旗民事务，对盛京地方实行二元统治；从各种行政机构的性质来看，"清代辽沈官制，本参京省。五部尹丞，则京制也；道府州县，则省制也"。[1]

---

[1]　王树楠、吴廷燮、金毓黻等：《奉天通志》卷 124，1934 年铅印本，第 1 页。

其中,既有八旗驻防系统,又有地方民人管理系统,还有陪都系统。三种隶属不同系统、性质各异的行政力量共处一地,且管辖区域相当,虽然职能重心不同,但是对地方事务又均有不同程度的管理权限,以致政出多门、事权不清,不同的行政系统之间不免矛盾重重。[①] 随之而来的,则是有利者争先恐后而无利者互相推诿,其结果必然是行政效率的低下。由此造成的另一个严重后果,是旗民二重统治下的各民族各有畛域,妨害了民族发展和文化交流,经济发展亦难以启动。结果既不利于国家统治,也不利于巩固边疆。[②] 这种管理上的混乱状态,是清末各省吏治通病,而在奉天地方表现得尤为突出,其投效补充员缺的惯例、各衙门任用门丁、长随等陋习,更加助长了奉天吏治的腐败,终成地方积弊。正因为如此,清廷不断调整三者的管理权限,以调解矛盾、协调其间关系。

一、主要行政机构设置

就行政系统而言,为尊崇体制而设立的盛京内务府和盛京五部等机构,虽然作为陪都系统存在,但是其中的一些机构尤其是盛京五部对于地方事务依然具有相当大的行政管理权限,与地方行政管理系统不免有重复龃龉之处。而地方行政系统中盛京将军与奉天府尹的并存,构成了极具特色而又颇为复杂的奉天地方旗、民二元行政管理体制。清朝定制,"盛京十四城,旗人皆统于将军,其民人则辖以府尹"。[③] 将军与府尹虽名义上分管旗、民事务,但是辖区相同,而又事权不一,导致二者极易产生矛盾。加之盛京五部等陪都系统对地方管理权的介入,事实上出现了三重行政系统共同管理地方的局面。这种权限不清、政出多门的混乱状态,大大降低了奉天地方的行政效率。

(一)盛京总管内务府与盛京五部

盛京总管内务府是清朝管理盛京三旗事务的机构。顺治元年(1644)定都北京之后,清王朝将盛京作为陪都,始设镶黄、正黄二旗包衣佐领。顺治八年(1651),又增设正白旗包衣佐领,遂成盛京上三旗包衣佐领承办该

---

①　关于三者之间的矛盾,详见赵中孚:《清末东三省改制的背景》,《中研院近代史研究所集刊》第 5 期(1976 年),第 315—316 页。

②　马汝珩、马大正:《清代的边疆政策》,中国社会科学出版社 1994 年版,第 329 页。

③　昆冈等:《钦定大清会典》卷 74,商务印书馆 1911 年石印本,第 9 页。

地区皇室事务之制。乾隆十七年(1752),清政府正式设立盛京总管内务府,取代上三旗包衣佐领,例由盛京将军兼任总管大臣,负责承办盛京地区皇室事务。作为盛京皇家机构,盛京总管内务府与盛京地方的联系不如五部等其他机构密切,因此存在时间较长,即便在清朝覆亡后也没有立即废止。直到民国十三年(1924)溥仪出宫后,该机构才正式停止活动。

盛京五部是清朝陪都盛京的特设机关。为了尊崇陪都体制,顺治十四年(1657),清廷设盛京户部,掌盛京赋税之出纳;礼部,掌盛京朝祭之典礼;刑部,掌盛京旗民之狱讼;工部,掌盛京营作之事。康熙三十年(1691),增置兵部,掌盛京武备及邮驿边防之政。① "至此,始成盛京五部之制。"②盛京五部均各设满侍郎一人,分领其事,秩正二品。对五部的管理也历经变化,从光绪二年(1876)起,由盛京将军兼管兵、刑两部,并管带户部银库印钥,稽察户部。各部侍郎虽有独立性,可直接向皇帝奏事,实则并不独立,既受京都各部节制,一些事务又须会同盛京将军、奉天府尹商办。③ 五部所辖区域,"一如盛京将军所领之十五城:东路,兴京及抚顺路、兴京边门、碱厂边门;南路,辽阳城、牛庄城、盖州城、熊岳城、复州城、金州城、岫岩城、凤凰城及水师营、凤凰边门、瑷阳边门;西路,广宁城、义州城、锦州城及巨流河路、白旗堡路、小黑山路、闾阳驿站、小凌河路、宁远路、中后所路、中前所路、法库边门、彰武台边门、白土厂边门、九关台边门、清河边门、松岭边门、新台边门、白石咀边门、梨树沟边门、明天塘边门;北路;开原城、铁岭路、威远堡边门、英额边门"。④ 显然,这一管辖地区,实际亦为奉天府所领之域。因此,对于一些具体事务的管理,二者不免产生矛盾冲突。

(二)盛京将军与奉天府尹

旗民二元管理体制之下,陪都地方出现了以盛京将军与奉天府尹为首的两套行政管理系统,分管地方旗民事务。将军,本为旗兵的最高长官,从一品,与加尚书衔的总督相同。与总督驻在一个省区的,如会同奏事,要以将军领衔。⑤ 虽然将军地位上高于总督,但是其实权却不如总督。因驻防

---

① 嵇璜等:《皇朝文献通考》卷84,鸿宝书局1902年石印本,第2页。
② 张德泽:《清代国家机关考略》,学苑出版社2001年版,第54页。
③ 刘子扬:《清代地方官制考》,紫禁城出版社1988年版,第266页。
④ 刘子扬:《清代地方官制考》,紫禁城出版社1988年版,第266—267页。
⑤ 张德泽:《清代国家机关考略》,学苑出版社2001年版,第234页。

各地方,也称为封疆大吏。其中,镇守陪都重地的盛京将军,领兵最多,其地位与权力实非其他地方的八旗驻防将军所能比拟。顺治元年,清朝定都北京之初,即设立盛京驻防内大臣,留守陪都。此后,陪都留守的称谓与权限历经变化:两年后改为"昂邦章京",随后又由"昂邦章京"改为"镇守辽东等处将军",旋改称"镇守奉天等处将军"。最终于道光二十七年(1847)定名为"镇守盛京等处将军",简称"盛京将军"。光绪元年(1875)冬,盛京将军加兵部尚书右都御史衔,总督奉天旗民地方军务、管理兵刑两部、兼管奉天府府尹,颁给总督关防,成为盛京地方最高军政长官。"凡军师戍卒、田庄粮糈之籍,疆域之广轮,关梁之要隘,咸周知其数,以时简稽而修饬之。"①

府尹系统之设,意在尊崇陪都,纯系陪都机构。清朝设置留守之初,盛京设于辽阳府。顺治十四年(1657),改治奉天府。② 随后,尊盛京为陪都(或称留都),定奉天府为京府,制同顺天府,③设府尹一人,行巡抚事,实际掌管盛京地方的民人事务。初为汉缺。奉天府尹与盛京将军同驻盛京,同城办公,不免有行政事务上的交叉与矛盾,势同督抚同城。乾隆二十七年(1762),为统一旗民事务,命府尹归将军节制。三十年(1765),又以府尹不便节制,奉天府设兼管府尹事大臣一人,由盛京五部侍郎内特简,遂变为满缺,秩正三品。一直到清末,均为满缺。④ 光绪二年(1876),复改命盛京将军兼管,加兼尹总督衔;奉天府府尹以"各省巡抚之治仿焉"加二品衔,以兵部侍郎、右副都御史行巡抚事,"掌盛京地方民人之事……,以布治于府厅州县"。⑤

二、多元体制的矛盾及其调节

无论是属于陪都系统的盛京五部,还是作为八旗驻防机构的盛京将军,抑或是性质特殊的京府制奉天府尹,对于盛京地方事务都具有一定的行政管辖权。由此,对盛京地方管理形成了五部、将军、府尹三重体系,不但造成各衙署职权不清、责权混乱,而且导致其行政效率的低下。在有关

---

① 嵇璜、刘墉等:《皇朝通典》卷36,职官14,鸿宝书局1902年石印本,第1页。
② 昆冈等:《钦定大清会典事例》卷23,吏部、官制、奉天府、各省督抚,商务印书馆1911年石印本,第1页。
③ 刘子扬:《清代地方官制考》,紫禁城出版社1988年版,第286页。
④ 昆冈等:《钦定大清会典》卷74,商务印书馆1911年石印本,第9页。
⑤ 昆冈等:《钦定大清会典》卷74,商务印书馆1911年石印本,第9页。

地方管理权限的各种矛盾中,以盛京五部以及将军与奉天府尹二元地方行政管理体制尤为突出。"向例盛京将军管辖旗人,奉天府府尹兼理民事,原无统辖。"①而实际地方事务又多有交叉重叠之处,将军与府尹难免责权混乱。具体表现为旗民官吏互相隔膜,处理日常事务时各自为政,在一些重大责任事件面前互相推诿。以致于时常出现各地方官员对将军所行之事漠视袖手,各乡屯保甲亦不协力相助。将军所派之人往往势单力薄,一时间拒捕殴差之事不一而足。清廷意识到,"此皆因将军府尹不相关涉,各分畛域之所致。是以各属员亦存旗民分管意见,并不和衷办理"。② 这种既错综而又互不统属的军府二元体制,妨碍了盛京地方各项行政工作的正常运行。因而,终清一代,统治者都在不断地试图调整二者关系,盛京将军的权限在一次次的调解中逐步扩大。

为了统一奉天地方行政管理权,乾隆二十七年(1762)清廷明发上谕:

> 盛京系满洲根本之地,所有州县官员,皆定为满缺。……在府尹为全省大吏,虽不可便为将军属员,亦当令其听将军节制,庶旗民事务归一。一切办理,不致参差。嗣后奉天府府尹,著听将军节制,遇有应行查拿人犯,该地方州县官即协同将军差委之人,协力查拿。③

将军节制府尹之后,权限扩大,于府尹事务牵掣颇多,新的问题随之产生:

> 将军与府尹所属旗民事件,各有专司。若令将军节制,于公务未免牵制。④

为了解决这一问题,乾隆三十年(1765)清廷再发上谕,主张"莫若照京城侍郎兼管顺天府尹之例,于盛京五部侍郎内派出一员管理,永著为令。于体制更为画一"。⑤ 如此一来,由盛京五部侍郎兼管奉天府尹,解除了将军对

---

① 昆冈等:《钦定大清会典事例》卷 23,吏部,官制,奉天府、各省督抚,商务印书馆 1911 年石印本,第 1 页。
② 昆冈等:《钦定大清会典事例》卷 23,吏部,官制,奉天府、各省督抚,商务印书馆 1911 年石印本,第 2 页。
③ 昆冈等:《钦定大清会典事例》卷 23,吏部,官制,奉天府、各省督抚,商务印书馆 1911 年石印本,第 2 页。
④ 昆冈等:《钦定大清会典事例》卷 23,吏部,官制,奉天府、各省督抚,商务印书馆 1911 年石印本,第 2 页。
⑤ 昆冈等:《钦定大清会典事例》卷 23,吏部,官制,奉天府、各省督抚,商务印书馆 1911 年石印本,第 2 页。

府尹的牵掣。但是,此举又将作为陪都系统存在的五部进一步牵扯到具体地方事务中来,使得五部侍郎的权限与奉天府尹又容易弊混,依然无法避免出现此前已经存在的军府对立的矛盾情形。经过此次改革,盛京地方管理系统似乎又回到了此前将军与府尹分管旗民事务的二元体制互不统属的分立状态,其间矛盾并没有从根本上得到解决。为了平衡五部侍郎与奉天府尹的关系,清廷开始扩大盛京将军的职掌权限,以牵掣五部侍郎。乾隆四十三年(1778),清廷谕令盛京将军兼管盛京户部银库,"垂为令典,以昭慎重"。① 经过此番调整,盛京将军的权限进一步扩大,但是将军、府尹、五部侍郎三者权限依然缠绕不清,其关系进一步复杂化。"至少在光绪初年以前,很难从组织上确定不同官署的功能和职掌。"②

光绪初元,署盛京将军崇实力求调整三者关系,奏准改革奉天行政体制,明确划分各职官权责:

> 盛京将军一缺,作为管理兵刑两部兼管奉天府府尹,准其仿照各省总督体例加衔。所有刑部及奉天府旗民一切案件,悉归总理。奉天府府尹一缺,准其加二品衔,以右副都御史行巡抚事。旗民词讼命盗案件,悉归该府尹管理。五部侍郎,即照此次所奏恪遵例案,各专责成。奉天府治中一缺,著即行裁撤,改为奉天驿巡道。该处各厅州县等缺准其照热河之例,满汉兼用。州县各官均加理事同知通判衔。所有旗界大小官员,只准经理旗租、缉捕盗贼,毋许干预地方公事。③

至此,盛京将军管理兵刑两部,管带金银库钥匙,稽核户部出入。盛京五部的大部分权力归于将军,打破了将军只管旗人事务的旧制。尽管五部仍存,但只不过是为了尊崇体制而已。这次改革,揭开了调整盛京地方行政管理机构、结束二元管理体制的序幕,向统一地方管理权方面迈出了重要的一步。此时的盛京将军,成为名副其实的奉天地方最高军政长官。奉天府尹与盛京将军的矛盾,最终以将军兼管府尹得以解决。原来管理民人事务的最高长官府尹,已然形同虚设,而且与盛京五部的冲突又凸显出来。

---

① 昆冈等:《钦定大清会典事例》卷 183,户部,库藏,商务印书馆 1911 年石印本,第 1? 页。

② 赵中孚:《清末东三省改制的背景》,《中研院近代史研究所集刊》第 5 期(1976 年),第 315 页。

③ 《德宗景皇帝实录》卷 24,《清实录》第 52 册,中华书局 1987 年影印本,第 361 页。

有学者指出:"奉天府尹原为汉缺,自乾隆三十年起以盛京户部侍郎兼管,变成满缺。因此,在职掌上不但与五部中的户部重叠,也和刑部牵扯不清。"[①]

因而,裁撤奉天府尹与盛京五部,自然成为继续改革奉天行政系统、理清其间关系的必要举措,一时间成为奉天官制改革的热点话题。

第二节　行政改革举措

到任之后,赵尔巽对奉天地方行政体制的弊端有了更加深刻的体会,"始知奉省积弊,非尽除各属界限,断不能改弦更张。"[②]整合行政资源,改革人事制度,整顿吏治、改善行政环境,遂成为其行政改革的当务之急。改革的重点在裁撤重叠机构,统一管理权,提高行政效率。

一、整合行政资源

光绪三十一年(1905)七月二十四日,接印视事仅一个月后,赵尔巽就同时呈递了数封奏折,奏请对奉天行政机构进行大刀阔斧的改革。意在整合原有行政资源,结合日俄战争善后的需要设立新的行政机构,俾令责权明确、政令畅通。

(一)裁撤重叠机构

要清除奉天官场多年形成的积弊,非彻底改革整顿难期实效。在赵尔巽看来,欲改官必先裁官。[③] 所以,行政改革之初,即数折并奏,请求裁撤奉天府尹、裁撤奉天府丞改设学政、归并盛京五部事务,以为将来裁撤五部之准备。

(1)裁撤奉天府尹。如前述,自建立陪都制度之后,清廷即不断地调整盛京将军与奉天府尹的关系。到光绪年间,将军加衔兼管府尹事务,府尹已经形同虚设,只是为了尊崇陪都体制而存在。光绪三十一年(1905)七月

---

　　① 赵中孚:《清末东三省改制的背景》,《中研院近代史研究所集刊》第 5 期(1976 年),第315 页。

　　② 赵尔巽全宗档案,第 193 卷(《盛京将军赵尔巽给军机处外务部袁世凯等电报信函之抄录本》),缩微号:0031,中国第一历史档案馆藏。

　　③ 赵尔巽全宗档案,第 193 卷(《盛京将军赵尔巽给军机处外务部袁世凯等电报信函之抄录本》),缩微号:0031,中国第一历史档案馆藏。

二十四日,赵尔巽上折奏请裁撤奉天府尹:

> 　　伏念奉省局势艰危,自非改弦更张无以图补救于万一。历来论奉
> 治者,皆以军府事权不一为丛弊之源、致弱之本。……刻下情形尤非
> 昔比,与其袭旧而多碍,不如因时而制宜。且上年因督抚同城事权不
> 一,已奉谕旨将湖北、云南巡抚裁撤。奉天府尹以右副都御史行巡抚
> 事,与湖北等省巡抚事同一律。署府尹驿巡道增韫亦以裁撤府尹为
> 请,已于奏陈东省事宜折内披沥言之。此奉天府府尹亟宜裁者之实在
> 情形也。①

光绪三十一年八月初六日,奉硃批:"另有旨。"②同一日,上谕:"奉天府府
尹兼巡抚一缺,著即裁撤。所有府尹原管事务,均著责成赵尔巽悉心经
理。"③奉天府尹之裁撤,其实质与督抚同城情形下裁撤巡抚,由总督兼任
督辖所在地方巡抚的处理方式无异。"督抚同城,势分略等,体制平行,权
限之区分复相沿不甚清晰,其能和衷共济者不多见。"④盛京将军与奉天府
尹的矛盾虽然不同于一般行省的督抚之争,但是事理相同。赵尔巽裁撤奉
天府尹的改革,抓住了盛京将军与奉天府尹二者矛盾的症结所在,为盛京
军府关系的调整画上了一个圆满的句号。此次调整,裁撤了盛京作为陪都
身份的一个重要政治符号——象征京府特殊地位的奉天府尹,是为特殊的
奉天地方军府行政体制向行省体制转变之开始。

　　与府尹一同裁撤的还有其佐贰之官奉天府丞。奉天府丞初设于康熙
二年(1663),汉缺,一员,秩正四品,掌理学务。府丞之设,实因当时奉天所
属州县较少,因而沿袭顺天府丞办理童试之规,兼司学务。此后,延续此
制,"掌盛京、吉林学校之政令,……凡各省学政之治仿焉"。⑤洎乎清季,
东北地方一直以奉天府丞兼理学务,未按清政府新定学务章程要求,设立
学政。日俄战争过后,奉天地方百端待举,振兴教育实为推动地方发展的

---

　　①　赵尔巽:《奏请特旨裁撤奉天府府尹事》(光绪三十一年七月二十四日),宫中硃批奏折,
04-01-02-0011-001,中国第一历史档案馆藏。
　　②　赵尔巽:《奏为请裁奉天府尹以袪窒碍而规久远事》(光绪三十一年七月二十四日),军机
处录副奏折,光绪宣统朝,03-5445-017,中国第一历史档案馆藏。
　　③　中国第一历史档案馆:《光绪宣统两朝上谕档》第31册(光绪三十一年),广西师范大学出
版社1996年版,第116页。
　　④　徐一士:《一士谭荟》,中华书局2007年版,第5页。
　　⑤　昆冈等:《钦定大清会典》卷74,商务印书馆1911年石印本,第10页。

长远大计。且自光绪初年奉省增设民官之后,民治机构日渐增多,当时已有六府、二直隶厅、二厅、三十余县。合吉林现有十二个府厅州县、黑龙江现有二个府厅州县计之,三省共有六十余州县,视嘉庆以前增至五倍。此后须添设者甚多,学务事宜日渐繁多,尤需专人负责。"自未便令府丞兼摄,致事权过轻,责成不重。"①如奉天改设学政专缺,责令就近兼管吉江两地,必大大有益于东省学务之发展。此外,"奉天府丞旧皆不治府事,今府尹请裁,尤留府丞,职掌既苦未核,名实亦属不符"。所以,在奏请裁撤奉天府尹的同时,赵尔巽奏请将奉天府丞一并裁撤,"另设奉天学政一员,兼管吉江两省学务,令将学堂一应事宜会同三省将军切实兴办,以符名实而重责成,必于学务大有裨益"。②光绪三十一年(1905)八月初三日的上谕,同意了赵尔巽的主张,"所有各省学政,均著专司考校学堂事务,会同督抚办理。所有奉天府府丞兼学政,著改为东三省学政。奉天府府丞一缺,著即裁撤"。③与此同时,命翰林院编修李家驹提督东三省学政,裁缺奉天府丞裴维侅提督湖北学政。④学政的设立,进一步明确了原府丞管理学务的职能,并使之名实相符、责权专一,事同内地省份以学政会同督抚办理学堂事务。裁府丞、设学政,不但有利于提高学务管理效率,而且将东北地区特殊的军府体制又向普通的行省建置推进了一步。

(2)裁撤盛京五部。随着盛京地区旗民二元体制矛盾的不断调解,将军的权限逐渐扩大。光绪初年,"前将军崇实奏定,将军一缺兼管兵、刑两部并管带金银库印钥,稽核户部。其余各部事务,均令与将军商办。事权已属将军,徒以名目尚在,界限显分"。⑤经崇实调整之后,盛京将军不但兼管奉天府尹,而且兼摄五部事务。尽管五部事权已属将军,但仍然存在

　　①　赵尔巽:《奏为请特旨将奉天府丞即行裁撤另设奉天学政一员兼管吉江两省学务事》(光绪三十一年七月二十四日),军机处录副奏折,光绪宣统朝,03－5445－018,中国第一历史档案馆藏。

　　②　赵尔巽:《奏为请特旨将奉天府丞即行裁撤另设奉天学政一员兼管吉江两省学务事》(光绪三十一年七月二十四日),军机处录副奏折,光绪宣统朝,03－5445－018,中国第一历史档案馆藏。

　　③　中国第一历史档案馆:《光绪宣统两朝上谕档》第31册(光绪三十一年),广西师范大学出版社1996年版,第116页。

　　④　《德宗景皇帝实录》卷584,《清实录》第59册,中华书局1987年影印本,第275页。

　　⑤　赵尔巽:《奏为归并盛京五部事务办理大概情形事》(光绪三十一年七月二十四日),宫中硃批奏折,04－01－02－0011－021,中国第一历史档案馆藏。

事权不一之弊。"历任将军部臣虽亦力图维挽,无如积重难返。"赵尔巽接任盛京将军之后,随即接管盛京五部。光绪三十一年(1905)七月初三日,在奏报接管盛京礼、兵、刑、工四部印钥日期折中,赵就曾流露出要对五部进行改革的意愿:

> 伏查五部事务头绪纷繁,今昔异宜,势难沿袭……奴才惟有恪遵特旨,认真整顿,不拘成例,于各部应行裁改事宜妥慎详筹,拟定办法,再行具奏请旨施行。①

随后,在七月二十四日奏请归并五部事务折中,又十分明确而坚决地提出要对五部进行彻底改革:陪都五部,日久弊生,"若仍循旧办理,则奴才今日之兼管与往年崇实之兼管无殊。不予革除,难言整顿"。②

赵尔巽对盛京五部的裁撤,不同于对奉天府尹和府丞的裁撤一次完成,而是分三步实现的:首先是盛京将军接管五部,继而归并五部事务,以为裁撤之预备。以此为基础,裁撤盛京五部,则为水到渠成之势。

对盛京五部事务的归并,是在盛京将军兼管各部事务基础上实现的。经过几次改革,盛京将军权限不断扩大,逐步实现了对盛京五部事务的兼管。光绪三十一年六月十六日,清廷上谕,明令所有盛京五部事务归盛京将军兼管。③ 同时,对五部侍郎的去向作出部署:礼部侍郎景厚、刑部侍郎儒林、工部侍郎兼署兵部侍郎锺灵均著来京当差,④署盛京将军奉天府尹兼署户部侍郎廷杰"著俟赵尔巽到任后,即行前往吉林查办事件"。⑤ 赵尔巽莅任当天(六月二十四日),与廷杰交接盛京将军篆务的同时,接收户部印信暨奉天牛马税务关防,接管盛京户部。七月初二日,盛京其他各部侍郎分别派员将四部印钥文卷送交赵尔巽,完成盛京五部部务交接

① 赵尔巽:《奏报接管盛京礼兵刑工四部印钥日期事》(光绪三十一年七月初五日),宫中硃批奏折,04—01—13—0411—013,中国第一历史档案馆藏。
② 赵尔巽:《奏为归并盛京五部事务办理大概情形事》(光绪三十一年七月二十四日),宫中硃批奏折,04—01—02—0011—021,中国第一历史档案馆藏。
③ 《德宗景皇帝实录》卷546,《清实录》第59册,中华书局1987年影印本,第253页。
④ 中国第一历史档案馆:《光绪宣统两朝上谕档》第31册(光绪三十一年),广西师范大学出版社1996年版,第91页。
⑤ 《德宗景皇帝实录》卷545,《清实录》第59册,中华书局1987年影印本,第253页。光绪三十年十月初五日,命廷杰兼署户部侍郎。见《德宗景皇帝实录》卷536,《清实录》第59册,中华书局1987年影印本,第132页。

工作。① 至此,盛京将军全面接管五部事务。接管盛京五部之后,赵尔巽
即亲自督饬文案处人员按照部务分股办事。"选五部谙悉公事、明白大义
之司员数人,检齐则例、档案来辕,以备顾问而资接洽……逐项清厘。当裁
者裁,当改者改,当并者并。"②盛京五部部务的统一整理,为下一步归并各
部事务的改革进程奠定了基础。

七月二十四日,赵尔巽奏请归并五部事务,以为将来裁撤之准备。其
奏折称:五部事务复杂,头绪纷繁,"惟其中有关系重要者,如礼、工两部所
管典礼、工程等事,自应敬谨妥筹;有头绪纷繁者,如户、兵两部所管租税、
驿站等事,自应详细稽考。其余部务紊乱居多,则欲裁撤非先行归并不
可"③,以便于综核清理各部事务。"一俟清理就绪,即将衙门员缺分别留
撤,以一事权。"原五部所管事务,分别划归盛京地方官管理。④ 对盛京五
部的裁撤,进一步明确了奉天行政体系中各地方机构的责任与权力,同时,
又将盛京特殊的陪都行政体制向一般地方行省建置推进了一大步。

在裁撤盛京五部的过程中,各部员缺的安置无疑是其中的一项重要工
作,也是赵尔巽首先要面对的问题。本来奉天兵燹之后百废待举,正值用
人之际,按说多数本应留奉当差。但是,所有部缺"各员皆以奉省为畏途,
以衙门为苦海。一闻新令,莫不亟盼脱离"。⑤ 既然如此,赵尔巽上折奏请
归并五部事务同时,还特别附片奏请体恤所有裁缺人员,"务求朝廷格外施
恩,宽予出路,免致向隅之憾"。⑥ 五部员缺纷繁复杂,既有满蒙汉军之分,
又有食俸食饷之别,复有京缺本缺之属。所裁者,共有五部郎中 14 缺、员
外郎 26 缺、主事 25 缺、笔帖式 93 缺,五六七品官、司库、司狱、助教、驿丞
等共 100 余缺。赵尔巽在附片中请求为裁缺各员宽留出路,不分京缺、本

---

　　① 赵尔巽:《奏报接管盛京礼兵刑工四部印钥日期事》(光绪三十一年七月初五日),宫中硃
批奏折,04—01—13—0411—013,中国第一历史档案馆藏。

　　② 赵尔巽:《奏为归并盛京五部事务办理大概情形事》(光绪三十一年七月二十四日),宫中
硃批奏折,04—01—02—0011—021,中国第一历史档案馆藏。

　　③ 赵尔巽:《奏为归并盛京五部事务办理大概情形事》(光绪三十一年七月二十四日),宫中
硃批奏折,04—01—02—0011—021,中国第一历史档案馆藏。

　　④ 《德宗景皇帝实录》卷 548,《清实录》第 59 册,中华书局 1987 年影印本,第 275 页。

　　⑤ 赵尔巽全宗档案,第 193 卷(《盛京将军赵尔巽给军机处外务部袁世凯等电报信函之抄录
本》),缩微号:0031,中国第一历史档案馆藏。

　　⑥ 赵尔巽全宗档案,第 193 卷(《盛京将军赵尔巽给军机处外务部袁世凯等电报信函之抄录
本》),缩微号:0031,中国第一历史档案馆藏。

缺,一律办理。"其安插之法约有数途:凡曾经京察一等记名者,准其咨部收缺,仍记名请旨简放;愿截取者,准其作为俸满照例截取签掣省分(份——引者);愿内用者,以原官咨部即选;其不能截取而愿外用以及无缺可收之员,准其对品改外签分到省。"对于其中熟谙各部事务者,赵尔巽请求选取数员留奉差遣,优给薪水。①

赵尔巽裁撤盛京五部、奉天府尹、府丞以及军粮同知②等各缺所请,先后奉旨允准。光绪三十二年(1906)年初,将所裁各缺——盛京五部、奉天府府尹以及军粮同知等关防印信一并赍送礼部查销。③ 至此,完成了对盛京地区主要臃肿重叠机构的裁撤。

裁并陪都机构的各项事务,看似水到渠成,其实,仍然面临着来自各方面的重重阻力。如裁撤盛京五部,虽为顺理成章之举,且有归并五部事务在先,但实际操作起来,依旧困难重重:"裁并之难,非止一端:案卷不全,一也;通晓员司甚少,二也;要紧关键秘不肯宣,三也;公私款项缪辖不清,四也;澈底清查多有亏累,须筹弥补,五也;应裁、应留,动关典礼,极须审慎,六也。"④除了这些具体事务处理上的障碍之外,在清廷内部还有人为阻力的存在。所以,奏请裁撤奉天府尹之后,赵尔巽曾修书给某枢要大臣,请其召对时代为说项,"仍乞面陈,得邀特旨准行,俾免周折",以期减少其官制改革的阻力。⑤ 对于自己先裁府尹的主张,赵尔巽更是忧心忡忡。因而,特请该枢臣面陈此中详细缘由:

> 府尹所行之事,无一非将军兼尹所行之事。去之,但见事省,不见事多。而争权害政、号令纷歧、使下僚无所适从之弊,不期而自去。尤

---

① 赵尔巽:《奏为盛京裁撤五部部缺人员应妥为安置并各省驻防旗人应为办各类学堂以成生计事》(光绪三十一年八月初六日 *),军机处录副奏折,光绪宣统朝,03-5445-020,中国第一历史档案馆藏。

② 鉴于军粮同知本系理事通判改设,兼管考试事宜,而科举已停,该同知并无职务,所以,赵尔巽在奏请设立奉天府知府同时奏请裁撤军粮同知,现任军粮同知拟请归于裁缺即补班补用。

③ 赵尔巽:《奏为裁撤盛京五部奉天府府尹府丞及军粮同知各缺关防印信一并缴销事》(光绪三十一年十二月十九日 *),军机处录副奏折,光绪宣统朝,03-5451-159,中国第一历史档案馆藏。

④ 赵尔巽全宗档案,第105卷(《扬润文炳等关于求职推荐人选来奉任职等事给赵尔巽的信函履历及赵尔巽的复信稿等文件》),缩微号:0020,中国第一历史档案馆藏。

⑤ 赵尔巽全宗档案,第193卷(《盛京将军赵尔巽给军机处外务部袁世凯等电报信函之抄录本》),缩微号:0031,中国第一历史档案馆藏。

较五部之裁为急务也。此中情节,乞召对时据以入告。①

今天,我们读此函稿,依然不难体会赵尔巽行政改革过程中所面临的种种困难与艰难抉择,一窥清政府的实际政治运行机制以及当时的官场情形。

(二)整合行政机构

无论是重建社会秩序还是推动经济发展,抑或是维护国家主权,各项行政工作的有效运行都离不开政府各职能部门的执行与推动。于是,在裁撤一些冗余重叠机构的同时,赵尔巽根据地方需要,本着节约行政资源、减少行政成本的原则,先后设立了财政总局、巡警总局以及农工商局等具体职能部门,专门负责相应的行政事务。

1.设立财政总局。财政总局之设,主要目的在于消除积弊、加强财政管理。奉天财政状况纷繁复杂,积弊太久。原设之粮饷处隶于督辕,名为财赋总汇之区,实则仅限于总督之一部。而且在具体工作过程中疏于监察,只管收放,毫无稽核。造成财政管理日久而乱,亏空严重。究其原因,"约而言之,不外两端:一曰利归中饱。入款则侵蚀,出款则浮冒。上以蠹国,下以病民;二曰政出多门。官有旗民之分,地亦有旗民之别。重征则下受其扰,多官则上糜其费。而两弊之至,实又相因。各衙门畛域既分,莫相统摄。考查稽核,无自而施。胥吏因缘为奸,逞其贪黩。历任将军知之而不能改者,积重难返而亦成例有以限之也"。② 前将军增祺奏设税务总局,原拟合各衙门税项统筹整齐划一之法。然而,各项弊端根深蒂固而且互相钤制,牵一发而动全身,加之受到日俄战事影响,最终未能实现整顿目的。继任的署将军廷杰曾继续派员清理将军所管各税,略有起色。基于对奉天财政乱象根源的精当分析,赵尔巽认为,奉天财政本原既紊,牵制多端,非补苴罅漏所能奏效。如果坐是因循,只能一误再误,要振兴地方财政必须力除积弊,彻底整顿。欲彻底整顿,"非设一总汇之区而又分列各所专其责成,不能收纲举目张之效"。③

　　① 赵尔巽全宗档案,第193卷(《盛京将军赵尔巽给军机处外务部袁世凯等电报信函之抄录本》),缩微号:0031,中国第一历史档案馆藏。

　　② 赵尔巽:《奏为筹设财政总局酌拟归并粮饷处税务总局大概情形事》(光绪三十一年七月二十四日),宫中硃批奏折,04-01-02-0011-002,中国第一历史档案馆藏。

　　③ 赵尔巽:《奏为筹设财政总局酌拟归并粮饷处税务总局大概情形事》(光绪三十一年七月二十四日),宫中硃批奏折,04-01-02-0011-002,中国第一历史档案馆藏。

　　为此,赵尔巽在奏请裁撤奉天府府尹府丞、归并五部事务的同时,以奉省财政太纷、积弊太久,奏请将粮饷处、税务总局先行归并,改为财政总局,总揽全省财政,以打破各署界限,芟汰繁文旧例,统一奉天全省财务出纳之权,"举凡全省财政向日分隶各处者,统归该总局管理"。① 以便逐项清厘,分别整顿。光绪三十一年(1905)八月初六日,奉硃批允准。② 《奉天财政总局章程》开宗明义,明确规定:"此局之设,以经理奉天全省财政为主。"设局之初,暂行分设二所:"甲收支所,全省款项之出入均隶之;乙俸饷所,应收、应发之款项,均由本所稽核批判,转达于收支所。报销等事,亦隶焉。"③甲乙二所,执掌奉天全省财政的收支操作与审计稽查,将行政权与监督权相分离,在一定程度上能够有效地避免此前政出多门、管理混乱的状况。奉天财政总局设督办一人,以史念祖充任,掌管全省财政以及全局人员之权。下设会办若干,分任督办之事;设总文案一员,负责稽核全局稿件,受督办节制,总文案之下设收发文件监察委员一员。并设有参议若干员,均选择获得学堂文凭并游历东西洋考察财政有心得者充之。此外,财政总局内还设有调查所,选拔总理参议以下人员或其他局处暨官缺人员抑或本地士绅组成,无定员,以"考查利弊、筹议兴革"为宗旨,负责监督与建议财政局的日常工作。④ 光绪三十一年十一月初五日,赵尔巽进一步扩大奉天财政总局的管理权限,奏准将奉省旗民地丁、钱粮、官兵俸饷及善后赈捐各项事宜,均归并财政总局分所办理。⑤ 财政总局之设,意在消除积弊,加强对全省财政收支的有效管理。一方面,极大地加大了监督力度,将收支与稽核分开,约束财政收支工作。另设调查所、总文案及其下监察委员,负责监督财政收支。以利于有效清理地方财政,打击长期以来的中饱行径。另一方面,开始引进新的财政管理理念,探索新的财政管理方式。

　　2.增设巡警总局。地广人稀,加之治安防控力量的不足,造成东北胡

---

　　① 赵尔巽:《奏为筹设财政总局酌拟归并粮饷处税务总局大概情形事》(光绪三十一年七月二十四日),宫中硃批奏折,04-01-02-0011-002,中国第一历史档案馆藏。

　　② 赵尔巽:《奏为筹设财政总局先将粮饷处税务总局酌拟归并事》(光绪三十一年七月二十四日),军机处录副奏折,光绪宣统朝,03-5445-019,中国第一历史档案馆藏。

　　③ 《奉天财政总局章程(录〈时报〉)》,乙巳(1905)十月十四日刊,国家图书馆分馆:《〈清末〉时事采新汇选》,北京图书馆出版社2003年版,第7418页。

　　④ 《奉天财政总局章程(录〈时报〉)》,乙巳(1905)十月十四日刊,国家图书馆分馆:《〈清末〉时事采新汇选》,北京图书馆出版社2003年版,第7418页。

　　⑤ 《德宗景皇帝实录》卷551,《清实录》第59册,中华书局1987年影印本,第314页。

匪出没,人民惶恐度日。屡次兵燹打击,又使得地方更加动荡,加剧了这种无序状态。奉天地方虽为东北的行政、经济中心,然日俄战争过后,动荡尤甚。安定祥和的社会环境,既是战争善后与改革地方的一项必要条件,又是其中的重要内容。要稳定社会秩序,必须提高对突发治安事件的防控能力。其突破点在于两个方面:一方面,加大对胡匪等不安定因素的打击力度,另一方面则需要强化预警机制,提高各属地方对突发事件的防控能力。这两个方面,都离不开警力的加强。为此,赵尔巽设立奉天巡警总局,大力推行近代警政。清末西方警察制度传入中国之初,囿于分工水平以及人力资源等客观条件,警察的职权范围远大于今天,既负责社会治安,又兼管防疫卫生、市政等事务。奉天是当时较早举办警政的少数省区之一,在赵尔巽主政之前,警察、卫生两局所均已奏明办理。[①] 奉天省城警察局成立于光绪二十八年(1902),只是规模较小,当时"仅有警队八十名,诸未完备"。[②] 日军进驻省城以后,将军增祺和府尹廷杰为保护地方行政权,应日军要求加强省城卫生管理,设立卫生所,调请北洋酌派办理卫生人员数员到奉差遣。随之成立卫生医院,卫生人员上午在医院诊病,下午分赴城关内外稽查防疫事宜。[③] 草创之初,卫生所的规模及职掌有限,只注重市容卫生事宜,而对其他卫生防疫事务重视程度不够,所设病院规模不足。与此同时,日俄战争爆发后地方动荡不安,需要加强警备力量以防控治安事件,维护社会稳定。有鉴于此,光绪三十一年(1905)春,奉天府府尹廷杰派遣调奉差委江苏候补知府冯国勋、日本大学校毕业生富士英为警察局总、帮办,扩大警务规模,于城关内外设分局六所,以北洋咨遣来奉之警察、员弁等派充总巡、分巡各差。共设巡目、巡兵816名,分段驻扎,以资防守。[④] 日俄战争过后,"值师旅饥馑之余,深恐疫气流传,致为民害。客军未撤,尤宜先事防维"。要更好地维护国家主权,加强卫生行政力量也是不可或缺

① 赵尔巽:《奏为奉省城内外拟饬兴修马路推广卫生请将警察局改为巡警总局事》(光绪三十一年十二月十四日),宫中硃批奏折,04—01—02—0011—020,中国第一历史档案馆藏。

② 徐世昌:《查明奉省历办房捐情形并善后办法折》,《退耕堂政书》卷20,天津徐氏退耕堂刻本1914年版,中国书店1984年重印本,第25页。

③ 赵尔巽全宗档案,第102卷(《盛京将军赵尔巽为奉省官员增加津贴养廉公费开支报销事之奏稿及薪水清单》),缩微号:0019,中国第一历史档案馆藏。

④ 廷杰、增韫:《奏为奉省整顿警察并创设警务学堂筹款情形事》,宫中硃批奏折,04—01—02—0033—018,中国第一历史档案馆藏。

的一项工作。但是,奉天原有警务系统,警察与卫生二者分立,造成责权分散,不利于警政的发展。既然卫生事务本为警察日常工作中的重要组成部分,赵尔巽首先将地方警察机构进行统一化改革,卫生所归由警察局兼管,并"将冗员浮费酌加删汰,以期款不虚糜"。① 同时,进一步扩充卫生所事务,强化卫生行政力量,大量聘请医官、预备医药,以备查疫治疫之用;加强卫生知识宣传,逐步培养居民的卫生意识。在原有警务机构基础上,对警种、警力加以调整,合警察与卫生二局所而设巡警总局。

巡警总局之设,实乃因地制宜之举。奉天地方马贼充斥,行动迅速、出没无常,原有警察机动灵活性差,不利于打击胡匪。这种特殊的地方治安形势,促使赵尔巽改革警务机构,对警种作出调整,重点加强巡警的力量,以有效地打击胡匪,维护治安。光绪三十一年(1905)十二月十四日,赵尔巽具折奏请将警察局改为巡警总局,"藉省浮费而一事权",委令东边道张锡銮经理。② 赵尔巽的改革,一方面使警察行政事权专一,对警务、卫生等地方事业的自身发展不无积极作用。另一方面,由警察局改为巡警总局,虽然表面上只是名称的变化,其实质则表现了针对胡匪流动性强的实际情况,对奉天警政所作的相应调整,调整之后,警力更加机动灵活,有利于提高对突发事件以及马贼的防控打击力度。名称的变化,进一步明确了警察防控犯罪的行政职能。

3.设立农工商总局。对于奉天地方经济状况而言,仅仅补偏救弊,实难以在日益激烈的商业竞争中求得立足之地。③ 要抵御列强的经济侵略、巩固边防,必须全面振兴奉天实业。而在赵尔巽看来,值此世界经济竞争的大潮流,正是发展奉天经济的一个难得时机。就实业而言,农工商三者密不可分,"大抵商营运而工制造,则工为商本;工制造而农生植,则农又为工之本。三事相成,命之曰实业"。④ 鉴于农、工、商三者之间的内在有机

---

① 赵尔巽:《奏为奉省城内外拟饬兴修马路推广卫生请将警察局改为巡警总局事》(光绪三十一年十二月十四日),军机处录副奏折,光绪宣统朝,03-5519-060,中国第一历史档案馆藏。

② 赵尔巽:《奏为奉省城内外拟饬兴修马路推广卫生请将警察局改为巡警总局事》(光绪三十一年十二月十四日),军机处录副奏折,光绪宣统朝,03-5519-060,中国第一历史档案馆藏。

③ 赵尔巽全宗档案,第101卷(《赵尔巽为东三省改革官制的奏稿及相关文件》),缩微号:0019,中国第一历史档案馆藏。

④ 赵尔巽全宗档案,第187卷(《盛京将军赵尔巽改革吏治兴学务振工商务告人民书及整顿圆(圜)法开矿兵政等之条陈》),缩微号:0030,中国第一历史档案馆藏。

联系,他主张成立一个总括三种产业的管理机构,专门负责推动地方农工商业的一体化发展。先将新设立之农工局归并于商务局改名为农工商局,以为全省实业之总枢。其下酌分机要、农务、工务、商务、会计等科,各科下分数课,分别负责相关事宜。委任陶大均、金还、熊希龄为局长。光绪三十二年(1906)十月二十三日,赵尔巽上折奏请设立农工商总局,以振兴实业而挽回利权。结合奉天地方廉价劳动力与特有的丰富资源优势,赵尔巽指出,要推动奉天经济发展,应该重点加强四个方面的工作:其一、关于人民之职业者,设立专门学堂,培养实业人才,设立模范工场,示范实业发展;其二、关于运输之交通而实于外交上有绝大之关系者,设立浚河公司,疏浚辽河河道,发展内河航运业,保我固有之航利;其三、关于军事上之所需者,设立牧养公司,改良牧业,振兴马政,培育军需马匹;其四、关于海权之所系者,重视海洋资源,划定海上疆域,设立渔业公司,发展渔业生产。二十八日,奉硃批:"著即切实筹办,毋托空言。"①

　　不难看出,赵尔巽上述主张所涉及的内容,虽名义上仅仅关于奉天农工商局之设,但是其关系实切于内政外交诸方面。全局纲维,则仍当以振兴实业为入手要着。表面上看是发展地方经济,实际于发展经济的各项举措之中均寓维护主权与抵制侵略之大义。以赵尔巽此折所言对比首任东三省总督徐世昌在《上监国摄政王条议》中所陈述东北经济发展方略,可见其核心思想大体相同,具体办法亦大同小异,愈见赵尔巽此项主张实乃发展奉天经济的一项握要之议。

　　(三)调整行政区划

　　整个东北地区人口密度极小,原设治所管辖范围较大,社会控制力量相对薄弱。随着奉天政治形势的变化以及经济的发展,所属各地方或因管辖范围迅速扩大、或因行政事务急剧增加,其原有治所的行政力量不足以应对急遽的社会变迁。要发展地方、抵御侵略,既需要调整管辖范围,又要加强地方行政管理力量。于是,根据实际需要,或对一些地方行政区划加以调整,或于适中之地设立新的治所。目的在于适应新的形势,加强行政管理力度。

---

　　① 赵尔巽:《奏为奉省设立农工商总局并拟办情形事》(光绪三十二年十月二十三日),军机处录副奏折,光绪宣统朝,03-7437-036,中国第一历史档案馆藏。

1.必要性分析。其一,新辟荒地大量招民垦殖,需要加强管理。随着东北地区的开禁,越来越多的关内移民闯关东谋生。三省中距关内最近的奉天荒地越来越少,新荒位置由中心地带逐渐向边缘扩展。一些原设治所管辖范围迅速扩大,新开辟地方离原治所越来越远,而且地方各项事务日渐殷繁,原有行政力量难免力有不逮。这种情形,显然不利于对新辟地方的日常行政管理。其二,原治所选址不合理。一些原设治所原本选址不尽合理,随着垦荒面积的逐步扩大以及地方经济的发展,这一问题亦日益突出。具体言之,"昌图、东边设官,规模草创,守令辖境寥阔,有鞭长莫及之忧;辽阳设治久矣,而延广侔三百里,东境本溪湖等村至终岁不见州官文告;复州治偏极西,故近有增官之请;抚顺地势扼要,有谓宜移兴仁县于彼者。况轮路畅通,形势为之一变,对内对外均不宜因陋就简"。① 其三,应对新的地方形势的需要。中日甲午战争以来,奉天地方列强侵略势力越来越强,外国人日渐增多。尤其是日俄战争以后,日本势力深入各属地方,随着涉外事务的增多,对外交涉日益频繁。而相距较远之有司未能一一顾及,且因事权不一遇事时常互相推诿。要实现对地方的有效管理,需要重新划疆分界,明确责权。此外,战争善后及新政改革各项举措的推行,均离不开各地官员的提倡、劝导。将来各开埠地方,亦需要有专员就近规划督饬。因此,在赵尔巽看来,"分疆划守,因地制宜,洵奉事之首务也"。②

2.设治事务。赵尔巽到任之后,即懔遵勿拘成例之谕旨,大力调整奉天地方行政建置,或者对一些地方行政区划作出调整,或者根据行政需要选择适当地方设立新的治所,以适应奉天政局变化的需要。于设治地方应办各事留心体察,委员查勘,对一些亟于设治之处先后刊刻木质钤记、发给经费,派员前往试办设治事宜。在前期试办的基础上,或者对设治可行性经过反复论证之后,赵尔巽分几次奏请设立新的治所。

对于需要设治的地方,除了光绪三十一年(1905)对安广县、奉天府先后奏请设治之外,光绪三十二年(1906)七月初四日、十月二十三日,赵尔巽又集中分两次呈递奏折,对法库门等 11 处并案奏请设立新的治所。根据

① 赵尔巽全宗档案,第 187 卷(《盛京将军赵尔巽改革吏治兴学务振工商务告人民书及整顿圆(圜)法开矿兵政等之条陈》),缩微号:0030,中国第一历史档案馆藏。

② 赵尔巽全宗档案,第 187 卷(《盛京将军赵尔巽改革吏治兴学务振工商务告人民书及整顿圆(圜)法开矿兵政等之条陈》),缩微号:0030,中国第一历史档案馆藏。

设治目的不同,三年间赵尔巽所请设各治,主要可以分为四种情形:第一,奉天府尹裁撤之后,地方治权真空,需要设立新的治所填补权力空白、承转行政事务,如奉天府知府之设;第二,随着政治经济形势的发展,一些地方日益重要,为更好地管理各项事务,需要设立专门机构、派遣专人负责地方行政事务,法库门抚民同知、同江厅河防同知之设,是为此种情况;第三,随着原治辖境扩大,原治所对一些地方行政控制力量越来越弱,加之有些治所设立之初选址不尽合理,造成一些村镇距治所较远,不利于各项行政工作的开展,需要设立新的治所,以加强对这些地方的管理,如庄河厅抚民同知、江家屯抚民通判、辽中县县令、本溪县县令、小三家子分防县丞、水门子分防巡检等之设,属于此例;①第四种情形为新近丈放招垦的各项地亩,面积较大且距其他治所较远者,需要有专门的地方行政机构进行管理,同时,为更好地打击胡匪,维护社会治安,也需要选择适当之地设立新的治所,此种情形,以盘山厅抚民通判、安广县县令之设置为代表。②

　　光绪三十三年(1907)三月二十八日,赵尔巽离任前夕,就上述省城之外的其他设治地方未尽事宜加以处理,一方面,分别评定新设治各缺缺份③,奏请饬部议复施行;另一方面,确定对新设各治的分隶管辖权。④ 奏请将法库门抚民同知、庄河厅抚民同知定为冲繁难题要缺;同江厅河防同知、锦西厅抚民通判,均请定为繁难题要缺;盘山厅抚民通判定为冲疲难题要缺。上述各员,均请查照成案兼理事衔;辽中县知县、本溪县知县,均请定为繁难题要缺,请加理事同知衔;镇安县小三家子县丞、复州水门子巡检、柳河县样子哨巡检,均请定为要缺,照案请各加六品衔。以上正佐各缺均择其人地相宜之员由外拣补,分别奏咨办理。同时,在分隶管辖上,赵尔巽奏请将法库门抚民同知、同江厅河防同知均先隶奉天驿巡道管辖;庄河厅抚民同知先隶东边道管辖,锦西厅、盘山厅各通判,均归锦州府兼辖;辽

　　① 赵尔巽:《奏为奉省添设厅县治所专官并派员试办请饬部先行立案事》(光绪三十二年七月初四日),军机处录副奏折,光绪宣统朝,03-5463-088,中国第一历史档案馆藏。

　　② 赵尔巽:《奏为续行查明奉旨岫岩州属庄河等处应添设厅县分防各治派员试办拟请饬部立案事》(光绪三十二年十月二十三日),宫中硃批奏折,04-01-02-0012-003,中国第一历史档案馆藏。

　　③ 雍正年间,由广西布政使奏准,分定全国州县缺份为冲、繁、疲、难四类,以便选用官吏。冲谓地方冲要;繁谓事务繁重;疲谓民情疲顽;难谓民风强悍难治。

　　④ 赵尔巽:《奏为添设厅县佐杂各缺试办就绪酌定未尽事宜请旨饬部议复施行事》(光绪三十三年三月二十八日),军机处录副奏折,光绪宣统朝,03-5479-045),中国第一历史档案馆藏。

中县、本溪县均隶奉天府管辖。庶于考核一切,责有所归。① 至此,最终完成对地方行政区划的调整工作。

3.设治个案分析。在担任盛京将军期间,赵尔巽奏准设治之所达到十几处,虽事机迫切,然皆行之稳慎,绝非仓促成事。上述设治地方,均经事先派人详细考察、反复论证,制定合理可行的设治方案之后始行试办。先设民官及分防之员,划分边界,选择适中之地设立治所。切实可行之后,赵尔巽才奏请对亟宜设治之各地方分别办理设治事宜,修建衙署,铸给相应的印信钤记。根据设治目的的不同,试以奉天府、法库门厅、安广县以及本溪县为例,分别加以解析:

奉天府之设,实因地方事务日渐增多,而原有行政体制之下,地方军政长官与州县之间缺乏沟通承转之津梁,以致政令不畅。② 且随着地方事务日益繁重,一些官吏于所属治内行政难免管辖不周,为加强地方管理、提高行政效率,赵尔巽主张在适中之地、适宜之处分设职官治所。同时,奉天府尹既经奏请裁撤、驿巡道一缺又经奏请加按察使衔管理全省刑名,事繁责重。若无承转之官,实有顾此失彼之虞。奉天省城作为清王朝陪都、盛京将军衙门所在,又是区域首位城市、奉天政治经济中心,地位重要,事务殷繁。尤其日俄战争结束之后,兴利除弊措置维艰,同样需要设立新缺以分担其事务。

光绪三十一年(1905)九月二十三日,赵尔巽奏请在省城按普通官制添设知府一缺,名曰奉天府知府,归驿巡道兼辖。划金州一厅、辽阳州、复州二州以及附郭之兴仁、承德、海城、盖平、铁岭、开原六县,悉归奉天府专辖。凡审转案件、督捕催征等事,均照外府向例办理。鉴于该府地居首要,仍为盛京首府。又当大乱之后,事务殷繁,应定为冲繁疲难,请旨拣调要缺。其养廉一项,拟照河南开封府、山东济南府成例办理,并照从四品例每年支给俸银 105 两。此外,再给津贴办公银 5,000 两。原有奉天军粮同知一缺,本系理事通判改设,兼管考试事宜。鉴于科举已经奏准停止,“该同知并无职务”,乃请将其同时裁撤,所管事务均交奉天府知府经管。其衙署暂行改

---

① 赵尔巽:《呈酌定添设厅县佐杂各缺未尽事宜清单》(光绪三十三年三月二十八日),军机处录副奏折,光绪宣统朝,03-5479-046,中国第一历史档案馆藏。

② 赵尔巽全宗档案,第 187 卷(《盛京将军赵尔巽改革吏治兴学务振工商务告人民书及整顿圆(闿)法开矿兵政等之条陈》),缩微号:0030,中国第一历史档案馆藏。

为奉天府知府衙门,现任军粮同知拟请归于裁缺即补班补用。① 光绪三十一年十月初四日,奉硃批:"政务处议奏。"②政务处认为奉天省城事务殷繁,完全认同赵尔巽对奉天府的缺份评定。军粮同知一缺应行裁撤,原任军粮同知应照裁缺例另行请补。③ 奉天府府尹之裁撤与奉天府知府之设置,使得昔日处于特殊地位的奉天府由具有浓重陪都色彩的京府降为普通府治,将奉天地方行政建置又向普通行省体制推进了一大步。

　　法库厅治,旧名三台子,据法库边门。为清初柳条边西段"十二边门"之一。法库门系开原县属境,距县治所 120 里。东北通吉林,正北邻蒙部。④ 康熙初年设门尉二员,寻罢。后改设防御。终有清一代,法库边门为奉天北方门户,是盛京与蒙古之间传送文书的驿站所在。同时,该地作为省城通往北部蒙古等地的必经要道,也是奉天与蒙古进行贸易的首要中转之地,人烟辐辏,行旅络绎。将来开埠通商后,华洋错处,交涉必日益繁难,各项事务均须随机立应,原设知县管辖难免鞭长莫及之虞。

　　鉴于法库边门重要的地理位置及其在与蒙古贸易中特殊的商业地位,赵尔巽很早就有于此处设治的考虑并几经考察论证,进行了充分的准备:从光绪三十二年(1906)年初开始,先后札委臭水河子(今秀水河子)捐输委员四品衔即补骁骑校常裕、前安徽合肥县知县薛邦襄、卸任铁岭县令花翎候选知府赵臣翼等人多次考察法库门地方情况,筹备设治事宜。光绪三十二年二月十九日,常裕进省解交捐款之际,赵尔巽面谕将于法库边门安官设治,饬令常裕"审度地方情形,详细禀明"。⑤ 三月初八日,常裕呈递报告,对当地商业发展水平给予高度评价,称:"近来围荒已辟,蒙荒渐开,该处人烟辐辏,商贾云屯,税课踊跃日增,物产生息日蕃。允称繁华盛地,实

---

　　① 赵尔巽:《奏为请设省会知府裁去军粮同知事》(光绪三十一年九月二十四日),宫中硃批奏折,04—01—02—0011—009,中国第一历史档案馆藏。

　　② 赵尔巽:《奏为请设省会知府裁去军粮同知以资治理事》(光绪三十一年九月二十四日),军机处录副奏折,光绪宣统朝,03—5448—020,中国第一历史档案馆藏。

　　③ 《政务处奏遵议盛京将军赵奏裁改官缺更定职掌各事宜清片》,《东方杂志》第 3 卷(1906年)第 2 期,内务,第 40 页。

　　④ 徐世昌等编纂,李澍田等点校:《东三省政略》,吉林文史出版社 1989 年版,第 457 页。

　　⑤ 常裕:《关于法库门设治的调查报告》,法库县志编纂委员会:《法库县志》,沈阳出版社1990 年版,第 603 页。

为富庶要区,奉省集镇无过此者。"主张于此处添设州治。① 在常裕呈递报告的当日,赵尔巽又札委薛邦襄赴法库门地方实地勘察地形地势。光绪三十二年四月十三日,该员附图禀呈,建议或州或县,设立新治。② 随即,赵尔巽札派赵臣翼奔赴法库门地方,再次勘察形势,为调整区划、划定疆界做准备。闰四月初六日,赵臣翼抵达法库门,将该处街市庙井、居民铺户等凡设治应行调查一切事宜,详加询访。随笔录存,名曰《调查法库门琐记》,以补充此前薛委员图中所未及之内容。③ 二十五日,赵臣翼向赵尔巽递交了一份长篇报告,呈报复勘情形。在报告中再次陈述了法库门特殊的地理位置以及重要的商业地位,建议设官分治,并详尽分析了此处设官不分治的四个弊端:不利于将来的交涉;不利于地方治理;不利于推行新政;不利于行政管理。主张分康平、开原、铁岭三界,各得三分之一。既有利于管理原开原界法库门以西一百余里那些久被视为瓯脱之地,又有利于铁岭辽河以西各地之治理,于民方便,于官有利。建议设立府或直隶厅,兼辖康平、通江两治。④

经过充分论证与认真准备,光绪三十二年五月十六日,赵尔巽刊发钤记,札委户部主事刘鸣复试办法库门设治事宜,命其会同各该管官划分界址,认真经理。⑤ 七月初二日莅任后,刘鸣复首先以稳定社会治安和分疆划界拉开了具体设治工作的序幕。鉴于该处面辽阔,各处伏莽未清,时值禾稼茂密,尤宜防患于未然,因即就地招募素有恒业之乡勇60名,以40名为马队,其余为步队。七月初七日,招齐编练成军,有事则膺差,无事则操练。⑥ 意在保证地方社会秩序,为划界设治提供稳定的社会环境。同时,该委员骑马驰行于铁岭、开原、康平三县和新民府以及法库门,行程千余

---

①　常裕:《关于法库门设治的调查报告》,法库县志编纂委员会:《法库县志》,沈阳出版社1990年版,第603页。

②　薛邦襄:《关于法库门设治的调查报告》,法库县志编纂委员会:《法库县志》,沈阳出版社1990年版,第604页。

③　赵臣翼:《关于法库门设治的调查报告》,法库县志编纂委员会:《法库县志》,沈阳出版社1990年版,第605页。

④　赵臣翼:《关于法库门设治的调查报告》,法库县志编纂委员会:《法库县志》,沈阳出版社1990年版,第606页。

⑤　赵尔巽:《盛京将军赵尔巽委刘鸣复试办法库门设治事宜札文》,法库县志编纂委员会:《法库县志》,沈阳出版社1990年版,第607页。

⑥　刘鸣复:《法库门设治委员刘鸣复呈报招募捕盗营队成军日期请派员点检由》,法库县志编纂委员会:《法库县志》,沈阳出版社1990年版,第607—608页。

里,复勘地势并与各该管地方官会商划界设治事宜。几经往复磋商,最终划康平 187 村、铁岭 191 村、新民 7 村、开原 1 城 64 村,共计 1 城 449 村,组成法库厅治。七月十一日,赵尔巽以法库边门与开原县治相距窎远,管理不周,奏准于该处增设抚民同知一员兼理事衔,名曰法库门抚民同知。①光绪三十三年(1907)四月,赵尔巽奏准将法库门抚民同知定为冲繁难题要缺,暂隶奉天驿巡道管辖。② 东北改设行省之后,驿巡道随之裁撤,法库门改由奉天省管辖,成为省辖直隶厅。

安广县今属大安县,在扎萨克镇国公旗荒地将次放竣之际,赵尔巽奏请于当地添设县治,以资管理。该处荒地位于哲里木盟科尔沁地区,南北长约 130 里,东西宽约百里。南通吉林之长春府,东连黑龙江新设之大赉厅,西接洮南府,北边公营子。经前任盛京将军增祺派员设局招垦。日俄战争以来,各处难民涌向此地,人口迅速增长,盗案时有发生。到光绪三十一年(1905)秋,该旗熟地、生荒将次丈放完毕。民蒙垦户聚成村落,若不设治所,既恐将来荒局裁撤之后地方疏于管理,滋生事端。又恐政令不畅,影响地方的稳定与发展。为此,光绪三十一年八月十三日,赵尔巽奏请将该荒段适中之徐家窝堡地方建为县治,添设正佐地方官。遇有词讼命盗及应办案件均责成该员经理,"庶可裕生聚而兴教育,弭隐患而资拊循"。因其地旧为辽之安广军,即名曰安广县。拟设知县一员、巡检兼管典史事一员,隶洮南府知府管辖。鉴于该处"地连三省,四达通衢",且民蒙杂处,政务殷繁而责成尤重,赵尔巽请求将上述员缺定为冲疲难边要调缺,由外拣补,知县加理事同知衔、巡检兼典史加六品衔。复以该地放垦时招募之马队 80 名,作为该县捕盗巡警之用,归该县节制调遣。其薪水兵饷,均照奉省马队章程开支。③ 八月二十四日,奉硃批允准设立安广县治。④

本溪县治所在本溪湖,原隶辽阳州。本溪湖设治,主要是因为该地距

　　① 赵尔巽:《奏为奉省添设厅县治所专官并派员试办请饬部先行立案事》(光绪三十二年七月初四日),军机处录副奏折,光绪宣统朝,03-5463-088,中国第一历史档案馆藏。

　　② 赵尔巽:《呈酌定添设厅县佐杂各缺未尽事宜清单》(光绪三十三年三月二十八日),军机处录副奏折,光绪宣统朝,03-5479-046,中国第一历史档案馆藏。

　　③ 赵尔巽:《奏为哲里木盟科尔沁扎萨克镇国公荒地丈竣请设正佐各官事》(光绪三十一年八月十三日),宫中硃批奏折,04-01-23-0221-002,中国第一历史档案馆藏。

　　④ 赵尔巽:《奏为遵旨筹办图什业图地方蒙荒就绪请派员收价丈放事》(光绪三十二年正月二十日),军机处录副奏折,光绪宣统朝,03-6736-026,中国第一历史档案馆藏。

辽阳州治极远,行政控制力量薄弱,不利于日常行政管理,且其附近一带毗连兴京、凤凰两厅,地势错综复杂,应于该地另设知县一员,划辽阳州、兴京、凤凰二厅地面并归管辖,名曰本溪县。光绪三十二年(1906)秋,赵尔巽委派周朝霖筹备本溪县设治事宜。周朝霖到该地之后,首先划定边界:从凤凰城划起,次第划定兴京界与辽阳边界,分三界之地共约 3,900余平方里,作为本溪县所管辖范围,将设治工作准备就绪。十月二十三日,赵尔巽奏请将辽阳州东部、兴京抚民厅西部、凤凰厅北部划出,改设本溪县。① 十月二十八日,清廷正式批准赵尔巽所请。② 治所初在牛心台,不久迁至本溪湖,县衙设在本溪湖东街。该县治设立之初属东边道,后改属奉天省。全县分为 10 个乡,164 个行政村。于治所设巡警总局,外屯分为 3 局 15 区,共养马步巡兵 500 余名。设治之后,即开始加强对新设治地方的行政管理,首先剿办境内土匪,清除匪患。随着社会治安渐趋稳定,建设、整顿随之开始,于治所组织两等小学 1 处,外屯组织初等小学 2 处。同时开办清赋事宜,于治所设总局,外屯设分局,清查浮荒地亩,缴纳地价。③

　　大量新治所的设立,不但有利于加强对各地方的日常行政管理,维护社会治安的稳定,从而可以更好保障地方民众的生命财产安全,而且为经济发展提供了相对良好的社会环境,对于发展地方各项事业以及抵制外来的政治、经济侵略,具有重要作用。而从清季东三省新政改革来看,此举推动了奉天地方各级行政体制的完善与发展,为奉天行省体制的最终建立奠定了一定的基础。东三省改制后,首任东督徐世昌除先后奏请于奉天添设长白府知府、辉南县直隶厅同知、安图抚松醴泉等县知县④之外,对上述建置并无多大更动。由此大概可见赵氏之调整,颇合时地之宜。

　　(四)提出盛京行部计划

　　对盛京五部以及奉天府府尹、府丞的裁撤,有效地消除了臃肿重叠机

　　① 赵尔巽:《奏为续行查明奉旨岫岩州属庄河等处应添设厅县分防各治派员试办拟请饬部立案事》(光绪三十二年十月二十三日),宫中硃批奏折,04-01-02-0012-003,中国第一历史档案馆藏。
　　② 《德宗景皇帝实录》卷 565,《清实录》第 59 册,中华书局 1987 年影印本,第 486 页。
　　③ 赵尔巽全宗档案,第 189 卷《盛京将军赵尔巽为筹办奉天善后事宜之奏折及东北之盖平海城本溪等地行政情况报告附法库门善和会章程》),缩微号:0031,中国第一历史档案馆藏。
　　④ 锡良:《奏为开单汇奏奉省添设府厅县各缺未尽事宜事》(宣统二年七月十五日),宫中硃批奏折,04-01-30-0426-014,中国第一历史档案馆藏。

构,改变了奉天地方行政资源浪费与事权不一的状况。"这一系列行政组织的变更,事实上已经把奉天的事权大致划一了。留下的,只是如何把省级行政首长的权力,在不容分割的基础上成为定制而已。"赵尔巽的解决方案,是设立盛京行部。仔细分析其盛京行部计划,不难发现,它实际上是盛京由陪都体制向行省体制的一种过渡方案。"所谓的行部大臣,说得更确切些,就是总揽奉省大权的总督。"①对于进一步的改革设想,赵尔巽与绝大多人设立行省的主张不同,认为日俄战争后内外形势错综复杂,而陪都地方弊端丛生,积重难返,不宜立即仿照内地省份设立行省。"宜设行部统治,以防(原文——引者)欧美藩疆施政之权。宜分丞参佐司,以破元明各省相沿之习。"②赵尔巽对日本的官制颇为欣赏,主张奉天的官制改革应师法日本。因为"日本官制之善在治官之官少,而治事之官多。绝无数人而一官,更无一官而数事。国家有是事,朝廷即有是官,学堂必有是学。其制度,务崇本邦以保国粹,参酌欧美以取众长。经多次改良,三十余年而后有此程度,故其获效缓而难。中国仿之,则彼所误于先者,可引为戒,不致重蹈覆辙,而惟师其近制,一蹴可几,故我程功捷而易。……若仅仅如内地之添设藩臬便为握治理之纲要,实于奉省现在情形及将来办法去之尚远"。③透过上述文字,可见赵尔巽裁并冗余机构之后改革奉天官制的一项原则,即根据地方实际需要设立相应机关,以简化行政机构的设置,避免行政资源的浪费,从而有效地减少行政成本。本着这一原则,赵尔巽主张参照各国官制,尤仿日本省级建置,整合原有行政资源,设立盛京行部为总机关,另设具体职能部门,相应负责各项日常工作。

于东北地方设立行省之议,久已有之。日俄战后,更被视为强化管理、发展地方以巩固边围之不二法门,众论若一。赵尔巽固然赞同此说。然而,在他看来,此时于奉天改设行省并不合时宜。而且改设省事关重大,万万不可操切行事。原因有二:

其一,东北改设行省,事关三省未来发展大计与清政府边围之巩固,必

---

① 赵中孚:《清末东三省改制的背景》,《中研院近代史研究所集刊》第 5 期(1976 年),第 327—328 页。

② 赵尔巽全宗档案,第 101 卷(《赵尔巽为东三省改革官制的奏稿及相关文件》),缩微号:0019,中国第一历史档案馆藏。

③ 赵尔巽全宗档案,第 193 卷(《盛京将军赵尔巽给军机处外务部袁世凯等电报信函之抄录本》),缩微号:0031,中国第一历史档案馆藏。

须因时因地制宜,详细筹度,不能简单地照搬内地行省制度。为避免内地行省制存在的问题,奉天尤其不应再设藩、臬两司。从行省体制本身来看,内地督抚藩臬矛盾重重。"在内地见闻习惯,或且谓当议更张;在奉省缔构一新,断不容仍拘旧辙。"①清朝地方官制,沿自明朝。其弊端在于官制繁琐,名目繁多,且职掌权限划分不清。"始以布政司易行中书省为政府,而以纠治属之按察司。"继苦文武不一,政权不一,乃设督抚以监督之。然并未明确二者权限,督抚往往大权独揽,造成督抚与藩臬互相冲突,其间行政关系很难融洽。"藩臬而与督抚合者,仅如南北朝文统府之上佐、唐节度之行军司马,预谋画、承指挥、行文牍而已;不合者,则相牵掣、生攻讦,或一岁而数易。"②论者多谓督抚侵权,其实根源在于疆吏与两司之权限本未分明,督抚往往越俎代庖。尤其自咸丰以后国家内忧外患,战事不断,各地方征兵、筹饷事务日繁。而各项行政,多属前所未有之创举,藩臬所例办者,不能兼综。于是,各省添设营务、筹饷、善后等局处办理各项要政。而举办新政以来,警务、学务、农工商诸事又别立专局、派专员,虽多委令两司兼理,"实则职掌过繁,兼顾者少。衙署画诺,多拥虚名"。③ 新设各局所专司其事的同时,实际上也进一步分享了藩臬两司的原有权责。同治中兴以后,强势督抚于用人、理财、察吏诸大端无不代藩臬总揽其事。如此情形,进一步加剧了这一趋势,所谓"外省政寄已属疆臣,布按实权早经潜徙。"④实际上,普设藩臬各省,其相关政务,也未必完全出自两司。藩臬执掌既已潜移,两司渐成有名无实之势:"藩司重在钱谷,而任藩司者不必尽能理财。臬司重在刑名,而任臬司者不必尽能理谳。"⑤可见,藩臬两司亦并非不可或缺,而行省地方亦非无藩臬不能办事。在赵尔巽看来,战后之奉天地方

① 赵尔巽全宗档案,第101卷(《赵尔巽为东三省改革官制的奏稿及相关文件》),缩微号:0019,中国第一历史档案馆藏。
② 赵尔巽全宗档案,第101卷(《赵尔巽为东三省改革官制的奏稿及相关文件》),缩微号:0019,中国第一历史档案馆藏。
③ 赵尔巽全宗档案,第101卷(《赵尔巽为东三省改革官制的奏稿及相关文件》),缩微号:0019,中国第一历史档案馆藏。
④ 赵尔巽全宗档案,第101卷(《赵尔巽为东三省改革官制的奏稿及相关文件》),缩微号:0019,中国第一历史档案馆藏。
⑤ 赵尔巽全宗档案,第101卷(《赵尔巽为东三省改革官制的奏稿及相关文件》),缩微号:0019,中国第一历史档案馆藏。

百端待举,"固非因陋就简所可奏功,亦非罅漏补苴所能成治也"。① 鉴于内地督抚藩臬之间的矛盾以及两司的实际功用,出于彻底改革奉天行政的需要,奉省不应再设藩臬两缺,而是仿照东西各国皆设总理大臣统一方政治、兵刑,诸事虽有专官而皆领于总理大臣的做法,"拟总设一署,内列诸局,分判以丞参而统理于部长"。②

其二,出于奉天地方政局以及维护清政府行政权威的考虑,暂缓改制行省,以盛京行部作为其过渡形态。日俄战争过后,清廷欲改设东三省总督,加强对东北地方的经营管理,前提条件是清政府保有对三省的完全主权与独立的行政权。在此基础上,方可谈改革整顿之事。日俄战后,清政府虽然恢复了对战区的行政权,然而既不独立又不完整。奉天地方的很多战略要地,依然在日本军队的占领控制之下。而日本接管了俄国在东北长春以南的侵略权益之后依然虎视眈眈,对奉天地方事务在在染指、百般牵掣,在一定程度上妨碍了各项改革整顿的顺利推行。赵尔巽曾有言曰:

> 查东省改设行省之议,倡之经年,而为外人所不愿。盖以军权占领,地面尚未交收,致我行政上有种种之窒碍。到任以来,推诚相与,仰托福庇,挠阻较稀。今改设官制,系属内政主权所系,断无先事与商之理。然默察情形,于径逐直行之举,时有不然。万一奏上之日,谕旨已颁,彼出而设止。特恐横添枝节,旋干较难,章京孰计深筹。设官一事,表面莫如从缓。现在布置,即系委员试办。无设官之名,而有设官之实。一俟基础大定,内外无间,再行酌拟官制,奏请施行。此时暂如吉江两省以将军统治,不致废事。一推移间而官立事举矣。③

上文中所言"设官一事"即指改设行省,"现在布置"者,即其所主张之盛京行部。客观地说,赵尔巽的此种顾虑,并非全然杞人忧天。早在光绪三十年(1904)七月,就有人撰文指出,清政府拟于东三省设立总督不合时宜。

---

① 赵尔巽全宗档案,第 101 卷(《赵尔巽为东三省改革官制的奏稿及相关文件》),缩微号:0019,中国第一历史档案馆藏。

② 赵尔巽全宗档案,第 101 卷(《赵尔巽为东三省改革官制的奏稿及相关文件》),缩微号:0019,中国第一历史档案馆藏。

③ 赵尔巽全宗档案,第 193 卷(《盛京将军赵尔巽给军机处外务部袁世凯等电报信函之抄录本》),缩微号:0031,中国第一历史档案馆藏。

该文提及当初清廷召赵尔巽进京,意在令其总督三省,因遭到日人反对转而作罢。①

正是基于上述考虑,赵尔巽主张暂缓行省之议,兼采欧美、日本以及中国历代官制之长,设立盛京行部。即将盛京地方行政管理各机构加以有机整合,成立一个统一的行政管理机构——盛京行部。从这个角度来说,赵尔巽的盛京行部改革计划,既是对列强态度的一种试探,又可以说是东北三个将军辖区全面改制行省的前期试验。

光绪三十二年(1906)三月二十四日,赵尔巽拟定奏折,系统提出其建立盛京行部的改革计划。该计划参仿各国官制,"合盛京将军、奉天总督及旧五部府尹之政并于一署,名之曰'盛京行部'"。设行部大臣一员,由将军任之,总理庶务。附设综核处,随同将军办事。将新旧各局署归并,分设内务、外务、吏治、督练、财政、司法、学务、巡警、商矿、农工等十局分理诸务。考虑到内务为将军专责,外务为交涉关键,加之用人、用兵,关系治乱,因此,以内务、外务、吏治、督练四局,由行部大臣自判。另设参赞、副参赞,左右参议、左右副参议等员缺,按材地所宜,分判各局,以资佐理。② 此外,该计划还对一些具体事务进行了调整与界定:地方官专司行政;省会及各府厅州县分设裁判;设税务、粮租两官;分设诸曹;设宣泽馆,并筹设乡官;增加地方官津贴;各属州县文件径递行部,分发各局承办,毋庸由各道承转。惟山海关、东边、驿巡三道缺,交涉日繁,应改为关道。③

赵尔巽的这一盛京行部计划,参仿欧美日本等国家行政设置,"合督抚布按所掌于一署,而无职同位复之嫌;化新旧各局处为实官,而无事重人轻之患"。④ 行部大臣执掌一方军政、集地方大权于一身,彻底消除了原有行

---

① 详见《政府拟设东三省总督之非时》,《东方杂志》第 1 卷(1904 年)第 7 期,时评,第 39—40 页。

② 赵尔巽:《奏为参酌中外办法遵拟更定奉旨(省)官制事》(光绪三十二年三月二十四日),宫中硃批奏折,04—01—02—0012—014,中国第一历史档案馆藏。

③ 《德宗景皇帝实录》卷 558,《清实录》第 59 册,中华书局 1987 年影印本,第 391—392 页。按:山海关道驻扎营口,交涉极繁,不亚于津关、汉关二缺;东边道本管中江朝鲜通商事宜,今又添开安东、大东沟、凤凰城等商埠,其地紧接韩境,为东陲门户,该道亦系烦要;驿巡道所兼之按察司衔,改官制后,通省刑名归于刑法局管理,自可毋庸再兼。惟新民、辽阳、法库门、铁岭、通江口等埠均距省尚不甚远,将来交涉甚为繁冗。开关以后,该道照各省通例应兼监督,亦属最要之缺。

④ 赵尔巽全宗档案,第 101 卷(《赵尔巽为东三省改革官制的奏稿及相关文件》),缩微号:0019,中国第一历史档案馆藏。

省体制中督抚藩臬之间的种种矛盾,有利于提高各项行政效率。下设各局分理诸务,细化了行政分工,有利于提高专业化水平。其改革计划不是对内地行省体制的简单照搬,而是在避免其弊端基础上,对地方行政权力的一种有机整合。设立盛京行部,有行省之实而无行省之名,可谓暗度陈仓,一箭双雕。既可避免日人干预而致政府尴尬,又能为行省建置先行奠定基础。不失为一个彻底调整旗民关系,改军府制为行省制,着眼于将来推广到整个东三省的通盘改革计划。其总体的改革设想与东三省改制后的实际建置,大体上不谋而合。① 在另函阐述其官制改革思想时,赵尔巽强调说:"奉省本以将军兼总督。现拟改为盛京行部大臣,似将军总督之名皆可销除。惟将军有管辖旗营,控制蒙藩之责。现虽设有旗务局经理八旗旧政,蒙荒屯垦亦有农政局经管而事举名亡。蒙智未开,恐多窒碍。至总督自可无庸再设,惟东三省有谓宜改一督两抚者,将来吉黑两省如亦仿照奉省更改官制,均名为行部大臣。可否以奉省行部大臣视总督,以吉江两省行部大臣视巡抚均兼将军,应请酌夺后请旨遵办。"②不难看出,如同后来徐世昌改制东三省由总督兼综三省大权一样,此盛京行部计划同样欲将东北地方各种大权集于行部大臣一人。以徐世昌的施政举措比照赵尔巽的盛京行部改革计划,可见二者大同小异,核心思想均是针对此前奉天地方行政权限不清、事权不一的混乱状况,以地方大员总掌一切政务,其下属分科办事,各司其职。最终目的无不在于整合行政资源,提高行政效率,以推动地方发展,更好地维护国家主权。

　　然而,赵尔巽的改革主张,并未得到清廷积极响应。四月初六日,奉硃批:"政务处议奏。"③很可能是因为清廷此时正在以出洋考察大臣条议为

---

　　① 改制行省后,东三省总督徐世昌奏请每省各设行省公署,以总督为长官,巡抚为次官。于行省公署内分设承宣、谘议两厅。承宣厅禀承督抚掌一切机要,总汇考核用人各事。谘议厅掌议定法令章制各事。两厅之下另设左右参赞各一员,分领两厅事务。同时,对原有局署酌量归并,改设交涉、旗务、民政、提学、度支、劝业、蒙务等七司,各设司使一员,总办司事。承宣厅及各司均设分科,每科设金事及一、二、三等科员佐之。谘议厅不设官缺,酌派议员、副议员、顾问员、额外议员,皆选明达政治者充之。除此行政改革之外,陆军另设督练处以扩军政,司法专设提法使以理刑法。据刘锦藻:《皇朝续文献通考》卷139,职官25,1921年铅印本,第1页。

　　② 赵尔巽全宗档案,第101卷(《赵尔巽为东三省改革官制的奏稿及相关文件》),缩微号:0019,中国第一历史档案馆藏。

　　③ 赵尔巽:《奏为拟更定奉省官制缮具章程清单请饬下政务处会议施行事》(光绪三十二年三月二十四日),军机处录副奏折,光绪宣统朝,03-5458-045,中国第一历史档案馆藏。

基础酝酿全面政治改革方案,而对其改革计划未置可否。随后,有舆论传出,赵尔巽主张设立的行部大臣将改为东三省总督:

> 盛京新改官制奏闻,朝议颇以为然。惟行部大臣拟改为东三省总督,其余均如议云。①

以后来的历史反观此项报道,可见其所言未必尽属道听途说。

其实,在提出其改革计划之时,赵尔巽即担心因未能顺从众议直接改制行省,恐招致反对而搁浅。为减少阻力,赵尔巽亦曾专门致函军机大臣,陈述其如此大费周章之衷曲。② 甚至于为了增加奏折的分量,还拉上了北洋大臣袁世凯会同具奏,一起提出这一计划。③ 为了实现其改革主张,此后赵尔巽又曾多次借机重申其盛京行部改革计划:光绪三十二年(1906)九月,清政府厘定官制大臣提出地方官制改革大纲,通电征求各督抚将军意见。赵尔巽即在复电中重申上述设立盛京行部之请,指出厘定官制大臣所拟官制改革办法,与其盛京行部改革计划如出一辙。④ 由于全国性的官制改革已经开始,所以清廷对于赵尔巽改革奉天官制的奏请,始终没有明确答复。⑤ 光绪三十三年(1907)二月,日俄两国驻军最终撤兵之际,赵尔巽上折奏陈筹办东省宜陆续施行各事。于详慎更定官制一项,再次提及其设立盛京行部主张,强调此项改革办法"与编制王大臣所议第一层办法大致相合"。⑥ 然而,此时清廷改制东三省之决心已定,对其改革主张依然未置可否。赵尔巽的盛京行部计划再遭搁置,最终不了了之。

赵尔巽的盛京行部改革计划,"以欲求省级行政组织的健全,行政效率

---

① 《行部大臣拟改为东三省总督》,《时报》光绪三十二年闰四月初一日第三版,政界纪闻,京师。

② 赵尔巽全宗档案,第 193 卷《盛京将军赵尔巽给军机处外务部袁世凯等电报信函之抄录本》),缩微号:0031,中国第一历史档案馆藏。

③ 详见赵尔巽:《奏为参酌中外办法遵拟更定奉旨(省)官制事》(光绪三十二年三月二十四日),宫中朱批奏折,04—01—02—0012—014,中国第一历史档案馆藏;另见《会奏遵拟更定奉省官制折》(光绪三十二年三月二十四日),骆宝善、刘路生:《袁世凯全集》第 14 卷,河南大学出版社 2013 年版,第 598—599 页。

④ 详见侯宜杰整理:《清末督抚答复厘定地方官制电稿》,《近代史资料》编辑部:《近代史资料》总第 76 号,中国社会科学出版社 1998 年版,第 69 页。

⑤ 赵云田:《中国边疆民族管理机构沿革史》,中国社会科学出版社 1993 年版,第 411 页。

⑥ 赵尔巽:《为筹办俄兵撤退前后东省宜陆续施行各事》(光绪三十三年二月初三日),军机处电报档,综合类—收电档—光绪—033,2—04—12—033—0106,中国第一历史档案馆藏。

的改善,必须强化疆吏的权力,奏请仿照欧美治理属地之制,设'盛京行部'"①。其主要目的在于把旧有的八旗驻防体制改为内地的行省体制,以消除积弊、提高行政分工以及专业化水平。赵尔巽设立盛京行部的政治构想,"虽因外力压迫,财政匮乏,无法达到其预期目标,但由于他的改革与预筹,已确使奉天更具行省之实,且为后来东三省改制,推行新政等工作,奠定了良好的基础与规模"。②

二、改革人事制度

赵尔巽在奉天的行政机构调整,部分地实现了对部门职能以及行政体制的改革。而要收获改革实效,真正实现根除积弊、改革行政的目标,离不开与其密切相关的吏治整顿。这一工作,不仅仅是对机构调整的配合,更是重建行政秩序的内在客观要求。清季的中国,从朝廷到地方各级行政机构多已腐败不堪,东北尤甚。所谓"关外地寒缺苦,吏治本少讲求"。③ 而奉天因陪都所在而狃于故习,日久弊生,一些地方陋规,又成为加剧吏治腐败的另一根源。④ 此外,"向因例准分发人员较少,遂致投效人员太多"。⑤地方员缺补充上的这一局限,不但在一定程度上降低了基层官吏的行政能力,而且往往严重破坏吏治,导致奉天官场腐败已极。赵尔巽认为:"官乃变法之人,不变官安能变法。"⑥调整机构的目的在于理顺奉天地方上下、旗民之间的管理关系,而整饬吏治,则是保证与发挥调整效果的重要能动因素,是与机构调整同样重要的改革任务。如果不能在调整行政机构的同

---

① 中国近代现代史论集编辑委员会:《清季立宪与改制》,台湾商务印书馆1986年版,第575页。
② 中国近代现代史论集编辑委员会:《清季立宪与改制》,台湾商务印书馆1986年版,第576页。
③ 赵尔巽全宗档案,第178卷(《赵尔巽提学使司张鹤龄等关于废科举兴学堂筹经费选官员考察学务等事之札禀电函》),缩微号:0029,中国第一历史档案馆藏。
④ 有知情者坦言:"奉省官场习气太深,在官多讲应酬。每逢到任、三节两寿,各州县均须送礼应酬,由各铺户出礼物、图条。此风相沿已久。"详见赵尔巽全宗档案,第142卷(《黑龙江协领承春等为整顿东三省之官制军务理财等方面之条陈及〈奉天游记撮要〉》),缩微号:0025,中国第一历史档案馆藏。
⑤ 奕劻等:《奏为遵旨议复盛京将军赵尔巽奏停奉省投效人员各节事》(光绪三十一年九月十五日),军机处录副奏折,光绪宣统朝,03-5446-086,中国第一历史档案馆藏。
⑥ 赵尔巽全宗档案,第193卷(《盛京将军赵尔巽给军机处外务部袁世凯等电报信函之抄录本》),缩微号:0031,中国第一历史档案馆藏。

时整饬吏治,无异于新瓶装旧酒。不但不能根除地方积弊,行政改革亦实难收效,而且还会影响到其他方面的工作成效。因此,对地方人事的改革整顿,与行政机构调整同期展开。其相关改革,主要从两个方面展开:

(一)人员:严选清吏

在赵尔巽看来,"讲求吏治,首在遴择人材"。[①] 因此,一面对奉天地方原有官员分别优劣,决定留用裁汰,一面大力网罗各级各类行政人才,奏请调往奉天,供其差遣委用。具体办法如下:

(1)废止投效。[②] 奉天本无掣签分发之制,遂使投效成为地方员缺补充之重要一途。然"奉省投效一途太滥",投效之人流品淆杂。[③] 而当局于委署之前既疏于考查,委职之后又缺乏必要的监管,以致一经得委优差,三年五载均不更调。所以,投效一途历来被视为利薮,"往往虚衔来投,捆载以去"。[④] 此外,投效之人,大多"结成党羽,扶持长官,欺压良懦,成为惯技。其地方官之廉正者,欲矫正其弊,则布散谣言,百端龃龉,必得逐而后快"。一般州县往往受其挟制,吏治遂不可问。在赵尔巽看来,投效的大行其道以及对其必要日常监管的缺失,于吏治影响极坏,"实开仕途滥杂之弊"。[⑤] 因此,赵尔巽主张暂停投效之例,慎选州县各员。时任奉天驿巡道署理奉天府尹的增韫亦持相同意见,并于光绪三十一年(1905)六月具折奏请废止投效一途。[⑥] 二十三日,清廷命赵尔巽会同增韫妥筹办理。[⑦]

赵尔巽到任后,增韫去职。废止投效一事,乃由赵尔巽一人独力完成,并且在增韫主张的基础上向前更推进了一步。在他看来,投效一途,本已弊端百出,成为吏治腐败之源。不仅如此,仅就满足施政需要而论,投效者

① 奕劻等:《奏为遵旨议复盛京将军赵尔巽奏停奉省投效人员各节事》(光绪三十一年九月十五日),军机处录副奏折,光绪宣统朝,03—5446—086,中国第一历史档案馆藏。

② 投效,自请效力,清代有投效军营、投效河工等例。因东北地方天寒缺苦,应调者多不愿前往,投效逐渐成为东北地方官缺补充的一种重要手段。

③ 赵尔巽全宗档案,第187卷(《盛京将军赵尔巽改革吏治兴学务振工商务告人民书及整顿圆(圜)法开矿兵政等之条陈》),缩微号:0030,中国第一历史档案馆藏。

④ 徐世昌:《上监国摄政王条议》,《退耕堂政书》卷34,天津徐氏退耕堂刻本1914年版,中国书店1984年重印本,第2页。

⑤ 赵尔巽:《为筹办东三省善后事宜条陈》(光绪三十年七月初三日),宫中硃批奏折,04—01—01—1067—036,中国第一历史档案馆藏。

⑥ 增韫:《奏为奉省积弊日深亟宜力图整顿敬陈管见事》(光绪三十一年六月初十日),军机处录副奏折,光绪宣统朝,03—6001—081,中国第一历史档案馆藏。

⑦ 《德宗景皇帝实录》卷546,《清实录》第59册,中华书局1987年影印本,第256页。

此时亦难以适应新的地方形势。奉天本为陪都重地，自开埠以来，又渐为东西商务之要冲，地方员司事繁责重。且当时的奉天，多数荒地均已开禁招垦，地广治稀，"缺数不逾中省，地面实较大省而过之"。日俄战争过后，地方事务愈加殷繁复杂，更加需要精干人员方能胜任。正所谓"无内政断不能讲外交，无良吏亦断不能讲内政。故各省同兹当务之急，而奉省尤宜遴选之精"。① 由此说来，不但奉天一向盛行的投效一途亟应废止，而且增韫奏折中主张以拣发补充停止投效之后员缺不足的做法同样不可取。② 在赵尔巽看来，"停止投效，意在清源。拣发一途，何殊投效？各省需才孔亟，其贤而智者或自有表见或为人维絷，断不出于就拣之途。其愿拣发者，才品可观未必无人。而阅历多浅，新学尤疏。就令部臣鉴别至公，然限于人数不能求真才于资格之外。仅取外貌，安能得底蕴于俄顷之间？此拣发之未为得也。现值战事初停，百废待举。求才之亟与用才之难相因而至，岂可稍涉因循迁就"。③ 因此，八月十三日，赵尔巽专折奏请于奉天地方废止投效，暂缓拣发。请求允准变通成例，不拘一格选任人材：

> 于京省实缺候选候补各人中，内而京曹、外而道府及佐杂、下至白身，广为诹访，加以精选。分别奏咨调奉差委，以资佐理。如有庸劣不职，即予参撤，决不以录用在前回护于后。④

对于此前投效人员中之著有劳绩者，允许奏留奉天以原班补用。对于向例应行回避之处，亦请略宽其格。待地方稳定，官制改革之后，再议各项分发捐指章程。折上，奉硃批："政务处议奏。"⑤经过讨论，政务处于九月十五日复奏，基本同意赵尔巽所请。⑥

---

① 赵尔巽：《奏为遵旨请停奉省投效人员并请暂缓拣发事》（光绪三十一年八月十三日），宫中硃批奏折，04—01—13—0411—036，中国第一历史档案馆藏。

② 清制，如部下出缺，各省总督、巡抚、提督、总兵可奏请皇帝于候选人员中择其人地相宜者若干员，归其补用，称为拣发。

③ 赵尔巽：《奏为遵旨请停奉省投效人员并请暂缓拣发事》（光绪三十一年八月十三日），宫中硃批奏折，04—01—13—0411—036，中国第一历史档案馆藏。

④ 赵尔巽：《奏为遵旨请停奉省投效人员并请暂缓拣发事》（光绪三十一年八月十三日），宫中硃批奏折，04—01—13—0411—036，中国第一历史档案馆藏。

⑤ 赵尔巽：《奏为遵旨请停奉省投效人员并请暂缓拣发事》（光绪三十一年八月十三日），宫中硃批奏折，04—01—13—0411—036，中国第一历史档案馆藏。

⑥ 详见奕劻等：《奏为遵旨议复盛京将军赵尔巽奏停奉省投效人员各节事》（光绪三十一年九月十五日），军机处录副奏折，光绪宣统朝，03—5446—086，中国第一历史档案馆藏。

(2)大量调用门生故旧。前已述及,赵尔巽所奏调之员暨真正应调到奉者,多为其昔日下属,彼此知之甚深。事实上,也正是凭借双方的这一层关系,被奏调者才肯于到天寒缺苦而又局势复杂的关外就任。赵尔巽莅任前后所调赴奉各员,日后多担任奉天地方各级各类行政机关的要职,成为其颇为倚重的幕僚。[①]　正是以他们为主干,赵尔巽初步建立了盛京将军的行政班底。但是,奉天偏处东北一隅,天寒缺苦,一般奉调者多不愿意到该地任职。加之其当任上司的截留,真正到奉者不多。有报纸报道说,赵尔巽两次专折奏调五十余员,仅有三人随同前往。[②]　罗致之难,可见一斑。正因为如此,赵尔巽甚至萌生了依靠行政命令来保证调员成功率的想法。[③]　尤其是废止投效、暂缓拣发之后,行政人员更加缺乏。熊希龄到任后,即对于奉天地方无人可用的窘境深表忧虑:

> 惟此间可虑者,人才消乏。虽经次帅奏调多人,而皆为各省所扣留。从前候补者,多属被议报效之流。近时则以天寒路远,来者亦非上品。前途大为可忧。[④]

所以,赵尔巽在推行各项改革的同时,依然不断地奏请调员赴奉供其差遣委用。在操作的过程中,也尤为小心翼翼。往往事先与相关大吏商议,请其允让请调之人,征得朝廷同意之外,为了减少阻力,尚需恳请朝廷给予特别支持,并请朝廷饬令相关各部暨各省遵照执行。光绪三十一年(1905)十二月初五日,赵尔巽奏准,其"奏调京外各员免扣资俸,应进单者照常进单,应选应补者,照章选补。其已经到奉各员,无论补署差遣,但有卓荦俊才,准奴才随时据实保奖,庶该员等得以需次之暇,自奋功名。奴才更得于藉助之余,相为汲引"。[⑤]　光绪三十二年(1906)四月初六日,赵尔巽又奏准调奉人员随时汇案开单奏咨。其中才猷卓越、相需亟切人员,仍准专奏请调。"至投效来奉,或因差因事在奉人员业已当差效力者,亦请一并归入汇案奏留,一切补署章程,仍照历

---

① 详见第二章第三节,兹不赘述。

② 《次帅调员不果》,《大公报》光绪三十一年六月二十九日第三版,时事要闻。

③ 有消息称,曾致电庆邸,谓"拟请旨饬令各员赴盛京归某差遣委用,则各员自不敢抗违"。《奏调人员坚辞》,《大公报》光绪三十一年七月初四日第三版,时事要闻。

④ 熊希龄:《就奉天官场税捐等项致汪康年函》,周秋光:《熊希龄集》上册,湖南出版社1996年版,第139页。

⑤ 赵尔巽:《奏为奉天整顿需才甚亟请饬部暨各省遵照执行奏调各员自奋功名踊跃而至事》(光绪三十一年十二月初五日＊),军机处录副奏折,光绪宣统朝,03—5451—031,中国第一历史档案馆藏。

届奏案办理。"①不难看出,为网罗人才,赵尔巽诚可谓不遗余力。

最终,凭借多年宦海弄潮积累的人脉关系,赵尔巽得以大量调用门生故吏,为其善后与改革各项施政提供了必要的人力资源。据中国第一历史档案馆现存相关奏折统计,在赵尔巽留守陪都期间,奉调至奉天的道员、知府、同通州县暨佐杂各员约达三百人。② 揆诸当时的奏调成功率,赵尔巽所请调之人,显然远不止此数。其整饬吏治的热情与力度,于此略可概见。

或曰赵尔巽任用私人,奉调者包苴请托。诚然,就当时的政治生态环境而言,不可避免地存在这种情况。但客观地说,鉴于赵尔巽赴任前组建行政班底的困难情形以及赴任后无人可用的窘境,这种用人倾向在很大程度上也是出于无奈。言念及此,则赵氏此举当亦无可厚非。而从另一方面来看,此举的积极意义同样显而易见:第一,有利于保证一定的成功率。奏调同僚旧属,无疑能够减少来自清廷与其所在地方大员的阻力与被奏调者拒绝的几率。第二,能够在一定程度上提高行政效率。就奏调双方而言,主宾相知较深,有利于人尽其才。就来奉各员内部言之,一些被奏调者曾为同僚,共事有素,有利于其间的合作互动。此举能够在一定程度上减少上下级以及平行机构行政人员之间相互配合的磨合时间,有利于各项工作的迅速展开。

(二)薪酬:酌盈剂虚

此项政策的出台,实基于以下两个方面的考虑:一为澄清吏治,一为吸引人才。奉天天寒缺苦,官吏多不愿往任。尤其自日俄战争以来,奉天地方百物翔贵,地方各员生活益形清苦。因此有署盛京将军廷杰等为奉天正

---

① 赵尔巽:《奏为调奉人员随时汇案开单奏咨其中才猷卓越相需亟切人员仍专奏请调事》(光绪三十二年四月初六日*),军机处录副奏折,光绪宣统朝,03—5458—048,中国第一历史档案馆藏。

② 详见赵尔巽:《呈调奉山西候补道齐福田等各员衔名单》(光绪三十二年闰四月二十日),军机处录副奏折,光绪宣统朝,03—5459—191,中国第一历史档案馆藏;赵尔巽:《奏为调奉人员三十九员查照奏案开单汇陈事》(光绪三十二年九月二十二日),宫中硃批奏折,04—01—13—0412—029,中国第一历史档案馆藏;赵尔巽:《呈调奉知府同通州县各员清单》(光绪三十三年二月十三日),军机处录副奏折,光绪宣统朝,03—5477—075,中国第一历史档案馆藏;赵尔巽:《呈调奉佐杂各员清单》(光绪三十三年二月十三日),军机处录副奏折,光绪宣统朝,03—5477—076,中国第一历史档案馆藏;赵尔巽:《呈调奉道府同通州县等员清单》(光绪三十三年三月初九日),军机处录副奏折,光绪宣统朝,03—5478—108,中国第一历史档案馆藏;赵尔巽:《呈调奉佐杂各员清单》(光绪三十三年三月初九日),军机处录副奏折,光绪宣统朝,03—5478—109,中国第一历史档案馆藏;赵尔巽:《呈调奉留奉正佐各员清单》(光绪三十三年四月初十日),军机处录副奏折,光绪宣统朝,03—5480—009,中国第一历史档案馆藏。

佐瘠苦各缺酌加津贴之请。① 然而,所加为数无多,地方各吏大多仍然入不敷出。在赵尔巽看来,官吏入不敷出,从某种程度上说实为吏治腐败之一源:

> 重禄所以劝士,养廉方可惩贪。推原其故,未必州县人尽弃材、性皆贪鄙。实因原定廉俸过于菲薄,额征有限、羡余亦微。以致办公不敷,款无所出。不得已而巧取于民,藉案科罚、舞法营私,相习成风,吏治遂不可问。②

因此,要整顿吏治,势不能不厚给薪酬。对于奉天而言,此举尤为必要。有时论一针见血地指出,厚给薪酬"虽曰体恤属僚,实则整顿吏治之一大关键也"。③ 因为日俄战争后的奉天地方百废待举,外交内政迥非曩昔情形,尤非内地各省可比。"局所得人,则诸务就理,其关系较地方尤重。更非于薪水外优给津贴,无以鼓励人才。"④在赵尔巽看来,"奉省吏治久坏,考察宜严。膺差各员为平日表见之地,若不先养其廉,将何以课其绩。内地省分繁要各差,莫不畀以重金,俾资展布。厚其食用,即所以羁縻材能。"⑤事实上,奉天官员廉俸微薄的状态,不但构成地方吏治腐败的一个客观原因,而且成为影响官吏任职取向的一个重要因素。奉天各员原定薪水本极微薄,又经兵燹之后,百物奇昂,日用愈加不赡。因而内省人士多以地方瘠苦,裹足不前。⑥ 要吸引人才,势不能不议厚给薪酬。

在具体实施层面,这一政策是以减少地方各官吏的"不得已"开支为辅助手段,从开源、节流两个方面同时着手,"妥筹酌盈剂虚之法"⑦:一方面,

---

① 光绪三十一年六月十三日,清廷允准廷杰此请,所需款项于斗秤捐款项下支领。《德宗景皇帝实录》卷545,《清实录》第59册,中华书局1987年影印本,第251页。
② 赵尔巽:《奏为查明奉省正佐瘠苦各缺请分别酌加津贴事》(光绪三十二年六月初十日),宫中硃批奏折,04—01—35—1075—042,中国第一历史档案馆藏。
③ 《旗署同领津贴》,《盛京时报》光绪三十二年九月十三日第三版,东三省汇闻。
④ 赵尔巽:《奏为省城各局当差人员优加津贴准其做正开销事》(光绪三十二年六月初十日),军机处录副奏折,光绪宣统朝,03—6665—068,中国第一历史档案馆藏。
⑤ 赵尔巽全宗档案,第102卷《盛京将军赵尔巽为奉省官员增加津贴养廉公费开支报销事之奏稿及薪水清单》),缩微号:0019,中国第一历史档案馆藏。
⑥ 赵尔巽全宗档案,第102卷《盛京将军赵尔巽为奉省官员增加津贴养廉公费开支报销事之奏稿及薪水清单》),缩微号:0019,中国第一历史档案馆藏。
⑦ 赵尔巽全宗档案,第102卷《盛京将军赵尔巽为奉省官员增加津贴养廉公费开支报销事之奏稿及薪水清单》),缩微号:0019,中国第一历史档案馆藏。

对不同员缺酌量加给津贴,增加官吏收入,是为"开源"。一则,除原领薪水之外,将奉天各局处所膺差各员不分旗民各属,一律从优加增津贴,由财政局发给现银,由田房契税项下开支,作正开销。具体办法,先派员将奉天地方瘠苦各缺确切查明,分别等差,各按缺分酌情妥定津贴银两。再则,对于出差查考事件以及提催运解等公出人员,按程途远近酌发川资。① 光绪三十二年(1906)六月二十一日,赵尔巽奏准从光绪三十二年四月初一日起按新的标准发放。② 鉴于奉天整顿榷收税厘收效显著,四个月后,在奏报整顿情形并为出力各员请奖的奏折中,赵尔巽以"奉省厘税公费,有分按一成二成及一成五开支者。现既增收极巨,将向来中饱之数全行解出,各该员已委无余润可沾。加以本省情形变迁,百物昂贵,倍蓰内地。自非优给津贴不但不敷办公,且恐日久别滋流弊",请求准许将公费开支比例统一提高至二成。③ 另一方面,废除陋规、厘剔摊捐,堵截各官吏不得已之支出,以"节流"。赵尔巽认识到,奉天"地方官穷,由于入不敷出。其出有不得已者,遂致其入亦有不得已者。今欲已其不得已之入,自必先为已其不得已之出"。④ 即取消各项节寿陋规、裁免禁革各项常暂摊捐等款项,以减轻官吏的非正常开支负担。因为除节寿陋规之外,通省官吏尚有摊捐之累,一些瘠缺,虽经津贴亦难充裕,仍恐入不敷出。因此,在酌加津贴的同时,尚需要设法厘剔摊捐各项支出。⑤

　　赵尔巽的这一"酌盈剂虚"政策,如果没有严格行政监督的同时跟进,仅仅通过"高薪"来养廉,其实际效果是很难保证的。这一政策的出台既为各级地方官吏的廉洁自律提供了可能性前提,又为赵尔巽赏优罚劣政策的严格执行提供了必要的条件。正因为如此,在增加津贴的同时,加强行政

---

　　① 津贴银两原由斗秤捐输项下开支,因筹练新军,此款遂拨作练兵之用。赵尔巽:《奏为省城各局当差人员优加津贴准其做正开销事》(光绪三十二年六月初十日),军机处录副奏折,光绪宣统朝,03—6665—068,中国第一历史档案馆藏。

　　② 赵尔巽:《奏为查明奉省正佐瘠苦各缺请分别酌加津贴事》(光绪三十二年六月初十日),宫中硃批奏折,04—01—35—1075—042,中国第一历史档案馆藏。

　　③ 赵尔巽:《奏报整顿奉省榷收税厘一年数目并请奖出力各员事》(光绪三十二年十月二十二日),宫中硃批奏折,04—01—35—0584—059,中国第一历史档案馆藏。

　　④ 赵尔巽全宗档案,第 187 卷(《盛京将军赵尔巽改革吏治兴学务振工商务告人民书及整顿圆(圈)法开矿兵政等之条陈》),缩微号:0030,中国第一历史档案馆藏。

　　⑤ 赵尔巽全宗档案,第 102 卷(《盛京将军赵尔巽为奉省官员增加津贴养廉公费开支报销事之奏稿及薪水清单》),缩微号:0019,中国第一历史档案馆藏。

监督成为与之相伴而生的另一必要举措。

三、强化行政监督

行政监督作为国家行政管理体系的一个重要组成部分,是使政府职能得以顺利实现的重要手段,对于克服弊端、完善政府行政职能起着十分重要的推进作用。在赵尔巽看来,要维持政府各项行政的良好运行状态,既离不开行政监督的参与,又需要引进激励机制,"非信赏必罚,无以运操纵之权"。[①] 在管理心理学中,奖励是对人的某种行为给予肯定与表扬使人保持这种行为的一种手段,是人类社会人文管理体系的标志之一。在各项施政中,赵尔巽特别注重对这一机制的运用,通过奖优罚劣,调动各员司的积极性,以提高行政效率、促进吏治的清明。为了共同维护正常的行政秩序,保证行政效率,在行政改革过程中,充分吸取以前奉天地方对在职官吏监督考核不足导致吏治窳败的教训,于各项行政中均制定明确的赏罚章程,厉行赏罚制度。比如,在整顿警政过程中,即特别重视对于警务人员的督察考核,并以此作为奖惩的依据。《奉天四乡巡警章程十条》中明确规定:"无论官绅弁兵,果能办事勤慎、著有成效,随时记功。三功为一大功,积大功至三次之多或三年无故者,由总局分别请奖;拿获重案者随时请奖;懒惰者分别记过,三过为一大过,积至三大过者撤究。"[②]对于表现优异的个人或团体,除了精神上的鼓舞之外,还有经济上的奖励:警员获盗 1 名,赏银 20 两;全伙贼赃俱获者,赏银 100 两,大案照加。受伤者赏银 10 两,重伤另加;万一伤重身故,除备棺木银两外,照章给予抚恤。乡镇巡警,"如探知大队胡匪驰报分局,登时会同协拿多人,起出赃证即送总局转禀宪辕。除照章重赏外并择尤保奖,以励其余。如审系挟嫌诬捏,私刑逼供希图邀赏者,从严治罪"。[③] 同样,各警员如有"不听调遣、慌怯贻误、遇盗退缩者,公同禀官罚惩。若徇庇不举,即惟该会首是问"。[④] 除了政府的行政监督之外,赵尔巽还重视发挥民众对于各级各类行政人员的监督作用,准予指

---

① 赵尔巽:《奏为筹办奉省乡镇巡警情形事》(光绪三十一年十二月十四日),宫中朱批奏折,04—01—02—0156—001,中国第一历史档案馆藏。

② 赵尔巽等:《赵尔巽等文札》,清光绪年间铅印本。

③ 赵尔巽等:《赵尔巽等文札》,清光绪年间铅印本。

④ 赵尔巽等:《赵尔巽等文札》,清光绪年间铅印本。

发各员司日常行政中的腐败违纪行为。在各捐税局、垦务局制定的章程中,也明确规定了民众享有监督权。赏罚章程的制定,使得各项监督的实施有了制度上的依据,对于加强对各员司的监管具有重要作用。加强对从政人员的督察,既可以在一定程度上保证人尽其才、才尽其用,又能够有效地扼止腐败渎职行为的滋生,从而为各项改革整顿的顺利推行提供必要而可靠的保障。

赵尔巽的这一政策实际上是与其战争善后各项改革整顿相伴始终的,具体从两个方面展开:一方面,对办有成效的各项事务,择优褒奖出力各员。另一方面,对于不肖员司加以严惩。就当时的奉天而言,土地清丈与打击胡匪两项事务颇难办理,是以赵氏之褒奖尤以这两项为集中体现:

奉天的清丈放垦工作任务繁重,并且有人为阻挠破坏、地方形势复杂等主客观因素的影响,操作难度较大,成绩来之不易。所以,为在此项工作中尤为出力的员司奏请褒奖,表彰他们的良好表现以及对此项工作的贡献,既是对相关员司的酬劳,又是发挥行政监督积极作用,鼓励所有行政人员奋发向上的大好时机。赵尔巽到任后,扎萨克镇国公旗蒙荒大多业已丈放完毕。赵尔巽的工作,除主持完成丈放之外,主要是对该项工作进行总结。该处蒙荒丈放,适值日俄两强岸起。该丈放行局即在两战国相据隙地之中,办事各员稍不慎重,则内讧外患乘隙叠生,断难和平藏事。该总办等能于扰攘纷争之际将该旗荒地克期丈拨完竣,其"放地之多、办理之难、收效之速,实为他处办垦所不及"。为此,光绪三十二年(1906)正月二十日,赵尔巽奏请对丈放该蒙旗荒地之出力人员援照成案进行褒奖:奏调奉天直隶候补道钱鏐、留奉候补道张心田,均以道员记名简放,尽先选用;同知锺祺免选本班,以知府不论双单月尽先选用……并将各该员弁等履历送部立案。其余出力各员弁,亦经分别异常、寻常咨部给奖。① 随后,又有试用知县何厚忱因丈放科尔沁镇国公蒙旗荒地尤为出力,光绪三十二年八月初八日,赵尔巽为其奏请加知府衔,以励前劳而策后效。② 丈放盘蛇驿牧场地亩正值日俄战事,影响了丈放工作的正常进行。加之地方民风强悍,阻力

---

① 赵尔巽:《奏报丈放科尔沁镇国公蒙旗荒地完竣并酌保出力人员奖励事》(光绪三十二年正月二十日),军机处录副奏折,光绪宣统朝,03-6736-020,中国第一历史档案馆藏。

② 赵尔巽:《奏为试用知县何厚忱因大放荒地出力请旨加知府衔奖叙事》(光绪三十二年八月初八日),军机处录副奏折,光绪宣统朝,03-5465-084,中国第一历史档案馆藏。

较大。该段牧场地形地势又极为复杂,西界多与升科各地相接,难于分析划界。北面与庄头地犬牙相错,段落畸零,难以勘丈。东界地亩则素患水灾,低洼碱薄,欲招垦各户大多因此裹足不前。此外,该处地近辽河,大股匪徒不断窜扰。总办蔺祖荣等人不辞艰险,一面协同营队防剿兼施,维护地方稳定,以保证垦务工作正常进行,一面督促各委员坚持局务,继续勘丈招垦。竭数年之力,终于丈放完毕。光绪三十三年(1907)四月二十一日,赵尔巽以此次丈放尤较前办垦务为难,奏请援照前办围荒大凌河等处垦务出力人员褒奖案,对尤为出力的总办蔺祖荣等 12 人按照新章核计征收银数,分别异常、寻常,加以褒奖。① 其中,"花翎二品衔分省试用道蔺祖荣归候补班前先补用,调奉差委直隶分缺先补用知县孙贤济免补本班以直隶州仍留原省补用"。除此之外,其他尤为出力各员也都得到了相应的奖励。②

在整顿社会治安过程中,赵尔巽同样注重奖励机制的积极作用,对稳定治安、收剿胡匪做出突出贡献的各营队员弁进行褒奖。其莅任半年,奉天厉行的打击胡匪政策,已经取得了一定的成效。在赵看来,"叠次在事出力各员弁,当此饷绌兵单之际,均能仰体时艰,不避险阻,奔走于冰天雪地之中,从事于枪林弹雨之内,实属异常出力,未便偃没其劳勚"。③ 除酌提经费分别赏犒之外,"仍非破格优奖,不足以策将来"。为此,光绪三十一年(1905)十二月二十日,赵尔巽奏请除查明阵亡弁兵照章咨部请恤外,对半年来剿捕各路匪徒极为出力之南路巡防营统领朱庆澜、西路中营总巡吴金泰、北路统巡吴俊升等各员弁予以奖叙。二十八日,奉旨允准。④ 光绪三十三年(1907)正月十九日,赵尔巽又呈递奏折,为一年来剿匪成绩显著、尤

---

① 赵尔巽:《呈丈放盘蛇驿牧地出力人员职名单》(光绪三十三年四月二十一日),军机处录副奏折,光绪宣统朝,03-6738-032,中国第一历史档案馆藏。

② 详见赵尔巽:《呈丈放盘蛇驿牧地出力人员职名单》光绪三十三年四月二十一日,军机处录副奏折,光绪宣统朝,03-6738-032,中国第一历史档案馆藏。

③ 《盛京将军赵尔巽奏各路剿捕迭次获胜情形折》(光绪三十一年十二月二十日),中国第一历史档案馆、北京师范大学历史系:《辛亥革命前十年间民变档案史料》上册,中华书局 1985 年版,第 90 页。

④ 《盛京将军赵尔巽奏各路剿捕迭次获胜情形折》(光绪三十一年十二月二十日),中国第一历史档案馆、北京师范大学历史系:《辛亥革命前十年间民变档案史料》上册,中华书局 1985 年版,第 90 页。

为出力各员弁奏请奖叙。① 驻奉北洋淮军②、驻扎辽西陆军第三镇并本省防军③,于剿匪尤为出力者,赵尔巽同样分别异常、寻常酌拟奖励方案为其专折请奖。

对表现优异各员司的褒奖,可以建立良好的行政氛围,对于吏治的澄清具有重要的推动作用。但是,奖励只能调动属员的积极性,发挥的是积极的引导作用,而对于那些不良员司的督促作用,则远远不够。同时还需要有严厉的惩罚机制相配合,才能更好地发挥其应有的改良吏治的积极作用。所以,赵尔巽在表彰下属良好表现的同时,严厉打击不良员司的违法乱纪行径。

奉省吏治窳败已久,赵尔巽下车伊始,即屡次派员分途密查。历经三个月时间,对奉天官场有了更加深入的认识:奉天各员,"其奉公洁己、确守官箴者虽不乏人,然人才太少,习气太深。往往营私舞弊,玩法虐民,有内地各省所偶见偶闻之事,而在此地则习以为常者"。因此,对于其中情节较重、万无可原者若不加以参革,则无以收以儆效尤,整饬吏治之效。④ 在严厉惩罚的同时,又能不计前嫌,对一些过而能改者给予自新的机会。"但能改其已往之愆,决不阻其自新之路。"⑤ 从时间上看,赵尔巽对不良员司的惩处是贯穿其留守陪都始终的,这一持续的政策体现了赵尔巽对整饬吏治一事的重视程度及其为此付出的努力。三年间,对庸顽不职下属的奏参主要有以下几次:盖州斗秤局委员杨清于三十年(1904)及三十一年(1905)春夏两季所收各税,匿报东钱 12 万、银 4,000 余两。事发后,在札饬驿巡道勒追之余,光绪三十一年八月二十四日,赵尔巽奏准将该员先行革职,勒限

① 《盛京将军赵尔巽奏遵旨汇保各路攻剿尤为出力文武员弁折》(光绪三十三年正月十九日),中国第一历史档案馆、北京师范大学历史系:《辛亥革命前十年间民变档案史料》上册,中华书局 1985 年版,第 97—100 页。

② 《盛京将军赵尔巽奏驻奉北洋淮军攻剿获胜择尤保奖折》(光绪三十三年正月十九日),中国第一历史档案馆、北京师范大学历史系:《辛亥革命前十年间民变档案史料》上册,中华书局 1985 年版,第 100—102 页。

③ 《盛京将军赵尔巽奏查明驻辽西陆军并本省防军有功人员请奖折》(光绪三十三年四月二十一日),中国第一历史档案馆、北京师范大学历史系:《辛亥革命前十年间民变档案史料》上册,中华书局 1985 年版,第 102—104 页。

④ 赵尔巽:《奏为特参候补知州金锡三等员庸劣不职请旨分别惩处事》(光绪三十一年九月二十四日),宫中硃批奏折,04—01—13—0421—005,中国第一历史档案馆藏。

⑤ 赵尔巽:《奏为特参候补知州金锡三等员庸劣不职请旨分别惩处事》(光绪三十一年九月二十四日),宫中硃批奏折,04—01—13—0421—005,中国第一历史档案馆藏。

严追。如逾限不交,即予按律惩办。① 九月二十日,福陵巡警局董事蓝翎候选主事工部笔帖式景贤因讹诈银钱,经赵尔巽奏准革职严审②;二十四日,赵尔巽另具一折,特参庸劣不职各员,奏请对候补知州金锡三等 26 员"分别惩处,以肃观听而励廉隅"。③ 十月初四日,清廷采纳了赵尔巽的意见,对其所参各员分别作出处理:奉天候补知州金锡三、内务府骁骑校锡绶,均著革职永不叙用;署凤凰直隶厅候补知县刘本源等 21 员,均著即行革职;署绥中县知县杨澍,著以教职归部铨选;盖州城守尉宗室载碑,著交宗人府议处;捐升知府主事维明,著以州吏目降补。④ 此外,尚有工部主事原威远堡边门文章京德禄于该任内侵吞兵饷,后经该边门武章京防御恒吉告发,并经查实。光绪三十一年十二月二十二日,赵尔巽奏准将该主事即行革职,并请饬下正黄旗满洲都统衙门将该员咨解来奉,以便归案讯追。⑤ 光绪三十二年(1906)七月初三日,赵尔巽再次具折奏请对王文恒等 10 人分别惩处。⑥ 初十日,清廷同意其请,候选道王文恒、道员用补用知府涂景涛,均著革职永不叙用。保归道员留奉知府朱云锦,经手款项缪辖不清,著将保案撤销。倘不如数清结,即行严参。候选府经历孙规良、试用府经历田辅臣、巡检清吉、署奉化县典史巡检胡恩,均著即行革职。候补知县耿苌臣,著以府经历降补。盖平县知县刘廷珍、承德县知县林宗奇,均著开缺另补。⑦

　　在整饬吏治过程中,不论是在缺官吏,抑或是捐纳候选人员,赵尔巽都同样严格要求。直隶乐亭县人赵锐捐有候选知县,该员既经捐纳职官,但并不洁身自爱。在奉化县内开设协成玉栈店,于店内开场聚赌,被查出。

　　① 赵尔巽:《奏为特参候补通判杨清收税舞弊请旨革职勒追事》(光绪三十一年八月十三日),军机处录副奏折,光绪宣统朝,03-7392-020,中国第一历史档案馆藏。
　　② 赵尔巽:《奏为特参工部笔帖式景贤讹诈银钱请旨革职严审事》(光绪三十一年九月十三日),军机处录副奏折,光绪宣统朝,03-7392-023,中国第一历史档案馆藏。
　　③ 赵尔巽:《奏为特参候补知州金锡三等员庸劣不职请旨分别惩处事》(光绪三十一年九月二十四日),宫中硃批奏折,04-01-13-0421-005,中国第一历史档案馆藏。
　　④ 《德宗景皇帝实录》卷 550,《清实录》第 59 册,中华书局 1987 年影印本,第 301 页。
　　⑤ 赵尔巽:《奏为特参工部主事德禄侵吞兵饷请革职查办事》(光绪三十一年十二月二十二日*),军机处录副奏折,光绪宣统朝,03-5519-063,中国第一历史档案馆藏。
　　⑥ 赵尔巽:《奏为查明奉省优劣各员分别举劾事》(光绪三十二年七月初三日),宫中硃批奏折,04-01-13-0412-032,中国第一历史档案馆藏。
　　⑦ 《德宗景皇帝实录》卷 562,《清实录》第 59 册,中华书局 1987 年影印本,第 436 页。

除咨令度支部查明捐案注销外,光绪三十三年(1907)二月二十八日,赵尔巽奏请将其革职审办。① 补用知县李玉华因盗卖官地,蒙骗乡里,同样被赵尔巽请旨革职,札饬东平县归案讯办。②

从理论上讲,明确的奖赏制度的制定及其严格执行,对于下属员司的工作热情以及积极向上的工作态度既是激励,又是鞭策,能够有力地推动吏治面貌的转变。但是,这一政策的施行,仍需要清廷对地方主政者的褒奖行为进行监督。否则,难以摆脱亲缘政治以及裙带关系的影响,不免出现"奖人唯亲"的局面。而对不良员司的参劾,在打击其违法行为的同时,起到了以儆效尤的震慑作用。三年间的厉行赏罚,对于推动地方政治环境以及社会风气的转变、改善地方官员群体的精神状态以及行政作风,无疑都具有重要的推动作用。

四、改善行政环境

地方行政系统,大吏主掌于上,司道承转于中,各衙门员司具体执行于下。其行为气质,无疑在很大程度上决定着一地的行政环境。在废止以传统的投效与拣发等方式补充地方员缺的同时,赵尔巽明令地方衙门禁用长随、门丁等仆役,消除吏治腐败的土壤,进一步澄清行政环境。任用长随,是清代各地方衙门的通例。长随在服务州县各官的同时,于地方行政事务往往多有染指。③ 此种情弊在奉天地方尤为严重,"无论候补、投效人员到省,即用本地长随,名曰'垫办门房'。凡公馆一切用项,无不取给于该长随。一旦委署地方,任该仆上下其手,舞弊营私。本官不得违阻且不敢违阻,以曾用其垫款故也"。④ 与此相类之门丁,更是对腐败吏治起到了推波助澜的作用。据知情人描述:"奉省风气太坏,凡官员一经留奉,即有殷实之人来充门丁。每月公馆火食若干及四季衣裳、车马,均可全数垫办。如

---

　　① 赵尔巽:《奏为特参候选知县赵锐开场聚赌请旨革职审办事》(光绪三十三年二月二十八日),军机处录副奏折,光绪宣统朝,03-5478-017,中国第一历史档案馆藏。

　　② 赵尔巽:《奏为特参补用知县李玉华盗卖官地蒙骗乡里请旨革职札饬东平县归案讯办事》(光绪三十三年二月十四日),军机处录副奏折,光绪宣统朝,03-5477-085,中国第一历史档案馆藏。

　　③ 详见瞿同祖:《清代地方政府》,范忠信等译,法律出版社2003年版,第124—153页。

　　④ 赵尔巽全宗档案,第187卷(《盛京将军赵尔巽改革吏治兴学务振工商务告人民书及整顿圆(圜)法开矿兵政等之条陈》),缩微号:0030,中国第一历史档案馆藏。

赴引需费,亦代为张罗巨款,重取利息。委缺时到任川资,均系门丁代筹。履任后,诸事皆由门丁专政。上则挟制本官,下则任意需索,以致声名狼藉,本官亦无可如何。"①

针对这些弊端,赵尔巽一方面改派委员专司文牍,通饬各衙门一律禁用长随、门丁,以杜其营私舞弊、上下其手之伎俩。② 地方媒体对此颇为关注,有报道称:

> 奉天将军赵尔巽下车伊始,即将各局委员总办撤差,实因前将军在任时所委各差务皆任其门丁为之,非密云县之同乡即由贿赂得来,实有不得不撤差之理。延(廷,署理盛京将军奉天府尹廷杰——引者)护篆在任时即有意全撤,然存五日京兆之念,故留以待赵留守也。③

另一方面,广开言路。赵尔巽规定无论何人,只要有要紧事,即立刻接见。④ 此外,对于一些外省来奉任职官员,赵尔巽又多予垫发川资,在一定程度上消除了门丁、长随等赖以生存的土壤。为更好地配合吏治整顿工作、改良社会风气,赵尔巽还大力加强对各局所办事员司的管理,规范其行为,严禁委员书役挟妓饮酒,寻衅滋事。⑤ 又将长期腐蚀地方吏治的各项节寿陋规、常暂摊捐等款项,分别裁免禁革。⑥ 赵尔巽的这些改革整顿举措,不但有力地清除了长期困扰奉天地方吏治的陈规陋习,而且有效打开了言路,有利于地方官民沟通以及对官吏的监督考核,为战争善后与改革整顿提供清明的吏治环境。

为了改善地方行政环境,赵尔巽可谓身体力行,率先垂范。"他极力抑制贿赂,鼓励正直和尽职。为了查明事实真相,他经常微服私访,用这种办法,来检查司法和其他公共机构官员尽职与否。"⑦在日常工作、生活中,赵

---

① 赵尔巽全宗档案,第 142 卷(《黑龙江协领承春等为整顿东三省之官制军务理财等方面之条陈及〈奉天游记撮要〉》),缩微号:0025,中国第一历史档案馆藏。

② 〔英〕杜格尔德·克里斯蒂著,〔英〕伊泽·英格利斯编:《奉天三十年(1883—1913)——杜格尔德·克里斯蒂的经历与回忆》,张士尊、信丹娜译,湖北人民出版社 2007 年版,第 167 页。

③ 《奉天新政一斑》,《大公报》光绪三十一年七月十五日第三版,时事要闻。

④ 《奉天新政》,《绍兴白话报》第 72 号第 3 页,中国近事。

⑤ 《赵帅严饬各局所》,《盛京时报》光绪三十二年十月初五日第二版,东三省要闻。

⑥ 赵尔巽:《奏为查明奉省正佐瘠苦各缺请分别酌加津贴事》(光绪三十二年六月初十日),宫中硃批奏折,04—01—35—1075—042,中国第一历史档案馆藏。

⑦ 〔英〕杜格尔德·克里斯蒂著,〔英〕伊泽·英格利斯编:《奉天三十年(1883—1913)——杜格尔德·克里斯蒂的经历与回忆》,张士尊、信丹娜译,湖北人民出版社 2007 年版,第 167 页。

尔巽还以身作则,努力消除铺张浪费、讲究排场的官场习气。自己出行时轻装简从,只带三四人,多以骑马为主,不得已才乘车,拒绝坐轿。① 将原来所有轿夫、伞夫、执事人役之类,一概革退,令其另谋生计。同时饬令各州县官员不准坐轿,只准乘车。② 这些举措,大大减少了官员的仆从数量。不但节约了政府开支,更重要的是,"他的所作所为有利于提高社会的道德风气,影响相当深远"。③

　　赵尔巽对地方人事的调整以及对奉天官场陋规积习的大力禁革清理,既是消除地方积弊的必由手段,又出于保证机构调整效果的需要。其在奉天整饬吏治的成果有目共睹,得到了体制内外不同人士的普遍认可。光绪三十二年(1906)九月,农工商总局局长熊希龄在写给汪康年的信中赞许道:"奉天官场扫除积习,一切繁文皆为次帅净尽,可为各省所无。"④日本驻奉天总领事萩原守一也对赵尔巽整饬吏治的成果给予高度评价,赞扬其改革使"奉省景象为之一新"。⑤《盛京时报》也有类似的报道,称:

　　　　赵次帅自到任后,事无大小悉心经营,不遗余力。于内政外交颇有整顿,为世人所共知也。顷闻官场消息云次帅扎(札——引者)饬各局所总办会办等严禁委员书役或挟妓饮酒或在外滋事,以严官防。⑥

　　该报在这一则消息后面特别加按语,称赞赵尔巽整饬吏治之严厉:

　　　　奉省官纪治统之严,迥异他省。而委员书役有千百之多,不免或有如斯之事,固于吏治不足轻重。然可由此知次帅整顿吏治,无微不至之一斑矣。⑦

－－－－－－－－－－－－－－－－

　　①　《奉天新政》,《绍兴白话报》第 72 号第 3 页,中国近事;《汇记赵次帅新政》,《时报》光绪三十一年七月十八日第二张第八页,政界纪闻,奉天。
　　②　因为轿夫等随从经常被克扣工食,一些人遂借词苦累,明目张胆开设赌局,败坏风气。"以致匪类涸迹,盗风不靖。"这些人的存在,最终成为破坏地方治安的一个重要因素。详见赵尔巽全宗档案,第 184 卷(《赵尔巽等关于修订陵寝章程东北三陵修建守护管理坛庙祠碑祭祀礼仪及筹办贡品之奏稿信函禀文(附永陵全图)》),缩微号:0029－0030,中国第一历史档案馆藏。
　　③　〔英〕杜格尔德·克里斯蒂著,〔英〕伊泽·英格利斯编:《奉天三十年(1883—1913)——杜格尔德·克里斯蒂的经历与回忆》,张士尊、信丹娜译,湖北人民出版社 2007 年版,第 167 页。
　　④　熊希龄:《就奉天官场税捐等项致汪康年函》,周秋光:《熊希龄集》上册,湖南出版社 1996 年版,第 139 页。
　　⑤　《日员赞扬次帅》,《盛京时报》光绪三十二年九月十日第二版,东三省要闻。
　　⑥　《赵帅严饬各局所》,《盛京时报》光绪三十二年十月初五日第二版,东三省要闻。
　　⑦　《赵帅严饬各局所》,《盛京时报》光绪三十二年十月初五日第二版,东三省要闻。

　　尽管赵尔巽的努力令官场一改以往暗无天日的旧气象,但是由于积弊太深抑或地方势力过于强大,仍难免不尽如意之处。此中一个重要的原因是,即使是地方最高军政长官,对于官场的痼疾有时同样无能为力。有报道称,有锦县刑幕王登莱豢养爪牙十余人,"在外勾串房班,招摇撞骗",素被目为"劣幕之尤"。"赵次帅到奉以来,即密派委员赴各属详查官幕之优劣,以为惩劝。"王氏遂被驱逐出省。然而,新任王姓县令却将其请回,奉为上宾。并"嘱伊自为拟稿,剖辨驱逐之由,详请留幕"。因此,遭到赵尔巽严厉申斥。但是,该令对此置若罔闻,仍将王氏收留于署中照常办事。王登莱长袖善舞,又多方运动,终被垦务行局总办孙寿昌聘充该局主稿委员。难怪媒体慨叹:"赵次帅素以认真二字为主义,乃于驱逐一劣幕之微亦成虎头蛇尾。奉省政治之有名无实,亦可略见一斑矣。"①纵观整个事件发展不难发现,面对赵尔巽的三令五申,锦县新任县令照旧我行我素、垦务行局总办依然请其入幕,地方势力的强大嚣张程度以及赵尔巽整饬吏治环境之难,可见一斑。

小　　结

　　留守陪都期间,赵尔巽于内外交困之中对盛京地区行政秩序的重建,主要以日本官制为蓝本。各项举措——裁五部、废尹丞、设新官、饬吏治——既是对原有行政体制与行政机构的深入整顿,又是对几经兵燹破坏的地方行政秩序的积极重建,兼具战争善后与新政改革的双重功用。就新政改革而言,其各项举措不仅在一定程度上消除了地方积弊,扭转了陪都地方的吏治风气,而且为继起的全面改制,奠定了坚实基础。就战争善后而言,各项改革整顿本身是该项工作的内在要求与重要内容,不仅使地方行政秩序得以迅速重建,而且为同时期其他善后工作的顺利推行提供了良好的行政环境与制度保障。赵尔巽重建行政秩序的各项举措,对于地方各级行政关系的理顺与行政效率的提高大有裨益,为日俄战争善后以及各项改革整顿提供了重要保障。尽管其改革并未真正——也不可能触及封建官僚体制的要害,机构繁冗、政风腐败、办事效率低下的状况亦未能从根本

---

① 《驱逐劣幕有名无实》,《中华报》第441册(光绪三十二年二月十九日),第7页。

上改变,但是,其各项举措对于扭转奉天吏治的颓风,提高地方各级政府以及政府各部门的行政效能,显然都具有积极意义。从清代东北地方行政架构调整整体来看,赵尔巽的改革,无疑也是地方发展的必然要求。历经多年移民垦殖,东北的汉人聚集越来越多。当时的奉天,已然完成了由移垦型社会向传统农业社会的转化。在此过程中,由光绪初年的吏治变通到最终的改制行省——清廷不断调整地方行政架构,以期建立多功能的官僚行政组织与之配合。① 赵氏的改革,实为东北全面改制行省的局部尝试与前期准备。

　　赵尔巽在选任官吏过程中,大量任用自己的门生故旧,不免任人唯亲之讥。这种人事组织方式的优点在于方便不同部门之间的沟通协作,有利于迅速入手相关事务。但是,事实再一次证明了此举的严重弊端。其中,尤以任用史念祖主政继而把持财政局为甚,终致滋生腐败,引起词臣交章弹劾。这种情形,不能不归咎于赵尔巽用人失察。疏于对幕僚或属吏的监督管理,这是其失误所在。不论是否知情,作为地方最高军政长官,赵尔巽对此都负有不可推卸的责任。从另一个角度观之,如此做法,也与无人可用的窘境大有关系。前已言及,多数被奏调者视东北为苦寒之地,视赴奉任职为畏途而不愿前往。无奈之下赵尔巽最终只好依靠这种关系纽带作为保障,组建其行政班底。客观地说,若非利用裙带关系,恐怕其莅任后很难迅速上手地方各项事务。

---

① 赵中孚:《清代东三省的地权关系与封禁政策》,《中研院近代史研究所集刊》第 10 期(1981 年),第 283—302 页。

第四章　整顿财政金融

充裕的行政经费与稳定的财政金融秩序,无疑是维持地方各项工作得以正常运行的一项必要基础条件。显然,各级政府行政经费的来源,主要在税收。然而,由于清廷对东北的长期封禁政策与特殊的管理体制,地方开发严重不足,经济发展落后,税源本已十分有限。又屡遭兵祸,经济发展与财政金融受到破坏,进一步影响了政府的捐税收入。加之税政腐败,大多利归中饱,政府所得愈少。徐世昌的《东三省政略》对此有详尽的分析:

> 东三省向恃各省协饷,仅以养赡旗丁。自有之利,概从封禁。光绪建元以来,设官放垦,稍资地利。所入渐多,又归中饱。尚无所谓行政经费也。历任将军迭更世变,欧风东渐,庶事日繁,以榛莽之区倏变为交通之纽。于是,用款亦因之不赀。既有行政之用,则凡地亩、捐税、开垦、设关及一切征收方法,乃不得不次第经理。甲午、庚子兵祸相寻,财政中蹶,不绝如缕。既乃招集流亡商民,稍稍复业,而日俄分据铁路,又以卢布、手票灌输三省全境。是取民之利,既未忍以琐尾之余重为苦困,而公家用财之权又为外人所攘夺而无力抵制。[①]

面对如此情形,整顿财政金融,必要且急迫。就日俄战后的奉天而言,整顿财政金融,不仅为了稳定地方金融秩序,为经济发展提供良好的环境,继而给各项行政举措提供必要的财政支持,实际上也与整饬吏治、抵制强邻的金融侵略密切相关。简单地说,财政工作主要由收、支两个部分组成,赵尔巽的改革整顿正是以加强收支监管为切入点展开的。其直接用意在于稳定财政金融秩序,终极目标则在于增加政府财政收入,筹措各项行政经费。因此,赵尔巽主导的财政整顿,在设立财政总局总揽全省财政收支、设立官银号大力整顿货币系统的同时,实际上是围绕增加财政收入、筹措

---

① 徐世昌等编纂,李澍田等点校:《东三省政略》,吉林文史出版社1989年版,第1090页。

行政经费为中心展开的:一方面改革财政制度,制定明确章程,重视对各项捐税征收工作的监管,规范各员司的行政行为,堵塞漏源,力求涓滴归公;另一方面,在力戒增加民众负担的前提下,不断开辟新的捐税征收渠道,增加政府的财政收入。

　　相应地,对地方财政制度与财政收支体系的具体改革整顿,主要从三个方面展开:其一,堵漏,加强收支监管。针对奉天财政秩序混乱、利归中饱的积弊,着重改良经征制度与调整捐税种类,与财政收支制度改革相配合,加强监督管理,遏抑漏源,全力禁绝以往财政收支中的中饱私囊行径。其二,开源,增加财政收入。财税改革中的开源之举并非单纯增加税种,而是根据地方情况,调整捐税。一方面裁撤或归并整合一些旧有捐税种类,另一方面开辟新的税源,对一些日常经济活动开征新税,尤其是对那些非日常生活必需品课以重税。其三,节流,减少财政开支。调整行政体系,根据需要整合行政机构①,尽量减少行政资源的浪费,有效地降低成本,以减少财政支出。同时,奏请暂停一些例行的非必要开支②,并将裁撤部门的行政经费用于津贴其他衙门③,以此减轻奉天地方政府的财政支出负担。这些改革节约的开支,虽然并不构成奉天地方财政支出的大宗,但是通过这种彼此挹注、以缓济急的变通方式,既部分解决了一些必要支出的来源问题,又减少了非必要开支,对于在在需款而又财政窘困的奉天来说,其积极意义是在其他地方所无法比拟的。在改革整顿中,上述相互关联的三个方面具体化为整顿税务与重建金融秩序两项事务。

──────────

　　①　光绪三十一年(1905)九月,将善后、筹济两局一律裁撤,改归财政局接办,以节糜费。详见赵尔巽:《奏为查明奉省善后赈抚收支各项截案报销事》(光绪三十二年九月二十二日),宫中硃批奏折,04-01-02-0101-005,中国第一历史档案馆藏;赵尔巽:《奏为奉省赈抚完竣请将在事出力人员择优保奖事》(光绪三十二年十二月十三日),宫中硃批奏折,04-01-02-0101-012,中国第一历史档案馆藏。

　　②　光绪三十二年春,赵尔巽奏准自光绪三十一年冬季起,所有世职应支俸银,"无论在旗在标、年末及岁,一律停止三年。俟将来款项稍裕,再行规复旧制"。见赵尔巽:《奏为库储奇绌请自光绪三十一年冬季起将奉省世职俸银再停发三年等事》(光绪三十二年四月初六日*),军机处录副奏折,光绪宣统朝,03-6664-009,中国第一历史档案馆藏。

　　③　光绪三十一年九月二十日,赵尔巽请准利用府尹衙门经费12,000两分别津贴东三省学政、驿巡道衙门各3,000两,兴京副都统、盛京副都统衙门各2,000两,承德、兴仁两县衙门各1,000两,以补充办公经费之不足。见赵尔巽:《奏为奉天府府尹裁撤请将应支津贴分拨东三省学政各衙门以资办公事》(光绪三十一年九月十三日),军机处录副奏折,光绪宣统朝,03-6661-178,中国第一历史档案馆藏。

第一节　整顿税务

日俄战争后奉天的税务改革举措诚可谓一举两得,既有消除积弊、整饬吏治的考虑,也出于恢复秩序、筹措行政经费等战争善后的现实需要。主要手段,既有裁并整合——对原有捐税种类的调整,又有剔除中饱——对捐税经征系统管理的加强。

一、混乱的税务与窘迫的财政

税收是公共财政的主要来源。清季奉天地方财政,以捐税收入为大宗进项。然而,捐税的经征机构既不够专业,又管理混乱。结果,虽然奉天捐税额度不大,但是种类庞杂、名目繁多,有盐厘、关税、斗秤捐、尺捐、豆饼捐、火车税、河口粮货税、海口船规凑挂、东边山货税、营口八厘捐、山海道八厘捐、八边门捐、河防捐、旗署厘捐、杂税、中江税、木税、东边税、苇税、车捐等三四十种之多。[1] 此外,税则混乱,一些捐税往往由各旗民地方政府分别征收。例如,奉天捐税收入大宗之一的木税,即一向由旗民地方官会同经征,所收税款各处均有定额。[2] 苇税,则由兴凤道所属。[3] 税务经征管理上的混乱状态,造成两个严重的直接后果:其一,一些税项或重征或遗漏,致使民众负担畸重畸轻,影响正常经济秩序。其二,事权不一加之地方政府的监管不力,为营私舞弊打开了方便之门。对于奉天的税务状况,赵尔巽曾直言:"奉省厘税,抽数甚轻,而名目极杂。如牛马、土药、盐、酒等等,向例视为优差。任意侵蚀,考核极疏。甚至不缴联票,莫可根究。"[4]

除此之外,由于特殊的地方政情,奉天地方税务还受到其他行政部门的干扰与公然分流,致使税务管理更加混乱。缘奉省官缺极苦,且地方行政经费一向不敷开支,历倚税厘为挹注之源,因此一些政府部门直接派员经收税款,无需经过财政收支。如此办法,虽然能够在一定程度上缓解办

---

①　详见孔经纬:《清代东北地区经济史》,黑龙江人民出版社1990年版,第558页。

②　王树枏、吴廷燮、金毓黻等:《奉天通志》卷146,1934年铅印本,第9页。

③　王树枏、吴廷燮、金毓黻等:《奉天通志》卷146,1934年铅印本,第13页。

④　赵尔巽:《奏为筹办奉省善后事宜各端情形事》(光绪三十一年十二月十四日),军机处录副奏折,光绪宣统朝,03-5764-083,中国第一历史档案馆藏。

公经费的不足,但是无疑为不良员司中饱私囊打开了方便之门,对吏治的腐蚀作用也十分明显。体制上的漏洞与监管不力,造成的最直接后果是税款大量流失,政府财政收入短绌。而税务管理上的陋规,不但本身成为地方积弊,而且加剧了吏治的腐败。

日俄战争爆发后,本已收数无多的奉天地方税收再遭战争破坏,收数锐减,地方财政更加拮据:一方面,战争破坏日常经济活动,导致税收减少。日俄战争以来,水陆商路梗阻,民众经济活动减少,极大地影响了地方政府的厘税收入。尤其是东边战地,各项税收锐减。一些地方甚至"捐税无收,局卡竟同虚设"。① 另一方面则表现为外军对占领地方税收的截夺。日俄战争爆发后,两军在占据一些地方的同时,截留当地税收,不准中方经手。从日俄战争爆发到光绪三十二年(1906)秋日军交还营口为止,营口税收款项被日军劫用 256 万两。战后交接时,日本军政署仅将山海关税款残额 121 万两交还清政府。② 此外,东部安东、凤凰等属各项税务,日人亦不准地方政府开征,而营口至通江一带之河防税因往来船只多为日军运粮,有华商装运货物沿途亦归日军稽察,以防隐匿匪人。厘局委员无从过问,只能坐视税源流失,由此造成东边、河防各税实损三分之一。③ 显然,由于日俄两国战事的破坏,本不充裕的奉天财政指项大幅缩水,经费支出愈加困难。在赵看来,"欲挽奉事之急,必以整理厘税为第一义"。④

赴任之前,赵尔巽通过各种渠道对奉天的财政状况已然有了较为深入的了解,所以在请准各省协济开办经费的同时,仍极力搜求,力争凑足百万之数以为善后改革整顿之基础。接手管理地方财政之后,赵尔巽发现其匮竭情形远远超出其初念所及。各种财政款项仅可供两三个月的开支,而日俄战争后善后赈济以及各项改革整顿,均在在需款,若不想方设法筹措经费,则无论安民保商需款无着,即已办之警察诸政亦很难赓续。⑤ 就日俄

① 《增祺为东边战地各项税捐减收事给抚尹堂咨》(光绪三十年五月初一日),辽宁省档案馆:《日俄战争档案史料》,辽宁古籍出版社 1995 年版,第 345 页。

② 辽宁省地方志编纂委员会办公室:《辽宁省志·大事记》,辽海出版社 2006 年版,第 79 页。

③ 赵尔巽全宗档案,第 152 卷(《沈金铠(鉴)等关于昌图新民等地货车通行收捐之电函》),缩微号:0025,中国第一历史档案馆藏。

④ 赵尔巽:《奏报整顿奉省榷收税厘一年数目并请奖出力各员事》(光绪三十二年十月二十二日),宫中硃批奏折,04-01-35-0584-059,中国第一历史档案馆藏。

⑤ 赵尔巽全宗档案,第 193 卷(《盛京将军赵尔巽给军机处外务部袁世凯等电报信函之抄录本》),缩微号:0031,中国第一历史档案馆藏。

战争后的奉天而言,整顿财政、筹措各项行政经费不仅是关系地方治乱之大事,更是被赵尔巽视作"根本所系,大局攸关"的一项要政,一旦财政枯竭,则"内政将废,主权可危"。① 然而,要在几经兵燹、民力凋敝的奉天地方筹措经费,其难度可想而知。

二、改革举措

赵尔巽对税务的改革整顿,主要通过强化管理与调整捐税两个渠道来实现:

(一)加强管理

首先,设立财政总局总管全省财政收支,分设税务所专门负责捐税事务,委员专司整顿厘税各项工作。所有向隶盛京将军、户部暨各旗署经征之厘捐、木植、粮船凑挂、河口、粮货等税全部收归税务所经理,原来经手捐税征收的旗民各属一概不准继续插手此事。② 同时,加大对经征工作的监管力度,剔除中饱私囊。③

1.改善原有的捐税经征体制。为了消除以往捐税征收过程中税则复杂混乱、政出多门的弊端,剔除中饱私囊,首先对奉天捐税经征体制进行改革,力争使经征机构专门化、经征主体专业化、经征章程简明化。

其一,设立专门的捐税经征机关。改革后的奉天地方,不仅设立专门的捐税局负责相应捐税征收工作,更由财政总局总司其事,事权专一、责权明确。改革一出,成效显著。有报纸报道称,奉省地方辽阔,资源丰富,惟一切捐税向归旗民各署抽收,岁入不过百余万金,赵尔巽到任后,设总局整顿财政,委任史念祖专司其责,接办以来,"税则仍未加征,款项已增数倍者"。④ 经征机构的专门化,有效杜绝了原来捐税管理体制下的种种积弊,不仅迅速地收拢了原来中饱流失的捐税款项,而且对于吏治的澄清无疑也

---

① 赵尔巽全宗档案,第 100 卷(《赵尔巽为东三省调补官员之奏稿》),缩微号:0019,中国第一历史档案馆藏。

② 改革之后,各官员无从染指捐税,其办公经费不敷开支情形益加严重。所以赵尔巽又奏请另案统加津贴,以满足办公及日常所需。

③ 此项行政,事关两个方面:一为行政改革,一为捐税整顿。因为奉天此前各员司中饱行径严重,严厉剔除中饱、堵塞漏源,是赵尔巽整顿财政的一项重要工作。通过整顿,将原本被侵吞之款收归政府,改革成效显著,成为奉天财政收入增长的最主要来源。有鉴于此,笔者将此项内容归于整顿税务项下。

④ 《奉天财政近况》,《汉文台湾日日新报》1906 年 10 月 14 日第一版,杂报。

具有重要作用。

其二,改变捐税经征主体,统一管理权。按照改革规定,设立专局的同时,由财政总局派委员专门负责具体经征事宜而不准地方官员插手。光绪三十二年(1906),督署收回东边税、旗署厘捐等项目的经征权,统一管理。东边税开征于光绪三年(1877),初归东边道征收。尽管光绪二十二年(1896)设立东边税局,但仍旧由东边道总办。赵尔巽调整经征体制,先将该局所属山货局归并于各处捐局,后改由督署派员征收,不准地方政府插手。旗署厘捐于咸丰三年(1853)奏办,开办后一直归旗署征收。光绪三十二年,改名销场税,改归捐局兼征。① 这种对捐税经征主体专业化的改革举措,既有利于提高行政效率,又责权专一,便于行政监督。同时,又将地方财政收支大权牢牢掌握在财政总局手里,实现了地方财政与其他行政管理的剥离,能够有效地杜绝原来地方行政机构对捐税经征事务的干预与对捐税收入的染指。

其三,明确经征章程。原有的奉天捐税经征章程复杂繁琐,在具体工作中往往被任意曲解,既为营私舞弊提供了操作空间,又不利于监督管理。针对这种情况,在捐税改革过程中,重新更定各项捐税的具体征收章程,使之简单明确。这样既有利于规范委员的经征行为、统一征收标准,又有利于民众对章程的解读,更好地发挥行政监督作用。具体的改革举措,既有在原税种不变情况下对经征体制的合理化整顿,又有将原来众多名目繁杂、经征混乱的捐税合而为一的简单化整合。试以牛马税改革为例析之:

奉天牛马税,是指在牲畜的饲养、转运过境、交易、屠宰、畜肉售卖等相关商业活动中以牲畜为目标征收的一种税项。这一税种由来已久,在清开国之初(顺治元年,1644)即开征此税,专门设有牛马税监督具体负责,一直是奉天地方财政收入的一项重要来源。牛马税的征收,一向被视为肥差。洎乎清季,伴随着奉天地方行政管理的整体无序状态,捐税经征之混乱不难想见。牛马税征收,虽有牛马税监督负责,同样不免体制混乱、事权不一,界限划分与经征章程互异,具体事务有归监督管辖者、有由旗署经收者、有为州县征收者。管理上的混乱,为营私舞弊打开了方便之门。经办

---

① 徐世昌等编纂,李澍田等点校:《东三省政略》,吉林文史出版社 1989 年版,第 1092—1094 页。

各员上下其手,浮收隐漏在在皆有,久之不免蠹国病民。赵尔巽的改革有的放矢,简化经征章程,并设专局委派员司专门负责该税项的经征事宜,力争做到责权明确,稽查有凭。

盛京牛马税监督一差,向例由户部开列盛京五部侍郎衔名,请旨简派。光绪三十一年(1905)赵尔巽接管之前,由兼署户部侍郎奉天府府尹廷杰管理。而增祺开缺之后赵尔巽到任之前,盛京将军由廷杰署理。所以,与赵尔巽交接工作之际,廷杰将奉天牛马税监督关防与盛京户部册籍、款目等一同移交现任盛京将军接管。[①] 自赵尔巽接任监督之后,即秉承"于民毫无多取,于款日渐加增"的原则,着手派员改章试办,严加稽核。改办以来,颇著成效。往常通年所收不过 5,000 余两,整顿半年之间,收款顿增。溢收 40,000 余两税款,悉数归公,拨作兴学之用。在试办确有成效的基础上,光绪三十二年(1906)年初,赵尔巽奏请变通盛京牛马税章程,裁撤监督,在省城设立牛马税总局。各府州县分设局卡,统归财政总局稽查核转。派委员专门负责经征各项事务,旗民各属一概不准干预,以一事权而免纷扰。光绪三十二年二月初二日,奉硃批允准改办。[②]

针对此前牛马税征收中的种种弊端,牛马税总局制定了《新定奉天各城牛马税试办章程》规范管理各委员经征行为,以彻底消除积弊。该章程详细规定了各种课税物品的纳税额度,彻底消除经征体制中的漏洞,具体将课税物品明确分为三类,分别办理:一曰牲畜税、二曰冻肉税、三曰屠宰税。

牲畜税,是按畜种课税,分本地与过路两种情况,分别征收额度不同的税款。就本地牲畜而言,畜种不同,税制不同:其一,按照所估牲畜价值征收。牛、马、骡属大牲畜,均按交易价每值百吊抽收税钱 5 吊文、局费 1 吊文,此外不得再征;驴,按交易价每值百吊收正税钱 2 吊 500 文,外收局费钱 500 文;其二,兼顾重量与价值征税。肥猪及日宰之猪,重百斤者,每价值 100 吊收税钱 2 吊文,外收局费钱 200 文;小猪重 20—50 斤者,每口收税钱 400 文;20 斤以下者,收税钱 200 文;其三,定额税,按数量征收。羊每只收税钱 400 文;废牛不论价值,每条抽洋 1 元。对过路牲畜的税则,则较

---

① 赵尔巽:《奏报接收盛京户部印仪并牛马税监督印钥日期事》(光绪三十一年七月初九日 *),军机处录副奏折,光绪宣统朝,03-5444-057,中国第一历史档案馆藏。

② 赵尔巽:《奏请裁撤盛京牛马税监督事》(光绪三十二年二月初二日 *),军机处录副奏折,光绪宣统朝,03-6516-010,中国第一历史档案馆藏。

本地者简单,均按数量征收定额税:牛、马、骡三项无税票者,每匹收税钱 7 吊文;驴,每头收税钱 1 吊 500 文;猪、羊每只 200 文;冻猪,每口 100 文。完税者均给予过路之票作为凭证,供路上其他关卡查验。如落地买卖,仍须相应照章完税。若自家使用,查界时查出亦须照章补税,将过路票收回,另给税票;废牛每条抽洋 2 角;上述牛、马、骡三项本地税票每张局费钱 500 文,驴票 300 文,猪羊票 100 文,过路、落地者减半。

　　冻肉税是每届冬令,对于在各地销售的冻肉按品类征收相应的税钱。品类不同,课税办法不同。对猪肉按价抽税,对牛羊肉则按重量征收税款:冻猪落地售卖者,每值 100 吊收税钱 2 吊文,外收局费 200 文;冻牛肉每 200 斤作牛 1 条,收税钱 7 吊文;冻羊肉 40 斤作羊 1 只,收税钱 200 文。

　　屠宰税是针对营业机构征收的牲畜屠宰税,课税主体大体分为两种:一种是专业的屠宰场,统一为每头 300 文。如乡屯距局卡窎远者,准其以一年为周期分等包捐。宰牛之户分三等,一等每年捐钱 1200 吊,二等每年 600 吊,三等每年 300 吊,无论回汉,一律抽收。宰猪之户分五等:一等,每年捐钱 500 吊;二等,每年 400 吊;三等,每年 300 吊;四等,每年 100 吊;五等,每年 50 吊。另一种是客店、伙房等其他营利性机构屠宰牲畜,亦按此例办理。[①]

　　此次牛马税改革,不但简化了对各畜种的征收章程,而且进一步细化了征收规则,对于各城营业性机构,不再增发包捐年票。已领年票者准其换领,章程规定:烧锅、粮行,无论驴骡,在 30 匹以内者,每年包捐银 50 两;50 匹以内者,每年包捐银 80 两;50 匹以外者,每年包捐银 100 两。其余各铺户领年票者,骡、马每匹每年捐洋 3 元,驴 1 元。禁止原来辽阳等处合一屯请领一张年票的舞弊行为;至于铺户、油豆粉房等营业机构豢养圈猪,无论大小,每口抽税钱 300 文,亦给予票照。其中本小利薄,仅养猪两三口者,免予抽收。对于农家豢养自食者,概不查抽。为了保证税源,防止偷漏税,每年冬令,各城委员亲身带同票照下乡按村查圈。除未上绳之畜驹暂不必上税外,如有无票牲畜及票与牲畜不符者,首次从宽免罚,按照市价估值照章抽税,补给票照。查过之后,下届复查如再有无票牲畜,即需照章处罚。[②]

---

　　① 赵尔巽全宗档案,第 161 卷《奉天省拟订田房税契印花烟酒土药牛马税等章程》,缩微号:0026,中国第一历史档案馆藏。

　　② 赵尔巽全宗档案,第 161 卷《奉天省拟订田房税契印花烟酒土药牛马税等章程》,缩微号:0026,中国第一历史档案馆藏。

　　详细税则的制定与公布,使内部的监管与民众监督相结合,能够有力地杜绝捐税经征人员利用规则漏洞从中渔利以及任意勒索等原有弊端。每届冬令的税务稽查,尽可能地杜绝了各课税主体偷逃税款的可能。通过如此整顿,奉天各地方牛马税项收入大增于前。① 所收税款,为其他改革整顿的实施提供了必要的资金来源,尤其为新学的推广补充了经费。随着兴学新政的逐步推开,奉天各属新式学堂越来越多。学堂愈多而经费愈巨,原来由盐厘项下所拨学务经费,已不敷用。光绪三十二年(1906)五月二十八日,经赵尔巽请准由牛马税项下动支其不足部分,解决了学务经费问题。②

　　2.加强监督。面对奉天地方吏治腐败、贪污盛行的情况,赵尔巽到任后对于各级各类官吏厉行严查,尤其加强对财政相关人员的监管。在赵尔巽看来,奉省税务积弊甚深,"非择尤惩儆,不足以挽颓风"。因此,在整顿财政过程中,从严格稽核税务员司工作入手,查出舞弊各员,根据情节不同,有参处者,有撤差者,亦有令其自行引退者。其中,情节严重者,如前述盖州斗秤局委员杨清。从理论上讲,对捐税经征过程中各员司行为加强监督以及对违法营私者的惩处,能够有力地打击以往税务经征过程中大量存在的中饱私囊行径,堵扼漏源,不仅增加政府的财政收入,而且对于奉天吏治的澄清具有一定的积极意义。事实也是如此,赵尔巽的实力整顿立竿见影,改革未及一载,即已见成效。当时的舆论对其改革成绩颇为认可,《盛京时报》有谓:

　　　　从前奉省吏治、税务腐败,已达极点。即新政,亦多未举行。赵军帅莅任后,锐意整顿,实力扩充,不及一年,焕然改观。③

　　(二)调整捐税

　　根据税种与纳税主体的不同,对捐税的调整,实际从三个方面入手:其一,整合捐税项目。改革中,裁并整理繁杂的捐税名目,简化各项繁琐的规

　　①　关于此项改革成果,高月的《清末东北新政改革论——以赵尔巽主政东北时期的奉天财政改革为中心》一文有具体的数据,笔者不再赘述。详见高月:《清末东北新政改革论——以赵尔巽主政东北时期的奉天财政改革为中心》,《中国边疆史地研究》2006年第4期,第68页。

　　②　赵尔巽:《奏请开支奉省牛马税银充补学务经费事》(光绪三十二年五月二十八日*),军机处录副奏折,光绪宣统朝,03-7217-075,中国第一历史档案馆藏。

　　③　《奉省税务有起色》,《盛京时报》光绪三十二年九月二十七日第二版,东三省要闻。

则,统一杂乱的经征部门,将斗秤捐、厘捐、五河口粮货税等十种捐税整合为统捐(税),简化征收程序与税项,力求钩稽隐漏,清除地方积弊。其二,调整经征额度。针对不同商品征收额度不同的捐税,在保证政府财政收入的同时,减轻民众经济负担。为此,一方面减免一些生活必需品捐税,另一方面,加大对非生活必需品消费的征税额度。其三,加强对土地、食盐等特殊商品的管理。此举一为体恤民艰,保证其日常生活所需,一为开辟利源,增加财政收入。再则,意在收回利权,抵制侵略。

1.整合原有捐税资源,试办统捐改革。统捐属厘金的一种,亦名"统税",清末改遇卡抽厘为一次性征收之货物通过税,称为统捐,以光绪二十六年(1900)江西省对木材、瓷器等首办统捐开端,此后各省试办。奉天地方的改革不同于内地省份,赵尔巽所推行的统捐改革主要是针对原来捐税名目繁多、章程混乱、易于滋生弊端的状况在整合原有捐税基础上提出的一种整齐划一、简化为一种捐税的改革方案,是此间奉天税务改革的一项重要工作。原有奉天全省税务,管理事权不一,经征主体众多,有向隶盛京户部者,有向隶将军衙门及旗民地方官者,而且名目参差,税则棼杂:

> 同一货物,斗秤有捐、落地有捐、厘金有捐、车船边门又莫不有捐;同一名目,户部有捐、旗衙门有捐、民衙门有捐、将军府尹各衙门又莫不有捐。一捐再捐,琐细烦苛,商民交困,而究其所抽之数统计不及值百抽五。[①]

此外,捐税管理上的混乱,造成重征与漏征之弊在所难免。如此一来,奉天所收税额实较各省为轻,而商民却有重征之苦。另外一个严重的后果,是经征体制上的漏洞为不良员司的舞弊行径提供了可乘之机,最终造成奉天税收重征于民而亏欠于公。数十年来,积重难返,流弊滋多。统捐政策的出台,意在从根本上克服上述弊端。奉天原有捐税名目繁多,税则混乱。"繁杂各税,如斗秤捐、厘捐、五河口粮货税、河防税、营口八厘捐、东边粮货山货税、沿海口船规凑挂、各边门门捐、沿铁路火车税,或名目混淆,不易分析;或征收繁扰,有碍贩运。"[②]这种情形,已经阻碍了奉天经济的发展与商民元气的恢复。考虑到将来奉天一些地方按约将辟为商埠,尤应一

---

① 赵尔巽:《奏报奉省裁并捐税现拟试办统税情形事》(光绪三十二年八月初八日),宫中硃批奏折,04—01—35—0584—044,中国第一历史档案馆藏。

② 军督部堂档,第 2068 卷,辽宁省档案馆藏。

视同仁,制定整齐划一之税务章程,以减少不必要的分歧。经过数月的分析论证,最终议定就奉天地方情形参之湖北、江西成法,酌量变通,改收统税。光绪三十二年(1906)八月初八日,赵尔巽奏请将原斗秤捐、厘捐、五河口粮货税、河防、营口八厘捐、东边山货粮货税、沿海口船规凑挂、各边门门捐、沿铁路火车税等十种名目概行裁撤,化繁为简,酌定统税,无论粮货,只征两项:一曰出产税(即产品税),一曰销场税(即销售税)。出产税专抽本省土产各货,值百抽一五。就出产之地征收一税之后,任其所之,非落地销售不再纳税。销场税无论洋土杂货,均值百抽二,就行销之地征收,过路者概不征纳。烟、酒、土药、灯膏、木植、山茧、盐厘、牲畜、车捐、期粮各税,均已另有专章办理,不在此次裁并之列。

此外,山海关道经征之税涉及奉天地方官制改革,既经声明归并,应俟奉准部复再行议改。东边道经征之中江税关,事关中韩陆路通商,应如何归并,听候部章办理,亦不在此次裁改之列。光绪三十二年八月十四日,经赵尔巽奏请清廷允准,十月初一日起在通省开办统税,其原有各税即于是日截清停止,另案报销,经收款项截至十月初一律报解。为慎重起见,赵尔巽特别声明,此次改捐先行试办一年,"如果公私并益,毫无窒碍,再将章程税则咨部立案"。[1] 在办理改捐过程中,又将制度改革与恤民举措相结合,对一些农产品减轻课税。考虑到杂粮一项为奉省出产大宗,又是百姓日常主要食品,奉天地方决定对此项物品格外从轻抽捐。[2] 光绪三十二年八月,在奏请裁并捐税试办统捐之际,赵尔巽同折奏请对杂粮从轻课税,两税抽一,豁免销场税,只就商人囤积转运之处从轻征收一次出产税,值百抽一。[3]

在经征机关设置上,悉就原有之斗秤各局加以添裁改办。于各区域适中之地设立捐税总分各局,以期分布合理,使各属覆盖无遗。具体言之:洮南府暨所属靖安、开通、安广三县斗秤各捐,向由该处守令征收呈报。在洮南设立捐税总局,分派委员经收出产、销场各税;辽源、康平斗秤各捐句设

---

① 赵尔巽:《奏报奉省裁并捐税现拟试办统税情形事》(光绪三十二年八月初八日),宫中硃批奏折,04-01-35-0584-044,中国第一历史档案馆藏。
② 军督部堂档,第 2068 卷,辽宁省档案馆藏。
③ 赵尔巽:《奏报奉省裁并捐税现拟试办统税情形事》(光绪三十二年八月初八日),宫中硃批奏折,04-01-35-0584-044,中国第一历史档案馆藏。

一局,鉴于该处地面寥阔,难以兼顾,遂于康平一县另设分局;宁远斗秤捐局向兼绥中县税务,将该局更名绥宁捐税局;东边税务以木料为大宗,其所征粮货税多属进出海口税项,仍沿其旧;长甸河税局因系重征东沟、沙河两局已税之货,遂将其裁撤,以恤商艰;同江设治开埠、营口定期交还,将其河防厘捐等局裁撤,改设捐税局照章经收。此外,省城、辽阳、新民、昌图、铁岭、新宾堡、安东、海龙总局暨所属各分局,均拟就原有之斗秤各局改为捐税总分各局,按新章改征统税。①

统捐改办,头绪纷繁,操作尤为小心翼翼,分步骤有序展开。为了使各员司有据可依、各商民有所遵从并监督员司行为,事先由财政总局向捐税总分各局分别给发表单、税则章程,以便各局委员考查照办。同时,发给各局裁改税项以及改办统捐告示,后附改订出产、销场两税征收章程,由总分各局先期张贴广为宣传,使商民人等一体知悉遵照,并加以监督。倘有经征员司不遵新章抽收或额外苛索,准许商民指名控诉,查实严办。② 具体改革目标如下:

其一,相关概念明晰。在拟定的 26 项改订章程中,财政总局对此次改订税则进行了详细说明,特别是明确界定了一些原本容易混淆不清的相关概念,使得各项商品税率一目了然。例如,对于粮与货的区别,该章程即明确规定:凡五谷类之天然生产,未经进一步加工者谓之粮。其余如豆油、豆饼、粉条、酒糟之类,已经过人工制造的农产加工品,皆谓之货,惟面粉一项仍应归入粮类。强调出产税无论粮货,均计价经征,而不再计斗秤。其缴纳,应遵循就近原则,在就近局卡办理,若该处无局卡,即于经过之第一局卡报税并在联票内注明指运何处销售或运往何处出口。外来货物,无论过路还是入境行销,均须按要求登记。由水陆运入者,在经过之第一局卡,由铁路运入者,在货物离铁路之局卡,各自呈报具体情况。根据货物去向不同,分三种情况:一为在本地销售者,即照纳销场税;二为尚须转运奉省他境销售者,即报领护照,到销售地再纳销场税;三为不在奉省销售仅过路

---

① 《财政局呈改办统捐裁并各局暨刊发钤记票张告示通行各局由》,军督部堂档,第 2068 卷,辽宁省档案馆藏。
② 《财政局呈改办统捐裁并各局暨刊发钤记票张告示通行各局由》,军督部堂档,第 2068 卷,辽宁省档案馆藏。

者,无须纳税,但须报领护照。① 各种相关概念的明确界定,不仅使得经征委员稽征有据,而且相关机构稽核有凭,方便监督。

其二,价值标准统一。作为征税的基数,需要对百货进行估价。然而,在具体操作中,从前各城轻重不一,事实上造成各地征税标准不一,既有失公允,又便利了经征员司从中讹索抑或奸商把持,为营私舞弊打开了方便之门。改办统捐之后,为杜绝前述弊端、保证公平,需要制定公正合理的价值参考,统一相同商品的价值标准。为了制定科学、统一而又公平的价值参考体系,奉天财政总局先期派人赴营口、安东、通江、昌图、新民、海龙等地,调查各地各粮货的现行市价参以省城行市,酌定统一的商品价值衡量标准。光绪三十二年(1906)秋,《酌定奉天通省粮货价值册》编纂完成,统一以该册所规定的百货标准价值作为征收统捐的依据,刊行全省。册中将各种日常交易物品分为粮食、药材、纺织品、海产品、干鲜果品、调料等 20 大类,囊括常见粮货 1,337 种,以银两为单位,标注标准价值。据此,各属出产之货每值百两抽税 1 两 5 钱、出产之粮每值百两抽税 1 两;销场之货每值百两抽税 2 两,均以此册为准,不得增减。此册中所标价值每年修改一次,由财政总局负责调查商情,根据当时粮货价值涨落情况进行相应调整,以期更加贴近真实的市场行情,避免畸重畸轻之积弊。②

其三,操作流程规范透明。为了杜绝此前经征无凭、中饱舞弊情况的发生,章程规定,出产税票为四联凭证,第一联存局,第二联备缴,第三联裁给商人于经过第一局卡查验截留,第四联亦发交商人作为完税执照,于销场或出口处的总分各局缴销。第三联、第四联都收回后,均须汇呈财政总局,以资稽核。如系出产、销场在一处并征者,则只裁给销场税票,注明"并征出产税"字样,照销场税票办法办理。如出产即在出口之地,则二、三、四联均由该局解缴。销场税票共三联,第一联存局,第二联解缴,第三联加盖"货已到地,票应作废"字样发交商人收存,留为查验根据。一俟票内货物销完,即行缴回由该局随时申解财政总局。非本地行销之行运护照共三联,第一联存局,第二联解缴,第三联裁给商人,如在奉境行销,即至销售地报税之局换给税票,将此护照缴由该局径解财政总局。如系过路,即在出

---

① 《奉省裁并税捐新章》,军督部堂档,第 2068 卷,辽宁省档案馆藏。
② 《酌定奉天通省粮货价值册》,军督部堂档,第 2068 卷,辽宁省档案馆藏。

境之最后局卡缴解。① 如此办法,将收回之联票作为收款依据,使得捐税收入有凭可稽,能够在很大程度上杜绝经征中的中饱行径。

其四,体恤商民艰窘。为了减轻民众负担,统捐改订章程明确规定:第一,减免粮税。事关民众日常生活的粮食类产品,只是就囤积出运之店栈抽税一次。民间买卖口粮而非囤积转卖者,概不征税。第二,小额经营免税。肩挑零贩等贫民小本营生,无论土客各货,价值不上东钱50吊者,一概免税。第三,限定佣钱份额。改革之前,奉天斗秤经纪人及栈店领帖代约出入粮货,抽取额度不一的佣钱。多者,甚至过于正税数倍,是为奉天税务积弊虐商病民之重要一端。所以,改订章程还特别规定,嗣后各项经纪店商之佣钱,不得超过原货价值百抽一之数。违者,准民人告发,加以惩办。第四,以平余抵加耗。粮货价值既然按银两核算,则所征税项自应照各该处所报市估收钱易银报解。由于作为实物货币的银两成色不一,且转运过程中容易磨损,造成重量损失,所以,在征收捐税过程中,为了保证足额解交税款,按惯例,民众在缴纳税款的同时,通常还要预先相应地额外缴纳一定比例的耗损量,是为加耗。奉天财税改革整顿过程中,根据地方实际情况,为了减轻民众经济负担,决定取消捐税银两加耗,以平余抵扣:

> 查沈平较各外城之平为小,嗣后准将平余免解,即以此项抵作补色解费等耗,不得于商人所完正税外另收平色等费。违者将委员撤参,并准商人告发。②

这一"以余抵耗"政策的推行,意在让"利"于民,减轻民众负担,事实上也消除了不良员司虚报实耗、上下其手、从中渔利的又一空隙。对于澄清捐税收支,同样颇具积极意义。

赵尔巽所推行的统捐改革,有效地改变了奉天地方捐税名目繁多、税则不一的混乱状态。对各捐税种类的归并整合、对经征程序的简化处理、对税则的细化明确,不但结束了此前的混乱状态,而且为加强税务经征过程中的监督提供了便利条件,有效杜绝了以往的偷逃隐漏与中饱私囊。从这个角度言之,由纷繁复杂的税制到一物一税、一次性征收的统税,既是奉天税制演进的一个重要阶段,推动了东北地方税制的改革进程,也是整顿

---

① 《奉省裁并捐税新章》,军督部堂档,第2068卷,辽宁省档案馆藏。
② 《奉省裁并捐税新章》,军督部堂档,第2068卷,辽宁省档案馆藏。

税收、增加财政收入甚至是整饬吏治的一个重要手段。

2.调整特殊商品捐税额度。日俄战争后的奉天地方,既要筹措善后经费,又要赈济民众。该项任务具体到捐税改革过程中,便成为如何平衡开辟利源与减轻民众负担,兼顾政府收入与民众利益的关系问题。除了前述的恤民举措之外,奉天地方还通过调整一些特殊商品的课税额度,力争实现增加收入、筹措经费与体恤民艰、恢复民力的兼顾与平衡:一方面,对烟酒、鸦片等非生活必需品课以重税,以增加政府的财政收入;另一方面,减免与民生密切相关的杂粮税、煤捐以及人丁税等税项,以减轻民众负担。

其一,加重非生活必需品的消费税。消费税也称销售税,是以消费品为对象征收的税种,一般从批发商或零售商处征收,该项税种具有优化资源配置、调节消费结构、取得财政收入等财经调节功能。奉天烟酒两项商品消费量很大,是为地方一大税源。在整顿税务过程中,鉴于烟酒本非人民日常生活所必需,且该两项消费品从前课税甚微,赵尔巽奏请在奉天全省范围内仿照直隶办法,对烟酒两项消费品加价征税。相对于上述两种商品,鸦片无疑属于奢侈消费品。吸食鸦片,更为腐败社会风气的一种陋习。为了增加政府捐税收入同时限制吸食,赵尔巽利用消费税取得财政收入以及调节消费结构的两项功能,加大对此项消费的征税力度。通过对烟土的生产、流通环节以及消费行为加价征税,以税禁吸,寓禁戒吸食与增加收入于整顿捐税之中。

奉天烟叶税向系附入秤捐之内,按价值征收,税额较轻。各地征税比例不一,税则混乱,多按市价值百抽二,亦有昌图等属值百抽三者。光绪三十二年(1906)年初,赵尔巽奏准仿照直隶章程,改办烟斤加价税。从此不再按照烟草价值抽收捐税,而是根据不同产品形态,改按重量与数量分别抽收:烟叶、烟丝,无论等级、产地,每斤加收税钱 16 文,合东钱 100 文;卷烟,无论品牌,每 1,000 枝收东钱 1 吊文即 1,000 文。上述税款均责成斗秤各局就近经征,另案造报。每两个月汇解一次,由财政总局刊给二联票,分别填用呈缴,以备查核。①

---

① 赵尔巽全宗档案,第 161 卷(《奉天省拟订田房税契印花烟酒土药牛马税等章程》),缩微号:0026,中国第一历史档案馆藏。

　　在办理烟斤加价过程中,为了有效地消除应缴税款的偷逃隐漏,同时杜绝经征员司中饱私囊,奉天地方还加强了对烟草交易的管理。试办烟斤加价章程规定,烟行、烟铺及各行栈售卖烟叶、烟丝、烟卷,均须事先免费请领执照,认纳烟税方准开张,未领照者不准售卖。如有违章私卖者,一经查出,即照应行完税数额从重罚办。如果执照丢失,需要凭同业者担保呈请免费补发。歇业者,则须将原领执照缴销。烟摊、烟挑等零星售卖者,统归烟行、烟铺于小贩进货时发给货单,责成行栈烟铺随时稽查,以杜绝偷漏税款,兼保行栈烟草之畅销。对于已纳税款之烟行、烟铺,斗秤各局负有保护其正常营业之责任。如有地痞及不肖书吏、巡差等向该商讹索,准商人赴局指控,一经查实,严惩不贷。[①]

　　酒斤加价政策的出台,实出于两个方面的考虑:第一,为筹措经费而征税。此项消费非百姓日常必需品支出,而销量甚大。随着大量土地的开发,粮食产量大增,为酿酒等相关产业发展提供了条件。清末,烧酒生产已成为东北地区一大产业,也是奉天省出产以及销售产品之大宗。中国的酒税按之世界平均标准极轻,奉天的酒税向例附入秤捐内征收,税额尤轻,收款甚微。因此,曾经按户部咨准酒税重征,拟加三成,最终仅于斗秤捐内带征,但数额依然有限。在赵尔巽看来,"榷酤之令,自昔从严;征酒之章,各国均重。良以非饮食必需之品,则多取不为苛;济军国有用之供,则加收所当亟"。[②] 因此,决定增加对此项消费行为的征税额度。第二,奉谕旨仿行直隶办法。光绪二十八年(1902),直隶加抽酒税办有成效,并经奉旨通饬仿行。奉天以地方动荡不安,直至日俄衅起而终未能开办。两国媾和之后,地方渐次安靖,自应奉旨仿照直隶办法办理加价。更为重要的是,奉省烧酒年销量极大,如能仿照直隶章程办理加价税,仅此一项即可成为每年入款之大宗,可以有效地缓解经费短缺状况。酒斤加价的具体办法,即是仿照直隶章程,每斤加价钱 16 文,合东钱 100 文。加价部分出自买主,责成酒商代收。经销商在整批购入烧酒时,即同时将加价银两交由生产厂家代扣。在零售过程中,准其于现行市价外每斤加价 16 文以补其先期所付

　　① 　赵尔巽全宗档案,第 161 卷(《奉天省拟订田房税契印花烟酒土药牛马税等章程》),缩微号:0026,中国第一历史档案馆藏。

　　② 　赵尔巽《奏报试办奉省烧酒加价情形事》(光绪三十一年十二月十四日),宫中硃批奏折,04－01－35－0583－083,中国第一历史档案馆藏。

税款,统限于光绪三十二年(1906)正月初一日起捐。[①] 具体操作中,责成各界斗秤捐局会同民地方官办理,旗署各员不得干预。将所属地界分为四路,各派委正副委员各一人督率查办。从柳条边内外同时办起,惟北边外蒙界另行办理。经赵尔巽奏准,该项酒斤加价的收入,专供奉省新政之用。[②]

办理烟酒加价,充分利用了消费税增加政府财政收入的职能,大大地增加了奉天地方政府的财政收入。核计烟酒加价两项,自光绪三十二年年初开办至年中仅半年时间,共收银 413,182 两。[③] 由光绪三十二年年中至光绪三十三年(1907)年中一年时间,计烟酒加价两项共收银 1,606,000 余两,收入增加不可谓不多。继赵尔巽留守陪都的东三省总督徐世昌也认为,"以此二年两项收数并计,较常年征额已逾十倍"。[④]

土膏捐,亦称土药税,是对国产鸦片种植、运输、销售、吸食等各相关环节征收的各项鸦片消费税。对鸦片征收捐税,久已有之,并逐渐成为清政府缓解财政危机的一种手段。奉天的土膏捐主要包括:土药生产过程中捐之于地亩的土药亩捐、捐之于产量的估征银、捐之于烟土产品重量的土捐以及吸食过程中对鸦片烟膏征收的捐之于烟灯的灯膏捐等等。加强对于烟土消耗的管理,强制抽捐,既出于开辟利源、增加财政收入的考虑,又以限制吸食、减少吸食者数量、加强戒烟力度为目的,实寓勤戒之意于改革整顿之中。

奉天省的土药亩捐创始于光绪十七年(1891),当时归各地方政府征收。赵尔巽的调整,主要在于经征权的变更,由原来的各地方政府收归奉天财政总局负责。同时,加强对经征事务的管理,由财政总局统一印发亩捐二联小票,票内应将种土农户、土药亩数、完捐数额照式填写,发给各户收执,存根汇齐随册解缴。无论旗地、民地,所有亩捐小票均归民地方官发给。旗署官吏书役一概不准干预,如有练长、乡保、劣绅、痞棍等人借端需

---

①　赵尔巽全宗档案,第 161 卷(《奉天省拟订田房税契印花烟酒土药牛马税等章程》),缩微号:0026,中国第一历史档案馆藏。

②　赵尔巽:《奏报试办奉省烧酒加价情形事》(光绪三十一年十二月十四日),宫中硃批奏折,04—01—35—0583—083,中国第一历史档案馆藏。

③　赵尔巽:《奏报整顿奉省榷收税厘一年数目并请奖出力各员事》(光绪三十二年十月二十二日),宫中硃批奏折,04—01—35—0584—059,中国第一历史档案馆藏。

④　锡良:《烟酒加价保案核减请给奖折》,中国科学院历史研究所第三所:《锡良遗稿·奏稿》,中华书局 1959 年版,第 979 页。

索,则查明重办。① 其他事项则仍沿用从前办法,对种植鸦片地亩征收亩捐,每亩土药捐银 2 钱,将来再收估征银 4 钱,此外不得浮收。

土捐,是对鸦片的生产流通环节所课捐税。具体改革办法如下:其一,明确烟土数量,加强对烟土流通与吸食的管理。要求各城地方官除本境产土而外,不论城乡,均须查明外来烟土数量,按季造报,不得搀混。以地产暨外来之烟土相加,即本地实销烟土数量,通过核对吸烟户口册,计算与所销烟土数量是否相符。如此办法,既使得土捐之征收与监管有案可稽,又可以对吸食者加强管理,为控制鸦片消费与加强戒烟提供条件。其二,以鸦片消费量为依据,对烟土的生产流通环节抽捐。具体办法是:按烟土重量抽捐,每 1 斤捐银 4 钱,所收捐款每两个月呈解奉天财政总局一次。以八五归公,以一成提作总局经费,以 5 厘作为该局办公;每包烟土贴印花一张,注明重量以及捐银数量,作为完税凭证。印花存根随月报按月呈缴财政总局备案;对于已纳过捐银之烟土转运他城销售者,须赴局验明,若烟土上贴有印花,即发给行票执照,填注商人姓名、烟土重量、捐银数目,供查验之用。运至目的处所销售,不再征收土捐。②

灯膏捐则是对鸦片的消费环节课税。奉天本无灯膏捐名目,光绪三十一年(1905)为筹措警察经费开始试办抽捐。首先于省城开办,同时通饬各城仿照办理。但是,当时奉省对于鸦片烟膏消费疏于管理,并无烟膏专卖制度与机构,因此无法计算销量以抽捐。可行的办法只能是捐之于烟馆,因烟馆经营规模大小不同,只好以烟灯数量作为衡量与计费标准,而最终捐之于烟灯数量。于是,鸦片消费税的征收只好采取计灯收捐的模糊计税方式,而不问烟土数量之多寡。愿开办者领取坐票,按季更换。不愿开者,就此歇业。已领之票,准予缴票注销,同时不再批准新开烟馆。如此办法,歇业一家即少一个烟馆,俟烟馆存数愈来愈少,即由官计局计瘾卖烟。各城均须按此办理,所有府厅州县之乡村集镇均要求一律清查。烟馆计灯收捐,不问其烟数多寡,是以销烟之数仍然无从查考。为了避免烟馆偷漏舞弊,要求各烟馆将每日卖烟数量、烟土来源,于每十日纳捐时开单报局一

　　　① 赵尔巽全宗档案,第 161 卷《奉天省拟订田房税契印花烟酒土药牛马税等章程》,缩微号:0026,中国第一历史档案馆藏。
　　　② 赵尔巽全宗档案,第 161 卷《奉天省拟订田房税契印花烟酒土药牛马税等章程》,缩微号:0026,中国第一历史档案馆藏。

次,以查其烟数是否与灯数相符,借以考查其所买之土是否已经上税。加之前述对烟土的定量管理,全城每月销售鸦片数量亦不难计算。[1] 通过上述改革,财政总局得以略为掌控鸦片的消费情况,既可以控制鸦片的吸食,又能够有效地保证税源。从改办此项捐税起至光绪三十二年(1906)上半年,政府收入迅速增加,不到一年时间共收土药暨亩捐估征银 310,608 两有奇,改革成效初步显现。[2] 另一方面,鸦片加价税的开征增加了吸食成本,对于限制吸食者、减少消费数量,具有一定的促进作用。

其二,减免生活必需品捐税。鉴于奉天地方几经兵燹,民生凋敝,在扩大税源、增加税收的同时,又有体恤民艰、减轻捐税之举措。[3] 具体办法,是通过减免与国计民生密切相关的煤、粮等日用生活必需品捐税的方式补偿新税支出,并彻底取消束缚地方发展的丁银,减少支出。

前已述及,在办理统捐过程中,考虑到杂粮为奉省出产大宗,且为民众日常主要食物来源,经赵尔巽奏准豁免销场税,只就商人囤积转运之处征收一次出产税,并减取值百抽一。煤炭一项消费实与杂粮一样,同为日用所必需。奉省自开煤矿以土法居多,大多资本薄弱,产量较低,加以运输艰难,使成本愈重、价格日昂。遂在改办统捐过程中将煤炭归入百货抽捐,以便减轻捐数。即便如此,多纳一分之捐即加重一分成本,终会加重民众生活负担。有鉴于此,光绪三十三年(1907)二月十五日,赵尔巽奏请对本省小矿出产之煤炭免征出井及销场税项,由外省运入之煤炭亦同样免征销场税。[4] 三月初五日,工商部同意赵尔巽所请,对于奉天省采用土法零星开采的民间日用之煤,免其纳税。[5] 煤炭捐税轻减政策的出台,不论是对于平抑煤价,抑或是减少民众生活必需品支出,均具有重要作用。

丁银,亦称丁钱、丁赋、丁税,是中国历代征收的一种丁口税。一般对男丁征收,具有代役性质。明朝"一条鞭法"实行后,代役丁银逐渐摊入田

① 赵尔巽全宗档案,第 160 卷(《东三省盐务总局洋药总捐局等关于土药烟酒及牛马等税务征收管理之文稿禀清单信札》),缩微号:0026,中国第一历史档案馆藏。

② 赵尔巽:《奏报整顿奉省榷收税厘一年数目并请奖出力各员事》(光绪三十二年十月二十二日),宫中硃批奏折,04—01—35—0584—059,中国第一历史档案馆藏。

③ 赵尔巽全宗档案,第 186 卷(《知县李鼎元李时敏等人关于整顿地方筹款练兵开荒采矿开埠通商兴学理财改革宪政官制等方面条陈奏稿》),缩微号:0030,中国第一历史档案馆藏。

④ 赵尔巽:《奏为奉省小煤矿及外省运入煤炭请豁免税项事》(光绪三十三年二月十五日),宫中硃批奏折,04—01—35—0585—004,中国第一历史档案馆藏。

⑤ 军督部堂档,第 2068 卷,辽宁省档案馆藏。

亩征收,但是二者并未合而为一,仍为两个税目。清初康熙、雍正年间推行
"摊丁入亩",地、丁合一,即丁银和田赋均以田亩为征收对象,"滋生人丁,
永不加赋"。这一改革,简化了税种和经征手续,有效地克服了历代赋役中
的一些顽疾,是中国赋役制度的一大变革。同时,把丁口税摊入地亩当中
统一征收,解除了千百年来对于人丁增长的限制,推动了中国人口数量的
迅速增长。但是,摊丁入亩政策各省贯彻实施程度不一,直至清中期尚有
一些地方并未实力推行。时至清末,奉天仍沿其旧。丁银的征收,本已饱
受诟病,且于奉天而行之日久,不免弊端丛生:

> 或额多户少,累及一身,或转徙逃亡,征非其主。此外,浮收索扰
> 之弊更难悉数,虽经随时惩办,迄难尽绝根株。①

考虑到奉省各州县额征人丁只有 61,848 员,每丁征银 2 钱或 1 钱 5 分不
等,共征银 10,835.8 两,为数不多。而甲午战争以后,奉天地方兵燹频仍,
民生穷困不堪,尤应与民休息。战后赈济的需要加之全国形势的影响,尤
其是丁银经征的各种弊端,客观上要求奉天仿照其他省份对这一赋税制度
进行彻底改革。光绪三十三年(1907)三月初九日,赵尔巽奏准自本年开
始,将奉省各属人丁银两一律永远免征,而且毋需援照各省成例摊入地粮,
以彻底减免民众的此项负担。② 赵尔巽免除奉省丁银的举措,最终使得历
时几千年的人头税得以彻底废除,同时也为明朝以来这一税项的改革工作
画上了一个圆满的句号,对于推动地方人口的增长以及吸引移民实边,不
无裨益。此外,尽管免除的丁银为数不多,毕竟也多少减轻了民众的负担。

　　除了这种常态化的惠民赈济举措之外,考虑到兵燹破坏,民力不济,奉
天地方还时常根据实际情况推出一些临时性恤民政策,减免或暂缓征收一
定的捐税:光绪三十二年(1906)三月二十五日,赵尔巽奏准豁免光绪三十
一年(1905)奉天应完地租以及光绪三十年(1904)以前民欠地租。考虑到
地方被灾,还请求将所有昌图府及所属一州三县,凡属蒙旗地面查明灾情
轻重,将地租酌量蠲缓。③ 在筹措警察经费过程中,也贯穿了恤民举措。

---

　　① 赵尔巽:《奏请永远免征奉天省各属丁银事》(光绪三十三年三月初九日),宫中硃批奏折,
04—01—35—0128—072,中国第一历史档案馆藏。
　　② 赵尔巽:《奏请永远免征奉天省各属丁银事》(光绪三十三年三月初九日),宫中硃批奏折,
04—01—35—0128—072,中国第一历史档案馆藏。
　　③ 《德宗景皇帝实录》卷 557,《清实录》第 59 册,中华书局 1987 年影印本,第 386 页。

除了按需要数额决定抽捐额度之外,考虑到春耕期间农户开支较大,为缓解经济困难状况,决定"自四月初一日起,所有乡镇巡警薪饷暂由财政局先行垫发。所有民间捐款一律暂行缓收,秋后再行完纳"。[①]

(三)加强特殊商品管理

民众赖以生存的土地与计口受食的食盐一样,既是生活必需品,也可以说是一种特殊的商品。土地作为最基本的生产资料,对于社会经济发展的重要作用不言而喻。在以农业生产为主的封建时代,尤其如此。由于盛京地区特殊的政治地位以及行政建置,地方存在大量名目不一的官地,其产权性质、经营方式等均不同于他项地亩。按规定,这些官地的所有权严密地掌握在政府手中,民间只准租佃而一概不许交易。然而,随着土地开发速度的加快以及生产发展的需要,民间对于该项地亩的交易需求日渐增加。于是,在不准交易的禁令之下,改换名目进行交割,无交易之名而有交易之实,事实上已经进入商品流通领域。赵尔巽在改革过程中顺应舆情,满足民间交易需求,因势利导,明令准许买卖。地亩更名税的征收,既是开辟利源、筹措经费的一项重要举措,又是对这种土地产权变更的一种官方认可。作为生活必需品的食盐,历代均为由政府控制流通的专卖品。奉天为产盐之区,所产食盐不但足供本省所需,还远销吉、江、蒙古等处。由于产量大、销量多,盐厘亦成为奉省的一项大宗财政收入。但是,地方政府对于盐务管理不严,加之连年战争破坏,以致私盐充斥,不但大大妨碍了盐厘收入,而且为周边国家侵蚀本项产业打开了方便之门。在这种情况下,对盐务加强管理,不仅事关帑项,更是维护主权的一项要政。在战后的改革整顿过程中,赵尔巽根据地方实际情况,大力加强对上述两种特殊商品的管理。

1. 开征地亩更名税。地亩更名税类似于今天的交易税,都是针对商品交易行为所征收的税项。只是课税对象不同,交易税是按成交额征收,而地亩更名税则是按土地数量以亩为单位征收的税项。奉天地方各项地亩,除民册、旗册及三园等项纳粮房地之外,尚有各项余地、升科地、退圈米豆地、永远征租地、暂行征租地、寡独养赡地等各项官地,名目繁多,几难枚举。其共同之处在于,都是官地民佃,纳租而不纳粮,一律不准民间买卖,亦不征收契税。然而,此项

① 赵尔巽全宗档案,第106卷(《赵尔巽筹办奉省乡镇巡警设立工巡总局的奏底有关巡警薪饷警务学堂及举办团练等文件》),缩微号:0020-0021,中国第一历史档案馆藏。

地亩历年既久,主人几经变更,既有交易需要,事实上也很难禁其交易。而且,随着奉天各种土地的开发以及经济发展,土地流动的需求日益突出。正是因为原有规章制度已经不能适应新的形势,原本正常的交易需求得不到满足,只得变更交易名目,名曰"开刨工本"。而当地主管衙门因官地本不准佃户私相授受,遂于呈请更名时多方勒索、百般刁难。其收费几较契税为重,故而民间有"兑地易,更名难"之说。规章制度与现实需要之间的脱轨,最终成为此项地亩管理中租额亏缺、册籍紊乱等丛弊之源。这种情形既不能满足经济发展的需要,又违背经济规律,显然不利于奉天地方经济的发展。

随着对东北开发力度的加大,关内移民对土地需求日益增长,对各种官地的交易需求日益增强,原有的管理方法已经无法满足现实的需要,必须对原有体制加以变革。赵尔巽认为,既然民间有对该项地亩的交易需求,不如因势利导,开征地亩更名税,准许交易。奉天的地亩更名税,就是在这种情况下出台的。光绪三十二年(1906)二月十一日,赵尔巽具折奏请"将各项地亩向例征收契税者仍收契税,例不征收契税者一律改收更名税"。其具体办法是:按地亩数量课税,1 亩地收税银 5 钱 3 分,仿照税契办法以 3 钱归公,以 2 钱津贴经征办公费用,以 3 分作为补足库平、库色及解费之用。更名执照,由财政局印发各属,收费填用,每张收工本银 5 钱,书吏犒赏银 5 钱。经此次定章以后,如有不请更名执照私自退顶佃缺者,查出照漏税例罚办。同时规定,垦务清丈过程中各地应完旧有额租者,亦即照此办理。经赵尔巽奏准,将此项课税银两留备奉天一切新政之需。①

准许官地交易暨地亩更名税的征收,是赵尔巽继取消旗民交产禁令之后对奉天地方生产关系所做的又一次重大调整,顺应了地方经济社会发展的需要,承认了官地流通的合法性。此项改革,诚可谓一举两得。不仅加强了对官地的管理,满足了民间对地亩交易的大量需求,对于推动奉天地方尤其是满族社会的生产关系发展以及东北地方生产力的进步具有非常重要的推动作用,是关系奉天开发、地方经济发展的一项重要举措,而且事关财政收入与吏治整顿,扩大了税源,有利于增加政府的财政收入。

2.整理盐务。奉天海岸线漫长,素为全国重要产盐省份,海盐为当地

---

① 赵尔巽:《奏报奉省纳租地亩拟发给执照征收更名税事》(光绪三十二年二月十一日),宫中硃批奏折,04—01—35—0615—023,中国第一历史档案馆藏。

传统产业,盐厘亦为奉省财政收入之大宗。奉省产盐之所,共计 8 处,每年产量达百余万石,由于管理不严,私贩风行,操此业者不下三四千户。《盛京通志》记:"辽海之盐,清康熙十八年(1679)始募商领引行销。三十年(1691)罢之,听民自行晒卖。自是奉盐无课者垂二百年。"[①]同治六年(1867),盛京将军都兴阿因力筹练饷,奏请创办盐厘,设盐厘局,是为东三省正式设局征税之始。[②]"旗庄官盐,亦照章抽捐助饷。"[③]然而,向只抽厘,并未议及盐课。光绪三年(1877)六月初一日,署盛京将军崇厚于奉天省城设筹饷总局,为满足筹饷需要,派旗民各员分往产盐各州县设局整厘:1 石(600 斤)盐售价为 14 吊 400 文,抽东钱 1 吊 400 文(合东钱 2,400 文,故名曰"二四盐厘"),并准滩户每石加价东钱 600 文,核计每盐 1 斤收盐厘不及制钱 1 文,买盐人均令到局照数抽厘,持票赴滩买盐。[④]然而,管理散漫,而且盐无定纲,课无定引。以致偷漏者多难以稽核,极大地影响了政府的盐厘收入,历年所入至多不过四五十万金而已。[⑤] 光绪八年(1882),以军饷不敷开支,加征东钱 2,400 文,作为练兵之款,总计 4,800 文,故改名为"四八盐厘"。光绪十七年(1891),户部筹饷案奏定,奉天盐厘每石加征东钱 2,400 文,专为解部之款。如此,则奉盐每石共征东钱 7,200 文,统名曰"七二盐厘"。此后,虽经变革,改章征银,但是依然保持七二盐厘之额度。光绪二十四年(1898),为筹措办学经费,每石复加东钱 1,200 文,名为"一二盐厘"。翌年,户部奏请盐厘加价专作练兵费用。经盛京将军依克唐阿奏准,奉盐免于加价,仍沿其旧。光绪二十九年(1903)正月,盛京将军增祺奏请变通盐法,试办督销,意在加强盐务管理,将滩户所得之盐全部收买归官,然后再由官转卖于商,改原来的商运商销为官督商销。定于光绪"二十九年十月十八日起用督销官盐总局关防,通饬原设各盐厘分局自十二月十五日起按照每盐一斤加价四文照章征课,以为官本"。[⑥]但因日俄衅起辽东,奉天沿海产盐

---

① 王树枏、吴廷燮、金毓黻等:《奉天通志》卷 147,1934 年铅印本,第 11 页。

② 赵尔巽全宗档案,第 167 卷(《赵尔巽等关于整顿盐务盐征税派员管理盐务的奏稿信札告示表报》),缩微号:0028,中国第一历史档案馆藏。

③ 王树枏、吴廷燮、金毓黻等:《奉天通志》卷 147,1934 年铅印本,第 11 页。

④ 朱寿朋编,张静庐等校点:《光绪朝东华录》,中华书局 1958 年版,第 424 页。

⑤ 王琦:《清末东北三省盐务机构述略》,《辽宁大学学报(哲学社会科学版)》2000 年第 2 期,第 51 页。

⑥ 王树枏、吴廷燮、金毓黻等:《奉天通志》卷 147,1934 年铅印本,第 11—12 页。

之区多在战线之内，所以事实上并未照此办理。仅于正厘之外加增 4 文，但终因课则混乱，收数依然不多。① 光绪三十一年（1905）正月，增祺奏准官盐每斤征收 12 文，以 8 文为正厘，余下 4 文为杂款。②

赵尔巽对盐务的整顿，主要目的有二：一为增加盐厘收入，一为抵御外盐侵略。除此之外，也是出于整饬吏治的需要。在赵尔巽看来，奉天省"盐课为帑饷大宗，而其利一夺于中饱，再侵于私贩，公家实只得半"。若能实力整顿，消除丛弊，必于财政大有裨益。③ 不仅如此，奉天盐务的振兴，更是事关国家主权的大事。整顿盐务、振兴鹾纲，也是抵制外盐侵蚀，维护盐政的内在要求。

从前奉天所产之盐除专销本省之外，还行销吉林、黑龙江、蒙古各地。后来由于俄国军队控制北面，影响奉盐流动，销路日渐不畅。尤其是日俄战争造成北部道路梗阻，官运难通，私贩者得以囤积居奇，哄抬价格。盐作为一种计口授食的特殊的生活必需品，一定时期内的需求量基本恒定。官盐流通受阻，造成两个后果：一方面使固定的日常需求供应不足，只能依靠加价的私盐补充，无形中增加了民众的生活成本。更为严重的后果，是为外盐的侵入倾销提供了市场。日人于辽东半岛租界内生产食盐，并扬言要运销东三省地面。食盐作为专卖商品，本不准进出口贸易。然日人以辽东半岛晒盐运销东省与进口不同为词，要求进入东北内地销售。"一准日人晒运，则英、法、德、葡必将援例而起，其何词以拒绝耶？各租借地晒盐，则沿海各省胥受其侵灌，于盐务全局大有影响。"④不仅如此，在赵看来，奉天盐务经营上的分散、管理上的混乱无序状态也极大地降低了奉盐的竞争力，根本无力抵制日本的侵蚀。奉省盐滩向系民间自行修筑，滩户贫富不一，本小利薄。日人则集巨资组织公司经营租借地盐务，已有日本食盐科、佶司株式会社、满韩盐业株式会社等盐业经济实体，其资本动辄数十万元。资本巨则成本轻，断非我国散漫无力之滩户、商贩所能企及。盐系计口授食之品，销数一定，租界之盐内销一石即本省各滩之盐少销一石。且其盐

---

① 王琦：《清末东北三省盐务机构述略》，《辽宁大学学报（哲学社会科学版）》2000 年第 2 期，第 51 页。

② 王树楠、吴廷燮、金毓黻等：《奉天通志》卷 147，1934 年铅印本，第 12 页。

③ 赵尔巽全宗档案，第 167 卷（《赵尔巽等关于整顿盐务盐征税派员管理盐务的奏稿信札告示表报》），缩微号：0028，中国第一历史档案馆藏。

④ 赵尔巽全宗档案，第 151 卷（《赵尔巽等关于日本人在内地售盐收渔户税开商铺事与日总领事交涉信函》），缩微号：0025，中国第一历史档案馆藏。

税轻薄,本愈轻则销愈易。"恐不数年,而东三省盐利将折入于日人之手,而商民生计尽矣。"①从这个角度来说,整顿奉天盐政、统一盐法,同样为刻不容缓之举。若不及时统筹全局,设法挽回盐利,不但奉省坐失此项利权,北部两省必将因而同受其害。

赵尔巽主张,"若欲实力整顿,须分纲配引,给票承商,庶化私为公,可免私枭充斥"。②为此,需要加大对盐务的管理力度。光绪三十一年(1905),奉天于省城及铁岭、昌图增设三个补征局,加强盐厘经征。尽管只是初步的简单整顿,但是收效显著,当年所征盐厘已逾百万。然而,如此简单办理,虽收数陡增,却并非长远之计。将来奉省各处开埠之后,外盐浸灌,难保此项利权之不失,非整顿醝政,无以挽回利权。赵尔巽认为宜将奉盐的产销之区——东三省、蒙古作为一个整体,统筹产运销之法。主张在奉省设立总局,派大员提纲挈领,总揽全局。在吉、江设立分局,与奉省总局联络一气,才能达到酌盈剂虚、拓展销路之目的。正是基于上述目标,与继任者徐世昌不同,赵尔巽对奉盐的整顿,重在强化管理。光绪三十二年(1906)四月二十日,赵尔巽奏请委任史念祖督办东三省盐务,改革盐业管理办法,设盐官或设专局经理其事,将三省盐政通盘筹划,酌定杜绝私贩、拓展官盐销路以及畅通官课之法。③奉旨允准之后,即"竭力整顿,以期保全奉省盐务权利"。④第一,明确将三省盐务统一管理。裁撤奉天省城原设之督销官盐局,利用原址改建东三省盐务总局,于吉、江两省设立盐务分局。以史念祖为总局督办,并设有会办、提调各员。东三省盐务总局成立后,首议整顿奉属盖平、盘蛇厅、复州各盐滩,为保课之本。次议三省各办官运,为实行盐政之基,从吉、江两省先行试办。⑤奉省境内,于复州、庄河、锦州、宁远、广宁、盘山、安东等处设立分局,分辖各盐滩,下设各补征局

———————

①　赵尔巽全宗档案,第 151 卷(《赵尔巽等关于日本人在内地售盐收渔户税开商铺事与日总领事交涉信函》),缩微号:0025,中国第一历史档案馆藏。

②　赵尔巽全宗档案,第 167 卷(《赵尔巽等关于整顿盐务盐征税派员管理盐务的奏稿信札告示表报》),缩微号:0028,中国第一历史档案馆藏。

③　赵尔巽:《奏报拟特派大员督办东三省盐务事》(光绪三十二年闰四月二十日),宫中硃批奏折,04-01-35-0538-010,中国第一历史档案馆藏。

④　《整顿奉省盐务》,《满洲日报》光绪三十二年六月十四日第五版,中外要闻。

⑤　《吉林盐政述要》,李澍田主编,宋抵、王秀华、潘景隆等整理:《清代东北参务·清代吉林盐政》,吉林文史出版社 1991 年版,清代吉林盐政部分,第 5 页。

以辅之。① 此外,在盐滩建筑盐地若干,以备屯盐。第二,设法收回盐滩。光绪三十二年(1906),赵尔巽致电户部,要求将金州半岛划入日界之盐滩设法收回。② 第三,统一盐厘标准与征收费用。同一年,奉天规定,"奉省盐厘,以东钱九千合库平银一两"。征收盐厘经费,则"统按一成五厘支用"。③ 第四,打击私贩。在整顿盐务过程中,赵尔巽声明此次所办系官盐,不论中外商人,均严格禁止私贩。针对日人私贩食盐,于毛家屯设立盐务局,征收盐课。与此同时,没收日盐,归政府发售。④

通过改良盐法,不但实现了对奉天盐务的强化管理,终使盐利、盐厘归于政府,而且能够在一定程度上抑制外盐对奉省盐业的侵蚀,维护国家主权。正如赵尔巽所一再重申的那样,奉天整顿盐政,设立东三省盐务总局,除增加盐厘之外,另一项更为主要的用意在于抵制外盐的浸灌,维护民族利权。仅就增加财政收入、筹措经费一项而言,由于统一了标准,加强了管理,有效地堵截了以往的偷漏,奉省盐厘收入顿增。虽没有收到预想的良好效果,但是对于增加财政收入依然具有很大贡献。盐厘一项收入,为军费开支、举办新学等项行政支出提供了重要经费来源。⑤ 此举还开启了奉天地方对盐务强化管理的崭新一页,为后来的进一步改革整顿奠定了坚实基础。宣统二年(1910),奉天盐运使司就是以此为基础设立的。尽管如此,盐务管理依然未臻完备,尚需继任者继续改良整顿。

上述整顿税务的各项举措,虽未能根除积弊,但是对于日俄战争后的奉天而言,除增加财政收入、筹措行政经费之外,整顿税务的积极意义还在于:其一,对税务的整顿,是禁绝中饱私囊行径的一个必由之途,也是整饬吏治、改善行政环境的必然要求;其二,规章制度的明确与关系的理顺,无疑能够为经济发展提供良好氛围与行政保障;其三,从主权的角度言之,加强捐税征收管理,也是在维护税收主权、抵制强邻的经济侵略。

---

① 王琦:《清末东北三省盐务机构述略》,《辽宁大学学报(哲学社会科学版)》2000 年第 2 期,第 51 页。

② 《整顿奉省盐务》,《满洲日报》光绪三十二年六月十四日第五版,中外要闻。

③ 王树楠、吴廷燮、金毓黻等:《奉天通志》卷 147,1934 年铅印本,第 12 页。

④ 《时报》,光绪三十三年三月十五日第二版,电报一(十四日申刻盛京专电)。

⑤ 详见高月:《清末东北新政改革论——以赵尔巽主政东北时期的奉天财政改革为中心》,《中国边疆史地研究》2006 年第 4 期,第 70 页。

第二节　整顿金融秩序

清代中前期,奉天地区从事金融业的主要是私人经营的钱庄、银号等。钱庄、银号,是旧中国的一种信用机构,规模虽大小不一,其功能却大同小异。规模大的除从事存放款业务之外,有的还发行银钱票。清末,由于银、钱不敷流通,各钱庄、银号的凭帖、私帖、过码钱[①]等名目繁多的私人信用产品在地方大行其道,在给民众提供便利的同时,长此以往也给奉天金融市场的稳定与安全带来极大的隐患。当时就有人指出:银、钱不足,"济之以票,是票与银圆并重也。故人始能用票。若令以票换银圆,只按九小角收用,是票不若银圆多矣。票不若银圆,人熟(孰——引者)用票。票既失信于民,吾恐将来奉民均不用票,悉赴官银号兑换现银圆,奉天钱荒必至不可思议矣"。[②] 除此之外,通货的不足,也为列强金融势力的入侵和掠夺提供了可乘之机,俄国的卢布、日本的银币等外币乘虚而入,正如后世修方志者所言:

　　　　时战争甫息,羌帖纸币充斥。市上所恃以交易者,惟外币是赖。[③]

面对金融秩序的混乱以及外国货币的充斥状态,奉天地方开始筹设官办银行,发展民族金融业。但是由于受到战争等破坏,并未能从根本上解决问题。尤其是日俄衅起之后,日本又发行军用手票强制流通市面,不但大量财富被其掠夺,而且加剧了地方金融、经济秩序的混乱。为抵制列强的侵略、稳定金融秩序,一方面成立奉天官银号,由省财政局筹拨官银设总号于省城,各地设立分号,另一方面,重铸货币,重建政府信用,保障通货需求。

一、设立官银号

鉴于华盛官帖局之废,光绪三十一年(1905)十一月初一日[④],赵尔巽

---

① 据《奉天通志》记:当时商人垄断地方发行的小银币,"计其盈余出入,悉由簿记,视银价之伸缩而取其余名曰'过码钱'"。王树枏、吴廷燮、金毓黻等:《奉天通志》卷147,1934年铅印本,第26页。

② 朱埥:《论奉天钱币之弊》,《盛京时报》光绪三十二年九月十四日第二版,论说。

③ 王树枏、吴廷燮、金毓黻等:《奉天通志》卷147,1934年铅印本,第26页。

④ 李侠:《奉天官银号的建立与货币发行》,《江苏钱币》2005年第2期,第24页。赵尔巽

以官本银 60 万两创设奉天官银号,附于奉天财政总局,独占纸币发行权。[①]
在省城设立总号以定宗旨,制定明确章程以取信于民,招募商股。各项人员
均由各股东选举,商主其利,官稽其弊,严行赏罚。以铜圆、银圆为基础,发行
大小银圆票。同时通示各府厅州县以及四乡集镇商铺,禁止再发凭帖,"而官
银号之纸币乃独自流通于市场,此东北以地方为单位革新货币之第一步
也"。[②] 此举的用意,在于以新发货币作为改善官办金融机构信用以及调整
政府货币与私人信用产品的一种中间手段,并确立大小银圆票的垄断货币
地位,提高地方主要通货的风险承担能力,更好地稳定金融秩序。初期发
行东钱票 54,972 串,折银 5,696.58 两。改发小银圆票之后,收回东钱
票。[③] 据记载,从光绪三十一年(1905)到光绪三十三年(1907),奉天官银
号共发行银两票 35,006 两[④],发行银圆票(包括大小洋票)5,831,573.70
元,折银 3,765,680.18 两[⑤],有效地缓解了奉天地方的通货紧张状况。行
之期年,又设分号于上海、营口、长春、锦州、彰武、辽阳、铁岭、安东等处。[⑥]

　　奉天官银号之设,目的有二:

　　其一,稳定金融秩序,恢复市场信用。日俄战争后,奉天地方商业萧
条,银根紧缩。整顿金融,无疑是战争善后的当务之急。而从长远来看,要
稳定奉天政局,离不开地方各级各类行政机构的良好运作,更离不开各种
行政经费的支持。一时间,如何增加财政收入成为挽救奉天地方局势必然
被提及的热议话题,论者咸以"加捐"、"加税"、"加赋"为解决问题之法门。
而赵尔巽认为,兵燹之余,奉民急需抚恤赈济。重征赋税之议,"不惟不能
恤民以固邦本,且恐有限止之款难以供百废待兴之用"。因此,单纯增加赋
税,终非解决之道,亦非长久之计。从长远考虑,首先应整顿金融秩序。当
前救急之法,莫如设立官钱局,由政府拨款设局提倡其首,以昭信用。具体

　　① 王树枏、吴廷燮、金毓黻等:《奉天通志》卷 147,1934 年铅印本,第 25—26 页。
　　② 王惠民:《近代东北通货之演变》,国立东北大学东北史地经济研究室 1942 年石印本,第 2 页。
　　③ 中国人民银行总行参事室金融史料组:《中国近代货币史资料》第一辑,中华书局 1964 年
版,第 1021 页。
　　④ 中国人民银行总行参事室金融史料组:《中国近代货币史资料》第一辑,中华书局 1964 年
版,第 1013—1014 页。
　　⑤ 中国人民银行总行参事室金融史料组:《中国近代货币史资料》第一辑,中华书局 1964 年
版,第 1017 页。
　　⑥ 王树枏、吴廷燮、金毓黻等:《奉天通志》卷 147,1934 年铅印本,第 26 页。

办法是,按照中外定章招集股东,量股本之多寡定开局面之大小。首在本省小试,通融地面,以救困累。次则设庄汇兑,周流中外。① 所以,在具体的改革整顿过程中,赵尔巽特别强调以树立官银号的信用为首要任务。显然,官银号在民众心目中良好形象的树立,对于恢复市场信心,吸引绅商的股份投资以及扩大货币在市面流通量都具有非常重要的意义,也是保障各项经济活动正常进行的一项重要条件。

其二,抵制日本金融侵略。日俄战争期间,日本借口战争需要已经发行了大量的军用手票,并强行作为支付手段在占领区强制流通。这些军用手票,实际上已经成为日本侵略者掠夺奉天财富的一个重要工具。随着战争接近尾声,其军用手票必将退出流通领域。为了继续掠夺奉天财富,继而逐步控制地方财政,日本处心积虑地要求与中国合办银行,意在为其金融掠夺披上合法的外衣。光绪三十一年(1905),日人小田切到奉天时曾与赵尔巽谈及要与中国合办银行,随后即别有用心地对外声称已经与赵尔巽商订四条办法:"一、两国各出资本银壹百万元;二、中国如一时无如许资本,亦可由日本代垫先办;三、银行两边派人办理;四、银圆局将来所筹银圆统归银行办理。"②小田切得知奉天开办官银号,于光绪三十二年(1906)春要求大藏省通过日本驻奉天军政官小山秋作责备赵尔巽失信,并要求将该官银号关闭,态度极其强硬蛮横。其实,对于小田切合办银行之要求,赵尔巽告之以此事关系重大,外间不能做主,须遵守本国政府命令。而且,前三条皆其一厢情愿之意,并无赵尔巽应允之事。③

随后,日本驻奉天总领事萩原守一又一度纠缠赵尔巽,要求中日合办银行。通过梳理双方商议此事的往来文件,不难管窥当时的情境:日俄战争之后,为了控制东三省金融,日本急于插手奉天地方币制改革,主张建立日清合资银行,并为此专门照会盛京将军赵尔巽,要求应允。赵尔巽照覆,告之以银行由户部主政,合资会社归商部管辖。并以户部将于本处设立银行、商部亦正请开模范银行为辞,拒绝了其合办银行的要求。光绪三十二

---

① 赵尔巽全宗档案,第154卷(《天津造币总厂元津银元局关于设立银号铸钱货币改革管理问题之禀条陈文稿等》),缩微号:0025—0026,中国第一历史档案馆藏。

② 赵尔巽全宗档案,第135卷(《盛京将军赵尔巽等关于日俄战争议和交涉撤军等事宜及东三省善后筹办各业之信札文件》),缩微号:0024—0025,中国第一历史档案馆藏。

③ 赵尔巽全宗档案,第135卷(《盛京将军赵尔巽等关于日俄战争议和交涉撤军等事宜及东三省善后筹办各业之信札文件》),缩微号:0024—0025,中国第一历史档案馆藏。

年六月二十六日,萩原守一再次照会赵尔巽,质疑其拒绝合办银行的理由:户部银行之设立,究竟于何时付诸实施尚不确定;创设模范银行一事,已由户部议覆,谓其尚未议定适当方法,则开设与否尚不可知。继而强调奉天之币制改革以及设立日清合资银行,实属急等燃眉、一日难缓之事,如此拖延不决,于两国商民以及经济发展危害极大。接下来,以几近威胁兼具责备的口吻继续纠缠,要求合办银行:

> 若以贵总督阁下一己之意见难以决定,可以此意商之北京政府,或仅将此事一为转达,亦属当然办法。若北京政府果不认可,更非不可别筹良策。如未向政府转商以前遽自定其不可而放弃之,诚不能不令人疑其不热心于此事,故不以重要视之也。且此事为通商经济上极重要之问题,必需速见实行一节,贵总督阁下屡明言承认之与本官意见全属一致,今更不必转念。总祈刻即将此事转达贵国政府,万一不认可时,自应与贵总督阁下协力另筹相当之方法。惟此事实无侵害贵国利权偏颇之点,依极妥当之方法协约而实行增进两国利益之机关,贵国政府谅不至有异议。假令户部银行果属实际设立,此外亦无不许再设银行之理,但征之现在有设立商业模范银行之议,即可见矣。总之,本官料想此事之得北京政府之同意,必非甚难之事也。①

不难看出,日本及其驻奉天总领事之所以一次又一次不厌其烦地劝说、要求中日合办银行,显然是因为要迫不及待地插手奉天地方金融事务。尽管他们一再声称实为两国发展着想以掩人耳目,但是欲盖弥彰,其借以侵蚀奉天金融的真实企图早已昭然若揭。奉天官银号之设,即为抵制日本的这种侵略提供了有力的武器。

奉天官银号与私人钱庄票号完全不同,私人票号只为获利,因而无所顾忌。官银号作为官办的金融机构,在追求利润的同时更负有稳定地方金融秩序、为地方经济发展服务等多项义务,其职责重在后者。除此之外,官银号之设,尤在抵制外币,挽回既失之利益。这也是当时赵尔巽急于设立官银号独占货币发行权的另一个重要用意所在。事实证明,官银号设立后,在收集官帖、办理汇兑、限制私帖、阻滞外币以及发展金融、整顿经济秩

---

　　①　赵尔巽全宗档案,第 154 卷(《天津造币总厂元津银元局关于设立银号铸钱货币改革管理问题之禀条陈文稿等》),缩微号:0025－0026,中国第一历史档案馆藏。

序等方面都起了一定的积极作用,在一定程度上重新树立了地方政府的信誉。徐世昌的考察报告说:奉省自开设该号,"民间始见中国圆币"。特别是光绪三十二年(1906)改铸的当十铜圆,极大地方便了日常经济生活中的使用,"商民皆信用之",进一步推动了奉天自铸货币的流通。[①] 但是,由于日、俄等列强金融势力的侵扰,加之规模所限,其金融管理职能尚十分薄弱,面对私帖泛滥、外币冲击的混乱情况,奉天官银号仍然无力招架。尤其是日本正金银行票,以其较高的兑换比例获得民众青睐而占据了流通市场的主流。正因为如此,舆论不免担忧,"是将来奉天银圆票日见其价跌,而难见其起也"。[②] 究其原因,乃在于积重难返,非一朝一夕所能改变。徐世昌赴东北考察后亦曾有言曰:"奉天欲收银业之权,断非一寻常司事之才与官拨六十万之款所能为力。"[③]但是,奉天官银号在整顿金融与抵制侵略方面都取得了一定的成绩,有利于社会经济的增长。此外,它的设立拉开了清末奉天新一轮整顿金融秩序工作的序幕,标志着东北地方金融业现代化的起步,为后来进一步的整顿工作以及东三省官银号的设立奠定了基础。徐世昌督东后,发现三省所设金融机构各不相谋,流通不便,不利于三省经济的整体发展,长此以往,必将受困于日本正金银行与沙俄道胜银行。随着东北改制行省,"设度支司归并旧日财政局。银号以流通便利为事,应为财政之后援,不当仅隶于奉省,定名曰'三省官银号'。拨镑余一款在造币厂代铸大小银元,即作为该号之准备金。改定东三省官银号暂行规则,俾合于正当之营业,设分号于黑龙江及哈尔滨,以通东三省汇划之需,不为外币所垄断。旧设分号规模太隘,为更张而扩充之。又于天津、烟台、海龙、洮南、新民、昌图、山城子、通化、长白府咸设分号。由是,公家纸币乃得畅行。凡中外杂居、华洋贸易之地,皆可逐渐利用,以杜羌帖纸币之输入"。[④] 官银号之纸币,除了用于维持市面,对于建设公园、厂矿以及商埠界内房屋之收买等公共事务也起到了重要作用。[⑤]

---

① 徐世昌:《考察奉天省情形单》,《退耕堂政书》卷5,天津徐氏退耕堂刻本1914年版,中国书店1984年重印本,第22页。

② 朱埕:《论奉天钱币之弊》,《盛京时报》光绪三十二年九月十四日第二版,论说。

③ 徐世昌:《考察奉天省情形单》,《退耕堂政书》卷5,天津徐氏退耕堂刻本1914年版,中国书店1984年重印本,第21页。

④ 王树枏、吴廷燮、金毓黻等:《奉天通志》卷147,1934年铅印本,第26页。

⑤ 王树枏、吴廷燮、金毓黻等:《奉天通志》卷147,1934年铅印本,第26页。

二、重铸货币

货币是从商品中分离出来固定地充当一般等价物的特殊商品,是社会经济发展到一定阶段的产物。稳定的货币金融秩序,是经济发展的必要前提。否则,会严重影响经济的发展,甚至导致经济停滞。清末货币体系混乱,各省都有自己的地方货币,币值不同,给贸易往来以及日常生活造成了极大不便。除此之外,还有各种私票的流通。这种私票,是在清代银钱兼行的货币制度不能充分满足社会经济发展需要情况下出现的一种私人信用产品,信用薄弱,且各分畛域不利于流通,惟恃大小银圆流通周转。东三省钱币尤为淆杂,制钱短缺,银币不敷兑换。奉天地方官商各种纸币、南省汇票、俄国卢布、日本金圆、朝鲜小钱,杂沓并用,局面极为混乱。[1] 为稳定金融,历代盛京将军均试图铸造地方货币。对于日俄战争后的奉天而言,此项工作尤为急切而必要。因此重新铸造通行货币,自然同样成为赵尔巽主政奉天期间整顿金融秩序的一项重要举措。

(一)奉天的通货市场

由于奉天地方金属铸币严重不足,钱帖等私人信用产品遂成为必要的补充,其流行虽然在一定程度上满足了地方经济发展的需要,但是信用薄弱,隐患重重。为整顿金融,赵尔巽之前的几任盛京将军都做出了各自的努力:光绪二十年(1894),盛京将军裕禄奏设华丰官帖局,发行官帖,终因办理不善而亏累商民,两年后裁撤;光绪二十二年(1896),为整顿钱法,稳定市场,继任者依克唐阿奏请购买机器设备设立银圆局,并将开出钱帖陆续收回销毁,谕令殷实铺商多开凭帖。然而,"自裁撤官局以来,商帖旋出旋收,不敷周转。现钱既绌,用帖必加帖利。致市面钱法壅滞,贫民日用艰窘,铺商交困",遂另设华盛官钱局,恢复印刷官钱。[2] 光绪二十四年(1898)五六月间,银圆局建成投产,试铸大小银圆,产品以小银圆及铜圆两种货币为主。[3] 光绪二十六年(1900),俄国占领奉天,银圆局倒闭,同样未能起到稳定地方金融市场的作用。光绪三十年(1904),盛京将军增祺仿内

---

　　①　赵尔巽:《为筹办东三省善后事宜条陈》(光绪三十年七月初三日),宫中硃批奏折,04—01—01—1067—036,中国第一历史档案馆藏。
　　②　王树枏、吴廷燮、金毓黻等:《奉天通志》卷147,1934年铅印本,第23页。
　　③　王树枏、吴廷燮、金毓黻等:《奉天通志》卷147,1934年铅印本,第23—24页。

地各省试造当十银圆。[①] 至赵尔巽主政奉天之际,铸造金属货币、整顿金融秩序,依然是其面临的一项重要工作。

奉省原有铸币短缺而且质量低劣,不但不能满足经济发展的需要,而且令伪造者有机可乘。光绪三十一年(1905)年末,铁岭等处即出现伪造货币。据银圆局总办王曾俊禀称,该假币上虽有"奉天省造"字样,但轮廓粗砺,沙纹极多。龙纹、字体均十分模糊,似用流通银圆翻印沙模倾熔铜汁铸成,属私铸制钱。此等沙板铜钱虽与该局所造铜圆相似,但仿照水平不高,易于辨认,于地方金融尚不易造成太大影响。惟事关私铸,有碍圜法。而且外间既有私铸,必非一处。作俑之始,如不加以制止,将来私铸货币充斥市面,必将导致地方金融秩序更加混乱,于经济的恢复和发展极为不利。所以,赵尔巽札饬铁岭县严密查拿究办之余,通饬各属一体速行访查严拿,以绝根株。[②] 这些假币的出现,实为奉天地方金融秩序进一步混乱的危险信号,如不及时地加以整顿,必然会妨碍地方金融秩序的稳定,不利于奉天经济的恢复和发展。

日俄战争以来,日本军用手票大行其道,与动荡的地方局势一起,共同导致奉天地方金融秩序的进一步混乱。日本军用手票是日俄战争期间日本为征用战争物资在奉天地方发行并强制流通使用的一种战时货币。为了保证流通,光绪三十年(1904)七月初三日,日本营口军政署曾布告埠民:日本发行的军用手票,在流通中与大洋同值,拒绝使用者,严惩不贷。整个战争期间以及战后一段时期内,日本军用手票充斥奉天市面,估计总量达 60,000,000 之多。[③] 日俄战争之后,日本战时所发之军用手票依然到处流通,遍地皆是。以其一张纸币,套取大量现银,无疑会在更大程度上导致市场通货紧张,造成金融秩序混乱。光绪三十二年(1906)年底驻营口日军撤走之际,日商乘机以其大量军用手票换走炉银,造成现银奇缺,其时又恰逢年关结算,银荒愈甚。翌年九月,大商号东盛和及其联号因无现银结账而倒闭。[④] 受其影响,又有200 余家商号相继倒闭,致使营口与奉、吉、江、京、津、沪、鲁、粤 3 个月不

---

① 王树枏、吴廷燮、金毓黻等:《奉天通志》卷 147,1934 年铅印本,第 24 页。

② 赵尔巽全宗档案,第 154 卷(《天津造币总厂元津银元局关于设立银号铸钱货币改革管理问题之禀条陈文稿等》),缩微号:0025—0026,中国第一历史档案馆藏。

③ 直至光绪三十四年(1908),日本横滨正金银行发行银本位钞票收兑军用手票,日本军用手票才停止在市面上流通。

④ 营口县公署:《(民国十九年)营口县志》(上),辽宁民族出版社 1999 年影印版,第 157 页。

能通汇,9个月不能开卯。[①] 欲筹抵制日本军用手票之策,非有银圆票与之抗衡不可。因此,重铸货币也是抵制日本金融侵略的重要手段。但有银圆票必须有银圆,奉省旧有银圆铸成甚少而又成色太差,虽有如无。[②] 雪上加霜的是,光绪三十一年(1905),清政府财政处会同户部奏请限制各省自铸银圆,奉省亦在停铸之列。这意味着市面银圆往而不来,必将日形减少。辽阳等处出帖商号因银圆短绌被挤倒闭,各城商务颇受影响。[③] 从满足流通需要与维持市面稳定出发,也需要增加金属货币的流通量。

(二)重铸银圆的努力

自行铸造银圆,既可以缓解本地通货的不足,又有利可图。因而,各省争相自行铸币,奉天亦不例外。对奉天而言,自铸银圆除缓解通货紧张,稳定金融秩序之外,还有另外一个重要的目的,即整顿圜法,抵制外币的入侵。赵尔巽主张切实整顿货币,将旧币收回重铸,独占货币发行权,以此理顺政府货币与私人信用产品关系,抑制外币流通。

为了实现上述目标,赵尔巽两次请求准许奉天自己开铸银圆。第一次是在光绪三十二年(1906),赵尔巽咨请户部颁发银圆、铜圆钢模全分各两副,用以改铸货币。新铸造银圆成色、分量,悉按定章办理。但时逢财政处户部奏定新章,禁止各省自行铸造银圆,以防各省争铸银圆之流弊。[④] 奉省亦在禁铸之列,因此,惟有赴天津户部造币总厂订购。而津局开铸无期,

---

① 营口市史志办公室:《营口通史》第1卷,北方联合出版传媒(集团)股份有限公司万卷出版公司2012年版,第421页。

② 赵尔巽全宗档案,第135卷(《盛京将军赵尔巽等关于日俄战争议和交涉撤军等事宜及东三省善后筹办各业之信札文件》),缩微号:0024—0025,中国第一历史档案馆藏。

③ 赵尔巽:《奏请援照云南成案奉天开铸银圆事》(光绪三十三年二月十三日),宫中硃批奏折,04—01—35—1378—001,中国第一历史档案馆藏。

④ 自光绪十五年(1889)准粤督奏请自铸银圆之后,一为缓解制钱不足的压力,一为获利,各省争先恐后抢铸银圆。至光绪二十五年(1899),广东、奉天、吉林、湖北、直隶、江南、福建、安徽、新疆、湖南、浙江共11省陆续购机铸造。"惟以所铸银圆规模绝异,成色分量又不免各有参差,以致民间显分畛域,此省所铸往往不能行于彼省,仍不如墨西哥银圆之南北通行。"各省之间难以流通,妨碍了商品经济的发展。短期内,"因制钱短绌,民间乐于行用,而铸造之余利又复甚巨,是以各省争先请铸,纷纷不已"。犹恐"数年之后新币充满,行销不易,必至渐亏成本。且与各国新定商约已有立定一律国币之条,若任各省自为风气,恐于划一币制之意去之愈远"。鉴于各省自行铸币的巨大隐患,光绪三十一年(1905)七月二十二日,军机大臣办理财政事宜庆亲王奕劻会同户部奏请整顿各省铸币,嗣后各省银币专由总厂铸造,不准再行自铸。除总厂外,只留南洋、北洋、广东、湖北四局作为分厂(见中国人民银行总行参事室金融史料组:《中国近代货币史资料》第一辑,中华书局1964年版,第805—806页)。

根本不能满足奉天急需,抵制日本军用手票,亦无希望。为整顿币制,满足发展经济、稳定金融对大额金属铸币的需求,赵尔巽要求特许奉天地方重铸银圆。[①] 为了实现这一目标,赵尔巽还专门致函几位当轴,请其代为说项,力求于财政新章之外予以通融,允准奉天自筹银圆,以纾地方之困。[②]但是,终未得到允准。于是,只能"专铸铜圆"。[③] 到光绪三十二年(1906)九、十月间,天津户部造币总厂将奉省的铜圆祖模刻就。[④] 随后,奉天省添购机器,开用铜圆祖模,陆续拨用官本 57 万两有奇,专铸当十、当二两种铜圆。在请求开铸银圆未获允准之后,奉天也曾考虑请天津户部造币厂代为铸造银圆。[⑤] 但可能是因为天津户部造币总厂无暇铸造,此种解决方案,最终亦未能如愿。[⑥]

为了能够机动灵活地调整市场货币流通,保证与银圆票数量相匹配的本位银圆数量,奉天地方再次请求自铸银圆。光绪三十三年(1907)二月十二日,赵尔巽专折奏请按照云南成案,由奉天自铸银圆。在他看来,此举的必要性及奉天的优势条件在于:奉省本有银圆局,因奉禁铸之令不得自铸而通货日形其少,虽已改铸铜圆以资补助,然而所出有限,又不便携带,迥非银圆可比。上年官银号发行银圆钞票,亦以银圆储备有限而又准备为难,未敢多发。种种困难皆由停铸银圆而起,吉江两省情形大抵相同。限制各省自铸银圆,意在防止争铸之流弊。本以为天津既设总厂,即可接济各省。但是天津造币总厂无暇鼓铸银圆,即使开铸有期,内地销路甚多,需求甚广,亦不能解东北燃眉之急。东北三省幅员辽阔,商务日渐繁盛。"俄国卢布、日本银币、朝鲜铜货,近已逐渐灌输,圜法混淆,可危孰甚。"云南向无银圆局,前经云贵督臣因地处边远与他省情形不同,奏请添设造币分厂

---

① 赵尔巽全宗档案,第 135 卷(《盛京将军赵尔巽等关于日俄战争议和交涉撤军等事宜及东三省善后筹办各业之信札文件》),缩微号:0024—0025,中国第一历史档案馆藏。

② 赵尔巽全宗档案,第 193 卷(《盛京将军赵尔巽给军机处外务部袁世凯等电报信函之抄录本》),缩微号:0031,中国第一历史档案馆藏。

③ 王树枏、吴廷燮、金毓黻等:《奉天通志》卷 147,1934 年铅印本,第 25 页。

④ 赵尔巽全宗档案,第 154 卷(《天津造币总厂元津银元局关于设立银号铸钱货币改革管理问题之禀条陈文稿等》),缩微号:0025—0026,中国第一历史档案馆藏。

⑤ 《代制各种银圆造成日期并合计工料熔烘等耗实得造成数目》,赵尔巽全宗档案,第 154 卷(《天津造币总厂元津银元局关于设立银号铸钱货币改革管理问题之禀条陈文稿等》),缩微号:0025—0026,中国第一历史档案馆藏。

⑥ 赵尔巽:《奏请援照云南成案奉天开铸银圆事》(光绪三十三年二月十三日),宫中硃批奏折,04—01—35—1378—001,中国第一历史档案馆藏。

鼓铸银币,业经奉准有案。奉天为边卫重地,银圆短缺情形更甚于云南。且度支部银行业已开办,如能于奉省开铸银圆,则银行所出纸钞,其预备金亦可足用,于度支部银行大有裨益。因此,奏请援照滇省成案允准奉天铸造大小银圆,近以流通本省,远以接济吉江。并且再次承诺一切办法均遵照财政处暨前户部奏定章程办理,一俟铸造足用,即行奏明停止。① 奏折呈递之后,奉硃批:"度支部议奏。"光绪三十三年(1907)三月二十八日,度支部尚书溥颋等议复山东、奉天请续铸银圆折,对赵尔巽的请求作出答复:

> ……至奉天省份与他处情形不同。该将军历陈种种困难,并称三省日、俄货币所在充斥,尚系实情。但吉林银圆局近年并未停铸,前据署吉林将军成勋奏明,俟俄兵撤退,局厂交还,再按定章办理等因。此后应否由奉天一处鼓铸银币,接济吉、江二省之处,应俟新任东三省总督徐世昌到任后,再行体察情形奏明办理。②

可见,赵尔巽所陈奉天自铸银圆的必要性与其屡次陈请的行为,最终还是获得了朝廷认可。只不过鉴于赵尔巽卸任在即,遂将自铸事宜留待徐世昌处理。尽管赵尔巽在盛京将军任内没能实现奉天自铸银圆,但是其奠定的基础以及为整顿地方金融、抵制金融侵略所付出的种种努力及其对后来整顿东三省金融秩序的积极意义,同样是不容忽视的。

第三节　筹措经费的努力

前已述及,日俄战争不但给奉天战区民众生产生活带来巨大破坏,而且直接或间接地影响了地方财政,导致收入锐减。赵尔巽就任盛京将军之际,奉天省库亏空严重。而清廷中央同样入不敷出,经费支出主要依靠地方自筹。因而,筹措行政经费成为其留守陪都期间的一项重要工作。除前述赴任前筹措各省百万协款以及户部专款支持、整顿税收之外,尚有对各项荒地收价丈放③、奏请捐纳展限以及开办特种捐等手段。

---

① 赵尔巽:《奏请援照云南成案奉天开铸银圆事》(光绪三十三年二月十三日),宫中硃批奏折,04—01—35—1378—001,中国第一历史档案馆藏。

② 中国人民银行总行参事室金融史料组:《中国近代货币史资料》第一辑,中华书局1964年版,第809—810页。

③ 详见后文。

一、捐纳展限

捐纳,又称赀选,是中国旧时以授予官爵(虚衔或实职)取得捐款的办法。"秦始皇因蝗灾,诏缴粟千石拜爵一级。"是为作俑之始。此后,历代封建王朝均根据某项行政需求而临时开办捐纳,作为筹措经费的非常态化手段。自清朝乾隆时期,开始出现经常性捐纳。尤其是鸦片战争以后,清政府广开捐例,名目繁多,捐纳盛行。清廷大肆卖官鬻爵,尤为腐败吏治的罪魁祸首。然而,为解决财政困难,只能饮鸩止渴,诚如前辈学者所指出的那样,"捐纳是传统官僚体制难以割舍的毒瘤"。① 留守陪都期间,为筹措行政经费,赵尔巽也只得剜肉补疮,沿用这一手段。只是其所办者,并非新开捐例,而仅就原办捐纳项目加以展限。

赵尔巽莅任之际,奉天地方的捐例主要有实官捐和衔封及七项常捐等名目。实官捐是日俄战争开始后由盛京将军增祺等以奉省地面迭被战事、灾巨款绌而奏准开办的。按照广西成案,准收实官捐银 100 万两。后来,奉天又获准为期一年的衔封翎典及代收七项常捐开办权。截止到光绪三十一年(1905)年底,上述实官捐输 100 万两已经收足,衔封及七项常捐一年限期亦已届满。然而,随着战争破坏的加深以及各项赈济政策的出台与改革整顿的逐渐铺开,奉天需款更多。相对于财政收入而言,地方穷蹙更甚于前,上述捐例实有万难停止之势。当初,增祺奏请开办捐输之时战场尚在辽南一隅,奉天所受战争破坏较小。自战火波及省城以后,日俄双方竞争愈加激烈,奉天地方所受战争蹂躏愈深,所需赈济之处日多。前项捐输收入,即是此间奉天赈款主要来源之一,随收随放,几乎应接不暇。日俄媾和之后,安顿流亡民众、补贴农户耕牛、种子等项生产资料的开支所需,较此前赈济开支尤多。加以他项战争善后以及各项新政改革,来年开支必大增于前。而本省岁入款额不过 200 余万,常年例支久已不敷。上年各省协解只有百万,现亦尚未解足,户部库帑同样支绌,亦无款可筹。无奈之下,光绪三十二年(1906)正月二十日,赵尔巽奏请特准奉天展收实官捐,除前准 100 万两外再加收 200 万两,他省不得援以为例。并准将衔封及七项

① 李细珠:《地方督抚与清末新政——晚清权力格局再研究》,社会科学文献出版社 2018 年增订版,第 152 页。

常捐自光绪三十一年(1905)正月十五开办之日起,除去封印日期,展限一年以应急需,统俟收足及届限时再行奏明停止。光绪三十二年(1906)二月初二日奉硃批:"户部议奏。"①除展限之外,同年十二月二十四日,赵尔巽还奏准将奉省溢收实官捐全数留归奉省使用。②

虽然上述款项并非奉天财政入款之大宗,但是对于库款奇绌的奉天地方政府而言,无疑也会在一定程度上弥补各项行政经费的不足,实为地方财政收入的有益补充。赵尔巽为筹措经费而继续卖官鬻爵的做法固不可取,但是这种饮鸩止渴的解决方案,也是在权衡利弊之后的无奈之举。对此,其奏折中尝言:

> 明知纳粟授官为当时弊政,然以根本重地,关系全局安危之机,间不容发,不得不略小害而谋大利。③

利害相权下的这种两难之选,从另一个侧面反映了奉天地方财政的窘迫程度,也体现了赵尔巽为战争善后及推行新政改革的无奈。正是得益于赵尔巽的积极努力,在其主政奉天一年之后,地方政府财政收入即大增于前,为各项举措提供了必要的行政经费。

二、改革亩捐

奉天地方各项改革整顿的行政经费支出,除依靠上述捐税、地价、捐纳等渠道收入之外,另一种手段就是通过就地抽捐的方式来筹措相应的经费,专款专用。对于这些专门的捐项,地方政府同样特别重视其具体的收放工作,严密监督其收支过程,既要做到涓滴归公、款无虚縻,收支各项丝丝入扣,又要体恤民艰,力戒苛敛,防止加重商民负担。这一宗旨,在筹措警务改革经费过程中得到了充分体现。

日俄战争过后,因地方贼匪充斥,急筹保卫之方,署盛京将军廷杰于仓促之中通饬各州县举办乡镇巡警,按地亩抽捐。奉天民间操办团防,向来

---

① 赵尔巽:《奏为筹办善后需款甚巨请将七项常捐展限一年事》(光绪三十二年正月二十日),军机处录副奏折,光绪宣统朝,03-6663-025,中国第一历史档案馆藏。虽未见户部讨论结果,但是以后来奏准将溢收实官捐留归奉天这一情形来看,显然此请已获允准。

② 《德宗景皇帝实录》卷568,《清实录》第59册,中华书局1987年影印本,第522页。

③ 赵尔巽:《奏为筹办善后需款甚巨请将七项常捐展限一年事》(光绪三十二年正月二十日),军机处录副奏折,光绪宣统朝,03-6663-025,中国第一历史档案馆藏。

按田亩多寡抽费。此种抽捐标准,本无弊端,问题出在具体操作环节上。由于巡费出自按地抽捐,地方官委之民捐民办,于用人控制不严,且没有明确章程相约束,"以致猾而贪、虎而冠者群起把持,捐则额外多收,饷则任意扣发。甚至私设公堂,诈财毙命,利未见而害已形。地方公正绅民相率袖手不敢出而任事,且通计所收地捐,加于正供数倍。纵使取济一时,亦断难持久"。① 所以,赵尔巽在筹措乡镇巡警经费中"仍用向来按地筹捐办法,以地方本有之款酌充巡警饷项"。② 并使支出与收入相结合,按照预算支出来确定筹款数额。按地抽捐,每种地1日者月出银圆1角,此外并不再取分文。③ 这一数额,"合言之则觉多,分计之则每亩年不过银洋两角。于民无伤,于事有济"。同时,明确章程,规定:"无论满汉官绅商民以及从教人地亩,一概纳捐,以示大公。"④所收捐项专款专用,专供分练马巡、津贴堡防、添置装备以及支付乡镇巡警薪酬之用。总分各局员弁薪水和日常开支,按照北洋定章经财政局按月拨发,丝毫不染民捐。⑤ 在坚持取之于民用之于民的前提下,"量出为入",根据支出预算决定抽捐的额度,在体恤民艰与保卫民生之间找到了一个完美的结合点,实现了寓恤民之意于保民之中的办理宗旨。⑥

在具体操作上,继续保持民捐民办民用的传统方法。鉴于以前乡镇巡警经费账目上的混乱,对于其财政收支事宜尤为注重,特别重视对抽捐的公平性以及所收款项去处的监督。收款发款由各堡会首经理,另设委员以稽核之。⑦ 制定《监发监收各分责任章程》,就"现设五路分局遴委妥员,选择方正绅董分办此事。此项捐款按月由各堡会首收缴,该分局委员监收,由委员饬住局绅董监发。凡出入账目均归五路分局委员随时督查,按月造

<hr>

① 赵尔巽:《奏为筹办奉省乡镇巡警情形事》(光绪三十一年十二月十四日),宫中硃批奏折,04-01-02-0156-001,中国第一历史档案馆藏。

② 赵尔巽:《奏为筹办奉省乡镇巡警情形事》(光绪三十一年十二月十四日),宫中硃批奏折,04-01-02-0156-001,中国第一历史档案馆藏。

③ 1日合6亩。

④ 赵尔巽等:《赵尔巽等文札》,清光绪年间铅印本。

⑤ 赵尔巽:《奏为筹办奉省乡镇巡警情形事》(光绪三十一年十二月十四日),宫中硃批奏折,04-01-02-0156-001,中国第一历史档案馆藏。

⑥ 赵尔巽全宗档案,第106卷(《赵尔巽筹办奉省乡镇巡警设立工巡总局的奏底有关巡警薪饷警务学堂及举办团练等文件》),缩微号:0020-0021,中国第一历史档案馆藏。

⑦ 赵尔巽等:《赵尔巽等文札》,清光绪年间铅印本。

册报销。如此办法,收发不归一人。委员专司监视,并不经手银钱,庶事各有属,弊无从生"。① 除此之外,还要求各区监收主计每月将各屯会首呈缴数目径报总局,不由分局委员核转。而于分局中另立一支应所,以各区绅董轮流入局监发饷项,所有用数由分局支应所转报。② 将各区分屯收数细册存局,用来核对与分局支应所数目是否相符,苟有不符即属弊混。与此同时,进一步加强监督,总办随时派员不定期抽查,赵尔巽自己也屡次派员密查。③

对乡镇巡警经费收支的严密监督,有效地杜绝了此前经办员司的侵渔和浪费行为,光绪三十二年(1906)春,巡警局总办陈希贤卸任之际,调齐各路册籍详加稽核,收支各项丝丝入扣。同时保证了每一分警捐的专款专用,最大限度地发挥了有限经费的行政效能。警捐改革不仅有效地筹措了经费,而且对于转变民众观念,开通社会风气,尤具重大意义,对于推广新政大有裨益。"从前抽捐多而犹不足,今则抽捐少而有余,并能以余资购置枪械,又推广各乡师范、体操各学堂。师范为普设学堂之基,体操为征兵之基。绅首得人即为乡官自治之本,民间知其有益,倍形踊跃。"④以多余之捐税用作学务,"是为亩捐分作学、警两款之始",开启了奉天地方亩捐的改革之旅。⑤

小结:赵氏整顿财政金融的功与过

赵尔巽对奉天财政的大力整顿,政绩斐然。从光绪三十一年(1905)莅任后设立财政总局总揽全省财政、整顿财政收支开始,仅一年过后,其财政改革成效即已十分显著。自光绪三十一年七月奉天整顿税厘起截至翌年六月末止,统计一年共收斗秤税银913,494两、厘捐银329,098两、东边各

　　① 赵尔巽等:《赵尔巽等文牍》,清光绪年间铅印本。
　　② 赵尔巽全宗档案,第108卷(《俊英等人关于巡防捕匪之函件及总办乡镇巡警卫生工作报告》),缩微号:0021,中国第一历史档案馆藏。
　　③ 赵尔巽全宗档案,第108卷(《俊英等人关于巡防捕匪之函件及总办乡镇巡警卫生工作报告》),缩微号:0021,中国第一历史档案馆藏。
　　④ 赵尔巽:《奏为筹办奉省乡镇巡警情形事》(光绪三十一年十二月十四日),宫中硃批奏折,04-01-02-0156-001,中国第一历史档案馆藏。
　　⑤ 《奉省会之改良亩捐谭》,《申报》1917年4月10日第六版,要闻二。

税银 359,260 两、木植捐银 43,256 两、河口粮货及通江子河税共银 39,931 两、期粮捐银 71,516 两、营口八厘捐银 136,451 两、烟斤加价银 67,281 两、酒斤加价银 345,901 两、土药暨亩捐估征银 310,608 两、盐厘暨加价银 1193,591 两、船规凑挂银 15,270 两,统计收银 3,825,657 两有奇。旗署所收各项杂税,亦增至 200 万两以上。光绪三十二年(1906)十月,赵尔巽在奏报一年来整顿榷收的奏折中谈及此情,不无得意:

> 详核一年收数,较光绪二十八年奉省各项厘税报收一百二十五万者并旗署所收各项杂税,已增至二百三十万以上。即较二十四年依克唐阿整顿最旺之年收一百六十二万者并旗署所收各项杂税,亦增至二百万以上。诚属成效昭著,为各省近来所罕有。奉省办理要政,皆得藉手,不致恳待部拨,上烦宸厪。实非奴才始料所及。①

民国《奉天通志》,对于赵氏捐税整顿的成效,同样颇为认可,称"此为清季奉省捐税增收最多之数"。② 迅速增加的收入,消除了财政赤字,而且为奉天战争善后暨各项新政的推行都提供了重要的经费来源,分别拨充各项兵饷及办理学务、警务以及兴修马路各项工程、创办各新政局所之用。奉省各项要政,皆得以借此办理而不致恳待部拨款项。基本实现了赵尔巽"以地方之财办地方之事"的执政宗旨,"全省收入,不再受协已能敷用"。③

需要特别指出的是,通过改革整顿所增加的财政收入,多为厘剔中饱所得,而非主要取之于民。一如赵尔巽所不断强调的那样,考虑到奉天几经兵燹、民穷财尽的状况,改革中力戒增加民众负担,增加的财政收入,主要来自于堵截偷漏,剔除中饱。其中,尤以税收改革一项为最。正如赵自己所言,"此次整顿税厘,除烟酒遵照部章加税外,未尝增取于民"。④ 税务整顿之前,经手员司舞弊严重。税政腐败程度,从税务整顿前后的收数对比即可略见端倪:

---

① 赵尔巽:《奏报整顿奉省榷收税厘一年数目并请奖出力各员事》(光绪三十二年十月二十二日),宫中硃批奏折,04—01—35—0584—059,中国第一历史档案馆藏。

② 王树枏、吴廷燮、金毓黻等:《奉天通志》卷 146,1934 年铅印本,第 3 页。

③ 吴叔班记录,张树勇整理:《吴景濂自述年谱(上)》,《近代史资料》编辑部:《近代史资料》总第 106 号,中国社会科学出版社 2003 年版,第 33 页。

④ 赵尔巽全宗档案,第 103 卷(《吏部等关于官员考语议叙奖惩革职开复事之札呈抄奏稿清单》),缩微号:0019—0020,中国第一历史档案馆藏。

现核各城厘税收数,有较往年增至五六倍者、有增至三四倍一二倍者。凡此财款,归之于公者有数百万,则失之于私者即有数百万。①

不独整顿税收是如此,在其他财政改革过程中,赵尔巽同样一再坚持"力剔中饱,涓滴归公。筹集巨款而取于民者曾无丝毫之增加,实深以横敛苛政为戒"。② 这种说法,也得到了其继任者徐世昌的认可,其《上政府条议》有谓:

凡举办大事,皆以财政为命脉。前将军赵尔巽整顿奉天财政,岁入之款骤增,多系剔除税项中饱所得。③

奉省自将军赵尔巽严禁陋规,剔除中饱,入款大增。④

从这个角度言之,赵尔巽的财政改革也是整饬吏治的一部分,对于改善行政环境,不无积极意义。

总的说,赵尔巽的财政改革可谓一举多得,既整顿了财政税收,又筹措了经费,同时兼具整饬吏治之功。其改革成果堪称显著,实为赵尔巽留守陪都三年间一项十分重要的成就,初步实现了其以地方之财办地方之事的目标。这些成绩,也为赵尔巽赢得了理财的能名。

赵尔巽离任之际,地方媒体在评价其治奉政绩时,同样肯定了对财政税务的改革整顿:

次帅既到任……乃再四筹维,始于奏开奉天实官捐外又复不避劳怨,将历年官场局所陋规中饱提作公用,以办新政。计自次帅莅奉以至去奉,所筹款项除办新政开支外,财政局存款尚计有六百余万之巨。⑤

据报道,徐世昌对此也有着极为中肯的评价:

东三省地沃非壤(原文——引者),加以兵燹之后,内而整顿财政,

---

① 赵尔巽全宗档案,第 103 卷(《吏部等关于官员考语议叙奖惩革职开复事之札呈抄奏稿清单》),缩微号:0019—0020,中国第一历史档案馆藏。

② 赵尔巽全宗档案,第 134 卷(《赵尔巽盛宣怀端方吕海寰岑春煊等人为筹议日俄战争对策日俄议和善后事宜之奏折稿》),缩微号:0024,中国第一历史档案馆藏。

③ 徐世昌:《上政府条议》,《退耕堂政书》卷 33,天津徐氏退耕堂刻本 1914 年版,中国书店 1984 年重印本,第 5 页。

④ 徐世昌等编纂,李澍田等点校:《东三省政略》,吉林文史出版社 1989 年版,第 1090 页。

⑤ 《赵次帅在奉之治绩》,《满洲日报》光绪三十三年五月二十九日第三版,中外要闻。

举办新政,外与强邻逼处,折冲樽俎,岂易易者? 自赵次帅接任办公,首剔除中饱,或推广垦务,或稽查捐款,竭力整顿。合去年收款约有千余万两,除筹措新政费款外,库款尚存四百万两。①

赵尔巽对奉天地方财政金融的改革整顿,不但筹措了大量经费,而且对于地方经济形势以及政局的稳定、推动地方发展具有尤其重要的作用。对于此间的财政改革成就,赵氏自谓:

> ○○(尔巽——引者)自维谫陋,廖膺重寄。东渡以后,日夕兢兢于应兴应革诸大端。筹画至再,窃维兴办一切,非财莫举。奉省度支奇绌,而弊亦最深。故首立财政局,将一切税务、捐项、赈款、俸饷、旗民租税、盐榷各款逐加振顿。现虽尚未就绪,而税项业已大增,有一月所收足敌从前一年之数者。现在已办之陆军小学堂,省外各有劝学员陆续报立中小学堂。虽甫平之战地亦赶紧设立,以暨罪犯习艺所、城内巡警、乡镇巡警等事议办之。省垣内外马路、推广卫生所、设立电灯厂、电话各项,皆将仰给于此。……以地方之财办地方之事,期于与民无扰,于事有济。②

平心而论,如此成绩的取得,绝非易事。奉天各政积弊太深,改革整顿所面临的诸多困难可想而知。而财政改革尤为难中之难:

> 逐项清厘,难期速效。认真整顿,不便贪庸。谣诼必多逞其毁败,诚恐事隳半道,功罪不明,当事之人不无微惧。理财之道曰任,任劳难,任怨尤难。③

尤其是厘税整顿,实乃财政改革中最为棘手的一项工作,“整理奉省厘税,其难有百倍于各省者”。④ 原因在于:

其一,管理机关积弊甚深。整顿榷收,入手难,收效亦难。此中为难情形,赵尔巽奏章有云:

① 《徐菊帅之宣言》,《满洲日报》光绪三十三年四月二十六日第三版,中外要闻。
② 赵尔巽全宗档案,第134卷(《赵尔巽盛宣怀端方吕海寰岑春煊等人为筹议日俄战争对策日俄议和善后事宜之奏折稿》),缩微号:0024,中国第一历史档案馆藏。
③ 赵尔巽:《奏为筹设财政总局酌拟归并粮饷处税务总局大概情形事》(光绪三十一年七月二十四日),宫中硃批奏折,04-01-02-0011-002,中国第一历史档案馆藏。
④ 赵尔巽:《奏报整顿奉省榷收税厘一年数目并请奖出力各员事》(光绪三十二年十月二十二日),宫中硃批奏折,04-01-35-0584-059,中国第一历史档案馆藏。

　　奉省官缺得项无多,经收税厘倚为利薮。奴才整顿之初,榷收者,皆旧委之员;考核者,皆旧日之吏。症结所在,肯言者少。自设立该局,责以体访情形,钩稽欺隐,百端考求,积弊始露。得一熟悉情形、关心公家者,必须优为礼貌方可望其摘发;遇一涓滴不染、和盘托出者,必须亲手批奖方能资其倡导。此下手之难也。及至本年后章程略定,弊端渐祛,厘税亦渐起色而经收者品类不一,狃于积习。急思染指者,则又时思破坏范围,巧为尝试,稍涉疏纵即虞溃决。奴才又督饬该局各员谨守绳尺,严为考察。不遵章者,必严批驳之;玩檄令者,必撤处随之;甚有交涉所及、生意外之波折者,时须据理辩论,竭诚争执。此收效之难也。……虽局外之人肆腾谤议,而奴才仍坚持定见,不为所动。窃谓道光咸丰年间两淮之整盐法、湖北之清漕粮,皆致诟病且召台章。然均蒙列圣鉴察,俾底于成。奴才渥受厚恩,谊无瞻顾。仍饬该局毋避劳怨,认真经理,乃能致收数若此。此始终任事之难也。①

　　其二,地方民众的阻挠与破坏。整顿税厘主要在于剔除中饱,尤其是整顿过程中严格明确的税收章程,堵截了税款偷逃隐漏的制度漏洞,"向之中饱不遂、舞弊不能者,遂至布散谣诼,肆为诋毁"。② 于是,恶意中伤者有之,造谣生事者有之,蛊惑人心者亦有之。加之有人别有用心的煽动,一些地方发生抵制清厘事件,有的甚至酿成激烈的冲突。光绪三十二年(1906),凤凰、安东县一带农民就曾掀起抗捐风潮,经地方官员剀切劝谕,最终平息。③ 在办理酒斤加价过程中,一些地方大户企图继续包揽,从中渔利。且不肖绅商从旁附和,屡次要求更改章程,申请继续包捐。经严厉申斥之后,才停止无理之请。④

　　同样面对奉天财政经济的艰窘状况,署理盛京将军廷杰认为"藉非上

　　① 赵尔巽全宗档案,第103卷《吏部等关于官员考语议叙奖惩革职开复事之札呈抄奏稿清单》),缩微号:0019—0020,中国第一历史档案馆藏。
　　② 赵尔巽全宗档案,第103卷《吏部等关于官员考语议叙奖惩革职开复事之札呈抄奏稿清单》),缩微号:0019—0020,中国第一历史档案馆藏。
　　③ 《抗捐风潮未息》,《盛京时报》光绪三十二年十一月初三日第二版,东三省要闻。
　　④ 赵尔巽全宗档案,第160卷《东三省盐务总局洋药总捐局等关于土药烟酒及牛马等税务征收管理之文稿禀清单信札》),缩微号:0026,中国第一历史档案馆藏。

请协款,外借洋债,难可图功"。① 以此项主张对照赵尔巽到任后秉承"以地方之财办地方之事"的宗旨,在内忧外患形势下深入踏实地坚持整顿财政金融,且能够体恤民艰、力戒苛敛于民之举,赵尔巽之作为与政绩尤显难能可贵。正因为如此,地方舆论评价颇高:

> 如赵军帅者,可谓实心任事,力为其难。诚为近年督抚中不可多得之员也。②

值得注意的是,在财政改革过程中,赵尔巽的各项举措同时还蕴寓着抵御列强侵略的深远目标,尤其是设立奉天官银号以及发行货币诸项举措,对于抵制日本的金融侵略不无积极意义。

尽管赵尔巽在改革财政过程中秉持不加重民众负担的宗旨,一再强调力戒苛敛于民,力争涓滴归公,但是在具体操作中,仍难免存在不足。主要表现为:一方面,用人失察。由于赵氏疏于督查,致使财政局被一部分人把持。结果造成积弊未除,又添新患。终致主持财政的史念祖等人中饱私囊,徇私分肥。赵氏离奉之际,分别被御史张世培、赵炳麟以"奉天捐税烦苛"、"赵尔巽任用史念祖办捐滋扰"等情奏参,更视赵尔巽两年的施政于奉事"毫无补救"。③

光绪三十三年(1907)三月十三日,上谕著徐世昌按照所参各节确切查明,据实具奏。徐秘密委派奉天提法使吴钫、候选道陶仁荣具体负责,按照所参各节严密确查。二人调查后发现,奉天在财政改革过程中,确实存在一些弊端:

> 该御史原参各节,有确有证据者,有传闻过当者。而其中弊窦,有为该御史原奏所未及者。④

---

① 赵尔巽全宗档案,第178卷(《赵尔巽提学使司张鹤龄等关于废科举兴学堂筹经费选官员改察学务等事之札禀电函》),缩微号:0029,中国第一历史档案馆藏。

② 《奉省税务有起色》,《盛京时报》光绪三十二年九月二十七日第二版,东三省要闻。

③ 《抄奉天财政局参案司道查复底稿》,赵尔巽全宗档案,第160卷(《东三省盐务总局洋药总捐局等关于土药烟酒及牛马等税务征收管理之文稿禀清单信札》),缩微号:0026,中国第一历史档案馆藏。

④ 《抄奉天财政局参案司道查复底稿》,赵尔巽全宗档案,第160卷(《东三省盐务总局洋药总捐局等关于土药烟酒及牛马等税务征收管理之文稿禀清单信札》),缩微号:0026,中国第一历史档案馆藏。

对于奉天财政整顿过程中存在的这些问题,负责具体调查参案的吴、陶二人一方面表示同情与理解,肯定了赵尔巽整顿财政的初衷:

> 奉省频年兵燹以来,民气之凋伤已极。当庶政更新之际,办事则需款浩繁,宽之则百废难兴,急之又万口交怨。此中困难,本费踌躇。前将军赵苦心经营,公忠自矢,虽其事未必遽底于成,而其心固亦可以共谅。①

同时也指出,知人欠明,用人失察,乃赵尔巽主要问题所在:

> 财政局操度支之柄,史念祖夸综核之长。利权既操,威力遂恣,以致群小趋之若骛,因缘为奸,以剥民自利之思,成竭泽而渔之计。掊党贪滥,百弊丛生,入款则任意侵欺,出款则纵情浮冒,人言藉藉。②

但是,他们认为不能因为后来出现办事员司贪腐行径而否定赵尔巽当初改革财政的必要性与美好愿景:

> 其设财政局也,亦以全省度支不可无总汇之所,又值库款支绌,新政待兴,各项税捐不得不认真整顿。③

另一方面,仍不免苛敛之弊。赵尔巽留守陪都期间,奉天土著士人吴景濂在北京大学堂学习,毕业后返回奉天办学,宣统元年(1909)被选为奉天谘议局议长。在他看来,奉天在整理财政、筹措经费过程中,加重了民众负担,并造成严重后果。吴氏晚年在其自述年谱中有谓:

> 赵督调史念祖来奉办理财政,对奉天财政,于清理之外大肆增加,以致全省收入不再受协已能敷用。但租税各项,较吉林、黑龙江增加过重。人民于日俄战争之后,困苦已极,再加重税苛赋,民力不支。然人民受官厅压迫,敢怒而不敢言,忍受而已。④

---

① 《抄奉天财政局参案司道查复底稿》,赵尔巽全宗档案,第160卷(《东三省盐务总局洋药总捐局等关于土药烟酒及牛马等税务征收管理之文稿禀清单信札》),缩微号:0026,中国第一历史档案馆藏。

② 《抄奉天财政局参案司道查复底稿》,赵尔巽全宗档案,第160卷(《东三省盐务总局洋药总捐局等关于土药烟酒及牛马等税务征收管理之文稿禀清单信札》),缩微号:0026,中国第一历史档案馆藏。

③ 《抄奉天财政局参案司道查复底稿》,赵尔巽全宗档案,第160卷(《东三省盐务总局洋药总捐局等关于土药烟酒及牛马等税务征收管理之文稿禀清单信札》),缩微号:0026,中国第一历史档案馆藏。

④ 吴叔班记录,张树勇整理:《吴景濂自述年谱(上)》,《近代史资料》编辑部:《近代史资料》总第106号,中国社会科学出版社2003年版,第33页。

另据吴氏称,对于赵尔巽在奉天的加赋举动,时任直隶总督的袁世凯也曾去电加以劝说,但并未被赵采纳。① 一些办事局员胥吏为取悦上司,邀功牟利,又百端苛索,以致商民几无所措手。媒体亦有类似报道,称:"奉天省捐税重叠,民不聊生。"②

不可否认,尽管赵尔巽在财税改革中一再强调不增加民众负担,但是仍未能避免出现上述情形。究其原因,或赵尔巽用人不察,或办事员司旧习难改,抑或求功心切,操作中仍不免出现苛敛之弊。作为主持该项事务的地方最高长官,赵尔巽显然难辞其咎。此外,需要特别注意的是,吴景濂其时并未在奉天。③ 上述自订年谱所言奉天财政局之苛敛,大概并非其亲历者。且吴氏所在的谘议局同仁,似乎并未感觉到赵此前的财政改革存在什么问题。据其自订年谱记:

> 此次赵督来奉,予当向谘议局议员同人追述此事。赵督前次重税苛赋,人民忍痛担负,吾等为人民代表,不可不知赵之聚敛害民。此时不觉,将来遇有战事、水旱、兵险(燹——引者)、荒年,人民无力支持,方能表现出来。……同仁闻予言,方各恍然,对赵大加愤恨。④

另一个不可忽略的情况是,宣统元年(1909)吴景濂被选为奉天谘议局议长。而宣统三年(1911)赵尔巽到奉之后,与谘议局不协。在吴看来,赵处处与谘议局作对:

> 赵督到奉,事事与谘议局相反,所有谘议局议决各案,虽议决经督署公布,亦延宕不为执行。⑤

辛壬之际,吴又因政见不同而仍与赵尔巽有隙。

这些经历,对于吴氏晚年的相关认知大概不会不产生影响。

---

① 吴叔班记录,张树勇整理:《吴景濂自述年谱(上)》,《近代史资料》编辑部:《近代史资料》总第 106 号,中国社会科学出版社 2003 年版,第 33 页。

② 《捐税苦累之一斑》,《中华报》第 505 册(光绪三十二年四月二十三日),第 6—7 页。

③ 吴叔班记录,张树勇整理:《吴景濂自述年谱(上)》,《近代史资料》编辑部:《近代史资料》总第 106 号,中国社会科学出版社 2003 年版,第 13—17 页。

④ 吴叔班记录,张树勇整理:《吴景濂自述年谱(上)》,《近代史资料》编辑部:《近代史资料》总第 106 号,中国社会科学出版社 2003 年版,第 33 页。

⑤ 吴叔班记录,张树勇整理:《吴景濂自述年谱(上)》,《近代史资料》编辑部:《近代史资料》总第 106 号,中国社会科学出版社 2003 年版,第 32 页。

　　通过财政局参案调查结果可见,奉天财政局腐败事件主要在于赵尔巽任用非人而又疏于监督所致,显然,赵尔巽于此负有不可推卸的责任。不能不说,这也是其主政奉天期间的一项重大失误。但是,不能因此而否认其财政改革乃至主政奉天两年间的政绩。针对御史参折中所言,负责查办财政局参案的奉天提法使吴筋、候选道陶仁荣在其奏报调查结果中也指出,赵尔巽"在任不及两年,而收回地面、抚恤灾黎、编设学堂、广兴警察,各项新政略有端倪,似不可谓毫无补救"。①

----

　　① 　赵尔巽全宗档案,第 160 卷(《东三省盐务总局洋药总捐局等关于土药烟酒及牛马等税务征收管理之文稿禀清单信札》),缩微号:0026,中国第一历史档案馆藏。

第五章　发展垦务　推广实业

　　经济的发展,是社会进步的重要内容与推动力。而对日俄战争后的奉天而言,振兴经济尤其具有特别的意义,不仅是日俄战争善后的内在需求与重要途径,而且是改革地方、巩固边防的必由手段。从外部来看,作为东北亚地缘政治旋涡的中心地带,东北既是日俄两国争夺已久的焦点,又是其他列强觊觎的目标。19世纪末期,西方列强对外扩张进入新阶段。对中国的侵略,也由必要时的武力合作,发展为经济上的联盟。这种更加隐蔽的侵略方式,危害更大。而东北地方具有极为丰富的自然资源,且随着大量关内移民的到来,消费市场迅速扩大。在此新的历史形势下,对东北的经济掠夺,自然更成为日俄等列强的新目标与侵略中国的新手段。赵尔巽对这一新形势有着清醒的认识:

　　　　近世欧美列强以财力之膨胀,帝国主义之盛行,其目的不在领土之开拓而在贸易之扩张,但求其地可以收容我人口,注入我资财,于愿已足。于是激烈之侵略政策一变而为和平之实业同盟。然一考其实业同盟之起因,则皆注目于东亚。其竞争之极点惟我中国独当其冲,而东三省尤为丛矢之地。[①]

　　就东北地方而言,日俄战争过后,东三省开埠地方日渐增多,列强竞争愈益剧烈。东北日益扩大的市场与丰富的自然资源,除日俄两国之外,又为英、美、德等强国所垂涎,成为其经济扩张的一个重要目标。处此危急时地,若不捷足先登,必致落于人后。在赵尔巽看来,既然如此,无论从战争善后与新政改革还是抵制列强经济侵略的角度,千方百计地促进地方经济的复苏、发展,无疑都是其留守陪都期间的一项重要任务。关于清末奉天经济的发展,已有很多研究涉及。笔者主要侧重从两个方面考察这一问题:其一,发展垦务,推进偏远地区开发,以充实边疆;其二,在新的经济发

---

　　① 赵尔巽全宗档案,第101卷(《赵尔巽为东三省改革官制的奏稿及相关文件》),缩微号:0019,中国第一历史档案馆藏。

展观念之下对新技术与新生产组织形式的推广与使用,用以推广实业,发展地方。

第一节　发展垦务

　　赵尔巽任盛京将军期间的垦务工作,既是地方经济发展的内在要求,也是出于更好地维护地方权益而展开的。为保护其祖宗发祥之地,清王朝统治者在东北圈占了大量土地,实行严格的封禁政策,防止这些土地被开垦耕种。由此,造成东北地广人稀,给地方的发展以及边疆防御都造成了不良影响。从清朝初年开始,北部的沙皇俄国即开始觊觎广大的东北土地。为了推动地方发展、巩固边防,从清中叶开始,清政府逐步放松对东北的封禁限制,推行移民实边政策,对部分荒地招民垦殖,设有专门的垦务大臣负责该项工作。三省当中,奉天地方开发较早,其荒地包括苇塘、山荒、河退淤地、官牧围荒、蒙荒等几个类别。到咸丰初年大规模放垦之前,未放之地除东蒙外,基本只剩下边外围场和养息牧、大凌河牧场等地。其中的一些地方,虽未经公开放垦,仍称荒地,但久被盗垦,其实早已成为熟地。光绪三十一年(1905)以后,为筹措新政经费、推动农业发展,在赵尔巽主持下,奉天省陆续丈放锦属归公地、官庄、各海退河淤地、牛庄苇塘以及图什业图等蒙旗荒地,招民垦殖。此一时期的大规模清丈放垦,推动移民实边运动走向高潮。

一、赵尔巽的垦务主张

　　在赵尔巽看来,农垦为"扩兴本利"之大端。而对于东北地方而言,不仅关系经济利益,更关乎国防安全。奉省近年所办理之大凌河、东西流水、科尔沁、扎萨克图镇国公等荒地,其目的不仅在于荒租等项收入能够供救匮急需,更主要的在于殖民实边,尤为巩固边防的久远之计。强寓于富,日俄战争后地方民生重困,图富之计切于图强。就奉天时势而论,农垦诸端尤为当务之急。此前,随着关内移民大量涌入东北,奉天各属私垦地亩越来越多,东边围荒已多被盗垦。为了解决盗垦问题,同时在一定程度上缓解财政危机、发展农业生产,乃从光绪初年开始大量放垦。同时,随着旗民交产的日益普遍,为了规范管理,也需要对旗地进行清丈、升科。赵尔巽莅任之后,清廷于光绪三十一年(1905)七月二十五日派委候补侍郎前署盛京将军廷杰为奉天垦务大臣,专门负责办理奉天垦务。^① 同时,督促赵尔巽与廷杰将奉天地亩逐一认真查勘清厘,要求将奉天围牧官地、宗室王公勋旧之地、八旗官兵以及民人产业之地等各项地亩彻底查清,分别荒熟、是否升科,详晰具报,并将侵占隐匿诸弊一律剔除。^② 十一月二十五日,清廷命廷杰补授热河都统,奉天垦务事宜,由赵尔巽妥筹办理。^③ 翌日,赵尔巽奉旨接管奉天垦务。^④ 十二月初七日,赵尔巽呈递奏折,提出发展垦务事宜的三项任务:

一曰先办锦属官庄。奉天现垦各项地亩,有隶围牧者、有系王公勋旧庄厂者、有系八旗官地及民人产业者,名目杂乱不一。清初拨放之时,原本稽核不严,各户竞相占辟。历时既久,缪辖日多,欲一律清厘,断非急切所能藏事。且政府各种文册尚未收集齐全,民间契据文凭更多散佚。对所属各项地亩的彻底整顿,很难在短时间内全面展开。鉴于廷杰此前曾经奏明户部,内务府庄头等地积弊日深,应及早清厘以裕经赋。赵尔巽主张即先从此项土地入手,清查各项地亩。一切办法均按原奏所陈,如有需要酌量变通者,随时奏咨办理。俟该处官粮庄头等地办清之后,再推及他处。

一曰丈放锦属海退河淤及各处滋生地亩。此前,奉天地方已经开始了对该处地亩的丈放:统计出此项地亩 22 处,经赵尔巽会同廷杰奏准将该地亩全数丈放。然而,办理数月以来,各委员绳丈所报,尚不及十分之一,拟饬赶于明年春耕以前逐一丈清。此外,如查有各处滋生荒熟之地,亦饬一律丈办。

一曰勘办蒙荒。奉天蒙荒,未放之地以科尔沁右翼图什业图旗为最巨。光绪三十一年九月,赵尔巽派人赴该旗劝放荒地。该旗亲王业喜海顺、协理印务台吉德里克尼玛率同全旗官员等同意,将东界毛荒 648,000垧全部出放。其由辽源州至新设洮南府界中有科尔沁左翼达尔汉王旗地 200 余里,皆系荒地,并无旅店民户,于接递文报、查缉盗贼、惠恤商旅,均

---

① 《德宗景皇帝实录》卷 547,《清实录》第 59 册,中华书局 1987 年影印本,第 269 页。

② 赵尔巽全宗档案,第 198 卷(《盛京将军赵尔巽与外务部袁世凯等来往电报》),缩微号:0033,中国第一历史档案馆藏。

③ 《德宗景皇帝实录》卷 551,《清实录》第 59 册,中华书局 1987 年影印本,第 319 页。

④ 赵尔巽全宗档案,第 98 卷(《兵部署理盛京将军廷杰为赵尔巽补授盛京将军事之咨文及赵尔巽接印任职及卸任文件》),缩微号:0019,中国第一历史档案馆藏。

多阻碍,拟饬该旗将此段荒地报放或酌放道旁站地,以联结昌图、洮南两地,收戢匪安民之效。扎萨克图旗亦查有可续放荒段,其他如博多勒噶台各王旗等亦饬查明,如有闲荒,则分别劝办。①

具体操作上,首先办理土地清赋以此为基础,开展对闲荒地亩的清丈放垦。

二、办理土地清赋

正如赵尔巽所言,此次办理清赋,"实为息民争免民累起见,而裕课即寓其中"。② 其主要目的有二:一方面为普查奉天各项地亩情况,明确土地所有权,消除产权争端,为清丈放垦奠定基础;另一方面,进行捐税普查,保证田赋,为增加政府财政收入服务。东北本为清王朝"龙兴之地",奉天省又为其陪都所在,管理特殊,机构繁复。各种机构为满足其各自所需,均占有一定数量的土地。因而各项地亩名目繁多:有官庄旗地,有围场、牧场、三陵所属地亩、王府圈地,有旗民耕地,还有大量的闲荒地亩。随着地方开禁招垦的逐步深入,各项地亩所有权以及田地边界不断发生变化,难免含混。早年招垦地亩界限亦逐渐模糊不清,各处土地所有者因而争讼不断。土地权属界限的混乱以及因之而起的争端既影响到地方稳定,又妨碍生产的发展。要彻底划清土地界限,解决权属争端,同时增加财政收入,需要加强对土地的管理。于是,有前述光绪三十一年(1905)上谕特派廷杰会同将军赵尔巽彻底清查奉天各项地亩。后经二人会筹清查办法,奏明先从锦州官庄入手一律清丈。旗民各地如有浮多,准该地户自行首报,并由该局丈明交价升科。其他各府厅州县,俟锦属丈竣后再斟酌情形,援照办理。经查,奉天各属地方均有浮多、私垦及海退河淤各种闲荒地亩。普律清丈,既难并举,又恐扰民。而正值振兴庶政、在在需款之际,又未便任其隐种旷废,以致亏课病民。在赵尔巽看来,"均田正界,在王政本属大经,在奉省尤为急务。升科可以分限,必升科乃识维正之供。缴价可以从轻,必缴价乃能安享其业"。③ 光绪三十二年(1906)三月二十六日,赵尔巽奏请先行仿

---

① 赵尔巽:《奏为奉旨筹办奉天省垦务勘放蒙荒大概情形事》(光绪三十一年十二月初七日),宫中硃批奏折,04—01—23—0221—037,中国第一历史档案馆藏。按:1坰合10小亩。

② 赵尔巽:《奏报酌拟奉天省清赋章程十七条事》(光绪三十二年三月二十六日),宫中硃批奏折,04—01—35—0615—028,中国第一历史档案馆藏。

③ 赵尔巽:《奏报酌拟奉天省清赋章程十七条事》(光绪三十二年三月二十六日),宫中硃批奏折,04—01—35—0615—028,中国第一历史档案馆藏。

照直隶首报无粮黑地办法,开办全省清赋,以期核实各地地亩情况。如有无粮熟地以及各项闲荒,一律以半年为限,令民间自行据实首报,并分别交价升科。如此办法,既是针对目前问题的补救之方又能够为接下来的土地清丈奠定基础。奉省地亩名目繁多,历次开办垦务时所定章程亦参差不齐。"价则贵贱互异,课则轻重悬殊。现欲裕课便民,必须统筹并计,参考从前各垦局所分等则明定画一章程,并严杜需索刁难诸弊,以期简易可行。"具体办法是,将奉省各项地亩分为两类:一为熟地,一为荒地。首报各项熟地,无论地力高下,概照中等中则每亩交地价银 1 两 5 钱,每年征正课银 5 分。荒地内私垦成熟之地应照浮多熟地呈交地价,并自首报之年即行起科。一经地户首报,即准认领,免予勘丈,以免纷扰。如有以多报少及套包侵占官私地亩情形,查出后分别撤回另放,并追缴历年花利。各项荒地准由首先呈报之户承领,仍分三等,上等地交价银 1 两 5 钱,每年征正课银6 分;中等地交价银 1 两,每年征正课银 5 分;下等地交价银 5 钱,每年征正课银 4 分。所有清赋荒熟地亩,交价之后即作为民间永业。遇有买卖,亦照民业一律投税过割。①

山荒、沙石、斥卤、碱片各项生荒,不在此次清赋之列。其地价科则,均照下等地减半,仍照例由官方勘丈之后再准承领,以免混淆。上述所收地价,均照垦务章程加收一五经费。所定正课名曰"新升地粮",均加征一成耗羡,由财政局督饬各府厅州县切实举办。锦州官庄所设之垦务局,即专办官庄。所有旗民首报荒熟各地,均由各该地方官自行办理,以划清权限。

此次清赋,凡给照缴价升科等事,悉照定章办理,惟以便民为主。将此次办理清赋新章有关首报各项地亩的规定与此前首报浮多地亩办法相比较,不难发现,此次办理清赋章程确实科学地简化了相关规定并使之进一步明确,从而能够更加有效地免除纷扰,消除争端隐患。此外,此次清赋是以民间自行首报为主,与之前的首报办法相比,其改进之处主要体现为:其一,勘报机关的不同。从前首报生熟各荒,其地亩坐落旗界者归旗署勘报,坐落于民界者归民署勘报。这种按照地亩所在旗民界限分别归相应旗民各署勘报的方法,事权不一,易滋纷争。此次办理清赋,统归民署办理,并

---

①　赵尔巽:《奏报酌拟奉省清赋章程十七条事》(光绪三十二年三月二十六日),宫中硃批奏折,04-01-35-0615-028,中国第一历史档案馆藏。

明确规定如有纠葛不清之处,再移交旗署共同勘查。统一事权之后,不但提高了效率,而且能够有效避免政出多门的地方积弊。其二,升科办法的不同。民间首报浮多熟地,向例按照邻地科则起科。造成各项地亩升科标准不一,名目繁多,易滋弊混。新定清赋章程统一了浮多熟地的升科标准,酌照中则每亩征正课库平银 5 分,将闲荒地亩酌分三则:上则每亩征正课银 6 分,中则 5 分,下则 4 分。山荒、沙石、碱片、斥卤照下则减半,征正课 2 分。每正课 1 两,均随征耗羡 1 钱,名曰"新升粮银"。熟地当年起科,荒地由报领之年起至第四年起科,均归民署征收。此次改革,不但简化了复杂的起科方法,而且统一了升科标准,消除了以往在此项地亩升科过程中的主观人为因素,从而能够在一定程度上有效地杜绝各种弊端的产生。其三,具体操作规程上的不同。从前首报地亩必须由政府传集四邻以及乡耆人等实地查勘,取具切结,造册转报。搅扰乡民尚且不论,其中经手人员众多,不免节节刁难,层层需索。乡民苦其繁琐,转多隐匿。新章将首报浮多熟地刊发首报呈结式样,由首报之人自行切实丈明填注,呈内并绘地亩形式图,注明原有某领名下某项粮租地若干亩、现有浮多地亩数、各处地亩边界以及四邻姓名,黏附呈验。然后根据首报之数,准予交价承领,概免复勘,以减少对正常农业生产的影响。为有效杜绝隐匿取巧行为,章程规定,若于自行勘丈首报中舞弊,并非据实呈报,报领之后别经发觉或将来清丈查明尚有浮多,只准承领原报之数,所余浮多地亩即须撤出另放,并仍追缴历年花利。若将别项荒地蒙混首报,一经发现,将地撤出,概不给还原价,且需照侵占官田从重治罪。其四,统一地照工本。从前垦章所定地照工本按亩收费,但是多寡不一。新章规定每地 1 亩收照费库平银 5 分,山荒、沙石、碱片、斥卤照费减半。所收费银以一半解往税局,作为纸张工本,一半留充该管衙门书役办公费用。①

有学者研究指出,从光绪三十二年(1906)开始办理清赋到光绪三十四年(1908),奉天 26 县通过清赋放出升科地达到 647,000 余亩。② 通过土地清赋,不仅明确了各处地亩的产权情况,有利于加强管理与保证政府税源之不失,而且能够有效地平息争端,稳定地方农牧生产。这些举措在带给

---

① 赵尔巽:《呈酌拟奉省清赋章程十七条清单》(光绪三十二年三月二十六日),军机处录副奏折,光绪宣统朝,03-6522-054,中国第一历史档案馆藏。

② 乌廷玉、张云樵、张占斌:《东北土地关系史研究》,吉林文史出版社 1990 年版,第 123 页。

政府大量财政收入的同时,对地方农业生产的发展也具积极意义。

三、清丈放垦

奉天虽素称旷土甚多,可是,历经开垦,时值赵尔巽留守陪都之际,多数荒地业已丈放完毕。赵尔巽所能做的,一方面继续前任尚未完成的放垦工作,同时针对一些地方的特殊情况,优先清丈,另一方面,派人前往一些蒙旗,劝说各该旗同意拿出一些地方清丈放垦,用以推动边远地方的开发,充实边疆。

在组织土地丈放的同时,鉴于以往此项工作中存在的员司舞弊、各荒招垦制度不尽合理等状况,赵尔巽主要从几个方面加强了对丈放工作的监督与管理:第一,重视对经手人员的考查与委派。选择可靠员司主持丈放工作,从根源上杜绝以前大量存在的舞弊行径。第二,明确制定各地方的丈放规则,使之简单明了,并布告民众周知,以方便其监督。同时,重视行政监督,鼓励举报不良委员的营私舞弊行为,一经查实,定予严惩。第三,改良招垦制度。在丈放过程中,对于原丈放章程的不尽合理之处加以改进,根据实际情况重新拟定丈放章程,以保证此项工作的顺利完成。此间赵尔巽所主持的放垦工作,主要包括两个方面:其一,对奉天官庄、河淤、山荒的丈放;其二,对北部蒙荒的招垦。

（一）丈放官庄、荒地

对官庄、荒地的丈放,主要从以下几个方面展开:其一,完竣前任未竟的广宁县盘蛇驿地亩丈放工作;其二,对锦属官庄滋生地亩的勘丈;其三,对东边山荒河淤地亩的首次勘丈招垦;其四,对牛庄苇塘等原来已经放垦地亩的重新勘丈。

1. 完成广宁县盘蛇驿地亩丈放。广宁县盘蛇驿牧场本为清廷在奉天地区的三大牧场之一,又称大凌河东场或双台子牧场,康熙二年(1663)从大凌河牧场分出,东界镇安(今黑山)县,西界广宁(今北镇)县,南界距海20里或30里不等,其地占今北镇县南部双台子及盘山县的大部分地区。[①] 清中叶大规模放垦之后,民间于同治年间承租该牧场地亩。嗣因该地方叠被水灾难以耕种,很多地方请准报销地租。根据规定,一经涸复即行停止。

---

① 滕绍箴,滕瑶:《满族游牧经济》,经济管理出版社 2001 年版,第 162 页。

然而,涸复地亩却多被继续免租耕种,且往往较原租之地大有浮多之处,与私垦私种无异。"种地而不完租,历有年所。"此种情形,不但不利于该地方的正常开发垦殖,而且影响了政府的财政收入。鉴于此处被淹地亩多已干涸恢复垦种,光绪二十九年(1903)九月二十六日,盛京将军增祺奏请分别清丈招垦以济饷需,①十月初一日获准。② 光绪三十一年(1905)三月二十五日,增祺请准派委蔺祖荣为总办,负责具体丈放事宜。③ 丈放工作随之展开,考虑到该牧场多地势洼下之处,土地瘠薄,所有地价均援照丈放大凌河垦务章程按等递减:上等地每亩收价银1两4钱,中等地7钱,下等地2钱8分,最下等碱卤之地酌量核减。④ 由于该处地亩丈放工作尚未完竣,增祺即因丁忧解任,赵尔巽莅任后继续完成该处地亩招垦,具体事务包括以下几个方面:其一,完成具体清丈放垦工作;其二,加强对新辟地方的管理,裁撤原管各官,设立县治;其三,继续进行水利工程建设,以期为地方农业发展提供更好的条件;其四,褒奖出力各员⑤。

赵尔巽接办该处垦务之后,在对原总办蔺祖荣详细考查的基础上,责成其继续主持该项地亩清丈事务。对于民间承领既久而未经缴价之地,最终按照章程撤回另放。随后,招募商人周俊卿、安祝轩、黄平格等成立公司,仿照前办大凌河荒务成案,出头认领该处清丈余地。⑥ 盘蛇驿牧场东西两界原有试垦、续垦、升科租地,因历时既久,管理混乱,缺额过多。在该处牧场地亩将次放竣之际,赵尔巽奏请将上述地方就便一并清丈,补收地价,改租为粮。该处土地贫瘠,此前已领之地尚多未耕种,其地力瘠薄可想而知。为体恤民艰起见,经赵尔巽奏准,对于该处升科地亩,所订课赋极低:上等地每亩征正课银3分、耗羡银1分,中等地征正课银2分、耗羡1分,下等地征正课银2分、免征耗羡。沙碱斥卤等极荒地亩课赋,照下等地减半收取。前后历经三载,终于将广宁县盘蛇驿牧场一律丈放完竣。共计

---

① 《前盛京将军增奏陈清丈盘蛇驿地亩大概情形并酌拟章程折》,《东方杂志》第2卷(1905年)第7期,实业,第108页。

② 《德宗景皇帝实录》卷521,《清实录》第58册,中华书局1987年影印本,第891页。

③ 《德宗景皇帝实录》卷543,《清实录》第59册,中华书局1987年影印本,第220页。

④ 赵尔巽:《奏为酌定奉天广宁盘蛇驿地亩课赋并预筹办公经费事》(光绪三十二年闰四月二十日),宫中硃批奏折,04—01—35—0128—008,中国第一历史档案馆藏。

⑤ 该项工作,详见第三章第二节相关部分。

⑥ 赵尔巽:《奏为遵查盘蛇驿垦务总办道员蔺祖荣被参情形事》(光绪三十三年三月二十七日),军机处录副奏折,光绪宣统朝,03—7070—109,中国第一历史档案馆藏。

丈出上中下生熟地 574,211 亩,共收正价库平银 321,090 两、经费库平银 48,163 两。[①]

　　广宁县盘蛇驿地面辽阔,南滨大海,北距广宁县治一百余里。村屯零落,相距路途遥远,治安管辖力量较弱,遂为盗贼经常出没之区。开办垦荒之后,民户渐多、词讼日繁,原设治所于该地管理难免鞭长莫及,且恐原地方官管辖难周,需要设立新治以加强管理。于是,随着丈放工作接近尾声,设治工作随之开始。光绪三十二年(1906)十月二十三日,赵尔巽奏请将牧场全境及以南各村屯并归管理,设为厅治:

　　　　查该处原名盘山,应即名曰盘山厅抚民通判,以便审理词讼命盗案件,征收钱粮,俾专责成而免贻误。其裁判委员,即行裁汰。[②]

同时,鉴于原设负责经征牧场租赋的总管一员、东西两界官各一员例由广宁城守尉等官兼充,并非专官。于所兼各职未能全心尽力,且其历年经征租项不无含混之处。而盘蛇驿既经奏请设立盘山厅抚民通判,以后经征租赋皆地方有司之事,无庸旗民从中干预。十月二十八日,经赵尔巽奏准将所有原设总管及东西两界官名目同时裁撤,将总管关防及界官图记咨送礼部缴销。[③] 在筹备设治过程中,为了避免官吏于征收地粮时额外浮收而扰累当地民众,赵尔巽还一改常例,于光绪三十二年闰四月三十日奏准预筹设治经费,于每亩随征办公东钱 50 文,此外不准需索分文。[④] 此举既使得设治工作的各项开支来源有了坚实的保障,又能够避免在设治过程中对当地农户的额外索取侵扰。

　　历经数载,克服重重困难,盘蛇驿牧场涸复地亩最终丈放完毕。然而,由于该处地势低洼,所放各地仍难免被淹之虞。因此,赵尔巽认为,"该处垦务现虽竣事,然欲保全租赋,永奠民生,不踏从前被水覆辙,仍以浚河筑

　　① 赵尔巽:《奏请奖励丈放盘蛇驿地亩出力人员事》(光绪三十三年四月二十一日),军机处录副奏折,光绪宣统朝,03-6738-031,中国第一历史档案馆藏。
　　② 赵尔巽:《奏为续行查明奉旨岫岩州属庄河等处应添设厅县分防各治派员试办拟请饬部立案事》(光绪三十二年十月二十三日),宫中硃批奏折,04-01-02-0012-003,中国第一历史档案馆藏。
　　③ 赵尔巽:《奏为盘蛇驿原设总管及东西两界官名目请裁撤事》(光绪三十二年十月二十三日),军机处录副奏折,光绪宣统朝,03-5973-118,中国第一历史档案馆藏。
　　④ 赵尔巽:《奏为酌定奉天广宁盘蛇驿地亩课赋并预筹办公经费事》(光绪三十二年闰四月二十日),宫中硃批奏折,04-01-35-0128-008,中国第一历史档案馆藏。

堤为急务"。① 事实上,这一问题,也是长期困扰当地的一个顽疾。早在增祺奏请丈放之初,即因该处旧河淤浅不能有效排水而妨碍垦政,曾奏请将河道挑挖,加宽加深,预算需用工费 6 万两白银。其中,指拨地价银 4 万两,"余拟借资民力"。赵尔巽接管垦务之后,即命赶紧办理。后因天降大雨,河水泛滥,被迫停工。翌年春,冰雪消融之后,复札饬负责丈放该处地亩的道员蔺祖荣继续主持,彻底疏浚河道。预算工程量巨大,断非原估 6 万余两经费所能完成。"惟求一劳永逸之计,非将河身挑挖极深,且将堤坝培筑高厚不可。"考虑该处河工兴废关系国课民生,"但能挑浚如法,堤岸巩固,早日藏工,永无水患。虽多费帑金,似不当惜"。经核实续估,又追加经费银 6 万两。与此同时,鉴于此项河工工艰费巨,未便再劳民力。在经费来源上,赵尔巽一改前将军指拨地价与借资民力相结合的办法,于光绪三十三年(1907)三月十八日奏准,将所需工费于收存荒价项下动支。统俟工竣核实,开单报销。②

　　2.对锦属官庄滋生地亩的勘丈。奉天官庄地原系内务府官庄辖于户部者,均有大粮庄头承领,岁征粮石存留供三陵祭祀之用。该处地亩丈放之初,由赵尔巽会同奉天垦务大臣廷杰共同办理。经查明奉天锦州府属官庄旗民各地,酌拟变通办理章程八条,奏请施行。光绪三十一年(1905)十一月初一日,奉旨"仍著会同妥筹办理"。③ 二者共同拟定了《勘丈奉天锦州府官庄旗民各地章程十八条》,于光绪三十一年(1905)七月二十六日在锦州设局丈放,收价升科。凡交价承领者,均由政府给发地照,注明领地人身份、土地面积、等级、应纳课赋,永远为业。勘丈章程还明确规定此地可以典卖,但需遵照税契章程,赴衙门报明。如此办法,承认了粮庄土地的私有,使其控制权由皇室向地方政府转移。在丈放粮庄过程中,垦局发现,各庄头于原额地边垦熟滋生地亩,虽经内务府庄粮衙门征收租银,以余租名义报解部库,但是各庄头不过承种纳租,并非准其作为己产,与旗民升科余租情形不同。详查册籍,又发现各庄头所领地亩边界四至多含混不清,若

　　① 赵尔巽:《奏为遵查盘蛇驿垦务总办道员蔺祖荣被参情形事》(光绪三十三年三月二十七日),军机处录副奏折,光绪宣统朝,03-7070-109,中国第一历史档案馆藏。
　　② 赵尔巽:《奏请动用荒价银两挑挖盘蛇驿牧场旧河淤浅事》(光绪三十三年三月十八日*),军机处录副奏折,光绪宣统朝,03-7095-028,中国第一历史档案馆藏。
　　③ 《德宗景皇帝实录》卷551,《清实录》第59册,中华书局1987年影印本,第313页。

与原额庄地并行勘丈,照章收价放领,改租纳粮,不免蒙混渔利。既然"此项余租地亩既系庄地滋生,即同官地,实与旗民升科余租情事不同,自应与官庄额地一律勘丈,循章办理"。所以,光绪三十三年(1907)正月初九日,经赵尔巽奏准,将上述官庄余租地与官庄地亩一同丈放。①

到宣统元年(1909),锦州粮庄基本丈放完毕。共放出庄地1,356,700余亩,已收地价银1,488,470两。从此,内务府在锦州府属官庄地一律丈放交价升科,所有庄头全数裁革。② 锦属官庄地的丈放,不但实现了该项地亩所有权的转让,而且实现了控制权的地方化,既推进了奉天生产关系的发展又打破了陪都体制之下的原有界限,逐渐改变着特殊的地方经济体制。同时,该处地亩的丈放,还拉开了清末东北粮庄丈放的序幕。

除了对锦属粮庄地亩的丈放之外,还对附近苇塘加以勘丈。奉天锦县所属大凌河西南旧有苇塘一处,向经盛京工部招商给票承领,按年征收少量苇税银。③ 按照规定,苇商领票纳税,仅准收获苇利而不能将塘地视为私产擅自佃垦。后来调查发现,该苇塘淤阜已久,经承领商违法私自转佃,垦成熟地二千余亩、碱荒一万余亩,从中大量渔利。有鉴于此,光绪三十三年正月初九日,赵尔巽奏准仿照牛庄苇塘免税丈放、收价升科办法,将该处苇塘重新勘丈,按照牛庄苇塘垦章分定等则,不追既往。熟地准原垦户缴价承领,未垦塘地归原商价领,分别升科。自光绪三十二年(1906)起停税改粮,旧领商票缴销,另发执照永远管业。如原户不愿再领,则收回另放。④ 对官庄旗地的丈放,既实现了对奉天土地的加强管理,有利于剔除中饱、消除积弊,又可以裕课恤民,可谓一举多得。

3. 东边山荒河淤地亩的首次勘丈招垦。奉天省东边各属凤凰、岫岩、安东等处多山,傍海临江,当地有大片山地、苇塘、河淤等项闲荒地亩。凤凰厅属之北井子、黄土坎,岫岩州属之大孤山、青堆子,安东县属之柳林子、

---

① 赵尔巽:《奏请将奉天锦州府属官庄余租地亩与庄头地一律勘丈照章办理升科事》(光绪三十二年十二月二十七日),军机处录副奏折,光绪宣统朝,03-6523-001,中国第一历史档案馆藏。

② 乌廷玉等:《清代满洲土地制度研究》,吉林文史出版社1992年版,第334—335页。

③ 据奏折记:"按年征收苇税银六十六两二钱四分二毫,又加增银十二两四钱四分四厘。"赵尔巽:《奏为锦县苇塘照案丈放停税改粮事》(光绪三十三年正月初九日*),军机处录副奏折,光绪宣统朝,03-6517-001,中国第一历史档案馆藏。

④ 赵尔巽:《奏为锦县苇塘照案丈放停税改粮事》(光绪三十三年正月初九日*),军机处录副奏折,光绪宣统朝,03-6517-001,中国第一历史档案馆藏。

柞木山等处,约有苇塘十余万亩,明滩十余万亩。此外,该三处地方以及宽甸县沿海、沿江一带,尚有大量水退河淤地以及山荒各地可供开垦。这些荒地,一经开垦,或宜稼穑、或宜蚕桑,既能够为当地民众提供最为重要的生产资料,招垦后又可以增加奉天省库之税课收入。

对上述荒地的丈放,主要目的在于:其一,增加财政收入,推动地方发展。日俄战争后,正值赈抚灾黎、发展地方之际。如果任其废弃,既不利于经济发展,又影响财政收入。其二,明确产权,消弥争端。苇塘地亩虽然已经丈放出租,然而纳课者仅止 5 万余亩,其余浮多部分互相隐占,因而争控不休。要彻底解决问题,需要将浮多部分收回丈放。其三,保护东边环境。东边山荒久为各民私垦,毁林开荒,造成当地大量木植被砍伐,加重了水土流失。加强对荒地的管理,既可以公开满足农民的土地要求,又能够限制私垦,保护山地水土。其四,维护国家主权。该处境接朝鲜,往往有客民越界占地,地方政府坐失利权。此外,尚每每因田产细故屡启衅端,酿成不必要的交涉。赵尔巽认为,"如将以上各项地亩分别清厘丈放,定限升科,则强占退还原户,未垦者招主认领。从此民有永业,无兼并攘夺之虞"。其积极意义,不仅在于收价征租,为地方政府增加财政收入,而且丈放之后,地界清楚同样有利于消患绥边,维护主权。[①] 出于上述考虑,光绪三十三年(1907)三月二十七日,赵尔巽具折奏请将上述各荒分别清厘丈放,定限升科。并饬委署东边道钱鑅督办其事,分别拟定相关丈放章程(《丈放苇塘章程十四条》、《丈放山荒章程十一条》),对上述地方分别苇塘、山荒两项设局丈放。

丈放苇塘办法规定,对于凤凰、岫岩、安东、宽甸等处苇塘以及沿海沿江一带明滩河淤地进行逐段普丈,不论有课无课,一律收价丈放。将东边苇塘与沿海淤滩二者分别办理:其中,东边苇塘仍按原定章程所分五则,由各民户呈缴押租承领,仅收押租,不名地价。承领之后,仍作官地民佃,不准私相买卖。沿海淤滩名为苇塘,实则并非尽属苇地,且有本系苇塘现已开垦成田者。所以,仿照牛庄苇塘办法一律改税为粮,交价升科。对于有苇之地,则派委员查勘明确,如系苇丛茂盛,应照熟地缴价。若仅有苇苗,

---

　　① 　赵尔巽:《奏为酌拟章程派员丈放奉省凤凰厅等属苇塘河淤山荒事》(光绪三十三年三月二十七日),宫中硃批奏折,04—01—23—0223—038,中国第一历史档案馆藏。

尚未滋长满塘或将来终难涸尽成田者,则准照生荒分别交价。交价之后即作为民间永业,嗣后遇有买卖,亦照民案一律税契过户。在具体丈放过程中,将熟地与生地按两种办法分别处理:熟地无论是否曾经报领有案,均由各垦户于示谕后先将自己地界封堆竖标,听候委员丈量;生地应先丈后放,划出段落,以一垧为一号,按垧编列号数以示地亩面积,照号绘图填注空白丈单,俟丈竣查明领户名数预行示期,传集各户按照各领户原报先后次序,自行掣签,另编领地先后顺序。在报领与丈放过程中,特别注重公平原则,在编领地号时既以报领先后顺序以及地数为准,又要在土地质量上兼顾平均,不准擅指段落、预交价银,以免腴瘠不均。此外,还注意均衡领户的经济实力情况,在编列领户号数时,将报领地亩数量与丈明荒地垧数通盘核计是否足够拨放。如户多地少,小户优先认领,将大户报领之地均匀核减;原放之地,不论任何等级,一概以此次所勘等则为准。承领塘地分别荒熟,各按上、中、下三等交价:熟地仍照牛庄苇塘章程,上等地每亩交价银2两1钱、中等地每亩交价银1两4钱、下等地每亩交价银7钱;荒地按照清赋章程,上等地每亩交价银1两5钱、中等地1两、下等地5钱;碱片、斥卤按下等荒地减半。塘地升科,同样按照清赋章程分上、中、下三等:上等地每年每亩征正银6分,中等地5分,下等地4分,斥卤碱片等荒地照下等减半,每亩征正课2分。每正课1两均随征耗羡1钱,名曰“新升粮银”。熟地当年起科,生荒自丈放起至第四年起科,均归民署征收,另册奏销。所放各地,熟地于丈明后发给丈单,荒地于掣签后发给丈单,统限一个月内交清地价。从前已放之地,由垦局调取厅县衙门征收税课底册与租户呈验交税执据及原领执照或契据核对,相符者方准作为原领之地办理。其交过的押租钱文照数扣抵应交地价,倘原额之外丈出浮多,亦准原佃户照章交价承领。大照工本,按照清赋办法每地1亩收照费5分,生荒中之下等地准予减半;各地放竣之后,应照丈单内所绘地段形式以地亩坐落为主,挨号造具鱼鳞图册,另以领户籍贯住址为主挨户造具征收红册,作为已领土地所有权的凭证与征税的依据。[1]

对山荒的丈放,同样按照生熟两种荒地分别进行。所谓荒熟各地,系

　　① 赵尔巽:《呈丈放苇塘办法章程》(光绪三十三年三月二十七日),军机处录副奏折,光绪宣统朝,03-6738-025,中国第一历史档案馆藏。

指业已开垦成田或将来可以垦熟及培植森林者而言,与清赋章程内所云之山荒夹有沙石者不同。如业已私垦成田或柞木较多宜于养蚕者,定为熟荒。而将来可期垦熟成田或可以栽种树木者,定为生荒。呈报山场生熟各荒地时,以原垦户优先为原则,由各垦户自行指明地段呈请领取。大段森林仍应保持封禁,不准丈放。鉴于山场土性瘠薄,未便与平原沃壤相提并论,所有荒熟各地应交地价及完粮科则均参照清赋章程递减一等。递减之后,山场地价仍分为三等:熟地上等每亩交价库平银 1 两 5 钱,中、下等分别以 5 钱递减。生荒上等每亩交价库平银 7 钱 5 分,中、下等每亩分别以 2 钱 5 分递减。无论生熟,均加收一五经费。交价之后即作民间永业,嗣后遇有买卖,亦照民业一律税契过户。此外,山场地亩不论生熟,上等每年每亩完粮银 5 分,中等每亩完粮银 4 分,下等每亩完粮银 2 分。交价之地,按下等每亩完粮银 2 分,每收正课银 1 两均随征耗羡银 1 钱,熟地当年起科,荒地由报领之年起至第四年起科。均由民署经征,归入新升粮银奏销。改章丈放之后,原领户需在一个月内呈验原照交价升科,并将原照撤销。如原户逾限不报或不愿交价,一概撤出另放。山场内如石多土少,无法种作,只能作为牧养者,以地亩内土壤之含量作为折扣成数标准,准予折扣丈放。不论丈放苇塘、山场,均按段发给绘图丈单,其大照工本每亩收银 5 分,生荒中之下等地准予减半。有折扣者,即按照扣净交价之地数核收照费。①

　　在丈放过程中,尽管已经考虑到奉省民间屡被兵灾,所定价格极轻,但是,对东边各属山荒的丈放工作并不顺利。因为长时间的私垦隐占,当地各民已经惯于在缴纳少量捐税之后即可占据大量土地进行耕种,以最小的成本谋取最大化利润。此次整顿,要对各属山荒收价勘放,堵塞了私占盗垦者的利益来源,影响了其既得利益,自然引起他们的对抗。更有甚者,还有人从中挑唆、蛊惑,以此阻挠、破坏丈放工作。此外,尽管已明确章程并严令相关人员遵守,但是仍不乏不法委员在清丈过程中营私舞弊,引起民众不满,聚众抗丈之事时有发生。在丈放凤凰、安东两处山荒时所引发的反抗清丈活动,持续数年之久。为了稳定民心,保证清丈的顺利进行,赵尔巽专门示谕,从朝廷政策、地方情况以及各垦户利益等几个方面出发,苦口

---

① 赵尔巽:《呈丈放山荒办法章程》(光绪三十三年三月二十七日),军机处录副奏折,光绪宣统朝,03-6738-026,中国第一历史档案馆藏。

婆心地宣传此次丈放山荒的目的及其意义："现在国家百事待维新，务求实在。清理荒田，也是新政之一端。"且清查地亩，各省皆然，并非奉天一省之事。劝谕各垦户积极配合地方政府的勘丈工作，无论自己领地与否，均不得聚众抗丈。同时，再次重申，如有不法员司从中作弊以及骚扰民众，准予呈控严惩。万不可聚众滋事，自己反蹈不是。①

4.对牛庄苇塘等已经放垦地亩的重新勘丈。牛庄等处苇塘地处辽河下游，已经前任将军增祺奏请升科课赋，设局清丈。但是，由于主管官吏失察，清丈委员盛京工部郎中嵩庆等营私舞弊，擅自加派地价。并于开绳丈量时先向地户任意勒索，谋取私利，中饱私囊，给钱则地多丈少，不给则地少丈多。不仅如此，还公然无视苇塘清丈告示中"所丈生熟各地，商佃人等均匀分领"的明确规定，妄言所有地亩只许商领不许佃领，并向佃户追要文契。佃户等恐缴契撤佃，以告示并无不许佃领之言与之分辩，触怒委员，诬指佃户聚众抗官，并以撤佃相要挟。众户哗然，几至酿成民变。苇塘升科事关赋课，为防止刁绅劣监借端阻挠破坏，丈放之初也制定了明确的章程公之于众。不料，该委员等为商所贿，竟然如此明目张胆地违反章程，与办理垦务之"裕国帑而恤农艰"的宗旨背道而驰。② 最终，嵩庆等人以"苛派受贿，擅作威福"，被人奏参。③

光绪三十一年(1905)六月十五日，清廷责成赵尔巽按照所参各节确切查明，据实奏报。④ 赵尔巽到任后，首饬该处原办各员暂行停办，先后两次派员赴牛庄苇塘一带，按照所参各节详细密查，得知嵩庆等员司私自加价实有其事，受贿尚无实据。只是领佃各户欲求得员司之欢心，以求快速得地，间有馈送者，多寡不等。既无人告发，又难查其实据。惟闻所放之地确实与原丈之数不符，"似此情形，既无可凭之卷，又无经手之人，亦无告发之案，而弊端则确有可指。非复加勘丈，断难得其实际"。且该处垦务本未办

---

①　赵尔巽全宗档案，第171卷(《赵尔巽等关于整顿田房税契奏定章程及有关清丈地亩苇塘垦荒管理征收地租之奏稿告示禀文》)，缩微号：0029，中国第一历史档案馆藏。

②　赵尔巽全宗档案，第160卷(《东三省盐务总局洋药总捐局等关于土药烟酒及牛马等税务征收管理之文稿禀清单信札》)，缩微号：0026，中国第一历史档案馆藏。

③　中国第一历史档案馆：《光绪宣统两朝上谕档》第31册(光绪三十一年)，广西师范大学出版社1996年版，第91页。

④　中国第一历史档案馆：《光绪宣统两朝上谕档》第31册(光绪三十一年)，广西师范大学出版社1996年版，第91页。

竣,赵尔巽另选妥员于补放余地的同时,要求已领地各户自行呈报,如有浮多,准其自觉呈报补领,免予追究。若待复查丈出,即以贿赂之例惩办。① 鉴于嵩庆先后两次奉委办理垦务,所呈报经手事务各节多有含混之处,光绪三十一年(1905)九月十三日,赵尔巽奏请将嵩庆开缺,听候查办。② 通过调查发现,该处苇塘旧有 72 处淤地,近年河淤日增,淤地已增多至百余处,沿河一望无际。历年丈放,皆系票头承领,暗地转售,诸多弊端。欲正本清源,必须全塘重新清丈:已领者重换执照,未放者补收地价,一律编造地册。光绪三十二年(1906)年初,经赵尔巽奏请,派遣调奉差委直隶候补知府史善诒带员前往该处另设总局,重新丈放。一切章程均照前工部奏案办理,如有窒碍难行之处,准予随时量为变通。③ 经过一段时间的实地考查,新派清丈委员发现该苇塘前次丈放章程存在巨大漏洞,给承办员司以可乘之机。要重新普丈,尚须改良办法,修改章程。而且苇地被人私垦成熟者十居八九,与旧时放荒情形迥异。此前工部所定地价办法系按荒地核算,与此处现在土地情况并不吻合,且与当时各处垦局地价相差悬殊。于是,结合实地情况与原订办法,重新拟定七条改良章程。④

新订的七条章程主要包括以下几个方面:其一,对原有的土地所有权、使用权的调整。针对从前苇商纳税承领塘地之后,大多违章私典,任意勒索租资谋取暴利的问题,责令将其所领之地收回另放,土地原佃者享有报领相应地块的优先权。丈放之前,原佃者须将自己地界封堆竖标、注明名姓,听候委员示期挨段查丈,届时即在地所守候,以免迟误。对于此前已经交价领照或向苇商私典执有契据者,仍需一同呈验。倘临期不到,先令乡保四邻将该地指丈注册,限 10 日内赴局补领丈单。倘再逾限,查封另放。原领塘地如前次业已交价,此次准其扣除原交之地数,接算补交。倘原额

① 赵尔巽:《奏为遵旨确查牛庄苇塘丈地委员嵩庆等员被参苛派受贿各款案大概情形事》(光绪三十一年九月十三日),军机处录副奏折,光绪宣统朝,03-7392-022,中国第一历史档案馆藏。

② 赵尔巽:《奏为遵旨确查牛庄苇塘丈地委员嵩庆等员被参苛派受贿各款案大概情形事》(光绪三十一年九月十三日),军机处录副奏折,光绪宣统朝,03-7392-022,中国第一历史档案馆藏。

③ 赵尔巽:《奏为委员重设总局普律清丈牛庄苇塘事》(光绪三十二年),宫中硃批奏折,04-01-11-0014-006,中国第一历史档案馆藏。

④ 赵尔巽:《奏为丈放奉天省牛庄苇塘变通办法事》(光绪三十二年十二月十三日),军机处录副奏折,光绪宣统朝,03-6516-132,中国第一历史档案馆藏。

之外丈出浮多,亦准原佃者照章交价承领。丈地之后,委员发给丈单,统限20日内持赴该局照章交价换领大照。其二,分别塘地情形,酌定地价和升科标准。首先,重新勘定塘地等级标准,所订地价以此次勘定等则为准;承领塘地应照锦州官庄奏定章程分上、中、下三等交价,已垦成熟者,上等地每亩交价银 2 两 1 钱,中、下等地按 7 钱递减;生荒照熟地递减一等,上等地每亩交价银 1 两 4 钱,中、下两等分别依次减半,斥卤按下等地减半。有苇之地由委员查勘明确,如系苇丛茂盛者,应照熟地缴价。尚未栽种及将来终难涸尽成田者,照生荒分等交价。塘地升科办法,按照锦州官庄章程,分上、中、下三等:上等地每年每亩征正课 8 分,中等地 7 分,下等地 6 分,斥卤按下等地减半。熟地当年升科,生荒自丈放之年起至第四年起科。有苇之地亦照熟地所缴地价,分别荒熟,依限起科。其三,对于地亩变化情况的预处理:一是新滋塘地。此次丈放之后,如濒河一带续有淤涸之地,准毗连之地户赴该管地方民衙门据实续报,仍照现章分则价领升科;一是被毁塘地。倘有已领之地被河水冲塌,亦准随时报明地方官履勘,咨部销课,以减少损失。[①]

　　尽管根据实际情况制订了细致可行的丈放章程,但是由于牛庄苇塘各处地亩形势复杂,在实际操作中仍不免困难重重,且时有地方豪强从中作梗,破坏丈放工作,直到宣统元年(1909)才最终将此处丈放完毕。共收地价银 207,230 两有奇,每年可得钱粮 19,790 余两。[②]

　　显然,作为发展地方的重要举措之一,对奉天大量闲荒地亩的清丈放垦,无论是对于政府还是对于民众,都不失为一项对二者均极为有利的双赢工程。就地方政府而言,此举不但可以推动奉天经济发展、增加财政收入,而且还可以明确各垦户的土地权限,消除日渐增多的所有权之争。在民众看来,放荒招垦,意味着各农户有机会获得自己赖以生存的最主要的生产资料,因而对此热情极高。尤其是清丈放垦过程中所采取的既往不咎的宽容做法,不但体恤民情,而且也极大地减少了阻力。对此,前任盛京将军增祺的奏折有言曰:各民"佥以备价认领为幸,一闻派员丈放,既往不追,

---

　　①　赵尔巽:《呈丈放牛庄苇塘变通章程七条清单》(光绪三十二年十二月十三日),军机处录副奏折,光绪宣统朝,03-6516-133,中国第一历史档案馆藏。

　　②　锡良:《牛庄苇塘放垦完竣出力各员请奖折》,中国科学院历史研究所第三所:《锡良遗稿·奏稿》,中华书局 1959 年版,第 978 页。

无不鼓舞欢欣,争先报领。若就此时查丈清楚,化私为公,俾得永远执业,既能筹款,又可便民"。①

（二）丈放蒙荒

丈放蒙荒的主要目的,在于筹措经费,更出于巩固边防的需要。沙皇俄国对中国东北部地区垂涎已久,近代以来,处心积虑,频频诉诸武力。而东三省北部、蒙古一带首当其冲,成为抵御俄国蚕食的第一道屏障。然而,蒙古地区地广人稀,边备空虚,不但不利于巩固边防,并且转而成为俄国觊觎的目标。鉴于该地在巩固国防上的重大意义,清政府对于蒙地愈来愈重视,移民实边,成为一时之热议。赵尔巽也认为,蒙古延袤数千余里,实为边陲屏蔽。固圉实边,"以丈放蒙荒为上策"。② 所谓"蒙古各旗自庚子以来列强环伺,现筹未雨绸缪之策,惟有将各旗荒地次第开垦,增设民官,藉图补救"。③ 在赵尔巽看来,蒙荒放垦实为一举多得之办法,既能够推动地方开发,巩固边防,又可以开辟利源,增加政府财政收入。因此,莅任后对于此事热情极高,一方面继续前任的工作,将未完之处顺序放竣,另一方面,多方劝说蒙古王公丈放更多荒地,扩大招垦规模。具体放垦目标,主要集中在科尔沁地区的蒙荒:其一为续放扎萨克图王旗山余各荒,其二为完竣扎萨克镇国公旗荒地丈放,其三则是劝放图什业图旗蒙荒。

1.续放扎萨克图王旗山余各荒。扎萨克图王旗（即科尔沁右翼前旗）跨洮儿河南北两岸,旗界内土地大多已经招垦放荒。并于洮儿河南北两岸创设一府两县,成效显著。该王旗荒界以内尚有毗连靖安县之七十七道岭、毗连洮南府之黄羊圈绰勒木山余各荒,因土地硗薄,无人承领,一直废弃。荒界以外则有塔拉根、莫力克图、吴逊噶权各沟川,因分界封禁,山多于地,并未考虑开辟。扎萨克荒务既已告竣,图什业图垦政继兴,该旗处于上述两旗之间,犬牙相错,因为疆界划分不清,争界缠讼经年不休。如不彻底解决问题,终恐酿成事端。而且该荒段内或为泽薮,或系山峦,林茂菁深,道路险僻。平时兵力不及,亦恐将来成为匪徒潜踪之所。在赵尔巽看

---

① 《前奉天将军增祺奏查锦州府属试垦续垦及海退河淤各地酌拟办法派员丈放以裕饷原（源）折》,《东方杂志》第 2 卷（1905 年）第 7 期,实业,第 105 页。

② 赵尔巽:《奏为遵旨筹办图什业图地方蒙荒就绪请派员收价丈放事》（光绪三十二年正月二十日）,军机处录副奏折,光绪宣统朝,03－6736－026,中国第一历史档案馆藏。

③ 赵尔巽:《奏请饬派留奉补用道张心田前往蒙古各旗筹办垦务并赏加二品衔事》（光绪三十二年二月初二日＊）,军机处录副奏折,光绪宣统朝,03－5455－030,中国第一历史档案馆藏。

来,"计非及时丈放,无以清讼累而策治安。而筹款之谋,尚在所后"。① 经洮南府知府商允该旗郡王乌泰呈请奏咨立案,指明将前项界内余荒三段续放,并愿展放前指界外之新荒一段。光绪三十二年(1906)三月二十六日,经赵尔巽奏请续放上述荒段,并饬委保升直隶州留奉候补知县张翼廷驰赴该旗设立蒙荒行局,总办其事。② 所有清丈、招领、收价、升科一切办法,均仿照该旗前届荒务暨镇国公旗荒务成案,并根据实际情况略加变通,以求完备公正。在丈放过程中,鉴于该处余荒土地过于贫瘠,恐无人承领,需要展辟新荒,与其搭配丈放,遂说服郡王将界外较腴之前届封禁各沟川呈请开放,以期二者相互搭配,保证丈放顺利完成。十一月二十八日,赵尔巽将具体办法奏陈朝廷允准。③ 此为该地段第二次丈放,大约历时半年时间,共放出土地 117,000 余垧。光绪三十三年(1907)、三十四年(1908),又经过两次续丈,共放出地亩约 190,000 垧。④

2. 完成扎萨克镇国公旗荒地丈放。扎萨克镇国公旗荒地位于哲里木盟科尔沁地区(哲里木盟科尔沁右翼后旗),南北长约 130 里,东西宽约百里。南通吉林之长春府,东连黑龙江新设之大赉厅,西接洮南府,北边公营子。勘丈全荒界面,计南北长 140 余里,东西宽 90 余里。截补综核,面积达 10,263 平方里有奇,计地亩 461,869 垧有零。⑤ 鉴于日俄两国加紧对东北的侵略和争夺,该荒地处其争夺要冲地带,清政府为巩固边防、解决财政困难,允准盛京将军增祺所请,设局招垦丈放。随即遴派委员,分设总局和行局分别管理各项事务。由于清廷重视并极力推动该处丈放、扎萨克镇国公的开明配合以及安置南部战争难民需要,此荒办理颇为顺利。⑥ 赵尔巽接办后不久,即将该处续丈完竣,共放出各项荒熟地亩

---

① 赵尔巽:《奏为续放扎萨克图王旗山余各荒派员设局办理大概情形事》(光绪三十二年三月二十六日),宫中硃批奏折,04—01—23—0222—004,中国第一历史档案馆藏。

② 赵尔巽:《奏为续放扎萨克图王旗山余各荒派员设局办理大概情形事》(光绪三十二年三月二十六日),宫中硃批奏折,04—01—23—0222—004,中国第一历史档案馆藏。

③ 赵尔巽:《奏为续放扎萨克图王旗蒙荒援案变通拟定章程事》(光绪三十二年十一月二十八日),宫中硃批奏折,04—01—23—0222—005,中国第一历史档案馆藏。

④ 乌廷玉、张云樵、张占斌:《东北土地关系史研究》,吉林文史出版社 1990 年版,第 130 页。

⑤ 赵尔巽:《奏报丈放科尔沁镇国公蒙旗荒地完竣并酌保出力人员奖励事》(光绪三十二年正月二十日),军机处录副奏折,光绪宣统朝,03—6736—020,中国第一历史档案馆藏。

⑥ 见"《办理札(扎)萨克镇国公旗蒙荒案卷》前言",张文喜等:《蒙荒案卷》,吉林文史出版社1990 年版。

241,400 余垧。[①] 具体情况见表 5—1、表 5—2:

表 5—1 丈放熟地情况

项目 (单位)	实际数量 (垧)	折扣 (成)	计价数量 (垧)	地价银 (两/垧)	应交银两 (库平银两)	实交银两 (库平银两)
上等	3951.3	7	2765.91	4.4	12170.004	12170.004
中等	3452.8	7	2416.96	2.4	5800.704	5800.704
下等	11063.4	7	7744.38	1.4	10842.132	10842.132
总计	18467.25	7	12937.25	——	28812.84	28812.84

表 5—2 丈放生荒情况

项目 (单位)	放荒数量 (垧)	不堪耕种 (垧)	实得毛荒 (垧)	计价数量 (垧)	地价银 (两/垧)	实交银两 (库平银两)
上等	44909.09	15056.89	29852.2	20896.54	4.4	91944.776
中等	54998.2	30707.4	24290.8	17003.56	2.4	40808.544
下等	300569.26	131721.06	168848.2	118193.74	1.4	165471.236
总计	400476.55	177485.35	222911.2	156093.84	——	298224.556

注:表中"实得毛荒"一项为"放荒数量"与"不堪耕种"者之差;"计价数量"一项系在"实得毛荒"基础上按七成折算而得。此表主要依据《呈科尔沁扎萨克镇国公蒙旗放过上下中生熟各荒及城镇基无租荒地并收过荒价银两数目清单》[②]制定。

据统计,丈放镇国公蒙旗全荒,总共征收熟地、生荒、城镇基价库平银 384,763 两,随收一五经费库平银 57,715 两。统共征收库平银 442,478 两。[③] 其中,经费库平银 57,715 两除开支总行各局一切经费外,尚余 1,640 两,另行存储。[④]

3.劝放图什业图旗蒙荒。奉天蒙荒未放之区,以科尔沁右翼图什业

---

① 赵尔巽:《奏报丈放科尔沁镇国公蒙旗荒地完竣并酌保出力人员奖励事》(光绪三十二年正月二十日),军机处录副奏折,光绪宣统朝,03—6736—020,中国第一历史档案馆藏。

② 赵尔巽:《呈科尔沁扎萨克镇国公蒙旗放过上下中生熟各荒及城镇基无租荒地并收过荒价银两数目清单》(光绪三十二年正月二十日),军机处录副奏折,光绪宣统朝,03—6736—021,中国第一历史档案馆藏。

③ 赵尔巽:《呈科尔沁扎萨克镇国公蒙旗放过上下中生熟各荒及城镇基无租荒地并收过荒价银两数目清单》(光绪三十二年正月二十日),军机处录副奏折,光绪宣统朝,03—6736—021,中国第一历史档案馆藏。

④ 赵尔巽:《奏报收过存储镇国公蒙旗全荒经费银两数目事》(光绪三十二年二月初二日＊),军机处录副奏折,光绪宣统朝,03—6736—025,中国第一历史档案馆藏。

图旗（哲里木盟科尔沁右翼中旗）为最广。该旗坐落奉天省北部，东与扎萨克图王旗接界，西南与达尔罕王旗接界，北与乌珠穆沁王旗相接。南北长 700 里，东西宽 160 里，面积约 80 万平方里。赵尔巽到任之前，奉北各处蒙古如扎萨克图王旗、镇国公各旗蒙荒业已先后开放，并经设官分治，已见成效。赵尔巽莅任后，在完竣上述地方蒙荒丈放的同时，查悉图什业图王旗地段尚可开放，随即备具札谕，饬派办理科尔沁扎萨克镇国公旗蒙荒行局总办留奉补用道张心田就近亲往劝办。该道于蒙地情形极为熟悉，历办扎萨克图王旗、镇国公旗各荒，颇为得力，劳绩卓著。劝放图什业图荒地之初，该旗人等疑阻不允。经张心田开诚布公，剀切劝导，最终说服扎萨克和硕图什业图亲王业喜海顺与协理印务台吉官员及旗众人等出具印文，呈请将该旗东界闲荒一段北自茂改吐等山，南至得力四台、巴冷西拉等处，南北长 360 里，东西宽 40 里之地划作丈放荒界，约计毛荒 648,000 垧。该旗亲王业喜海顺深明大义，同意按照历办蒙荒成案，将所收荒价以一半报效国家。历经数月，终将上述荒段放垦事宜准备完毕，将拟定之丈放该荒详细章程分别奏咨。光绪三十二年（1906）正月二十日，赵尔巽奏请委派留奉补用道张心田为图什业图蒙荒行局总办，饬令先赴该旗划定界址。并派员分设局所，择期开办。一切章程皆按照前办扎萨克图成案办理。[①] 同时，附片奏请赏张氏二品衔，以示器重。二月初二日，奉旨允准。[②] 但是，未及开丈，张心田因丁忧卸差回籍，复经另派知府和文前往接办。该员抵达后，晤商该旗协理印务德力克呢吗等，允准展放茂改吐山西北一带荒地，该地南北长 60 里，东西宽 40 里。根据实际情况，剔除旧弊，拟定变通办法，继续丈放该段蒙荒。[③] 熟地当年起科，生荒第六年起科。"此荒后由道员毛祖模、洮南知府孙宝瑨总办

① 赵尔巽：《奏为遵旨筹办图什业图地方蒙荒就绪请派员收价丈放事》（光绪三十二年正月二十日），军机处录副奏折，光绪宣统朝，03－6736－026，中国第一历史档案馆藏。

② 赵尔巽在奏折中分析此举的意图时称：蒙旗风气未开，识见狭隘。台吉人等自以品位崇高，于外来人员常多藐视。因此，办理一切事宜诸形棘手。鉴于此情，为了扫除这一障碍，赵尔巽奏请"将留奉补用道张心田赏加二品衔，俾蒙旗人等知所尊重，于筹办垦务殊有裨益"。见赵尔巽《奏请饬派留奉补用道张心田前往蒙古各旗筹办垦务并赏加二品衔事》（光绪三十二年二月初二日 ＊），军机处录副奏折，光绪宣统朝，03－5455－030，中国第一历史档案馆藏。

③ 赵尔巽：《前奉天将军赵奏勘放图什业图蒙荒援案变通章程折》，《东方杂志》第 4 卷（1907年）第 6 期，第 125 页。

或兼署,放荒持续多年。"① 到民国二年(1913),前后共放出 71 万余垧土地。②

对官庄、旗地和官荒、蒙地的放垦,不仅大大促进了奉天农业生产的发展,而且大量的田庄租本身也增加了省库收入,为各项新政的开展提供了重要的资金来源。在推动奉天经济发展与抵御侵略的同时,也促使大量官地、旗地向民地的转化。此举不但对于满蒙地方发展具有重要作用,而且推动了奉天地方生产关系的发展转化。③ 对蒙荒的丈放,不仅可以满足大量关内移民对于生产资料的巨大需求,更为重要的是通过大量的垦殖活动,充实了北部边防,对于联络蒙疆、巩固国防的意义尤为重大。鉴于清政府的军事力量与经济实力,通过移民招垦达到充实边防之目的,实为当时艰窘情况下的不二之选。此举虽不能彻底杜绝邻邦的觊觎之心,但是通过加强边卫,无疑能够多少提高对外敌入侵的防御能力。而此举对于东北来说尤其合宜,相对于派驻重兵镇守而言,通过移民实边来巩固疆土,既能够缓解东北地方防营窳败、兵力缺乏的困境,又可以通过移民招垦来推动地方经济发展,吸引更多人口充实边陲、巩固国防,可谓一举多得。

经过几代人大规模的放垦开发,奉天地方的耕地面积迅速增加,从咸丰元年(1851)的 11,524,200 亩,增至宣统二年(1910)年的 68,226,611 亩。④ 半个世纪间增长了近 5 倍。除此之外,对土地的清查,不仅是清赋的一部分,同时也为清赋的推行奠定了基础。但是,从另一个角度看,对蒙荒大规模的清丈放垦,也给当地的发展带来了一定的不良影响。已有学者指出,大量牧场被开作耕地之后,当地的农业耕作技术并没有多大改进,很难尽收农利,实现丈放当初的美好愿景,而造成"牧地虽经丈放,而农业收效甚微"。⑤ 同时,大量蒙荒的开发,也是以草原生态环境的破坏为前提的。⑥今天看来,代价可谓沉重。

---

① "《办理图什业图蒙荒案卷》前言",张文喜等:《蒙荒案卷》,吉林文史出版社 1990 年版。

② 乌廷玉、张云樵、张占斌:《东北土地关系史研究》,吉林文史出版社 1990 年版,第130 页。

③ 余阳:《赵尔巽对清末奉天省财政的整顿》,《满族研究》1992 年第 4 期,第 41—44 页。

④ 薛虹、李澍田:《中国东北通史》,吉林文史出版社 1991 年版,第 499 页。

⑤ 卢明辉:《清代蒙古史》,天津古籍出版社 1990 年版,第 221 页。

⑥ 衣保中:《清代以来东北草原的开发及其生态环境代价》,《中国农史》2003 年第 4 期,第112—119 页。

第二节　推广实业

奉天农业生产水平虽然不高，但是地广人稀，土地肥沃，除口粮之外，尚有剩余。农产品以高粱大豆为主。工业水平更低，产品以烧酒、豆油等初级工业加工品为主。由于偏处东北一隅，风气极为闭塞。且就全国而言，并非地处冲要通衢之区，其商业发展本较内地落后，从业者各自为战，不利于当地工商业之发展。[①] 特别是将来各处商埠按约开放之后，"各国挟其商战之策，以竞争于市场。而本省之商人于其输入之货莫究其来源，输出之货莫明其销路，即本省产物，以何者为大宗，国内所有，以何者为特色，亦漫不研究，奉省当局所以汲汲于开通商业智识，而有商务局、商务会及商品陈列所之设"。[②] 此外，资金不足、工艺技术落后等问题也是一直以来束缚地方发展的一大障碍。这一状况，加之全国潮流的推动，促使赵尔巽有针对性地采取了相应策略来振兴奉天工商业：通过鼓励建设同业会来推动地方工农商业的发展；设置专门的机构推广工商知识；重视商业调查；通过改善地方环境和优惠政策招商引资，发展地方实业。

一、创立同业协会

日俄战争后的奉天地方，无疑需要尽快恢复和推动地方经济发展，而所面临的是日益严峻的经济形势。各产业所要面对的，已不再是自己内部的竞争，而是来自日俄等国家的外部压力。将来奉天开埠地方越来越多，外国的廉价商品与工商业资本必将大量涌入，地方商业不可避免地要面临严峻挑战。当时的地方官员显然已经注意到了这一情形，并感受到了巨大的压力：

> 是此后奉省情形虽渐免风鹤之警，而观其现象，实为东西各国工
> 商竞争之中心点矣。环顾吾民商情涣散，工艺窳苦，农业颓唐，持此以

---

① 赵尔巽全宗档案，第173卷（《赵尔巽奏为奉省创设商品陈列折及开商埠等筹咨开设工艺公司豆付公司考察渔业的文件》），缩微号：0029，中国第一历史档案馆藏。

② 王树楠、吴廷燮、金毓黻等：《奉天通志》卷115,1934年铅印本，第2—3页。

与列强相角,恐难免于优胜劣败之中。言念前途,能无惕惧。……自今以往,若不设法维持振兴工业,恐并此沃美大陆之农产将全供外人工场之原料矣。①

要在日益激烈的经济竞争中占据有利地位,离不开同业协会的组织协调来推动相关产业的发展进步。

(一)设立商会

近代以来,在世界大趋势的影响与推动之下,清政府日益重视商业在经济发展中的重要作用。清季,朝廷设立商部,各省设立商务局,意在沟通官商之情感,推动商业发展。而商会这一商人社团组织,实乃此中津梁。商会是各工商从业者为沟通市场情况、促进国内外商业贸易发展以及调解商事纠纷而组织起来维护和代表工商业者利益的社会团体。世界各国,凡商业经济发展到一定程度的城市,都有这种商人社团组织。商会在沟通官商、组织商业发展方面,显然具有不可替代的重要作用,是推动经济、社会发展的重要力量。然而,东北地区商业落后,商业意识淡薄,商人各自为战。这种情形,显然不利于地方商业的发展。

面对如此严峻形势,大力发展地方商业、增强竞争能力实为当务之急。而要实现这一目标,商人之间的黏合剂暨官商之间的桥梁——商会组织,同样也是不可或缺的。各个商人通过商会有机地联合起来,既能增强竞争能力,又可以提高地方商人对于商业竞争的认识水平。有鉴于此,"奉天筹办商务,拟先设立商务总会,以资提倡"。② 同时,极力推广商会,鼓励各商家联合起来共谋发展。商部也意识到东北形势的紧迫,完全赞同赵尔巽的这一做法:

> 臣等伏念奉省幅员广博,土产素饶,惟自兵燹频仍,元气凋敝。善后之策,未便缓图。是以上年臣部曾遴派司员前往考察一切情形,详加体察,爰知该省蕴积之富,若矿产、若农林、若盐务、若渔业,在在胥资整顿。为今日计,欲保利权须先从商务入手;欲兴商务又须从商会

---

① 金还、熊希龄:《奉天农工商局呈军督部堂公文》,明志阁:《满洲实业案》,游艺社 1908 年版,第 13—14 页。

② 《德宗景皇帝实录》卷 558,《清实录》第 59 册,中华书局 1987 年影印本,第 398 页。

入手。①

为传播商业知识、开通风气,赵尔巽还亲自演说,介绍世界商情,开启商民智慧:

> 今日之世界,一商战之世界也。……惟本军督默察吾奉商智之锢蔽,有甚于学界,皆由素无商学之故。然此非一朝一夕所能骤几,目前欲图速效,惟有力反从前积习而已:从前尔虞我诈,同行相挤;今宜推诚布公,互相扶持。从前任意出帖,倒帐亏骗视为固然;今宜各务实业,勿蹈空虚。从前官商通同匿税,甚或齐行违抗;今则须知纳税为国民义务。从前只图小利近功,今须定远谋大计。从前独力难成,今宜连合公司。从前惮于远游,今宜遍历重洋,广求知识。②

在开通民气的同时,赵尔巽还积极打通官商关系,推动官商以诚相见,共同推动奉天经济的迅速发展,以期将来能够在与外人的竞争中立于不败之地。③

在全省商务总局的推动下,奉天地方在省垣设立奉天商务总会一所,由政府先行拨发开办经费,各商董公举花翎保送知府孙百斛为总理,监生梁维康为协理。并拟定奉天商务总会章程十三章,咨请商部照案札委各员并核复。经商部详细查核,认定"其所拟章程,组织完备,条理秩然,深合设会本旨。所举总、协理皆系久营商业、熟悉商情之人,自堪胜任,应请照准办理"。④ 光绪三十二年(1906)四月二十二日,经商部奏准。⑤ 省城商务总会设立之后,即派委员赴各属劝办地方商会。数月间,营口、安东等地又开设了商务总会,其他各地设分会38个,分所16个。⑥ 赵尔巽于奉天地方商智未启、商情不畅的情形下,极力推进商会建设并加以推广,其难度远大于其他地方,而其重要意义也非在其他地方推广商会所能比拟。正如商部所

---

① 《商部奏奉天设立商务总会折》,《东方杂志》第3卷(1906年)第7期,商务,第70—71页。
② 赵尔巽全宗档案,第173卷(《赵尔巽奏为奉省创设商品陈列折及开商埠等筹咨开设工艺公司豆付公司考察渔业的文件》),缩微号:0029,中国第一历史档案馆藏。
③ 赵尔巽全宗档案,第173卷(《赵尔巽奏为奉省创设商品陈列折及开商埠等筹咨开设工艺公司豆付公司考察渔业的文件》),缩微号:0029,中国第一历史档案馆藏。
④ 《商部奏奉天设立商务总会折》,《东方杂志》第3卷(1906年)第7期,商务,第70页。
⑤ 《德宗景皇帝实录》卷558,《清实录》第59册,中华书局1987年影印本,第398页。
⑥ 王树枏、吴廷燮、金毓黻等:《奉天通志》卷115,1934年铅印本,第3页。

言,各省先后遵立商会,如天津、上海、汉口等埠颇有成效。惟皆商务繁盛之区,风气早开,办理稍易。"今奉省于百端待理之际首植此互相团结之基,挽回利权,肇端斯举,例诸他省虽提倡较难,而关系尤为紧要。嗣后该商会既经成立,所有各项农矿鱼(渔——引者)盐实业,不难次第研究,逐渐扩张。"①

(二)请立农会

在赵尔巽看来,作为以农立国的清政府,农业不仅是推动其经济发展的核心力量,关系国计民生,对于日俄战争后的东北而言,更是事关内政外交与国家主权的大事:

> 东三省地大物博,出口土货以农产物为大宗。查海关册报,每年输出价额约值银二千余万两之多,其中豆子有二百余万石。天然丰富,洵农国也。惟是土旷人稀,又无巨资兴办农业公司,改良种植,以致地有遗利,物有缺品。民间除高粱、豆子外,日用必需之物无不较内地加昂数倍者,生计日困,殊可隐忧也。奴才窃维中国自古以农立国,天子躬耕,后妃亲蚕,其注意于民事者,此为最重之典礼。继考泰西各国制度……富强之效,良有由矣。我朝禀承祖训立国,重农籍田之祀行之三百余年,其所以为民模范者,实较东西各国为最先。东三省当此列强环集,民物凋零,下观稼穑之艰难,上系官廷之厪念,尤不能不以整理农业为当务之急。……而于外交内政之问题,确属关系者,亦有两端。查各国经野,首重大农。德美两国制度,于大地主尤有特别权,以其资本甚巨,为国兴利也。东三省平原大陆,富有万亩者不乏其人,实为最便于大农业发展之域。且绅商土著,皆天潢贵胄、勋裔世族之子孙。产业兴衰有关贫富,若能及时图维,设立农会,群策群力,以期农业之扩张,个人所入必倍于昔,不徒八旗生计补救无形,足纾朝廷东顾之忧。而民有恒产,俗化善良,马贼胡匪亦必因而愈减。此内政之关系也。又查各国法律,于统治人民土地皆属自主之权,他国不得丝毫侵犯。……今东三省已为各国工商竞争之区,路矿纯非己有,洋商又欲杂居,惟此沃美之田园,尚为人民完全之管领,必须彰明较著,正其名曰大清帝国农会,使东三省人民知国家名义之所存。虽尺寸之

---

① 《商部奏奉天设立商务总会折》,《东方杂志》第 3 卷(1906 年)第 7 期,商务,第 70—71 页。

土,惟主人翁有此操纵之权,而又藉以联合三省,悉力经营,改良农事,振兴制造,使荒漠化为繁庶。如盛器然,我有物以实其中,彼自无虚可入。如围棋然,我有子以空其角,彼自无隙可乘。结团体而固民心,适足弭势力范围之祸于无形。此外交之关系也。①

农业的发展,除了政府的重视与推动之外,还需要提高生产水平以及调动具体执业者的积极性。所以,除了设立学堂培养专业人才之外,尚需要提高广大农民的意识、推广普及农学新知。赵尔巽主张学习英国、日本等国家由政府出面组织、推动农业发展的经验,援照前商、学两部奏请设立商会、学会之例创立农会。"请简亲贵、重臣为会长,而以东三省将军副之,使全国人民知朝廷垂念根本之邦,注重田畴之业,风行草偃,气象一新。"②于是,光绪三十二年(1906),赵尔巽呈递奏折,请求先就奉天省城设立东三省农会,暂以奉天农工商局兼理,召集各府、州、县绅商为农会会员。凡化验土质、购求苗种、医疗牲畜、咨询农事、贷放资本,皆由农会担任指导。其余各府、州、县分会,均须次第兴办,以期普及。同时,请求简派农工商部尚书为会长,东三省将军为副会长。不难看出,赵尔巽如此主张,一则意在显示清廷对"龙兴之地"的重视,二则表现政府对农业的尊崇,推动农业的发展。③

二、推广普及实业知识

东北土地肥沃而地广人稀,因此素不讲求耕作技术。直至清季,大部分地区的农业生产依然十分粗放。对此,徐世昌在《东三省政略》有着颇为形象的描述:

奉天交通之机,近始萌芽,种植之力,向称薄弱。未垦之地十居二三,即已治之地,亦或溉粪无术、择种未良,货弃于地而不收,力放于人而不举,收获丰歉,悉委诸天运之自然而绝无考究。持此不变,势必物产日窳,财力日绌。故经营奉天实业,必先以整理农业为第一关键,可

---

① 赵尔巽:《请立农会片》,明志阁:《满洲实业案》,游艺社1908年版,第9—11页。
② 赵尔巽:《请立农会片》,明志阁:《满洲实业案》,游艺社1908年版,第10页。
③ 赵尔巽:《请立农会片》,明志阁:《满洲实业案》,游艺社1908年版,第9—12页。

断言也。整理方法,必以开通智识,改良种植为始。①

要发展农业经济,在大量垦荒增加耕地面积的同时,提高耕作技术显然是更为有效的长远之计。因此,在全力振兴普通教育的同时,需要设立专门学堂以培养各种专业人才,同时设置一些专业机构,用以推广普及农业知识。从工商发展来看,中国作为一个传统的农业国家,工商业本非其长项。尤其近代以来,生产力水平更远远落后于西方。而偏处东北一隅的奉天,农工商业发展水平尤较内地发达地区有相当的差距。虽然清中叶以来大规模的招垦推动了土地的开发以及农业产量的增长,同时带动了商品经济的迅速发展,但是,所输出者多以烧酒、豆油等农产品的简单、初级加工制成品为主。作为东北地区的传统优势产业,其所需技术水平不高,产品附加值低。要推动地方农工商业的发展,相关专业知识的推广与普及同样成为推动奉天经济发展的一项长远之计。为此,奉天省主要采取两项举措:其一,设立专门学堂,培养专业人才,以满足工商业发展的专业人才需求;其二,设立实业推广机构,注意开启民智,转变社会风气,普及实业知识。

(一)专业学堂教育

1. 开办农业试验场。在赵尔巽看来,富强的根本在于实业,而实业的振兴又离不开人才的培养。就当时的社会经济而言,农、工、商三者当中,农业发展居优先位置,是为基础,所谓"工以精制造,皆赖土地之生产力以为之原料,故欲整顿工商,必先考求农业"。② 而且就奉天地方而言,土地肥沃,旷土甚多,为农业的发展提供了最重要的生产资料。所以,赵尔巽到任之后,即于招垦放荒一事实力举行。但是苦于地方民众农智未开,不知讲求地利,极大影响了农业的生产效率。要发展农业,必须改良生产技术,改变过去传统的耕作方式。③ 因而,他非常重视对于具备新型知识的农业人才的培养。然而,农学又与其他学科不同,有自己的特点:"考究他种实业,自宜以学堂为先,试验为附;独至农业,似宜以试验为主,

---

① 徐世昌等编纂,李澍田等点校:《东三省政略》,吉林文史出版社 1989 年版,第 1522 页。

② 赵尔巽:《奏为奉省设立农业试验场事》(光绪三十二年五月二十一日),军机处录副奏折,光绪宣统朝,03－6736－067,中国第一历史档案馆藏。

③ 赵尔巽:《奏为奉省设立农业试验场事》(光绪三十二年五月二十一日),军机处录副奏折,光绪宣统朝,03－6736－067,中国第一历史档案馆藏。

学堂为辅。"①换言之,农学具有很强的实践性,知识传授要结合一定的实际操作方利于掌握。

正是基于上述考虑,赵尔巽主张先设农业试验场,后立农业学堂。光绪三十二年(1906)春,札委翰林院编修魏景熊为总办,创设农业试验场。聘日本农学博士为场师,"试验中外农产种类,研究畜牧方法"。② 勘定东边门外龙王庙旧址,略加修葺作为事务所,拟定暂行章程,选委职员,分为书记、编辑、庶务、调查、通译、会计、稽查等七科,各置科员一二名襄理职务,又延雇日本技师长、技师手 6 名,作为师资力量。③ 五月二十一日,经赵尔巽奏明立案。④ 初创时期的农业试验场规模很小,仅有官地 110 亩以及租永光寺附属地 10 亩,以充试验农圃之用,合计不过 120 亩。第二年,扩大规模,以东塔为中心,至五里桥、八里堡一带收买官民地 1,588 亩。除房屋用地、农学堂用地以及种树用地外,约余 1000 亩,专门用作试验地及耕作之用。⑤ 除省城一处之外,还在新民、法库门、铁岭等 12 处地方设立分场,以便更好推广农业技术。其苗种均购之海外,春间播种,秋间成熟。当年秋季,试验场试种改良的多数作物都取得了较好的成绩,以牧草为最佳,玉米等次之。⑥ 相对于农业而言,畜牧业周期较长,几年后也取得了骄人的业绩。"所出改良羊毛,于宣统二年(1910——引者)南洋劝业会曾膺特别褒奖,其试种各项谷类亦悉获奖牌。"⑦光绪三十三年(1907)秋,奉天留学美国的农科毕业生陈振先回国,被委任为该场主任,进一步扩大规模,场地扩大为 1,350 余亩。第二年,奉天劝业道又在省城西门外开辟新区,占用官地 1,900 余亩,试种各类作物。⑧

---

　　① 赵尔巽:《奏为奉省设立农业试验场事》(光绪三十二年五月二十一日),军机处录副奏折,光绪宣统朝,03－6736－067,中国第一历史档案馆藏。
　　② 赵恭寅修,曾有翼纂:《沈阳县志》卷 7,1917 年,第 2 页。
　　③ 赵尔巽全宗档案,第 176 卷(《奉天省农工商局呈报奉省牧养公司工艺局渔业公司工作情况及创办农业试验场报告》),缩微号:0029,中国第一历史档案馆藏。
　　④ 《奉天全省农业试验场报告第一册》,明志阁:《满洲实业案》,游艺社 1908 年版,第 171 页。
　　⑤ 《奉天全省农业试验场报告第一册》,明志阁:《满洲实业案》,游艺社 1908 年版,第 173 页。
　　⑥ 具体言之:玉米、荞麦、牧草、白菜、茄子最好;绿豆、甜蓝等其他蔬菜次之;而燕麦、陆稻、大麻、豆麻等则因为不得农时而失败。详见《奉天农业试验场》,《汉文台湾日日新报》1906 年 11 月 23 日第一版,杂报。
　　⑦ 赵恭寅修,曾有翼纂:《沈阳县志》卷 7,1917 年,第 2—3 页。
　　⑧ 于春英、衣保中:《近代东北农业历史的变迁:1860—1945 年》,吉林大学出版社 2009 年版,第 49 页。

　　试验场在推行农业改良试验的同时,还坚持长时间观测气象,留下了详细的天气数据记录。光绪三十二年(1906)秋,农业试验场开始对温度及雨量进行观测,并结合日本奉天测候所的观测,以月份为单位,分为平均温度、最高温度、最低温度、平均湿度、日照时间、晴阴雨雪天数、雨雪量(月全量)、平均蒸发量、地面湿度、暴风日数等项记录了从农历本年一月至十二月的多项气象数据。[①] 这些重要的数据为农作物的适时耕作以及后来研究当地气候变迁,都提供了宝贵的资料。作为清季农业改良的重要尝试,农业试验场的建成还点缀了周围的环境,"东塔春耕"成为当时著名的"盛京八景"之一。

　　有了一定的实践基础之后,试验场附设学堂 1 所,于永光寺旁建筑农务学堂及寄宿舍 60 间,教习由日本场师兼任,是为奉天最早的农业学堂。[②]更有学者称其为东北最早的农业学堂。[③] 光绪三十二年九月初一日[④],农业学堂正式成立,分为速成、永久两类,招收农业速成学生 120 人,分为两班,初拟 4 个月毕业。后来,以 4 个月时间太过仓促,延长为 1 年。[⑤] 学科分为预科和本科,学习内容除专业知识外,还有一定比例的基础知识。除了在课堂学习之外,还有土壤、肥料、作物、园艺、农产、养蚕、虫害、气候、林学、兽医、水产等十多种实习科目,供学生选择。另外,还可以根据需要,酌加其他农学相关科目。在接下来的几年中,该学校规模不断扩大,光绪三十四年(1908)四月,增加中等农业学生两班,更名为奉天省城官立中等农业学堂,经费由农工商局供给。宣统二年(1910),添招农业教员讲习所 1 班,3 年毕业。另外,还招收蚕桑补习班及完全班各 1 班,进一步推广农业技艺。[⑥]

------

　　① 《奉天全省农业试验场报告第一册》,明志阁:《满洲实业案》,游艺社 1908 年版,第 171 页。

　　② 《东三省政略》谓:"奉天之有农业学堂也,始于光绪三十二年九月。前将军赵尔巽饬令农业试验场招生开办,即以农场技师兼任教习。"(徐世昌等编纂,李澍田等点校:《东三省政略》,吉林文史出版社 1989 年版,第 1537 页)

　　③ 王贵忠:《东北职业教育史——从远古到民国》,辽宁大学出版社 1999 年版,第 116 页。

　　④ 《奉天全省农业试验场报告第一册》,明志阁:《满洲实业案》,游艺社 1908 年版,第 171—173 页。

　　⑤ 罗振芳:《呈请筹拟来年农场及学堂办法文》,明志阁:《满洲实业案》,游艺社 1908 年版,第 151 页。

　　⑥ 王树枏、吴廷燮、金毓黻等:《奉天通志》卷 153,1934 年铅印本,第 14 页。

　　奉天农业试验场是东北地区最早的农业科研机构,对当地农业技术的推广以及农业的发展做出了重要贡献,部分地改变了关外传统农业很少讲求科技、基本靠天吃饭的做法,近代农业科技及其试验方法开始在当地农业生产中应用,开创了讲求农学的新风气。长远来看,该机构对于农业发展的推动作用不可否认。曾有后世学者指出:"尽管在当时的历史条件下,其科研成果水平及其推广普及程度有限,试验场的经管也因经费等问题举步维艰,但它对于近代东北农业科技的确立,做出了历史性的贡献。其在当时引进的外国农作物品种,作为生物物种资源,在后来的农业生产及科研中也起到了无可替代的作用。"[1]这种评价,应该说是颇为中肯的。

　　2.设立森林学堂。奉天省林木资源丰富,由于战争破坏,林政废弛,自己未及开发转而为他国所觊觎。时人已达成共识,要保护和发展此项产业,"则应养成明达林业之人物而任其经营"。[2] 为开辟利源,保护林木,加之"农林之学本相通也。奉省富有森林,则林学之讲求万不能缓"。光绪三十二年(1906)七月,赵尔巽从东边开埠局之请,[3]"决计拟筹款十五万两在安东开设森林学堂",培养林业人才。[4] 几经周折之后,光绪三十三年(1907)春,东北最早的森林学堂——奉天森林大学堂在安东落成,延聘原日本农商务省技师三户章造为正教习。[5] 开设之初,只设一班,有学生50余人。该学堂不但重视理论学习,还尤为重视实践能力的培养。专门在松花江、嫩江近水之地预留有木之山50里,作为该学堂实习之用。后来,根据学堂监督郭宗熙建议,学堂移至省城建立,在奉天省城东门外正式成立奉天省城官立中等森林学堂,并改隶新设之劝业道管辖。光绪三十四年(1908)正月,新学堂开办。[6] 宣统三年(1911)二月,与农业学堂合并成立奉天官立农林学堂。[7] 该校设森林预科、本科及速成班,先招学生60名,每年续招,以足300名为定额,学制为5年,延聘日本林学专家数人为教师,

　　① 王琦:《清末的奉天农业试验场》,《兰台世界》2005年第6期,第119页。
　　② 《拟兴农林大学堂》,《大公报》光绪三十二年九月十八日第五版,时事,东三省。
　　③ 徐世昌等编纂,李澍田等点校:《东三省政略》,吉林文史出版社1989年版,第1537页。
　　④ 《开办森林学堂》,《盛京时报》光绪三十二年九月初八日第二版,东三省要闻。
　　⑤ 《森林教习到堂》,《盛京时报》光绪三十三年三月十八日第五版,东三省汇闻,安东。还有一说,延聘三户章造为农学士(汪向荣:《日本教习》,中国青年出版社2000年版,第106页)。
　　⑥ 徐世昌等编纂,李澍田等点校:《东三省政略》,吉林文史出版社1989年版,第1537页。
　　⑦ 王树枏、吴廷燮、金毓黻等:《奉天通志》卷151,1934年铅印本,第14—15页。

分科教授。经费由度支司供给,凡延聘中外教习与学生膳费,概由政府支出,超过定额的学生也可自费肄业。奉天森林学堂的设立,表明奉天地方对于林产的重视程度有所提高并且已经付诸实践。对林业人才的培养,不仅仅有利于推动奉天实业发展,而且于维护地方林产、抵御邻国的侵略,无疑也具有积极意义。

　　3.改造商业学堂。奉天省的商业学堂主要是以接收日本人创办的营口商业学堂和瀛华学院为基础设立的。日俄战争结束后,营口由中国收回,政治归属发生了变化,加之其时正值奉天省大力发展经济、推行新式教育,急欲培养商业人才。于是,在赵尔巽主持下,光绪三十二年(1906)冬,通过谈判将上述两所学堂一并接收过来,"派汪仪君接充监督"。① 接收之后,将两学堂归并,改为商业学堂,于十月下旬开学。② 此后,营口商业学堂的规模,不断地发展壮大。到光绪三十三年(1907)春季时,已经有在堂学生约 100 名。为了更好普及商业知识、满足更多人的学习需求,进一步扩大教学规模,还"添设夜班,专教商铺子弟昼间不能上学而有向学学志者"。③ 民国元年(1912)年九月,商业学堂迁入省城,改名为奉天省立中等商业学校,④为银行和官办企业培养财务会计人员。⑤

　　(二)实业推广机构

　　要抵御经济侵略,需要先行发展自己,增强竞争能力。教育的周期性决定了其效益产出的延时性,对于日俄战争后的奉天而言,实业知识的推广普及仅仅依靠专业教育,缓不济急。而且就经济的发展而言,既需要专业人才,更离不开民众的参与,他们观念的改变与农工商知识的增长,同样至关重要。就当时的内外形势与客观条件而言,对初级专业知识的推广普

---

　　① 《收回营口学堂之善后》,《盛京时报》光绪三十二年十月十八日第三版,东三省汇闻,营口。具体过程参见王贵忠:《东北职业教育史——从远古到民国》,辽宁大学出版社 1999 年版,第 119 页。

　　② 就笔者所见资料,具体开学日期尚不能确定。有几种说法:十月二十四日(《学堂开学再志》,《盛京时报》光绪三十二年十月二十八日第三版,东三省汇闻,营口);十月二十五日(《商学开校再志》,《满洲日报》光绪三十二年十月二十八日第三版,营口杂记);十月二十六日(《商业学堂开学》,《盛京时报》光绪三十二年十月二十六日第三版,东三省汇闻,营口)。按:以当时报纸新闻的时效性而言,以当日报纸报道当日之事的可能性不大,故二十六日之说,颇不可信。开学日期当在二十六日之前。

　　③ 《商业学堂添设课程》,《盛京时报》光绪三十三年三月初一日第五版,东三省汇闻,营口。

　　④ 王树枏、吴廷燮、金毓黻等:《奉天通志》卷 151,1934 年铅印本,第 15 页。

　　⑤ 王贵忠:《东北职业教育史——从远古到民国》,辽宁大学出版社 1999 年版,第 119 页。

及是此项工作中的重要一环,显得尤为必要和急迫。所以,奉天地方在发展专门实业教育之外,还学习国外先进经验,参照东西各国章程先后设立农业试验场、商品陈列所以及劝工场、手工传习所、工业试验场等模范工场,普及工商知识,鼓励商民学习模仿。这些推广机构的设立及其运行,在开通社会风气,使人民游惰固习有所缩减而实业知识得到推广的同时,有利于逐步改进发展各项实业技术,推动奉天经济日渐发达。

1.奉天华产商品陈列所。奉天华产商品陈列所之设,兼具展示与销售的双重作用,既可以推广新品,普及实业知识,又能够连接产销,架起供需之间的桥梁,推动产品的生产销售。赵尔巽认为"国力之盈虚视乎实业,而实业之衰旺操之商场"。① 奉天地方物产丰富,要振兴实业,利用固有丰富资源进行深入加工实乃必由之途,也不失为迅速发展的一条捷径。此举不但可以更好利用资源优势发展地方经济,而且能够以优良产品占据地方市场,在一定程度上抵制列强对东北资源与日益扩大的市场的掠夺。鉴于东北地方风气闭塞,其商品生产与商业知识尚处于前启蒙阶段,设立商品陈列所,引导商民模仿改进,不失为开启蒙昧的一个好方法,西方各国在其工商发展过程中即特别注重发挥此项工作的积极作用。鸦片战争以来,列强挟其战场上的余威大肆倾销商品、掠夺中国各地资源。东北地区以牛庄开埠为作俑之始,随着日俄等侵略势力的深入,其境况渐与关内省份无异。尤其日俄战争之后,"辽南铁路之权操诸日本。昼夜运输,进口货品日月漫盛。日人乘全胜之势掷巨大之资本,几占商界优胜之地位。铁轨所届,商店林立。进步之骤,实可惊骇"。② 因此,普及工商知识不仅是推动地方经济发展的当务之急与长远之计,而且也是抵制经济侵略的重要手段。"是商品陈列所之设,在他处为内政,而在奉省则兼涉外交;在他处为兴利,而在奉省则亟于防患。"③

光绪三十二年(1906)四月十八日,赵尔巽奏准在奉天省垣西关地方设立商品陈列所,"罗致本省土产以及各省货品,搜求惟备,肆设以列,纵我民

———————

① 赵尔巽:《奏为奉省创设商品陈列所请旨敕下商部分咨各省大员调来物品交易事》(光绪三十二年四月十八日),宫中硃批奏折,04-01-06-0012-013,中国第一历史档案馆藏。

② 赵尔巽全宗档案,第185卷(《赵尔巽关于奉省开埠开矿设关征税修建铁路事之咨文》),缩微号:0030,中国第一历史档案馆藏。

③ 赵尔巽全宗档案,第185卷(《赵尔巽关于奉省开埠开矿设关征税修建铁路事之咨文》),缩微号:0030,中国第一历史档案馆藏。

庶任其游览,俾商知所求而工知所劝"。① 所陈列各商品,首以本省出产者为先,其他省区所产货物位居其次。"天产品以产额富饶有益国计民生者为主,工艺品以制造精良可畅销中外者为主,余者缓收。"② 所收展品共分教育类、天产类、工艺类三大类,每类下面又分为数个不同主题区域,分类展览,免费参观,以便各商民学习调查。详细情形,见表5—3:

表5—3　奉天华产商品陈列所陈列品分类细则

类 别	分 区	项 目
教育类	图 书 区	古今经世书籍及学部所订各学堂教科书、舆图、报章杂志等
	仪 器 区	最先进的理化实验器械及其他教学用具
	办公用品区	笔墨纸砚等文具用品
	武器装备区	海陆军武器装备等类
天产类	农 业 区	五谷、水果、蔬菜等农产品
	林 业 区	竹、木、茶、笋等林产
	水 产 区	水产品
	矿 产 区	五金、矿产等类
	农业化学区	油、酒、酱、醋、茶食及罐头等
工艺类	杂品工艺区	利用金、银、宝石等加工制造的各种贵重工艺品
	化学工艺区	药材、香料、烟草、玻璃等化工制品
	什物工艺区	日常生活用品
	纺织工艺区	丝棉麻毛等纺织品
	美术工艺区	书画、雕塑等工艺品

据《奉天华产商品陈列所试办章程》编制,载《满洲实业案》卷上,游艺社1908年版,第214—215页。

　　所陈列的各项商品均需标示其价值、产地,并注明其性质、用途,以期达到"商知所求,工知所劝"之目的。这些陈列品仅供展示观摩之用,不得用来交易(销售场所在陈列所旁之劝工场)。为了鼓励提高工艺水平,推动奉天地方制造业的发展,有效抵制外来商品的浸灌,该陈列所还承诺为积极发明创造抵制外货者申请褒奖:

　　① 赵尔巽:《奏为奉省创设商品陈列所请旨敕下商部分咨各省大员调来物品交易事》(光绪三十二年四月十八日),宫中硃批奏折,04—01—06—0012—013,中国第一历史档案馆藏。
　　② 《奉天华产商品陈列所试办章程》,明志阁:《满洲实业案》,游艺社1908年版,第213页。

本省制造物品,可送本所考验。果系自出心裁创制新式,足以提倡土货抵制外货者,本所当呈请督宪咨明商部,分别等第,发给商勋以资奖励。①

奉天华产商品陈列所除展示商品、推广工艺之外,还附设有劝工场,致力于推动商品的生产、销售。劝工场设在商品陈列所旁,销售陈列所展示的产品,满足购销双方的需求。各制造者、商家于该场内租赁场所,按标价出售商品。劝工场对其具体销售活动具有监督管理之权,以维护整个劝工场的良好运营秩序。② 为了方便顾客购买,劝工场的商品不仅可以现场购买,还可以代为各华商寄售,并专门制定有详细的代售条例,用以约束双方的商业行为,保障各自的利益。除此之外,劝工场还提供市场分析数据,包括各省商情调查以及该所各种类货物销售情况及其原因,为相应的生产调整提供依据。③

陈列所的开办实施,步履维艰。因奉天偏处东北一隅,与内地省份相距较远,在商品的搜集与商人的招徕方面费时较多,影响了陈列所的如期开办。而这一问题,也正是赵尔巽所担心的。所以,在奏请开办奉天商品陈列所的同时,请旨饬下商部分咨各督抚将军,迅速调齐商品,派员运送来奉展卖。货物售出后,货款由奉天返回产地,以期彼此有益,共同发展。然而,各省虽已允诺选运商品赴奉,但是奉地僻远,且事属创始,加之货款不能立即回收,致使关内各商不无畏避情绪,而始终并无一物解到。随着商品陈列所场馆建设初具规模,商品的招徕成为当务之急。为了推广招徕,奉天地方从两个方面着手,一方面,主动推销自己,派员前往津沪一带,劝谕沿江沿海各省绅商贩运当地自然物产以及工业制成品来奉展卖。另一方面,以优惠政策吸引客商。光绪三十二年(1906)十月初四日,赵尔巽奏准"援官物免税之例,凡各省运送来奉入商品陈列所暨劝工场之货物,无论官运、商运还是自购,一律免其厘税"。免税期为一年,以光绪三十三年(1907)十月为限,限满仍照常课税。其非进入商品陈列所、劝工场者,不得

---

① 《奉天华产商品陈列所试办章程》,明志阁:《满洲实业案》,游艺社 1908 年版,第 223 页。
② 《奉天华产商品陈列所试办章程》,明志阁:《满洲实业案》,游艺社 1908 年版,第 223 页。
③ 《奉天华产商品陈列所试办章程》,明志阁:《满洲实业案》,游艺社 1908 年版,第 215—217 页。

援例免税。① 《奉天商品陈列所劝工场免税规则》对于享受此项优惠特权的各种条件进行了明确的说明,并制定了详细的操作办法。对于合乎免税规定的货物发给执照,并咨明各省关卡查验,免征放行。② 尽管赵尔巽想尽办法吸引各省商品来奉展卖,然而最终收效不大,直到光绪三十三年春间,商品陈列所场馆已将次建成而允诺输送物品之各省,仅四川一省解到。无奈之下,赵尔巽在咨催各省迅速汇解商品之余,决定由本地拨款自行采办各省所产货物,专供陈列,以开通风气,推动奉天农工商业发展。③ 直至赵尔巽离任之后,奉天华产商品陈列所才最终得以开业。后因绌于经费及办理不得其人,于民国六年(1917)停办。④

　　地理位置等因素的限制,在一定程度上阻碍了这种常设产品推广销售机构应有作用的发挥。但是,不可否认的是,商品陈列所的引进为奉天地方带来了新的商品推广方式,不仅为奉天工商业发展提供了可资借鉴的模范,而且其社会教育功能的发挥对于开通奉天地方社会风气、开启奉天民众的工商智慧,同样具有重要意义。各地产品的日益到来以及人们观念的逐步更新,对于抵制外货同样具有积极作用。事实上,竭力招徕关内华商产品以抵御外货输入,实为设立商品陈列所的一个重要初衷。⑤

　　2.奉天工艺局。奉天工艺局始设于前盛京将军任内。光绪二十八年(1902)冬,增祺委任总办开始筹备设局事宜,于次年正式开办。先后领过经费官款银 15,000 余两,商股银 2,200 余两。办理年余,适值日俄战争破坏,地方物价飞速上涨。核计所出产品成本过高,入不敷出,遂于光绪三十一年(1905)初停止,所有机器料件暂移银圆局存储。日俄战争善后暨新政改革开始后,经济的恢复与发展离不开各种工艺技术的支持。为培养技术工人,适应近代工业发展的需要,光绪三十二年(1906),银圆局总办王曾俊禀请赵尔巽批准续办,局址设于银圆局内。分列木工、修造、翻砂、熟铁、缝

---

　　① 赵尔巽:《奏为奉省商品陈列所即将开办请将来奉陈列物品免收厘税事》(光绪三十二年十月初四日＊),军机处录副奏折,光绪宣统朝,03—7132—050,中国第一历史档案馆藏。
　　② 《奉天商品陈列所劝工场免税规则》,明志阁:《满洲实业案》,游艺社 1908 年版,第 225—226 页。
　　③ 赵尔巽:《奏为奉省商品陈列所已将次建成并委员拨款采办事》(光绪三十三年三月初五日＊),军机处录副奏折,光绪宣统朝,03—7132—062,中国第一历史档案馆藏。
　　④ 王树枏、吴廷燮、金毓黻等:《奉天通志》卷 115,1934 年铅印本,第 9 页。
　　⑤ 明志阁:《满洲实业案》,游艺社 1908 年版,第 76—77 页。

纫等工厂,具体业务包括制造中西新式家具、修配各种枪炮、兼造各项机器、铸造生铁器皿、打造大小铁件、承制各种服饰等。此外,尚有织毯、染色、胰皂、洋烛等工艺各科。由官费招收学徒,培养各项工艺。所制成品,以木工类产品最受欢迎,售出最多。除地方自己培养工艺人才之外,奉天省还选派生徒赴天津北洋工艺局学习技艺。① 虽然奉天工艺局仅限于省城一隅,且规模有限、工业化程度不高,其影响与教化作用也因之受到限制,但是,不可否认的是,工艺局的积极作用,不仅在推广工艺,相应培养一些技术工人。这种官办的方式,尤其体现了政府对工商业的重视程度,对于开通风气,改变传统重农观念,培养民众的工商业意识无疑都具有独到的推动作用。

对于奉天地方经济发展来说,设立工商业推广机构的积极意义可以分为两个层次:首先,开通社会风气。通过展示新式工业品与商业形式,地方民众得以打开眼界,逐步提高工商知识水平,有利于转变社会风气,尤其是改变重农抑商的传统。其次,示范带动作用。以展示品为模范进行模仿制造,对于提高地方工艺水平,推动工商业发展的积极作用自不待言。

为了推动实业发展,除了上述直接发展经济的手段之外,此一时期,尚考虑根据地方情况而采取改善运输条件的举措。只是因为种种条件所限,终未能全面实施。奉天为东北货物集散中心,传统的运输手段有水陆两种:一是夏秋两季用帆船水运,南达营口北至通江;一是冬春两季用大车陆运,北达长春等地,南至营口等处。然而,南满等铁路开通之后,使得传统的航运之利减少。加之辽河淤浅,既阻碍了航运的发展,又影响了营口的商业。为了挽回航利与振兴营口商业,光绪三十二年,赵尔巽要求奉天农工商局筹设浚河公司,首在疏浚辽河,更为长远的规划则是开通运河,沟通辽河、伊通河、松花江、黑龙江等东北主要河流水系,"使全体血脉灵通,转运便捷。次由新、西两辽河设法以通蒙古,由浑河顺序以达兴京,使平原大陆帆橹相望"。然工程量太大,加之技术水平所限,未敢草率开工,"故提倡经年迄无头绪"。②

---

① 赵尔巽全宗档案,第 176 卷(《奉天省农工商局呈报奉省牧养公司工艺局渔业公司工作情况及创办农业试验场报告》),缩微号:0029,中国第一历史档案馆藏。

② 王树枏、吴廷燮、金毓黻等:《奉天通志》卷 115,1934 年铅印本,第 32 页。

三、引进技术与资本

奉天资源极为丰富,在东三省中具有独特的优势。时人称:"奉天西蔽
北洋,东联吉黑,南踞辽海,北带蒙疆。大陆茫茫,无非沃野;山川萦带,水
陆交通。矿产富有,森林繁殖,谷果竞茂,鱼盐擅饶。"① 可是由于资金不
足、技术落后而自己不能很好地加以开发利用,如同丰富的林业资源一样,
转而成为外人觊觎的目标。资金与技术问题,一直是束缚奉天地方实业发
展的一大障碍。在战后的奉天地方,这一问题显得尤为突出。正因为如
此,光绪三十一年(1905),赵尔巽接管垦务之后,曾上折奏陈奉省筹办情
形,提出在放荒招垦的同时,亟需振兴农政以期有效利用资源,提高生产水
平。如果根据地方土质情况,采取不同方法,加意经理,采用各国机器治田
及内地引渠灌地诸法,定能增加收成。② 其实,不仅农业如此,工商业也面
临着同样的问题。特别是日俄和约签订之后,东北地方日益成为各国经济
侵略的目标,面临的经济形势更加严峻。然而,"奉省处商业竞争之时地,
既无大赀本家,而佣值又复昂贵。是以兴创各事,任呼罔应,商界实无以自
存"。③ 为了突破上述妨碍地方经济发展的瓶颈,赵尔巽积极引进先进技
术以及外来资金。在以优厚条件吸引外来投资的同时,学习欧美以及日本
等先进地区的技术,并吸收他们的管理经验,甚至于派委员随同出洋考察
政治大臣到欧美各国,"询访农功、考查机器,以资试验"。④

(一)引进先进经验

经济考察的作用在于了解其他地方的经济发展状况,科学客观地认识
自己的发展水平,同时学习先进的生产经营管理经验和生产技术,更好地
发展地方经济。主政奉天期间,赵尔巽多次派人奔赴国内外经济发达地区
考察学习。光绪三十二年(1906),奉天农工商局特派调查员张大椿、周宏

① 赵尔巽全宗档案,第175卷(《补用道袁克定调查黑龙江省商务实业情况的报告及派员改
(考)察南洋劝业会军事调查员函札》),缩微号:0029,中国第一历史档案馆藏。

② 赵尔巽:《奏为奉旨筹办奉省垦务勘放蒙荒大概情形事》(光绪三十一年十二月初七日),
宫中硃批奏折,04—01—23—0221—037,中国第一历史档案馆藏。

③ 《奉省招徕南洋华商通融办法》,《盛京时报》光绪三十三年五月十一日第二版,东三省
要闻。

④ 赵尔巽:《奏为奉旨筹办奉省垦务勘放蒙荒大概情形事》(光绪三十一年十二月初七日),
宫中硃批奏折,04—01—23—0221—037,中国第一历史档案馆藏。

业赴美洲进行农业考察。五个月中,二人足迹遍布华盛顿、芝加哥、旧金山等二十余处。周宏业在由日本归国途中又滞留北海道考察一个月。"统计此行所调查,虽政治大要、财政情形、市政大略随时并及,而所重实在开垦之法、兴农之政。"回国后,二人呈递了一份美洲农业调查报告,从"开垦制度"、"农政要务"、"农种农具"、"灌溉沟渠"以及"林业"等五个方面分析了美国发展农业的举措,特别详细描述了美国农政措施,例如:设立农业学堂试验场、观测气象、化验土质以及肥料成分、对动植物进行试验培养、对动植物病理以及病虫害防治的研究、对农产品的陈列推广、改良种苗、普及农学等等。还结合奉天地方情况提出了发展奉天农业的具体主张。①

光绪三十二年,赵尔巽又委派熊希龄赴日本考察实业,并责令其回国时取道上海,调查开浚黄浦江事宜及上海营口间商务情形。熊希龄于十月初十日启程东渡,十一月二十五日取道上海回国。② 返奉后,熊氏将其在日本期间所调查之造纸、纺织、皮革制造、酿酒、制油、制糖、制药、烟草、化肥、电气、燃气、木工等各项生产厂家的考察报告编纂成册,名为《日本工业调查录》。③ 调查录对上述产业及相关厂家分别进行了详细的记述,以期为奉天工业生产提供借鉴。还两次提交营沪商务调查报告,附有详细的表格说明,并提出改善现状的相应建议。④ 除了积极学习、了解其他国家、地区先进的工商业生产之外,赵尔巽同样注重区域性经济调查工作。尤其是各商埠,例如奉天省城、安东、大东沟、新民等处按约章自行开作通商口岸,吉林、黑龙江等亦有地方开埠。这些新辟商埠,外洋商股日见麇集,商务情形时有变更。要制定下一步的发展策略,就需要更好地了解各开埠地方的经济形势。光绪三十三年(1907)春,赵尔巽又札委余肇度奔赴东三省已开埠各地方考察经济。⑤

派委专员赴国内外进行经济调查,不仅可以学习先进的生产技术、借

① 张大椿、周宏业:《呈报考察美洲农业文》,明志阁:《满洲实业案》,游艺社 1908 年版,第 201—207 页。

② 熊希龄:《第一次调查营沪商务禀》,明志阁:《满洲实业案》,游艺社 1908 年版,第 75 页。

③ 详见熊希龄:《日本工业调查录》,明志阁:《满洲实业案》,游艺社 1908 年版。

④ 详见熊希龄:《第一次调查营沪商务禀》《第二次调查营沪商务禀》,明志阁:《满洲实业案》,游艺社 1908 年版,第 75—135 页。

⑤ 赵尔巽全宗档案,第 173 卷(《赵尔巽奏为奉省创设商品陈列折及开商埠等筹咨开设工艺公司豆付公司考察渔业的文件》),缩微号:0029,中国第一历史档案馆藏。

鉴高效的管理经验,而且对于奉天地方经济发展方向的调整以及发展状况的科学准确定位,亦具有积极意义。例如,美洲农业调查报告详细的介绍与分析,为奉天农业生产技术的改进提供了可资借鉴的模范。对比奉天发展农业生产的一些举措,不难发现这种借鉴作用的意义。

(二)鼓励招商引资

面对资金不足、技术落后的窘境,赵尔巽受到一些侨乡利用华侨投资推动当地经济发展的启发,希望吸引南洋商人到奉天地方投资置业,借外力发展奉天地方经济,以解决资金不足、技术落后的问题。为此,专门札饬奉调奉天翰林院庶吉士、随同端方出洋考察的熊希龄于考察政治之余暇遍访各洲埠绅董商民,将其"恳款之热诚、难言之曲隐以及东省之状态、商务之情形"广为转达。[1] 各商人,不计资本多寡、不论行业分别,皆可前来投资经营。"大者,农工路矿,纠股经营;小之,工艺营运,随宜创述。"[2]与此同时,赵尔巽郑重承诺:地方政府对于前来投资之商人力加保护,"严禁官吏需索以及种种病商之弊,决不使商家有愁苦之态,怀折阅之忧"。[3] 此后,为了招商引资,赵尔巽又委派前广东惠潮嘉道沈守廉,前往新加坡、槟榔屿一带劝谕各商赴奉天投资置业,并许以特别优待条件。在该道的极力宣传以及驻新加坡领事孙士鼎的大力帮助下,终于有当地商会公举职商代表熊其实(桂元)、朱晴溪于光绪三十三年(1907)春来奉调查实业。赵尔巽对于此事尤为重视,将其视为奉省实业发达之起始。[4]

为妥善保护两位华侨商人,赵尔巽专门札委既通晓粤语又熟悉本地情形的县丞职衔徐思明、候选布库大使魁昌两员,陪护二人前往各地考察各项实业。为确保万无一失,赵尔巽还特别札饬沿途地方文武各员妥为接待、严密保护。[5] 两位南洋华商代表到达奉天后,得到地方最高军政长官

---

[1]　赵尔巽全宗档案,第 175 卷(《补用道袁克定调查黑龙江省商务实业情况的报告及派员改(考)察南洋劝业会军事调查员函札》),缩微号:0029,中国第一历史档案馆藏。

[2]　赵尔巽全宗档案,第 175 卷(《补用道袁克定调查黑龙江省商务实业情况的报告及派员改(考)察南洋劝业会军事调查员函札》),缩微号:0029,中国第一历史档案馆藏。

[3]　赵尔巽全宗档案,第 175 卷(《补用道袁克定调查黑龙江省商务实业情况的报告及派员改(考)察南洋劝业会军事调查员函札》),缩微号:0029,中国第一历史档案馆藏。

[4]　朱寿朋编,张静庐等校点:《光绪朝东华录》,中华书局 1958 年,总第 5664 页。又见《奉省招徕南洋华商通融办法》,《盛京时报》光绪三十三年五月十一日第二版,东三省要闻。

[5]　赵尔巽全宗档案,170 卷(《赵尔巽等关于筹款兴办实业考察矿务招商办矿之文件及有关矿产调查图表》),缩微号:0028—0029,中国第一历史档案馆藏。

赵尔巽亲自接见。在呈递的节略中,他们请求允准开矿之前随便探矿,看定之后再行请领执照,并申请"矿税请免出井,悉照统捐办理"。此外,还要求地方政府始终妥为保护其产业。对于上述要求,赵尔巽均一一应允,且于离任之际奏请朝廷饬部立案施行,并移交新任督抚接洽。折中所言,体现了赵尔巽对于此事的热情:

> 奴才默计招徕不易,非许之始终保护,不足信其心;非准其稍示通融,无以鼓其气。况所请各节皆损小而益大,爰一一批准照办,以期信倚而广招徕。①

为引进技术与资本,推动地方经济发展,赵尔巽可谓苦心孤诣。此中种种举措,不难见其良苦用心。

四、创设实业团体

上述各举措之外,留守陪都三年间,赵尔巽在奉天地方设立了牧养公司、渔业公司等实业公司,用以推动地方农业经济的发展。实业团体之设,主要目的有两个:其一,推动地方相关经济种类的进步,同时维护经济利益之不失;其二,发挥其辐射示范作用,推动社会风气的开通与转变,从更加长远的角度为经济发展奠定基础。

(一)开设牧养公司

奉天牧养公司的设立,一方面为了改良畜牧生产,推动相关产业的发展进步,一方面在于改良马政,为军警提供优良马匹,可谓一举两得。在机械动力出现之前,马匹既是重要的动力来源,同时也是不可或缺的战争装备。清王朝以八旗铁骑起家赢得天下,自然对于马政十分重视。定鼎中原之后,八旗、绿营各营皆备骑兵。清廷在奉天设有大凌河牧群马营、养息牧牛羊营等牧养机构,所产牲畜主要为"三陵"提供祭品和供大宗军用牛、马役力。此外,也有牛、羊、猪肉供食用及畜产品加工业生产。但是,乾隆朝以后牧政渐废,各牧场先后被开垦成田:同治初年,盘蛇驿牧场请准开放;光绪二十三年(1897),彰武牧放官牛羊场请准开垦;光绪二十七年(1901),大凌河牧场实行拓垦,放养的8,400余匹群马屡被沙俄军队挑取,所剩无

---

① 赵尔巽:《奏为招徕南洋华商来奉经商所请保护各节拟请照办饬部立案事》(光绪三十三年五月初二日),军机处录副奏折,光绪宣统朝,03—5745—038,中国第一历史档案馆藏。

几,地方牧政进一步衰颓。东三省本产马之区,然而民间不知畜牧之法,听其自生自长而不知择种、医兽等技术。因而孳生不盛,马价日昂。日俄战争爆发后,民间所藏马匹又多为两国征用。其羸弱老病者,又恐为对方所得,概被枪毙,马种几绝,奉天马政因而更加颓落。这种情形,既不利于畜牧业本身的发展,又限制了其他相关产业的进步。非官力为之整顿,难有起色。

为了振兴牧政、发展经济,光绪三十一年(1905)冬,赵尔巽札饬财政局派员于各蒙族旧区选觅适宜牧产之地,创设奉天牧养公司,隶属农工商局,招商承办,官助其成,使其广辟牧场,试用新法畜养马、牛、羊等牲畜,以备民间购用之需。又以官款设立种牛种马牧场,延聘技师,改良畜种,以期为奉天畜牧业发展奠定良好基础。① 由于连年丈放蒙荒,加之大凌河等处牧场均已放领完竣,很难找到大片地段足敷牧养之用。直至光绪三十二年(1906)春间,最终选定镇安县吴家屯地区作为畜养牧场,该地块共 66,000余亩,中有小山及河流两三处,水草丰茂,适合畜牧。随即遴派委员前往丈量、划界,"辟地垦荒,浚河泄水"。② 同年秋,牧养公司开业。由于一时间商股不能骤集,乃先拨官股 20 万两,用以呈缴地价、修理栅栏、建筑办公场所以及购买牛、羊、马等各类种畜,并引进美种牧草。后来,吸收南北各商人募集股本 50 万两,由商承办。两年后,改立奉天官牧场,于其他地方设立 6 处分场。牧养公司的创设,在提供大量军用马匹的同时,对于推动地方畜牧、农业以及相关畜产品加工业的发展都具有推动作用,于经济发展颇有影响。

(二)组建渔业公司和渔业团体

由政府出面招募商股组建的渔业公司,既出于地方经济发展需要,更主要的用意又在于挽回国家主权于既失。奉天三面濒海,渔业资源丰富。早在明代,就有黄海、渤海两大海域渔场,清代盛京渔业除海产外,尚有为"三陵"提供祭品渔泊十余处。然而,生产力发展缓慢,到清末,其生产水平远远落后于日本等邻近的海洋国家。

奉天沿海居民从事渔业者极多,惟因入冬以后天气寒冷,汉港封冻,渔

---

① 赵尔巽全宗档案,第 101 卷(《赵尔巽为东三省改革官制的奏稿及相关文件》),缩微号:0019,中国第一历史档案馆藏。

② 徐世昌等编纂,李澍田等点校:《东三省政略》,吉林文史出版社 1989 年版,第 1551 页。

民生产为时其短。每年从春末起至秋初止,以夏令为最盛之期。由于缺乏组织与管理,又没有先进的渔业知识,各渔户用传统方式从事渔业生产,各自为战,渔学未讲,渔政未兴。日俄战争以来,地方行政屡遭破坏。匪迹出没无常,各渔户风声鹤唳,短短数月的生产时间又因此备受冲击,致使奉天渔业生产遭受巨大损失。在赵尔巽看来,"若能改良远洋渔法,不特海权因渔界而扩张,而利源丰厚,尤为岁入之一大宗。况近者卧榻之下强邻逼处,在在染指,无利不钻。稍一游移,即开觊觎之渐"。值此危急时刻,自以保护为入手之要着。既要保证当地社会秩序的稳定,保护沿海各渔户的正常渔业生产不受侵扰,又要保护中国沿海渔业权利之不失,维护领海主权。二者并举,前者为当务之急,后者乃重中之重。关于如何振兴渔政、发展奉天渔业,赵尔巽主张分三步走:首先,由政府组织保护固有渔业,购置巡海浅水汽轮为之缉禁盗贼,维护正常的渔业生产秩序,是为短期目标;其次,由政府出面成立公司,组织各渔户统一生产,以保证渔利之不失,是为中期目标;再次,俟七省渔业公司成立再行采用新法捕鱼技术,以期渔业之进步,是为长期目标。所以,赵尔巽即以保护正常的渔业生产秩序拉开了振兴渔业的序幕。其主要举措是通过派遣武装力量维护沿海地方治安,保护渔业生产。先饬令雇备小轮二只,配装快炮,募集水勇数十名。于濒海沿岸酌派陆军,以示谕并联络、组织各渔户,保护其正常营业。每年三四月间,盖平之鲅鱼圈地方向有黄花鱼汛。历年渔民以汛时盗贼充斥,率皆纳钱于盗以求保安,积习已久。光绪三十二年(1906)春季,赵尔巽即饬令首先于此地派驻护兵,先行其保护政策,在驻兵震慑之下,海陆均极安靖。各渔户渔业生产得以正常进行,产量较往年大增,保护之策初见成效。①

在驻兵保护之下,虽无往日盗贼充斥之场景,但仍有日人从中破坏渔业生产。日人有村自称远洋渔业组长,设立保安局,张贴示谕,悍然出面干预我保护之权。经委员再三驳阻,始得撤废。随后,又有清利公司据设公司于鲅鱼圈,借口金州前面与盖平熊岳相邻,是为瓯脱之地,提出我国不应派兵前往,应归其自行保护等。地方官吏与其争辩,彼此僵持,不相上下。适值日本总理大臣西园寺公望侯爵来奉,盛京将军赵尔巽当面与其交涉,

---

① 赵尔巽全宗档案,第173卷(《赵尔巽奏为奉省创设商品陈列折及开商埠等筹咨开设工艺公司豆付公司考察渔业的文件》),缩微号:0029,中国第一历史档案馆藏。

议定盖平熊岳间之渔捐仍由我收,惟将扣款分出一半,始各相安。历此两次交涉,赵尔巽"愈知日人步步窥伺,非速谋抵制不足伐其狡谋"。[①] 为了挽回权利,推动地方渔业发展,加之商人孙继尧等请立公司,遂援张謇呈请创设七省渔业公司之例,将沿海各分散之渔户联合起来,成立奉天渔业公司。发给旗帜,编入号籍,凡属渔业均一律注册,作为公司之分股。[②] 光绪三十二年(1906),赵尔巽奏请设立奏渔业公司。六月初十日奉硃批允准后,[③]随即札饬农工商局遵照商律筹设奉天渔业公司。

同年秋,农工商局拟定奉天渔业公司章程,暂定资本银 20 万元,由官商合办。在盖平县城设立总公司(营口交还后,由总办黄家杰于光绪三十三年年初移至营口[④]),赵尔巽札委前安徽知府黄家杰为总办,由总办遴派职商孙继尧等为协理。[⑤] 并召开股东大会,由股东公举董事。[⑥] 其余地方根据需要,在盖州、复县、庄河、安东等处分设公司。各商等筹集股本 3 万元附从官本。买船置纲,分赴沿海一带调查渔业、宣传公司,广邀渔户入股。该公司以振兴奉天沿海渔业、改良捕鱼制鱼方法为宗旨。"查核办法,虽未离旧渔故步,然能结合团体,恢张渔业,亦足为商界生色。"[⑦]渔业公司成立之后,为完善渔业警备工作,配备 10 艘警护船和 120 名警护人员。其所推行之组织、保护政策大著成效,几个月后,"海盗潜消,沿海居民或用饵捕鱼,或凿池畜鱼,仿照新法,渐次改良。所收之捐,颇觉畅旺"。[⑧]

为发展地方经济,保护奉天沿海主权,除直接整顿奉天地方渔政,维护渔业生产之外,奉天省还积极为七省渔业公司附设之水产学校筹拨经费,赞襄斯举。张謇奏准设立七省渔业公司以维护中国沿海各地利益之后,商部为培养渔业人才,要求沿江海 11 省合筹经费银 100,000 两,于吴淞建设

① 赵尔巽:《奏报奉省创设渔业公司情形事》(光绪三十二年五月二十二日),军机处录副奏折,光绪宣统朝,03—7132—037,中国第一历史档案馆藏。

② 赵尔巽:《奏报奉省创设渔业公司情形事》(光绪三十二年五月二十二日),军机处录副奏折,光绪宣统朝,03—7132—037,中国第一历史档案馆藏。

③ 王树枏、吴廷燮、金毓黻等:《奉天通志》卷 119,1934 年铅印本,第 3—4 页。

④ 《渔业将迁》,《大公报》光绪三十一年十一月初七日第五版,时事,东三省。

⑤ 王树枏、吴廷燮、金毓黻等:《奉天通志》卷 119,1934 年铅印本,第 3—4 页。

⑥ 据《渔业公司略有成议》,《盛京时报》光绪三十二年十月二十八日第二版,东三省要闻;《渔业公司清帐》,《盛京时报》光绪三十三年五月初十日第五版,东三省汇闻,营口。

⑦ 赵尔巽全宗档案,第 176 卷(《奉天省农工商局呈报奉省牧养公司工艺局渔业公司工作情况及创办农业试验场报告》),缩微号:0029,中国第一历史档案馆藏。

⑧ 《渔业将迁》,《大公报》光绪三十一年十一月初七日第五版,时事,东三省。

水产学校,以振兴此项实业。赵尔巽认为,奉省滨海一带水产繁多,只以平时不甚讲求渔利,难免利权外溢。现在渔业公司既议设学校,奉省虽时艰款绌,亦应竭力筹维,乃拨银 10,000 两,汇交备用。并决定选派学生到七省渔业总公司附设的水产学校学习,一俟该学开办,即由奉径派学生前往肄业。① 与此同时,奉天省自己也在积极筹建地方水产学校。到宣统元年(1909)前后,奉天自己的水产学堂最终在营口成立。②

留守陪都期间,赵尔巽大力发展渔业的原因暨主要用意有三:其一,发展地方实业的需要。对于奉天这样具有丰富海洋资源的省份来说,渔业不失为发展地方经济的一项重要产业。其二,抵御日本经济侵略的需要。甲午战争后,日本侵略势力开始大规模进入奉天,除已占据之旅顺、大连之外,对沿海其他地方的渔业同样觊觎已久。要在强邻的虎视之下保全奉天渔利之不失,需要发展渔业以增强实力,以更好地抵御强邻的侵略。其三,维护领海主权的需要。在赵尔巽看来,海权与渔业相表里,凡洋面渔船所至之区即为海权所达之界。因而,渔业范围所及,与国家领海主权具有极为密切之关系。然而,我国领海之界,因尚无渔政,洋面渔船所至,其界不甚分明,海权所及范围因之不能划定。要明确划定海疆,同样需要渔业的发展相配合。旅顺、大连早已为外人所占,利权皆失,其他海疆因租借地之关系尤有稍纵即逝之忧。要维护领海主权,当务之急,"但画其势力所及之洋面,表明我国所有之海权,有非他人所能侵占者而已"。③ 因此,对于海岸线漫长的奉天而言,渔业一事不仅关乎实业经济,实际于领海主权关系甚大。若不速图振兴之策,海权即生交涉。由此说来,振兴渔业,实为日俄战争后奉天地方发展经济与维护主权的一种重要手段。

赵尔巽成立渔业公司的目的非常明确,即在农工商局主持之下,既尽快发展渔业生产,又期望以渔业所及划定奉天海疆。但是以这种类似于贴标签的方式来确定自己的领海主权,以示其不可侵犯的主张,在强权横行的时代究竟能否——或者能够在多大程度上真正起到保卫领海主权、尽收

---

① 赵尔巽:《奏为奉省筹集水产学校经费事》(光绪三十二年五月二十八日 *),军机处录副奏折,光绪宣统朝,03-7132-038,中国第一历史档案馆藏。

② 王述词:《清末东北农业教育的兴起》,《东北地方史研究》1987 年第 2 期,第 67 页。

③ 赵尔巽全宗档案,第 101 卷(《赵尔巽为东三省改革官制的奏稿及相关文件》),缩微号:0019,中国第一历史档案馆藏。

渔利的作用,显然是值得商榷的。然而,结合清政府的政治、经济、军事状况以及奉天地方局势,我们又不得不慨叹,赵尔巽的此种主张,是在中外实力对比悬殊大背景下被迫采取的一种没有办法的办法,实为强邻环伺之下维护领海主权的无奈之举。

小　　结

留守陪都期间,赵尔巽从多个方面同时着手,利用各种手段全力推动经济秩序的恢复与经济的发展,可谓不遗余力。各项举措的根本目的正在于推动奉天地方的开发与进步,继而巩固边圉。

尽管这些举措的实施,并未完全达到开办初衷,甚至有些还相去甚远,更甚者,一些举措在推动地方经济恢复发展的同时,也带来了一些负面影响,但是,振兴经济无疑是战后奉天地方政府的当务之急,不仅仅出于战争善后与新政改革之需,更是抵御列强经济侵略的现实需要。在当时危急的内外局势之下,就积弊甚深而又屡经兵燹的奉天地方而言,如此办法,也是地方政府的唯一选择。

就当时的内外局势而论,这些举措的出台,对于促进奉天地方经济的复苏与发展意义尤其重大。清中叶以来大量荒地的招民垦殖,大大推动了地方的开发,东北地区农业经济发展迅速。特别是步入 20 世纪以后,更是迈上了一个新台阶,现代化趋势颇为明显。在此期间,奉天农业的进步尤为突出。除了较好的基础之外,当然是与各任地方行政长官的积极推动密不可分。日俄战争后,赵尔巽为促进地方经济的恢复与发展,创立农会以及商会、推广新式生产技术、发展垦务、创设实业团体、积极引入先进技术以及外来投资等种种举措及其成绩,无论对于日俄战争后奉天地方经济的恢复与进步,还是对于新生产方式以及新知的推广普及,均具有非常重要的作用。在奉天以至整个东北经济的早期现代化进程中,其开创之功不可小觑。

第六章　推行新式教育

　　赵尔巽在盛京将军任内对奉天财政的改革及其显著成绩,为其赢得了善于理财的能名。其改革成就,也获得学界的广泛认同。其实,赵氏不仅是一位理财高手,"在各地任职期间,颇能扶持教育事业"。① 就其在各任发展教育的成就而言,也可以说是一位教育家。留守陪都期间,赵尔巽同样始终把发展新式教育作为其执政的重要内容之一,在联衔奏请废除科举、开通地方社会风气为新学推广扫除障碍的同时,主要通过重视师资培养、鼓励出洋留学以及注重社会教育等手段为清季奉天新式教育的发展奠定了坚实基础,堪称清季奉天教育早期现代化的积极推进者和奠基人。② 在赵尔巽的积极推动之下,教育面貌大为改观,各种新式学堂从无到有,由小到大,由少成多,各项新式教育都取得了一定的进步。此时奉天教育的进步,主要表现为新式教育的迅速崛起,由教育落后省份一跃而成教育相对发达地区,不论是横向比较还是纵向衡量,其成就均十分显著。

第一节　兴学举措

　　赵尔巽接任盛京将军之际,几经兵燹的奉天省百废待举,教育一端更是亟待振兴。所以,"莅节之始,即首以兴学为先务"。③ 并且一直把振兴地方教育作为重要的工作之一,致力于发展新式教育。首先扫除新学发展的障碍,重视师资培养,加强学校教育。在积极鼓励出洋留学的同时,重视社会教育的推广普及作用,提高地方民众的整体素质,兼以开启民智,开通社会风气。

---

　　① 大陆杂志社:《中国近代学人象传》,文海出版社 1985 年影印本,第 298 页。
　　② 新式教育,指的是在教育目的、教学内容、教育载体、教学组织形式上都不同于以往科举时代传统教育模式的一种早期现代化教育。
　　③ 赵尔巽全宗档案,第 177 卷(《〈奉天旗员仕学馆同馆录〉章程及师范小学堂课程表教职员名册》),缩微号:0029,中国第一历史档案馆藏。

一、扫除新学障碍

20 世纪初,在清廷推行新政改革大环境的影响下,奉天地方教育已经局部地开始了其近代转型的历史进程,然而发展水平不高。究其原因,主要在于战争破坏导致地方动荡不安的大环境从整体上影响了新学的推广进程。对于积贫积弱的战后地方而言,这种情形在很大程度上是无法改变的客观条件。此外,上有科举取士传统的束缚与诱惑,下有地方风气闭塞的阻挠与迟滞,同样构成影响地方新式教育发展的主要障碍。为了扫除这一障碍,赵尔巽到任后,首先利用全国发展新式教育的有利环境,与其他大吏一道致力于推动科举制的废除与社会风气的开通。

(一)联名废除科举

清末新政开始后,发展新式教育成为其中的一项重要内容。而原有的科举取士,此时已成为影响其发展的最大障碍。所以,欲兴办新式学堂必须尽快废除科举。在赵尔巽看来,废止科举取士,对于奉天这样起点低、起步晚的教育欠发达地区而言,显得尤为急切和必要:

> 便往日八股时代,奉天人文较诸内省实输有一着。今北洋南省学堂进步奇速,而奉学始蒙(萌——引者)芽,将又输人矣。计惟有速停科举,杜绝歧途,则专注学堂,可早收数年之效,冀与各省并驾齐驱或突过之。[1]

所以,他积极推动并参与奏停科举活动,为新学发展扫除障碍。

光绪三十一年(1905)八月初二日,赵尔巽会同直隶总督袁世凯、湖广总督张之洞、署两江总督周馥、署两广总督岑春煊及湖南巡抚端方联衔上书,奏请"立停科举,推广学校"。[2] 在这几位封疆大吏的陈请与运作之下,八月初四日,清廷发布上谕,曰:"著即自丙午科为始,所有乡会试一律停止,各省岁科考试亦即停止。"[3] 由此,在中国历史上延续了一千三百年的

---

① 赵尔巽全宗档案,第 187 卷(《盛京将军赵尔巽改革吏治兴学务振工商务告人民书及整顿圆(圜)法开矿兵政等之条陈》),缩微号:0030,中国第一历史档案馆藏。

② 袁世凯等:《奏请立停科举推广学校折》,台北故宫博物院故宫文献编辑委员会编《袁世凯奏折专辑》第 7 册,台北故宫博物院 1970 年版,第 1991—1995 页。

③ 中国第一历史档案馆:《光绪宣统两朝上谕档》第 31 册(光绪三十一年),广西师范大学出版社 1996 年版,第 115 页。

科举制最终被废除。从长远来看,科举制的废除虽然产生了一些负面影响,但是就当时的发展趋势而言,此举无疑顺应了社会与文化的发展潮流,满足了新式教育发展的客观需求,其积极作用是显而易见的。其影响无疑也是积极而深远的,而且不仅仅局限于教育方面。"就其现实的和象征性的意义而言,科举制度的改革代表着中国已与过去一刀两断。"①教育领域的除旧举措,不仅仅局限于本领域,其实也为清末新政在很多领域的深入开展,提供了必要的前提与保障。如果说百日维新失败的一个原因是布新而不除旧,"旧"的存在阻碍了"布新"的话,那么科举制的废除,则为"布新"扫除了一些障碍——尤其是新式教育发展的障碍。

赵尔巽虽然不是此次会奏活动的主倡者,但是他的积极参与对于"丙午停科"目标的实现,却具有重要意义。光绪三十一年(1905)七月十七日,在袁世凯、端方请赵尔巽、张之洞、周馥、岑春煊联衔出奏立停科举的急电中就曾提及:"日前次公(赵尔巽——引者)暨冶秋(张百熙——引者)尚书莅津,曾谓观察情形,迵(科——引者)举宜即停,无庸候递减,但须有人联请。"②由此可见,赵尔巽等人对于废除科举的积极响应以及对时机的准确判断,对于联衔奏停科举目标的实现实具有相当大的推动作用。此外,作为本次政治活动的积极参与者,其盛京将军的特殊身份无疑也增加了这封奏折的分量,发挥了其他大吏无法起到的重要作用。

(二)开通社会风气

奉天原有的封建教育机构有满汉官学、社学、义学、书院、私塾等。然而几经兵燹之后,这些旧式教育机构几被破坏殆尽。20世纪初年,新政开始后奉旨兴办的几所新式学堂,也因日俄衅起辽东而被迫停办。新学未启旧学先衰,造成新旧教育青黄不接。并且地方风气僿野,"民智开通极迟,款尤枯涩"。③ 地方官员和百姓大多对教育不甚重视,于新学更是不以为然。在赵尔巽到任之前,署军督廷杰等札饬奉天各地方官考选师范合格学生各4人,送省复试,分派就学。所需学费,由该地方官先时筹备。然而,

① 〔美〕吉尔伯特·罗兹曼:《中国的现代化》,比较现代化课题组译,江苏人民出版社1995年版,第634—635页。

② 赵尔巽全宗档案,第178卷(《赵尔巽提学使司张鹤龄等关于废科举兴学堂筹经费选官员考察学务等事之札禀电函》),缩微号:0029,中国第一历史档案馆藏。

③ 赵尔巽全宗档案,第189卷(《盛京将军赵尔巽为筹办奉天善后事宜之奏折及东北之盖平海城本溪等地行政情况报告附法库门善和会章程》),缩微号:0031,中国第一历史档案馆藏。

直到赵尔巽到任之后,"各属奉饬业已月余,除铁岭县已将学生、学费选筹送省外,或以学费难筹、或以合格学生难选,意存推诿,一禀了事"。①

　　除却客观经济因素的困扰,这一情形反映了奉天新政之初,绝大多数地方官员对于上级政府兴学举措的消极应付。在这种态度背后所反映的,则是这些官员对于新学的冷漠。面对新式教育,政府官员尚且如此态度,地方百姓一时间就更难接受了。时人记述辽阳的情形曰:

> 斯时风气不开,人狃积习,因见学校课程与私馆所授多不相同,遂徘徊观望,不令子弟入学……②

这里记述的虽然只是辽阳一地的情况,但是这种现象在奉天各地并不少见,具有一定的代表性。难怪赵尔巽慨叹:"陪都根本重地,应早昌明学业以为各省倡。乃风气不开,反逊各省……"③如此情形,显然不利于新式教育的推行。所以,赵尔巽到任后千方百计开通民智,转变社会风气。

　　1.督劝地方官民注重教育。针对地方官员的推诿应付,赵尔巽于光绪三十一年(1905)七月十四日专门发布札文,督促各属考选合格师范学生送省,"迅即遵照……勿再稽迟"。④ 并告诫说:"官吏如不以学堂为事,则有河南之参案在。"对地方民众,则努力宣传新式教育的巨大功用,劝勉他们转变观念,支持政府的兴学举措,"或任筹款,捐助巨款,必予专折请奖;或助用人,任教员、任管理,须自学习,以尽义务。……去反对之阻挠,辅官力之不及"。⑤ 赵尔巽的积极督劝,既有利于提高各级地方官吏对新式教育发展的重视程度,又能够对地方民众起到宣传与示范的作用,对于新式教育的推广意义重大。

　　2.褒奖捐资助学、热心教育的各阶层人士。此举的用意,一在筹措教育

---

　　① 赵尔巽全宗档案,第178卷(《赵尔巽提学使司张鹤龄等关于废科举兴学堂筹经费选官员考察学务等事之札禀电函》),缩微号:0029,中国第一历史档案馆藏。

　　② 徐明远:《辽阳三州牧兴学记》,辽阳市政协文史资料研究委员会:《辽阳文史资料》第1辑,1985年版,第3页。

　　③ 赵尔巽全宗档案,第187卷(《盛京将军赵尔巽改革吏治兴学务振工商务告人民书及整顿圆(圜)法开矿兵政等之条陈》),缩微号:0030,中国第一历史档案馆藏。

　　④ 赵尔巽全宗档案,第178卷(《赵尔巽提学使司张鹤龄等关于废科举兴学堂筹经费选官员考察学务等事之札禀电函》),缩微号:0029,中国第一历史档案馆藏。

　　⑤ 赵尔巽全宗档案,第187卷(《盛京将军赵尔巽改革吏治兴学务振工商务告人民书及整顿圆(圜)法开矿兵政等之条陈》),缩微号:0030,中国第一历史档案馆藏。

经费,更主要的目的是借嘉奖他们的助学义举推动当地社会风气的开通与转变。在劝海百姓重教之余,赵尔巽对捐资助学、热心教育的各阶层人士给予大力褒奖。昭陵四品官兼佐领葆真倡捐学堂经费市平银 12,000 两。"当此经费奇绌之时,该协领竟能倡捐巨款,以济公用。"为嘉其义举,光绪三十一年(1905)九月二十四日,赵尔巽专折具奏恩请奖叙,奉硃批:"葆真著以副都统记名。"①除此之外,在整个兴学过程中,还有宽甸县监生孟昭绥、候选从九董新松并监生王兆勤、②奉天广宁县萧雨润、③候选笔帖式锦芝、候选同知荣绪、④在籍选用同知田裕霖、候选知县马殿鋆、候选知县刘永海、该县职员候选京府经历刘昶武、⑤海城县已故翰林院待诏职衔李廷铨、⑥海城县民人贾树龄、⑦湖北分缺闲候选知县刘汝霖、⑧汉军右翼协领裕书、⑨怀德县五品封职赵鉴清、科尔沁旗一等护卫梁丰年、民人张学孟、⑩花翎同知职衔赵清玺、⑪铁岭县绅士知县用即选府经历县丞刘东烺、同知职衔张名超、府经历职衔刘际烺、平国珩、监生杨大嘉、⑫花翎在任候补知府调任兴化县知县

---

① 赵尔巽:《奏为佐领葆真倡捐学堂经费照章请旨奖励事》(光绪三十一年九月二十四日),军机处录副奏折,光绪宣统朝,03-7215-012,中国第一历史档案馆藏。

② 赵尔巽:《奏为宽甸县监生孟昭绥从九董新松各遵母命捐资助学并监生王兆勤捐资助学分别奖励族(旌)表事》(光绪三十一年十月初四日 *),军机处录副奏折,光绪宣统朝,03-7215-014,中国第一历史档案馆藏。

③ 参见北京市档案馆:《那桐日记:1890—1925》,新华出版社 2006 年版,第 575 页。

④ 赵尔巽:《奏为候选笔帖式锦芝侄候选同知荣绪慨捐房产报效学堂请旨从优奖励事》(光绪三十一年八月初六日 *),军机处录副奏折,光绪宣统朝,03-7214-098,中国第一历史档案馆藏。

⑤ 赵尔巽:《奏为选用同知田裕霖等捐助学堂经费请分别奖励事》(光绪三十二年二月十七日 *),军机处录副奏折,光绪宣统朝,03-6522-049,中国第一历史档案馆藏。

⑥ 赵尔巽:《奏为海城县已故翰林院待诏李廷铨慨捐田产设立小学堂请旨旌奖事》(光绪三十二年三月十一日 *),军机处录副奏折,光绪宣统朝,03-7216-059,中国第一历史档案馆藏。

⑦ 详见《奏请奖励兴学》,《大公报》光绪三十二年三月二十日第五版,时事,北京。

⑧ 赵尔巽:《奏为湖北黄冈县候选知县刘汝霖慨捐巨款报效奉省兴办学堂请旨奖励事》(光绪三十二年三月二十四日),军机处录副奏折,光绪宣统朝,03-7216-071,中国第一历史档案馆藏。

⑨ 赵尔巽:《奏为汉军右翼协领裕书慨捐巨款报效开办学堂经费请旨优奖事》(光绪三十二年三月十四日),军机处录副奏折,光绪宣统朝,03-7216-070,中国第一历史档案馆藏。

⑩ 赵尔巽:《奏为怀德县五品封职赵鉴清等捐银助学请准建坊事》(光绪三十二年四月二十九日 *),军机处录副奏折,光绪宣统朝,03-7217-034,中国第一历史档案馆藏。

⑪ 赵尔巽:《奏为花翎同知赵清玺捐银办学请鼓励事》(光绪三十二年闰四月三十日 *),军机处录副奏折,光绪宣统朝,03-7217-058,中国第一历史档案馆藏。

⑫ 赵尔巽:《奏为铁岭县绅士刘东烺等五名捐助学堂经费请旨分别旌奖奖叙事》(光绪三十二年五月二十八日 *),军机处录副奏折,光绪宣统朝,03-5460-155,中国第一历史档案馆藏。

赵臣翼、①府经历职衔马锡葆、候选通判蒋柏龄、县丞职衔白汝为、文童徐
成贵、马树春、②新民府监生祁永恒、监生文刚、俊秀、修凤楼、民人于文
宾③、锦州府候选州同恩溥、府经历职衔履泰④、绥中县绅士王盖臣⑤、铁岭
县候补佐领博清额之母张氏、镇安县绅士候选知县王维翰、候选府经历王
维新、法库门民人韩锡九、西丰县赵乾芳、监生马凤翥、文童林毓香⑥等人
热心助学，均经赵尔巽先后具折奏请奖叙。赵尔巽的大力褒奖，既是对他
们助学义举的回报，也是对他们这种热心教育善行的肯定与赞扬，对于唤
起民众重视教育，推广、普及新式学堂，继而开通奉天社会风气，其积极意
义是那些教育资金的作用远不能比拟的。

二、重视师资培养

兵燹之后，奉天百废待举。要发展地方，振兴教育无疑是长久之计，更
为当务之急，然而，"学生易集，师范难求，故兴学以储师范为首务"。⑦ 在
赵尔巽看来，师资是发展教育的首要条件，是兴学诸务的重中之重。新式
学堂的兴起，也从根本上推动了师范教育的诞生与发展。

在赵尔巽的积极推动之下，"光绪三十一年，筹设师范传习所于省城，
遴中学成绩之优异者取入焉。三月毕业，以充小学教员。此为奉天有师
范之嚆矢"。鉴于师资奇缺，遂于当年冬添办简易师范学堂。"越明年，
更设长期师范传习所、初级师范学堂、师范简易科、体操专修科及女子师

① 赵尔巽：《奏为在任候选知府调补兴化县知县赵臣翼捐助学堂经费请照案赏衔奖叙事》（光绪三十二年五月二十八日＊），军机处录副奏折，光绪宣统朝，03－5460－156，中国第一历史档案馆藏。

② 赵尔巽：《奏为府经历职衔马锡葆等员捐资助学请照章给奖事》（光绪三十二年八月初八日），军机处录副奏折，光绪宣统朝，03－5972－127，中国第一历史档案馆藏。

③ 赵尔巽：《奏为监生文刚等捐资助学请循例奖叙事》（光绪三十二年十月二十八日＊），军机处录副奏折，光绪宣统朝，03－5468－142，中国第一历史档案馆藏。

④ 赵尔巽：《奏为府经历履泰捐巨资助学请遇缺尽先选用事》（光绪三十二年十月二十八日＊），军机处录副奏折，光绪宣统朝，03－5468－143，中国第一历史档案馆藏。

⑤ 赵尔巽：《奏为绥中县绅士王盖臣捐办学堂请鼓励事》（光绪三十三年二月十三日），军机处录副奏折，光绪宣统朝，03－7220－025，中国第一历史档案馆藏。

⑥ 赵尔巽：《奏为铁岭县候补佐领博清额之母张氏等报捐学堂经费请鼓励事》（光绪三十三年二月十三日），军机处录副奏折，光绪宣统朝，03－7220－024，中国第一历史档案馆藏。

⑦ 赵尔巽全宗档案，第187卷（《盛京将军赵尔巽改革吏治兴学务振工商务告人民书及整顿圆（圈）法开矿兵政等之条陈》），缩微号：0030，中国第一历史档案馆藏。

范学堂各一,乡间师范传习所五,各县饬立师范传习所一区,以储教材。"①到光绪三十二年(1906)年末,辽阳、海城、盖平、复州、铁岭、临江、宁远、绥中、广宁、义州、海龙、西丰、西安、新民、镇安、昌图、怀仁、奉化、辽源、凤凰、宽甸、兴京、怀德等 23 处地方都建有师范学堂、师范传习所等师范教育机构。② 在师范教育覆盖范围迅速扩大的同时,省城师范学堂的规模也在扩充。光绪三十二年,赵尔巽饬资省平银 20 余万两,将奉天师范学堂改为专修科,招考学生 300 余名,以满足教育发展对师资的需求。"赵军帅热心兴学,于此又见一斑。"③正是由于赵尔巽的积极推动及其奠定的良好基础,奉天的师范教育得到了长足的发展,到宣统元年(1909),全省已经共有各级各类师范教育机构 33 所,在校学生 1894 人,"师资于焉略备"。④

随着新学的兴起,女子教育得到了迅速发展。在"男女有别"的封建道德笼罩之下,男女不能同堂学习,一些女子学堂纷纷建立起来。但是女校同样不能采用男教师授课,于是女子师范学堂应运而生。光绪三十二年春季,赵尔巽饬令奉天学务处创办奉天女子师范学堂,当时称为"奉天省城官立女子师范学堂",以培养女子学堂的师资。该学堂"延吕惠如女士为总教习,一时舆论翕然",交口称赞"女学得人"。⑤ 到宣统三年(1911),50 名毕业生中有 40 人走上了教育岗位,⑥为奉天女子教育的发展提供了必要的师资力量。

在大力培养师范学生的同时,奉天的教育管理机构也十分注重对在职教育从业者的继续教育,以提高他们的专业水平。光绪三十二年,经赵尔巽允准,提学使张鹤龄在学务公所设立教育官练习所,选聘外国教师讲演

①　王树枏、吴廷燮、金毓黻等:《奉天通志》卷 151,1934 年铅印本,第 10 页。
②　徐世昌:《密陈考查东三省情形折附考查奉天省情形单》,《退耕堂政书》卷 5,天津徐氏退耕堂刻本 1914 年版,中国书店 1984 年重印本,第 22 页。
③　《扩充学堂》,《大公报》光绪三十二年十一月十二日第六版,时事,东三省。
④　王树枏、吴廷燮、金毓黻等:《奉天通志》卷 151,1934 年铅印本,第 10 页。
⑤　《女学得人》,《大公报》光绪三十二年十月初一日第四版,时事,奉天。吕惠如(1875－1925),原名湘,行名贤钟,字惠如(一作蕙如),又字云英,近代女词人、教育家。九岁能诗,工书善画,任南京两江女子师范学校校长多年(安徽省地方志编纂委员会:《安徽省志·人物志》,方志出版社 1999 年版,第 953 页)。
⑥　富香海:《创立时期的奉天女子师范学堂》,中国人民政治协商会议辽宁省暨沈阳市委员会文史资料研究委员会:《文史资料选辑》第 5 辑,辽宁人民出版社 1965 年版,第 155 页。

教育学、教授管理法及教育行政、视学诸项制度,督率公所职员及各学堂教员逐日听讲。据《满洲日报》记载,教育官练习所讲当日,场面颇为壮观:"军督宪暨提学使咸莅临,听讲者为各学堂教员及本所各课办事员等。先由提学使宣布开讲宗旨,大旨谓国学较诸科学尤为重要,世界各强国均无置国学不讲而偏重科学者。次将经史舆地教授法逐一讲示。末谓凡小学教习责任为学生入门之始,尤为綦重,深望各教员慎端其始。语极恳挚,约二点钟之久。次由讲师榎元氏海演说教育宗旨凡二十条,听者皆欢忻鼓舞,日昃乃散。"①两年间,教育官练习所共培养学员 200 余人,对新式教育的普及意义颇为重大。此外,师范讲习科也获得了相当的发展。这是为已经获得小学教员资格而尚欲进修者专门设立的一种继续教育机构。对在职师资的继续教育,扩大了师范教育的受益范围,为他们专业技能的提高开辟了更加广阔的空间,显然也在间接推动着奉天教育事业的发展。

赵尔巽还充分利用世界先进的教育资源,积极派遣学生赴日本学习师范,以期带动奉天教育事业的进步。同时,大量聘请日本教习到奉天任教。仅省城就有多所学堂聘请了日籍教师:两级师范学堂聘请原日本文部省督学森本清藏为正教习,聘请东亚同文书院毕业生南洞孝讲授日语;女子师范学堂聘请美国大学文学士前田茂子教授理化、英语、数学、图画,聘日本女子大学文科毕业生服部升子教授体操、手工、音乐;蒙养院聘请了山口政子、前田深子等为保姆。尾见五郎在奉天中学堂教理化、博物;原东京语言学校校长前田岩吉在方言学堂教授日语。此外,日本人朝桥义孝受聘于实业学堂、隈元诚二在赵氏育英学堂任职。② 奉天地方能够大量地聘请日本教习,无疑体现了主政者赵尔巽的开明一面。客观地说,这也是师资严重不足情况下所采取的一种补救之策,在某种程度上是被迫而为之。正如后世学者所言:"建立新式学堂,没有师资,也没有经验,需要借助日本教习的力量;办理师范学堂,更是如此。"③奉天聘请日本教习的情形,可以说是清

　　① 《沈阳近事通信》,《满洲日报》光绪三十二年十二月初十日第三版,中外要闻。
　　② 赵尔巽全宗档案,第 177 卷(《〈奉天旗员仕学馆同馆录〉章程及师范小学堂课程表教职员名册》),缩微号:0029,中国第一历史档案馆藏。又见汪向荣:《日本教习》,中国青年出版社 2000 年版,第 105—106 页。按:上述日本教习只是其中的一部分,是为有确切证据证明在赵尔巽任职时期聘请者。如果按《日本教习》一书的统计,则应该不止上述诸人。因其任职时间不可考,至少不在前引统计之列,且不能确定是否为赵尔巽主政奉天期间所延聘,故而从略。
　　③ 汪向荣:《日本教习》,中国青年出版社 2000 年版,第 180 页。

末中国延聘日本教习帮助发展新式教育的一个缩影。抛却其他的因素，这些日本教习所带来的先进教育理念和新的知识体系，在奉天新式教育的草创阶段，对于教育基础的奠定显然具有极其重要的作用。[①]

三、鼓励留学教育

在清末新政中，对于原先并不十分热衷的留学，清政府表现出了很高的热情，相继出台了一系列管理章程，将留学教育进一步制度化。对民众而言，留学作为学习西方的一种更直接的渠道，已经得到了开明人士的认可，并且日渐成为广大青年寻求强国之路的首选门径。而向同为东亚国家且早期命运相同的日本学习，更接近本国实际。特别是在中日甲午战争和日俄战争之后，学习这个通过维新改革而迅速崛起的海上邻国，似乎也更能够解决中国的现实问题。加之负笈东洋所需费用和"门槛"较低（路途较近、生活水平相当、语言较易上手），一衣带水的日本遂成为中国人留学的首选去处。然而，东北地区风气开通较晚，又屡为战乱所扰，在赵尔巽到任之前，出洋游学者寥寥无几。除光绪三十年（1904）"练兵处咨取遣送学生二名外，阒其无闻"。这种情形，主要是因为对于留学一事，各属官吏既不加提倡，民间更视为畏途。赵尔巽到任后，奉天的留学教育迅速崛起，蔚然成风。这既是由于全国留学大潮的带动，更为重要的，是得益于地方最高行政长官赵尔巽对出洋留学的重视与鼓励。

为了推动留学教育，赵尔巽一方面积极鼓励出洋，极力宣传留学的益处：

> ……今且舍留学之公益而姑言私利，方今到处人浮于事，谋生道穷，空疏无据，愁叹盈耳。计惟留学，得有专长，即可名动公卿，驯致富贵。若再迟疑，则父老私谋亦太拙矣。西游姑缓，先事东洋。行程近于川粤，每人岁不过三百洋银之费，他日收获且千百倍。又何惮而不为……总之，槁死牖下，丈夫所羞。骅骝开道，奉省所亟。[②]

并鼓励自费留学，允诺"有能自备资斧或联结会社出洋游历者，尔能尊显之

---

① 汪向荣：《日本教习》，中国青年出版社 2000 年版，第 189—190 页。

② 赵尔巽全宗档案，第 187 卷（《盛京将军赵尔巽改革吏治兴学务振工商务告人民书及整顿圆（圜）法开矿兵政等之条陈》），缩微号：0030，中国第一历史档案馆藏。

且保护之"。① 另一方面,积极组织、派遣优秀青年出洋留学。到任后不久,赵尔巽即选派师范学生 40 人、武备学生 30 人、实业学生 24 人赴日本留学。② 光绪三十一年(1905)十一月十六日,他们在护送员、翻译等人的陪同下,由青泥洼出发东渡。③ 在出发前的十一月十日,赵尔巽还赴学务处,对在省城的 62 名出洋学生亲自考核。④ 光绪三十二年(1906)正月初九日,奉天派往日本的一批陆军学生又由青泥洼(大连)启程,负笈东洋。早在正月初六日,赵尔巽就已经专门致电驻东京的出使日本大臣杨枢,报告这批学生的行期,以尽早准备接待事宜。⑤ 为了更好地组织留学,光绪三十二年,赵尔巽又创办游学预备学堂,"招收国文清通之学生,肄习日文、英文,以备出洋留学"。⑥ 分英文、日文各一班,对他们进行为期一年的留学生预备教育。对于已经出洋的学生,奉天也是严格约束,督促保证完成学业。赵尔巽亲自拟定了《奉天留学生章程十二条》,对奉天留日学生的日常生活、言谈举止都做出了明确规定,并督促他们专心学业,还请杨枢代为监督。⑦ 在第一批出洋学生出发前的光绪三十一年十一月十三日,赵尔巽特地修书一封给杨枢,请其着意管理即将出发的这批奉天留日学生。要求在学生到达日本后,即将其"分派就学,经理学务之员严加约束,万勿宽容,如有不堪造就者,随时撤回。即自费生亦请一律办理"。⑧ 此外,奉天还制定了留学生"本省优先调用"政策,鼓励留学。"于是闻风兴起,自备资斧赴日

---

① 赵尔巽全宗档案,第 187 卷(《盛京将军赵尔巽改革吏治兴学务振工商务告人民书及整顿圆(圜)法开矿兵政等之条陈》),缩微号:0030,中国第一历史档案馆藏。

② 赵尔巽全宗档案,第 128 卷(《日本驻华(奉)总领事荻(萩)原守一美驻华(奉)总领事司藏法(德)等关于节日祝贺迎送往来赠送书画等礼仪事与赵尔巽往来信电》),缩微号:0024,中国第一历史档案馆藏。赵尔巽给杨枢的信中也说到"武备、师范、实业各学生共九十四名"(见赵尔巽全宗档案,第 179 卷(《学务处帮办袁绪钦等关于留学生派遣管理经费事及日本医学者来华之信函禀电》),缩微号:0029,中国第一历史档案馆藏)。这一数字与上述总数相符,故此说中的学生数量应该是准确的。

③ 《选派留学日本生》,《大公报》光绪三十一年十二月初六日第六版,时事,东三省。

④ 赵尔巽全宗档案,第 179 卷(《学务处帮办袁绪钦等关于留学生派遣管理经费事及日本医学者来华之信函禀电》),缩微号:0029,中国第一历史档案馆藏。当时有师范生 38 名,武备生 24 名。

⑤ 赵尔巽全宗档案,第 198 卷(《盛京将军赵尔巽与外务部袁世凯等来往电报》),缩微号:0033,中国第一历史档案馆藏。

⑥ 王树枏、吴廷燮、金毓黻等:《奉天通志》卷 151,1934 年铅印本,第 17 页。

⑦ 赵尔巽全宗档案,第 178 卷(《赵尔巽提学使司张鹤龄等关于废科举兴学堂筹经费选官员考察学务等事之札禀电函》),缩微号:0029,中国第一历史档案馆藏。

⑧ 赵尔巽全宗档案,第 179 卷(《学务处帮办袁绪钦等关于留学生之派遣管理经费事及日本医学者来华之信函禀电》),缩微号:0029,中国第一历史档案馆藏。

本留学速成警监、法政者多至二百余人。"①在留学热潮的影响下,加之地方政府的鼓励以及女学兴起的推动,此时奉天的女子留学事业从无到有,迅速发展。奉天地方政府与日本实践女校校长下田歌子商定,每年派 15 名女生到该校学习师范,推动了女子留学的兴起。光绪三十三年(1907)春,奉天女子师范学堂派出了周秀贞等 21 名女学生赴日本实践女学校读师范科。②"一次选派这么多女生赴日留学在全国来说也很少见",③在东北地区更是开风气之先。三月初九日,她们起程时,"省城官绅赴车站相送者颇形拥挤"。——《盛京时报》以"女界风气渐开"为题,记下了盛况空前的瞬间。④往日身处闺阃之中的女子能够走出国门去接受新式教育,并且尚有众多的官绅到车站送行,确实反映了兴学以来奉天社会风气的焕然一新,同时也表现了省城官绅对女子教育的重视程度。女子留学的兴起带动了社会风气的进一步开通,社会风气的转变又推动了留学教育的发展,二者相得益彰。此外,赵尔巽还积极鼓励地方官员出洋游历,以开阔眼界,利于行政。并且明确表示,有能往者,将给与优奖并加以重用。⑤在赵尔巽的积极推动下,奉天的留学事业蒸蒸日上,一跃而成为先进省份。

到宣统元年(1910),"官私费留日师范、警监、法政速成科学生毕业者已一百余人,陆续回奉服务"。⑥这些更直接感受工业文明、接受先进教育的近代人才,为东北地区乃至全国的发展提供了最重要的先决条件。他们学成回国所带来的,不仅仅是先进的专业技术技能。其与众不同的气质与修养,对于所处地区的社会风气和所在行业风气的开通与转变,显然也是大有裨益的。

四、重视社会教育

社会教育,指的是通过学校以外的文化教育机构对青少年和人民群众

---

①　徐世昌等编纂,李澍田等点校:《东三省政略》,吉林文史出版社 1989 年版,第 1399 页。

②　另一说为 37 名,徐世昌等编纂,李澍田等点校:《东三省政略》,吉林文史出版社 1989 年版,第 1399 页。

③　曲晓范:《近代东北城市的历史变迁》,东北师范大学出版社 2001 年版,第 112 页。

④　《女界风气渐开》,《盛京时报》光绪三十二年三月十一日第五版,东三省汇闻,奉天。

⑤　赵尔巽全宗档案,第 187 卷(《盛京将军赵尔巽改革吏治兴学务振工商务告人民书及整顿圆(圜)法开矿兵政等之条陈》),缩微号:0030,中国第一历史档案馆藏。

⑥　徐世昌等编纂,李澍田等点校:《东三省政略》,吉林文史出版社 1989 年版,第 1399 页。

进行的教育。其教育载体有图书馆、博物馆、文化宫、展览会、电影院、公园以及体育场馆等公共设施。在发展新式教育的过程中,赵尔巽在广建新式学堂、推广学校教育的同时,同样重视发挥社会教育的功用。在他看来,奉省学务方兴,教育骤难普及。即使将来学堂遍设,不可能人人都能走进学堂,接受学校教育,"其多数不能入学者,尤不可不施以教育"。① 为了更好地普及新学,"欲借此开通风气,以使家喻户晓",光绪三十一年(1905),赵尔巽下令学务处编辑白话报并创办宣讲所,实施社会教育。是年秋,奉天学务处在城市适中之地设立宣讲所两处,邀请各学校教员或者通晓东西学术者,立会宣讲。时间定于阴历每旬三、六、九日午后 3 点钟至 5 点钟,"如遇大风雨应停讲,改为次日补会一次。宣讲者各尽义务,不取薪金。既经承认于前,届时必至决无推诿,贻误讲期"。来听讲者不分等级,均准入座。开会之期还备有茶水,以吸引更多的民众前来听讲。如果听讲者对于所讲内容有疑问,可待讲完此段后进行发问,还可以"登台发论,同资考证"。② 光绪三十二年(1906),学务处派遣宣讲所毕业生分赴新民、海龙、昌图、铁岭、辽阳、海城、盖平、法库门、西丰等地宣讲。至年底,各府厅州县都建立了劝学所,负责当地的宣讲事宜。与此同时,还派人到各地方村镇按集市日期进行宣讲,对村民进行初等常识教育。③ 这种讲座、报告形式的宣讲,作为社会教育的一种载体,在知识的推广普及方面较图书馆、博物馆等具有独到之处,对于更好地发挥教育功用,提高民众的整体文化素质、转变社会风气都具有不可替代的积极作用。

第二节　赵尔巽与清季奉天新式教育的崛起

留守陪都三年间,赵尔巽于"学务一端,荩画周详,热诚尤挚"。④ 其为推进奉天地方教育发展所付出的努力及贡献,有目共睹。光绪三十二年

---

　　① 赵尔巽全宗档案,第 179 卷(《学务处帮办袁绪钦等关于留学生之派遣管理经费事及日本医学者来华之信函禀电》),缩微号:0029,中国第一历史档案馆藏。

　　② 赵尔巽全宗档案,第 179 卷(《学务处帮办袁绪钦等关于留学生之派遣管理经费事及日本医学者来华之信函禀电》),缩微号:0029,中国第一历史档案馆藏。

　　③ 王树枏、吴廷燮、金毓黻等:《奉天通志》卷 151,1934 年铅印本,第 40 页。

　　④ 赵尔巽全宗档案,第 178 卷(《赵尔巽提学使司张鹤龄等关于废科举兴学堂筹经费选官员考察学务等事之札禀电函》),缩微号:0029,中国第一历史档案馆藏。

（1906）三月十八日的《大公报》刊登了署名"忧时国民"的《奉天进化一览表》，在所列 12 项中，尤其对于"新式教育"的发展状况给予了肯定，出现了在其所考查的各项指标中少有的肯定评价。对"现季"（即现任将军时期）学堂的评价为"颇有兴办者"，并将其归因于"虽为停科举之效果，亦为大宪之振兴也"。① 由此可见，不但赵尔巽振兴教育的成就得到了时人的认可，而且其为发展教育付出的努力亦得到了肯定。正是由于他的锐意图治，三年间，奉天新式教育的发展可谓日新月异。

　　光绪三十一年（1905），奉天共有各类学校 49 所（其中官立 34 所，公立 14 所，私立 1 所），在校学生 2,469 人；光绪三十二年（1906）为 658 所（其中官立 121 所，公立 528 所，私立 9 所），在校学生 28,195 人；光绪三十三年（1907）则达到 1352 所（其中官立 239 所，公立 1081 所，私立 32 所），在校学生 51,018 人。② 对比分析上面的统计数字，我们不难看出，在赵尔巽主政奉天期间，奉天的教育在教育载体与学生的数量两个方面增长颇为迅速。按照学务经费来源，这些学堂大概可以分为官立、公立以及私立三类。其中官立为政府出资举办，公立者为集资办学，私立为个人出资兴办。三年间，三种性质的学堂都获得了快速发展，非官立性质的学堂表现尤为突出。其中增长最快的是公立学堂，光绪三十二年比上年增长了 36.7 倍。当然，在看到成绩的同时不能忽视原基数过小这一事实，然而光绪三十三年在大基数的基础上比光绪三十二年依然增长了 1.05 倍，进步十分明显。不仅如此，在绝对数量上公立学堂也是最多的一种。这种情形，显示了奉天官绅对教育重视程度的迅速提高。赵尔巽主政奉天以来，社会风气的开通可由此略见一斑。

　　奉天各地教育的发达程度，尤以省城为最。诚如当时的报纸所言："赵次帅自到任后热心教育，振兴学务。于是省城学堂林立，学生日多。"③ 从教育门类来看，仅经过几个月时间的发展，到光绪三十一年年末时，奉天省城的教育已经略有起色，共有小学堂、武备学堂、警务学堂、半日学堂、官话字母学堂、中学预备学堂、师范传习所、师范学堂等共达 19 所，教员 56 人，

---

① 《奉天进化一览表》，《大公报》光绪三十二年三月十八日第六版，要件。
② 据《清末奉天省学堂历年增减比较表（1903－1908）》，王鸿宾、向南、孙孝恩：《东北教育通史》，辽宁教育出版社 1992 年版，第 331—332 页。
③ 《省垣教育之发达》，《盛京时报》光绪三十三年四月二十七日第五版，东三省汇闻，奉天。

学生 1,143 人。① 在省城的辐射影响之下,"各州县逐渐设立,月有所增。虽未能骤期进步,亦已渐见改观"。② 一年后,"省城校舍莘莘,大端渐具。郡县响应,风气日开"。③ 到光绪三十三年(1907)春间赵尔巽离任前夕,"省城教育之发达,实可谓盛矣"。④ 虽然各属教育的发展水平与程度不及省城,但是在省城辐射与示范作用的影响下,加之地方最高行政长官的大力督促与鼓励,各地方的教育状况也都发生了翻天覆地的变化,取得了不同程度的进步,其最主要的表现就是各级各类教育载体的出现与增多,为更多的有志向学者提供了接受教育的机会,受教育者的数量也在随之增长。 在这迅速崛起的各级各类教育中,初等教育占据了极大的份额。这种情形,既体现了新式教育刚刚起步的阶段特点,又反映了奉天地方教育基础薄弱、学生层次偏低以及师资水平不高的现实状况。投入巨大力量而迅速发展的师范教育,亦不外如此。具体情况,详见表 6—1:

表 6—1 光绪三十三年(1907)至宣统元年(1909)奉天师范教育统计表

| 项目 | 优级师范学堂 | | | | 初级师范学堂 | | | | 传习所、讲习科等 | | 总计 | |
| | 选科 | | 专修科 | | 完全科 | | 简易科 | | | | | |
	A	B	A	B	A	B	A	B	A	B	A	B
1907	1	150/8	2	94/4	3	207/14	6	321/16	25	973/3	37	1745/7
1908	1	150/11	2	85/7	3	257/12	6	353/11	19	789/2	31	1634/6
1909	1	149/10	1	68/4	2	188/15	0	561/4	19	928/2	33	1894/6

注:此表根据学部总务司编:《光绪三十三年分第一次教育统计图表》、《光绪三十四年分第二次教育统计图表》、《宣统元年分第三次教育统计图表》⑤编制。表中"A"代表教育载体数量;"B"代表学生数量;"/"后的数字表示该项指标在全国各省同类指标中的排名情况。各项指标在全国所占位次,依据统计图表中所列23省统计比较得出。

① 《调查省城学堂》,《满洲日报》光绪三十二年十二月十一日第五版,中外要闻。此统计中的学生数量当为不完全统计,不包括武备学堂、警务学堂、第一半日学堂、第二半日学堂等四所学堂(《奉天省城学堂一览表》,《大公报》光绪三十一年十一月初五日第四版,专件)。据《奉省学堂一览表》所统计,截至年末,奉天省城已有各级各类学堂24所,学生2035人。见《奉省学堂一览表》,《大公报》光绪三十二年十一月二十七日第六、七版,专件。

② 赵尔巽全宗档案,第189卷(《盛京将军赵尔巽为筹办奉天善后事宜之奏折及东北之盖平海城本溪等地行政情况报告附法库门善和会章程》),缩微号:0031,中国第一历史档案馆藏。

③ 赵尔巽全宗档案,第178卷(《赵尔巽提学使司张鹤龄等关于废科举兴学堂筹经费选官员考察学务等事之札禀电函》),缩微号:0029,中国第一历史档案馆藏。

④ 《省垣教育之发达》,《盛京时报》光绪三十三年四月二十七日第五版,东三省汇闻,奉天。

⑤ 陈学恂:《中国近代教育史教学参考资料》下册,人民教育出版社1987年版,第295—343页。

从光绪三十三年(1907)的教育统计数字来看,这一年奉天的优级师范学堂只有 3 所;初级师范学堂共有 9 所,其中简易科 6 所,完全科只有 3 所;更多得到发展的则是传习所、讲习科等速成性质的师范教育机构,高达 25 所,占总数的 67.57%,就读的学生占师范类学生的 55.76%。按照清末的新学制,"简易师范科"和"师范传习所"是清末初级师范学堂附设的培养小学教员的临时机构。"师范讲习科"是为已获小学教员许可状,还欲进修者而设立的进修机构。这类小学师资培养机构及其就读者的众多,反映了奉天在兴学初期对于基础教育的重视程度。然而,这种速成性质师范教育机构的广泛发展,也从一个侧面折射出奉天教育人才缺乏的困境。其实,不独教育如此,其他行业也都同样乏人,需才孔亟;从全国来看,不仅奉天面临窘境,求贤若渴,其他省份也大多是同样情形。教育发展的这种状况,一方面反映了新政对于新型人才的渴望,另一方面,它代表了清末新政中普遍存在的一种急于求成的心态。同时,由上表不难看出,不但赵尔巽在任时是如此发展,在他去职后的两年中,这种临时速成性质的传习所、讲习科等在奉天教育中所占的份额,依然优势不减。可见,如此发展路数也是囿于当时各种条件所限以及多重因素作用下的一种无奈之选。而这种情形不仅仅在奉天存在,也是其他大多数省份推行新式教育的一个显著特点,只是程度不同而已。

小　　结

留守陪都期间,赵尔巽致力于推动奉天地方教育的振兴,"诱掖奖劝,不遗余力",[①]为新式教育的启蒙和发展做出了不可磨灭的贡献。因此,被后世学者誉为"奉天教育近代化的积极推进者"。[②] 诚哉,斯言! 一个世纪后,我们重新审视这些举措,既要看到其保守之目的,又要肯定其积极的作用。毕竟,赵尔巽的努力,推动了新式教育在奉天的崛起及迅速发展,其积极意义是不容忽视的。

[①]　徐世昌:《密陈考查东三省情形折附考查奉天省情形单》,《退耕堂政书》卷 5,天津徐氏退耕堂刻本 1914 年版,中国书店 1984 年重印本,第 21 页。

[②]　李喜平:《辽宁教育史》,辽海出版社 1998 年版,第 220 页。

作为清王朝统治的积极维护者,赵尔巽在奉天的兴学举措,无论是兴办新式学堂,还是鼓励出洋留学,指导思想都是"中体西用",其根本目的都是维护清王朝的封建统治。这是不争的事实。然而,往往事与愿违,在教育领域最终还是出现了"西学为体"的局面。而这正是这些封建大吏所不愿见到的,这种"种瓜得豆"的结果,也恰恰是其教育改革的客观积极意义所在。

第七章　稳定社会秩序

　　连年的战争,严重地妨碍了奉天各业的正常发展进程,造成的最直接后果是地方社会动荡不安。这种动荡,既阻碍了经济的发展及各项改革整顿暨战争善后事务的推行,又严重影响了地方财政收入。由此造成的另一个后果是区域社会秩序失范,为各种边缘社会力量的滋生、发展提供了新的土壤,加之奉天地方政府的社会控制力薄弱、打击不力,他们的活动又导致地方更加动荡。臭名昭著的东北胡匪,即是此中的一股主要力量。他们利用战争造成的混乱四出活动,打家劫舍,气焰十分嚣张,而地方防营力量薄弱,往往束手无策。战争的破坏与边缘社会力量的活动,形成恶性循环,严重地破坏了地方社会治安。而政局动荡与政府社会控制力量的欠缺造成胡匪的猖獗,不但导致地方治安的进一步混乱,更为严重的后果是为外国侵略势力提供了扩大侵略的可乘之机。赵尔巽任内,适值日俄战争之后,地方尤为动荡,强邻虎视眈眈,亟思借端染指中国内政,因此,稳定社会治安、重建社会秩序的任务显得尤为重要而迫切,它不仅是恢复日俄战后地方正常生产生活秩序的重要前提,更是杜绝授人以柄,维护主权的客观要求。为了重建社会秩序,赵尔巽双管齐下,一方面加大对胡匪的打击收剿力度,消除危害社会的不稳定因素,另一方面,整顿奉天警政,强化社会治安管理,同时借助北洋军力,提高地方政府对社会治安事件的防控能力以及对胡匪的震慑力度,以定点自守(村屯堡防)与流动巡防(巡警)相结合的方式,提高自卫防守能力,加大打击胡匪的力度。

第一节　警兵并举,提高防控能力

　　要重建社会秩序、提高对社会治安事件的防控能力,就必须有效地消除危害地方治安的不稳定因素,既要严厉打击主要的危害力量——胡匪,又要形成对一般突发治安事件的预警机制。这一切工作,没有警察的积极参与是不可能做到的。警察,指的是国家维持社会秩序和治安的武装力量,也指其中的成员。作为专指这一职业的专有名词,"警察"完全是舶来品。近代警政传入中国之前,中国旧有的警备体系既有保甲团练,又有地方防营。兵警不分,构成了中国传统警政的一大特点。西方警察制度引入中国后,二者才逐渐实现了分离,管理地方治安的职能由传统的地方驻军转向新式的警察群体,保卫民生、维护社会治安成为其主要工作之一。然而,西方警察制度引进之初,各地方警务力量薄弱,处理一些重大治安事件时往往还是离不开军队的参与,同时也少不了保甲团练等传统警备力量的配合。尽管如此,在赵尔巽看来,振兴警务仍是稳定社会秩序的重要条件。赵尔巽在各地任职,均十分重视社会治安工作。早在光绪二十年(1894)至二十四年(1898)任安徽按察使时,即曾制定有《安徽保甲章程》,保卫地方治安;20世纪初西方警察传入中国之初,时为山西布政使护理山西巡抚的赵尔巽即开始奏请于地方兴办近代警政,"又有整顿乡镇,设习艺所诸疏,均与警察事有关"。① 此后,于湖南巡抚任内仍"极力提倡、通饬各地办理警政,建立警察学堂"。② 光绪三十一年(1905)就任盛京将军后,为提高对突发治安事件的防控能力,赵尔巽对奉天警政进行了全面的改革整顿。就其改革整顿本身而言,可以说是奉天警政早期现代化的起步,为此后的进一步改革奠定了基础。同时,警务的振兴又能够在一定程度上震慑胡匪、稳定治安,从而为地方的发展提供相对稳定的社会环境。

一、改良警政

近代警政传入后,尽管奉天省城、新民等极少数地方举办了新式警政,但是警备力量极其有限。加之地方防营窳败不堪,根本不足以保卫地方治安。因此,警务疲敝、胡匪蔓延,遂为困扰地方当局的两大难题。③ 然而,战争过后,要振兴警务,又面临着重重障碍:就外交而言,"奉天警察权,东邻耽耽抵隙□□,屡思藉手驾空摧陷"。④ 就内部而论,奉天地方"民智未

---

① 赵尔巽全宗档案,第187卷(《盛京将军赵尔巽改革吏治兴学务振工商务告人民书及整顿圆(圜)法开矿兵政等之条陈》),缩微号:0030,中国第一历史档案馆藏。

② 阳信生:《赵尔巽与清末湖南新政》,《株洲师范高等专科学校学报》2006年第6期,第73—74页。

③ 赵尔巽全宗档案,第193卷(《盛京将军赵尔巽给军机处外务部袁世凯等电报信函之抄录本》),缩微号:0031,中国第一历史档案馆藏。

④ 《奉天巡警总局致各报馆书》,《大公报》光绪三十二年七月二十一日第九、十版。

开,难遵约束;地面未交,难可设施;商贾不盛,难于筹费"。① 在这种情形下整顿警政,其困难程度已远非其他省份所能比拟,时论有谓:

> 各省办理警察,其目的仅在弭内忧,奉省则弭内忧而兼辑外患,故办理警务较难于他省。②

除此之外,奉天农村地广人稀,村屯零落,地方政府行政控制力量薄弱,使得地方秩序的维护难上加难。日俄战争以来,省城四郊不靖。针对这一特点加之维护治安的现实需要,署盛京将军廷杰设立乡镇巡警。划承德、兴仁两县界为5路37区,警兵多从原有乡团中选募。官督绅办,就地筹饷,"是为镇乡巡警之始"。③ 乡镇巡警虽经办理,然而"因乡间未尽得人,杂乱无章。徒窃巡警之名,并无巡警之实。加以督率无人,间有任各乡屯劣绅自行办理,敛费则勒索分肥,获犯则私拷贿放。百弊丛生,控案迭出,小民以有用之钱财转召无穷之扰累"。④ 不但不能保卫乡里,而且徒增村民负担。

在整顿警政过程中,除了将卫生与警察两局合二为一,改为巡警总局之外,赵尔巽主要从两个方面展开改革:一方面加强警察教育,提高警员素质,另一方面,建立完备的警察队伍与警备系统,在省城设立备补队,寓兵于警,在乡镇加强马巡与堡防力量,提高对胡匪的打击力度与各村屯的自卫能力。

(一)提高警员素质

奉天原有的警察来源复杂,有收抚的胡匪,有原来的乡团成员,还有少量的警务学堂毕业生,因而程度参差、良莠不齐,在执行任务过程中时有扰民、中饱等事发生。要整顿警政,需要提高警察队伍的专业化水平,普及警员专业教育势在必行,亦为长远之计。因此,建设警察教育机构就被提上了日程。此间,奉天共出现两类警察教育机构,一类是全日制的警务学堂,另一类则是旨在提高在职警员专业素质的培训机构,如警察教练所、官长补习所等。

---

① 赵尔巽全宗档案,第189卷(《盛京将军赵尔巽为筹办奉天善后事宜之奏折及东北之盖平海城本溪等地行政情况报告附法库门善和会章程》),缩微号:0031,中国第一历史档案馆藏。
② 《赵次帅在奉之治绩》,《满洲日报》光绪三十三年五月二十九日第三版,中外要闻。
③ 王树枏、吴廷燮、金毓黻等:《奉天通志》卷143,1934年铅印本,第6页。
④ 赵尔巽等:《赵尔巽等文札》,清光绪年间铅印本。

　　早在前任将军增祺和署将军廷杰时期,奉天就已经开始筹备警务学堂了。光绪三十一年(1905)四月,增祺奏调留学日本学习警务之官学生忠芳、德铨、兴贵、世荣等四员来奉,分任总分教习。① 未及开学,增祺开缺。赵尔巽到任后,督饬赶紧举办。七月,奉天警务学堂于省城开学。到光绪三十三年(1907)正月,"共教成学生甲、乙、丙三班,吉林省附班学生一班。合计毕业生共得二百五十余名"。② 这些接受了正规教育的警员毕业后,"以之遣回吉林、分布本省,各任警务"。③ 在培养专业警务人员的同时,该学堂还编译了《警察概要》、《警务要则》、《卫生警察法摘要》、《警察实习课程》等五种课程,咨送民政部备案考核。④

　　在大力发展省城警察教育的同时,各属地方也先后建立了警员培养机构,警察教育规模进一步扩大。光绪三十一年八月初二日,赵尔巽任命奏调分省花翎补用道陈希贤接办乡镇巡警局。在其主持之下,乡镇巡警局开办四路传习所,以总局原有督操毕业生20余人充当各分局教习。鉴于"内堂功课尚缺",仅此一个专业方向。乃于翌年四月"添设分科传习,即以本局绘图委员戴隆勋兼充绘图、算学教习"。⑤ 光绪三十二年(1906)四月,赵尔巽将乡镇巡警归并于巡防营务处,并责成奉军前路统领朱庆澜兼办。朱氏接管巡警后,进一步扩大四乡巡警教育规模,"于每分局设立巡警学堂一所,招考文理通顺、身体精强学生六十名入堂肄业……各府州县派员专办,以挽颓风而安闾阎"。⑥ 乡绅富户子弟积极响应,每局赴选者有数百人之多。⑦

---

　　① 　其中,忠芳任总教习,德铨、兴贵、世荣为分教习。

　　② 　赵尔巽:《奏请将总教习候选同知忠芳充补本班以知府选用分教习附生德铨等以知县选用事》(光绪三十三年二月十三日),军机处录副奏折,光绪宣统朝,03-5521-012,中国第一历史档案馆藏。

　　③ 　赵尔巽:《奏为遵部驳另行请奖警务学员教习忠芳等事》(光绪三十三年四月二十一日),军机处录副奏折,光绪宣统朝,03-5521-027,中国第一历史档案馆藏。

　　④ 　赵尔巽:《奏请将总教习候选同知忠芳充补本班以知府选用分教习附生德铨等以知县选用事》(光绪三十三年二月十三日),军机处录副奏折,光绪宣统朝,03-5521-012,中国第一历史档案馆藏。

　　⑤ 　《奏调分省花翎补用道陈希贤禀为禀报乡镇巡警局自接办至交卸情形由》,赵尔巽全宗档案,第108卷(《俊英等人关于巡防捕匪之函件及总办乡镇巡警卫生工作报告》),缩微号:0021,中国第一历史档案馆藏。

　　⑥ 　《巡警进步》,《盛京时报》光绪三十二年十月二十三日第三版,东三省汇闻,奉天。

　　⑦ 　《巡警进步》,《盛京时报》光绪三十二年十月二十三日第三版,东三省汇闻,奉天。

对现有的警察进行职业教育,使他们掌握一定的警务常识,也是提高警察素质的必要工作。为此,光绪三十二年(1906)初,省城巡警总局设立警察教练所,^①学习时间为10个月。^② 共分为初级、中级、高级三个层次,供警员选择,各自深造。^③ 为了提高广大警员对此事的重视程度,奉天地方还出示晓谕,广为宣传,鼓励各警员报考警察教练所。^④ 最终先后共有近千人报名,参加考试。^⑤ 与此同时,"为使教练分局员弁知应尽之职务,兼补未习之学科",奉天乡镇巡警局还设立了官长补习所。"将从前未曾入过学堂之巡弁、巡长挑送本教练所,归中等班肄业,以造就程度而重警务。"^⑥在不耽误日常工作的前提下,分甲乙两班,轮流入堂学习警察学、算术、操法。甲班"上堂则以乙班代理其事;乙班上堂甲班亦如之"。这样,既不妨碍工作,又不影响学习,二者互不侵扰,可谓"一切办法颇有条理"。^⑦

警察教育机构的广泛设立以及不同层次警察教育的实施,是提高警员整体素质的重要步骤与前提条件。此举在迅速提高警察专业能力的同时,也在一定程度上满足了振兴警务对不同层次警察人才的需求,对于近代警政的推广以及警察行政能力暨维护治安打击犯罪能力的提高,大有裨益。

经过一年多的发展,奉天警务教育从无到有,取得了长足进步。毕业生充实到警务一线,不仅在一定程度上缓解了警务人才的缺乏,而且能够提高警察队伍的整体素质。其产生的辐射影响,对于整个东北近代警政的推广与警务的振兴,极具积极意义。

(二)建立完备的警备队伍

奉天地方各属情况不同,在整体提高警察队伍素质的同时,需要因地制宜,根据地方情况调整警种,同时需要纵向建立不同层次的警备力量,以

---

① 《警务学堂招考》,《盛京时报》光绪三十三年二月初十日第三版,东三省汇闻,奉天。

② 《巡警教练所分级》,《盛京时报》光绪三十三年四月初八日第五版,东三省汇闻,奉天。

③ 《巡警总局示》,《盛京时报》光绪三十三年二月初四日第三版,东三省汇闻,奉天。

④ 《警务学堂招考》,《盛京时报》光绪三十三年二月初十日第三版,东三省汇闻,奉天。

⑤ 《巡警教练所考生》,《盛京时报》光绪三十三年二月十三日第三版,东三省汇闻,奉天;《巡警招考详志》,《盛京时报》光绪三十三年五月初四日第五版,东三省汇闻,奉天;《巡警教练所再考详志》,《盛京时报》光绪三十三年五月初四日第五版,东三省汇闻,奉天。

⑥ 《巡警官弁有入中等教练班之消息》,《盛京时报》光绪三十三年二月二十五日第五版,东三省汇闻,奉天。

⑦ 《乡镇警察补习科之办法》,《盛京时报》光绪三十三年三月二十八日第七版,东三省汇闻,奉天。

建立完备的警察队伍。为此,除了上述警察教育机构培养出来的各级常规警力之外,奉天省还通过组织备补队培养候补警察力量,通过乡镇各村屯联结堡防,利用协防力量来维护社会治安。同时,根据各地方的不同情况,调整警种设置:在城市,加大警力投入与分布密度,多人轮流站岗,以加强治安管理;在乡村,针对胡匪以马匹为交通工具、行动迅捷的特点,强化马巡力量,提高对胡匪的打击能力。同时,鉴于村屯零落,地广人稀,完全依靠马巡难免控驭不周,又组织各村屯联结堡防,提高其自卫能力。其具体办法如下:

1. 调整警种,强化马巡力量。乡间办理巡警,办法与城市不同。因乡下地广人稀,如内地屯居办法,则各处分散零落不能守望相助,无法像城市那样多人轮流站岗,自当以巡逻为重。而奉天马贼纵横,来去迅速,巡逻之责亦非步巡所能胜任,而只好全赖马巡。因此,裁撤步巡、强化马巡,遂成为提高乡镇巡警实力的有效途径。在改革警政过程中,将原有马步各队分别去留,尽变为马巡,并保证足额配备。员额不足者,由会首另保。对于马巡警员的选择极严,以年力强壮之土著且无不良嗜好(如吸食洋烟等)者为合格。素不安分者以及流氓游勇,一概不准充任,尤其严防马贼溷充其间。[①] 无论旧有警力还是新添人员,皆责成会首公同保充。裁撤的步巡,各归各屯,互相守卫。为使每区巡警的警力覆盖范围相当,对原有的39区重新划分,"密者并之,疏者增之"。[②] 分5局为42区,每区各练马巡20名,益以巡弁、巡长、号手、护兵之属,统计5局弁兵约近千人。为了及时发现并有效打击胡匪,将每区马巡分作两班,每天按规定路线进行严密巡逻,彻查乡间。[③] 无事操练,有事则救应。[④] 分局各添设马巡正副教习各一人,无事则司训练,有事则任管带。每个分局还设演说教习1人,向马巡讲解巡警章程。各分局设于距各区不过二三十里的适中之地,"闻警随时通报,合力歼剿,庶有声势"。[⑤] 马巡的加强,增加了对胡匪的震慑打击力量,有利

---

① 赵尔巽:《奏为筹办奉天省乡镇巡警情形事》(光绪三十一年十二月十四日),宫中硃批奏折,04—01—02—0156—001,中国第一历史档案馆藏。

② 赵尔巽等:《赵尔巽等文牍》,清光绪年间铅印本。

③ 赵尔巽等:《赵尔巽等文牍》,清光绪年间铅印本。

④ 赵尔巽:《奏为筹办奉天省乡镇巡警情形事》(光绪三十一年十二月十四日),宫中硃批奏折,04—01—02—0156—001,中国第一历史档案馆藏。

⑤ 赵尔巽等:《赵尔巽等文牍》,清光绪年间铅印本。

于乡村治安的恢复与稳定。

赵氏的整顿，可谓因地制宜。改制行省之后，东三省总督徐世昌在《东省筹办重要事宜分类简明说略》中提及乡镇巡警，也同样提出"多设巡警马队，以为巡逻防剿之用"。① 不难看出，赵尔巽发展乡镇巡警的此项政策，实为切要之举。

2.联结堡防，提高自卫能力。奉天屯堡零星散落，非联团体，无以自顾，亦无以补马巡"鞭长莫及"之弊。针对这一特点，巡警总局组织各屯堡联结防守，配合马巡保卫家园。首先清查户口，"每堡除老弱妇女外，所有壮丁尽编一册。无论村落大小、门户多寡均作三班，按日轮流。轮班名次由会首酌定，分作上中下户三等，上户轮三班，中户轮两班，下户轮一班，周而复始。预将日期、班次、姓名榜示本堡会所。轮流防御，以免临期互相推诿"。每到星期日，会首即率当班壮丁齐到会所，讲授警察保甲理论，进行操练。月底率该班壮丁到各分局合操一次，由委员会首酌定功过。平日"如闻有警，由会首鸣钟起号，该班壮丁即应各持枪械应声而出"。② 如有迟延不到者，酌情处罚。这一村屯联结堡防的办法，主要是招募村中壮丁，在农闲时加以训练。这种组织方式，能够联合有限的抵抗力量，以村屯为单位，将各个分散的民户组织起来，有效地提高了村民抗击胡匪的自卫能力。③

保卫民众生命财产的方法，无外乎两个方面：一方面是加强维护治安的力量即强化警务，另一方面是提高各乡屯村民的自卫能力。具体到当时的奉天，"巡警与堡防，二者实为安靖地方不二之法门"。④ 非扩充各地巡警，联结村屯堡防，断不足以防危害而保安宁。乡镇巡警改革中，巡警与堡防的联动，一动一静、一主动一被动，相辅相成，对于打击胡匪，维护乡村社会治安，显然是一种行之有效的举措。光绪三十一年（1905）八月初二日陈希贤接任后，各路破获盗案 50 余起，又拿获积贼 30 余起，两项计 120 余人，奉饬正法者 20 余名。不但有效打击了胡匪，而且"流民为之复业，撩荒

① 徐世昌：《东省筹办重要事宜分类简明说略》，铅印本，第 39 页。
② 赵尔巽等：《赵尔巽等文札》，清光绪年间铅印本。
③ 张乐民：《参加辛亥革命的片断回忆》，中国人民政治协商会议全国委员会文史资料研究委员会：《辛亥革命回忆录》第 8 集，中华书局 1982 年版，第 277 页。
④ 赵尔巽全宗档案，第 106 卷（《赵尔巽筹办奉省乡镇巡警设立工巡总局的奏底有关巡警薪饷警务学堂及举办团练等文件》），缩微号：0020—0021，中国第一历史档案馆藏。

因而开垦,已可见巡警之有益于地方者,实非浅鲜"。① 光绪三十二年(1906)四月,朱庆澜接管巡警。"接事以来,极力振兴,所有五路分局巡官严加考求,以收得人之效,四乡盗贼因之敛迹。"②可见,经过两年改革整顿,乡镇巡警维护治安、打击胡匪等取得了极可观的成绩。据赵尔巽奏称,仅自朱庆澜接手,"经年以来,拿获著名首要各犯,指不胜屈"。③

3. 设立警察备补队。当时的奉天警察备补队,名为候补警察队伍,实则预备军人。其人员来源,一为新招募的警备力量,一为从现有警察队伍中抽调的精英警员。一方面,作为警力的有益补充,通过训练之后充实到警务一线工作。另一方面,二者皆按照练兵处新章训练,实与陆军无异。备补队之设,其用意有二:其一,补充警力的不足,充实警察力量;其二,寓兵于警,暗度陈仓,编练新军。因为此前清政府与俄国有约在先,奉天"全省只准有巡警兵,他军概不准设"。④ 日俄战争后,日人借口故辙,于派兵剿匪禁制多端,即使开办陆军小学堂亦多方掣肘。倘若遵章征兵,编练新军,则外人之忌更甚,必致百般阻挠。"盖日人军权所在,我无一事可以径行。而兵事尤其注意,不得不移步换形,为逐渐扩充之计。"⑤光绪三十二年五月二十八日,赵尔巽请准编练协巡队 2,000 名。⑥ 皆按练兵处新章办理,名为巡队,实即新军。又在巡警兵内饬练备补队 1,000 名,分甲一、甲二、乙一、乙二,共四班,其军制与陆军法度无异。⑦ 光绪三十三年(1907)春,经过为期 8 个月的训练后,省城备补队已经有 200 余名初级警察毕业,派充巡警,在城内外 7 处分局任事。⑧ 这些接受了正规警察训练的备补队员既补充了奉天省警察力量的不足,又蓄积了地方军事力量。"一俟客军

---

　　① 赵尔巽全宗档案,第 108 卷(《俊英等人关于巡防捕匪之函件及总办乡镇巡警卫生工作报告》),缩微号:0021,中国第一历史档案馆藏。

　　② 《巡警进步》,《盛京时报》光绪三十二年十月二十三日第三版,东三省近闻,奉天。

　　③ 赵尔巽:《奏请将候补知府朱庆澜以道员留奉省补用事》(光绪三十二年十月初四日＊),军机处录副奏折,光绪宣统朝,03—5468—015,中国第一历史档案馆藏。

　　④ 赵尔巽:《奏为遵旨将奉省应办事宜及为难情形密陈事》(光绪三十二年八月二十二日),军机处录副奏折,光绪宣统朝,03—5744—039,中国第一历史档案馆藏。

　　⑤ 赵尔巽:《奏为遵旨将奉省应办事宜及为难情形密陈事》(光绪三十二年八月二十二日),军机处录副奏折,光绪宣统朝,03—5744—039,中国第一历史档案馆藏。

　　⑥ 赵尔巽:《奏为现拟招募协巡队迅即操练以辅警兵巡缉事》(光绪三十二年五月二十八日＊),军机处录副奏折,光绪宣统朝,03—6040—049,中国第一历史档案馆藏。

　　⑦ 《备补队改名陆军》,《盛京时报》光绪三十三年三月二十二日第五版,东三省汇闻,奉天。

　　⑧ 《军帅备补队之训词》,《盛京时报》光绪三十三年二月二十日第五版,东三省汇闻,奉天。

既撤,选用官长,更一名目,即可成军。"①如此办法,也得到了继任者徐世昌的认同:

> 将军赵尔巽莅奉之初以收还地面,限制兵队。然地方疏阔,必资驻压。乃毅然为寓兵于警之计,以扼安内对外之要。先省城、次通邑商埠、遍及乡镇。年余而奉省之警察遍集……②

寓兵于警,在当时特殊的内政外交条件之下,可谓为一项一举两得、两全其美之计。

由于所处新旧交替时代的限制,"清末的警察不免带有两重性:既有向近代警察制度靠拢的进步倾向,同时,也始终未能摆脱传统和落后的束缚,造成'因陋就简,有名无实','形体虽具,精神尚虚'的结局"。③ 处在同一时期的奉天警政,既无法超越历史的局限,又不能摆脱传统与现实的束缚,同样不可避免地带有上述两重性。加之内外交困,虽经赵尔巽极力整顿,尚有诸多弊端存在:"兵燹甫更、疮痍未复,猝办警察,教练未备、形式不完。"因各属地方条件不同,"城乡有分办、合办之殊";各地警政发展程度不同,"情势参差,未遑统一"。④ 大体言之,省城警察"尚有规模"。⑤ 而"奉天各属创办警察多由乡团、堡防、保甲改编,并无警察知识",⑥总体水平较省城落后。《顺天时报》评论说:"奉省胡匪充斥,伏莽甚多,整顿警务实为急图。而办理巡警虽有成效,尚宜精益求精,以副保守治安之责。"⑦

尽管如此,赵尔巽对省城警政的改革整顿,不但使得混乱不堪的社会治安逐渐趋于稳定,而且为其他地方的警务振兴提供了可资借鉴的模范。光绪三十三年(1907)四月,民政部奏请通饬各省酌裁民壮各役募练巡警折内奏称,"参阅章程,旁征舆论,如直隶之天津、保定,奉天、四川、广东,省城

---

① 赵尔巽全宗档案,第 134 卷(《赵尔巽盛宣怀端方吕海寰岑春煊等人为筹议日俄战争对策日俄议和善后事宜之奏折稿》),缩微号:0024,中国第一历史档案馆藏。

② 徐世昌等编纂,李澍田等点校:《东三省政略》,吉林文史出版社 1989 年版,第 934 页。

③ 孟庆超:《中国警察近代化研究——以法文化为视角》,中国人民公安大学出版社 2006 年版,第 161 页。

④ 徐世昌等编纂,李澍田等点校:《东三省政略》,吉林文史出版社 1989 年版,第 934 页。

⑤ 徐世昌:《密陈考查东三省情形折》,《退耕堂政书》卷 5,天津徐氏退耕堂刻本 1914 年版,中国书店 1984 年重印本,第 13 页。

⑥ 王树枏、吴廷燮、金毓黻等:《奉天通志》卷 143,1934 年铅印本,第 17 页。

⑦ 《奉天整顿警务》,《顺天时报》光绪三十三年正月二十五日第四版,各省新闻。

警察办法尚称完备"。① 可见,在各省中,虽然奉天的警务改革实质起步较晚,然而,在短短的两年内,省城的警务发展水平达到了与上述先进省份并列的程度。除去后来者的优势之外,与赵尔巽的极力推广是密不可分的。赵氏振兴警务的成绩,于此亦可见一斑。赵尔巽于诸形困难之中振兴奉天警务,颇有建树,近代警察在奉天的迅速推广,不但推动了奉天各地近代警政的建立和发展,而且提高了对社会治安事件的防控能力,稳定了地方,既是清政府日俄战争善后与新政改革的重要内容,也为上述两项施政提供了一个相对稳定的社会环境保障。光绪三十二年(1906)年末,钦命前往奉天查办事件大臣、巡警部尚书徐世昌在其考察报告中对奉天警政建设的成绩,即颇为肯定:

> 奉省自前将军增祺举办警察以来,已历数载。有名无实,规则毫无。加以筹款艰难,马贼充斥,故历任将军皆未实行。自赵尔巽莅任,整顿地面,扩充省城州县警察,虽未组织完全,尚属规模初具。②

事实上,赵尔巽对奉天警务的大力整顿,不仅为同时期其他各项举措的顺利推行提供了重要保障,而且社会治安环境与城市环境的改善,也在一定程度上杜绝了外力插手奉天警务的借口,对于抵制日本对奉天警政的侵略,具有重要意义。对此,光绪三十二年九月,到达奉天不久的熊希龄在写给汪康年的信中有言曰:

> 警察精神亦足,日本屡欲攫而揽之,无隙可乘,乃由彼国派警察百人来奉,竟颜其居曰"奉天警察署警察官吏派出所",以混我名义,侵我主权。次帅已与力争,彼尚不肯改也。设非奉天警察办得周密,则已入彼手中矣。③

---

① 赵尔巽:《奏为遵部驳另行请奖警务学员教习忠芳等事》(光绪三十三年四月二十一日),军机处录副奏折,光绪宣统朝,03—5521—027,中国第一历史档案馆藏。
② 徐世昌:《密陈考查东三省情形折　附考查奉天省情形单》,《退耕堂政书》卷5,天津徐氏退耕堂刻本1914年版,中国书店1984年重印本,第16页。
③ 熊希龄:《就奉天官场税捐等项致汪康年函》(光绪三十二年九月),周秋光:《熊希龄集》上册,湖南出版社1996年版,第139页。

二、借助北洋军力

要重建良好有序的社会秩序,需要有效地打击危害地方治安的边缘社会力量。其中对胡匪的处理,不论是抚是剿,显然都是要以相当的兵力配备为前提的:剿匪,对于兵力的依赖,自毋庸赘言;收抚,亦同样需要有足够的力量以资震慑,方可绝其反侧之心,达到一劳永逸之目的。警察,作为维护社会治安的武装力量,因其力量与功能所限,日常工作的立足点主要在应对突发事件、维护社会治安方面。对于战后奉天而言,警政草创,力量薄弱。维护社会治安的稳定,打击力量薄弱之小股胡匪以及一般治安事件的处理,已经令警察疲于奔命,根本没有能力对付剽悍的大股力量。严峻而特殊的地方治安形势,加之时处近代警政改革初期,兵警尚未实现完全分离,维护社会秩序依然离不开军队的参与,没有军队根本无法有力打击大股胡匪,稳定治安。然而,清末以来,奉天地方防营营务废弛,装备参差不齐,没有足够力量消弭匪患,维持地方安靖。赵尔巽的奏折尝言:

> 奉省频年兵燹,民匪混淆,民间失业者愈众。乡里豪猾动辄啸聚,椎埋剽掠,视若寻常,每股动数百人,少亦数十人。闾阎骚动,行旅裹足。加以防营单薄,将才消乏,其稍得力者,又复碍于牵掣阻滞,事倍功半;又况官军枪械不一,往往有不如贼械之犀利,缉捕要政,几难措手。[①]

对胡匪的打击不力,使其散而复聚,聚少成多,最终坐大,导致胡匪问题久悬不决。尤其是日俄战争之后,匪患猖獗。防营更加窳败,面对胡匪肆虐,地方政府进退维谷,“抚之则反侧不安,阳就阴违,或派地饷,或为贼导;剿之,则不但兵单饷薄,且求其聚集一哨,亦无此地、无此屋,虽欲练而不能”。[②]

除全国一致的编练新军要求之外,要稳定地方治安,必须消弭匪患,要消弭匪患,也必须增加地方军力。所以,赵尔巽在改良警政,加大对一般治安事件防控处理能力的同时,更多地将精力放在了对地方军事力量的经营

---

① 赵尔巽:《盛京将军赵尔巽奏各路剿捕迭次获胜情形折》(光绪三十一年十二月二十日),中国第一历史档案馆、北京师范大学历史系:《辛亥革命前十年间民变档案史料》上册,中华书局1985年版,第88页。

② 赵尔巽全宗档案,第193卷(《盛京将军赵尔巽给军机处外务部袁世凯等电报信函之抄录本》),缩微号:0031,中国第一历史档案馆藏。

上。其中,编练新军实乃必要一途。而日本侵略势力亟欲越俎代庖,因而不准奉天地方编练新军,屡次以中俄约定为借口破坏奉天的练兵计划,抑或以代为震慑胡匪为托辞,达到其继续驻兵奉天地面的目的。光绪三十二年(1906),赵尔巽拟招勇演练时,日人即极力阻挠,屡次声称"满洲无庸练兵,徒糜国帑"。虽经奉天地方当局与其往返辩难,终不免梗阻之势,影响地方练兵。① 在这种情况下,赵尔巽只得一方面就旧有防营严加整顿、加强训练,并许以重奖激励士气,分饬各队分头缉捕胡匪,另一方面,改换名目,招募警察备补队。但是,仍苦于武器不敷应用,甚至有些队伍尚不如胡匪装备精良。② 所以,赵尔巽在整顿兵队之余还需要筹措武器装备,多次商请直隶总督袁世凯在北洋军备中暂时拨借快炮、炮弹、小口径毛瑟枪以及子弹等武器,以解燃眉之急。③ 在赵尔巽督饬之下,尽管各地方防营奋力追剿胡匪,不无斩获,但因打击力量不足,最终收效不大。不难看出,仅仅依靠地方力量仍然难以有效地打击胡匪,稳定地方。更为严峻的形势是随着日本驻军撤兵期限的临近,各处驻兵将按约渐次撤退,需要有更多的兵力填扎日军原驻地方,维护治安。但是奉天旧有防营本已不敷分布,欲练新兵缓不济急且有外国势力阻挠破坏。随着日军撤兵期限的到来,要解决上述问题,唯一可行的办法即是调派其他地方精锐力量以辅本地不足。为此,赵尔巽与袁世凯往复商议,调拨北洋军出关驻扎。商议之余还多方游说,极力强调"非由北洋酌派重兵来奉屯驻,难期得力"。④ 请求允准调拨北洋军力赴奉天驻扎,帮助维护治安、清除匪患。经过多方努力,赵尔巽最终与袁世凯商妥,派驻北洋淮军协助奉天驻防剿匪。

　　光绪三十二年春节一过,由北洋所派第一批援队即分两期出关驻防锦州一带。⑤ 随后,第二批北洋协防助剿部队又分三期陆续开赴锦州暂驻,

---

① 《日人阻议练兵》,丙午(1906)二月初五日刊,国家图书馆分馆:《(清末)时事采新汇选》,北京图书馆出版社 2003 年版,第 7964 页。

② 赵尔巽全宗档案,第 193 卷(《盛京将军赵尔巽给军机处外务部袁世凯等电报信函之抄录本》),缩微号:0031,中国第一历史档案馆藏。

③ 赵尔巽全宗档案,第 135 卷(《盛京将军赵尔巽等关于日俄战争议和交涉撤军等事宜及东三省善后筹办各业之信札文件》),缩微号:0024—0025,中国第一历史档案馆藏。

④ 赵尔巽全宗档案,第 135 卷(《盛京将军赵尔巽等关于日俄战争议和交涉撤军等事宜及东三省善后筹办各业之信札文件》),缩微号:0024—0025,中国第一历史档案馆藏。

⑤ 赵尔巽全宗档案,第 198 卷(《盛京将军赵尔巽与外务部袁世凯等来往电报》),缩微号:0033,中国第一历史档案馆藏。

相机协助剿匪。[①] 同年春间，因驻扎昌图之日军即将撤退，复以该处盗贼素多，奉军力薄、分布难周，赵尔巽又与北洋大臣商定迅派缉捕队伍，届期前往昌图一带扼要驻扎，以靖地面。最终，遴派淮军后路统领四川建昌镇总兵张勋，调集所部马步全军乘火车克日出关驻扎。这些出关驻防的北洋兵队，虽与奉天地方防营不免摩擦龃龉，但是在面对剿匪、联防任务时尚能够精诚协作，共同打击胡匪，在一定程度上解决了奉天地方兵力不敷分配的燃眉之急。鉴于出关驻扎并协助剿匪的北洋淮军的良好表现，光绪三十三年（1907），赵尔巽分两次专折为这部分协防助剿力量奏请奖叙。[②] 大队精干兵力的到来，不论是对于助剿胡匪还是震慑地方，抑或是充实边防，显然都具有重要作用。

第二节　剿抚兼施，消弭不稳定因素

前已述及，近代以来，胡匪渐成危害东北地方治安的主要因素。据对东北胡匪（宋教仁称其为"马军"）颇有研究的宋教仁判断，东北胡匪之出现，可以追溯至明末。到清光绪宣统年间，"马军之起几三百年矣"。[③] 这一说法，也得到了后世学者的认可。[④] 自清中叶以来，东北社会急遽变迁，动荡不安的政治局势，为这些边缘社会力量提供了滋生、发展的温床，集团性的职业胡匪活动高涨。"据政府官书及报章记载，活跃于东三省之胡匪帮股何虑数百，匪众人数则难以统计。"[⑤] 匪患滋蔓，成为严重影响地方治

---

①　赵尔巽全宗档案，第 140 卷（《袁世凯那桐等关于磋商收抚冯麟阁事与赵尔巽往来密电及有关文件》），缩微号：0025，中国第一历史档案馆藏。

②　分别见于《盛京将军赵尔巽奏驻奉北洋淮军攻剿获胜择尤保奖折》（光绪三十三年正月十九日）（中国第一历史档案馆、北京师范大学历史系：《辛亥革命前十年间民变档案史料》上册，中华书局 1985 年版，第 100—102 页）、《盛京将军赵尔巽奏查明驻辽西陆军并本省防军有功人员请奖折》（光绪三十三年四月二十一日）（中国第一历史档案馆、北京师范大学历史系：《辛亥革命前十年间民变档案史料》上册，中华书局 1985 年版，第 102—104 页）。

③　据吴相湘：《东三省马军与张作霖》，《历史与人物》，东大图书股份有限公司 1985 年再版，第 423—424 页。

④　赵中孚也认为："东三省胡匪之起源不可考，惟若干载记指出，早在明末清初已有匪类出现辽东。"（赵中孚：《近代东三省胡匪问题之探讨》，《中研院近代史研究所集刊》第 7 期（1978 年），第 510 页）

⑤　赵中孚：《近代东三省胡匪问题之探讨》，《中研院近代史研究所集刊》第 7 期（1978 年），第 520 页。

安的一大社会公害。"自光绪后期,以抢劫勒赎为常业之胡匪逐渐充斥于东三省各地,尤以日俄战后为甚。"[①]究其原因,乃因"光绪末年至民国初叶,日俄势力深入东北,土地、林矿都被占踞。国人生存竞争更加激烈,东北马贼胡匪人群因之相对增加"。[②] 其主流活动"是通过恐怖暴力手段,聚敛他人财富,主要途径和方法是抢劫、绑票、勒捐"。[③] 地方的动荡不安,为胡匪四出活动提供了可乘之机。各地匪警频传,地方防营疲于奔命。他们以马匹为交通工具,行动迅速,极为强悍,往往与地方防营形成对峙之势。[④] 还有历次战争遗留下来的先进武器作为帮凶,极大地增加了其破坏力量暨政府打击的难度。最终坐大,成为一直以来困扰各级政府的一大难题。当时,东北地区的胡匪以奉天省偏多,主要分布在辽河两岸、柳条边内外以及东北部山区,[⑤]而以辽西地区为最。该处地处辽河下游,辽河、浑河、太子河、柳河等流贯其间,堤坝纵横,犬牙交错。良好的自然条件,使此处成为胡匪潜伏之渊薮。在日俄战争的破坏下,社会动荡不安,地方经济遭受严重打击,战线内外民不聊生。于是,一些破产农民、失业工人、无业游民、散兵游勇、地痞流氓等趁乱而起。一时间,"东省胡匪之患渐成跋扈,防不胜防"。[⑥]

日俄战争过后,匪患尤为严重。各股胡匪利用战争破坏造成的地方管理上的真空状态,乘隙兴风作浪,"大股匪党潜伏山泽,戕害良民荼毒地方"。[⑦]即使是省城,亦难幸免。据报道,光绪三十二年(1906)正月,有步贼 20 多人持枪洗劫了省城景隆茂钱铺。[⑧] 在铁岭地区,光绪三十二年四月初四日凌晨以及下午、四月初五日上午、四月初六日,接连发生胡匪抢劫伤人事件,有的在铁路上流动作案,打劫车厢内乘客,有的夜闯客栈实施抢劫。[⑨]

---

①　赵中孚:《近代东三省胡匪问题之探讨》,《中研院近代史研究所集刊》第 7 期(1978 年),第 520 页。

②　吴相湘:《东三省马军与张作霖》,《历史与人物》,东大图书股份有限公司 1985 年再版,第 429 页。

③　田志和、高乐才:《关东马贼》,吉林文史出版社 1992 年版,第 8 页。

④　因此日文著述中多将其称为"马贼"。详见吴相湘:《历史与人物》,东大图书股份有限公司 1985 年再版,第 425 页。

⑤　田志和、高乐才:《关东马贼》,吉林文史出版社 1992 年版,第 68 页。

⑥　李鹏年:《冯麟阁与东亚义勇军及其被收抚》,《历史档案》1984 年第 2 期,第 103 页。

⑦　《军宪留意整顿警务》,《盛京时报》光绪三十二年十月二十八日第二版,东三省要闻。

⑧　《奉天省城劫案》,《中华报》第 407 册(光绪三十二年正月初十日),第 4 页。

⑨　《铁岭胡匪之横行(录〈顺天时报〉)》丙午(1906)闰四月初九日刊,国家图书馆分馆:《〈清末〉时事采新汇选》,北京图书馆出版社 2003 年版,第 8445—8446 页。

日本驻军之地,稍资震慑而地面基本安靖。通化等日军将撤之地,盗贼蜂起,各城势如累卵,纷纷请求添兵助援。① 然地方防营力量薄弱,往往与大股胡匪势均力敌,根本不能对其实施有效打击,无力维护地方稳定。有报纸报道说:"杜立山者,近日胡子之最著者也。庚子之变曾助日击匪,故同类多仇视之而莫之敢敌也。"遭其打击之同类结队数百寻仇,不敢与杜股势力直接交火,而抢其同宗族巨富之家。"官兵闻警往剿,贼众负隅不畏。交战许久,未分胜负而遁。"② 时至今日,我们依然不难从这则报道中感受到胡匪的强悍与地方防营力量的薄弱。匪乱若不能迅速平定,难免外患乘乱而入。对于几经战争破坏、社会动荡不安的奉天而言,迅速平定匪患、消除不稳定因素,尤为地方要务。如何处理胡匪问题,同样也是赵尔巽处理战争善后与推行新政改革面临的一大难题。因而,赵尔巽莅任之后,尤以消弭匪患、稳定治安一事为重。综合奉天胡匪势力与地方防营的实力对比状况,清廷与地方政府的意见基本一致,只能剿抚兼施。对于力量较弱的小股零散胡匪,出兵严缉痛剿,以儆效尤。同时,给予那些肯于痛改前非者以改过自新机会,收编其旧恶较少而又真心就抚者,因势利导,改匪为兵,既消弭匪患,兼以充实地方武装;囿于自身军警力量,对于实力强劲的冯麟阁等大股巨匪,则以抚为主,以安其反侧之心。③ 军机处给赵尔巽的电报也明确表示:"此等匪徒出没飘忽,势难剿除净尽。目前自宜分别招抚,其尤悍黠者,或俟就抚后相机安置。"④ 对于杜立山等旧恶素著并时思反侧者,则不论力量大小,均加以痛剿。

---

① 赵尔巽全宗档案,第 140 卷(《袁世凯那桐等关于磋商收抚冯麟阁事与赵尔巽往来密电及有关文件》),缩微号:0025,中国第一历史档案馆藏。

② 《奉天马匪近状(录〈北方日报〉)》,丙午(1906)六月廿五日刊,国家图书馆分馆:《(清末)时事采新汇选》,北京图书馆出版社 2003 年版,第 8837 页。

③ 收抚冯麟阁,是继收抚张作霖之后清廷于奉天地方对胡匪实施收抚政策的又一个成功案例。日俄战争期间,冯氏率队组织"东亚义勇军",为日军所用,助日攻俄。战争后期,冯部力量已无昔日用处,其去留问题摆在日本军政当局面前。日人既不愿再支粮饷豢养这支队伍而亟欲遣散,但又投鼠忌器,担心遭到报复而永无宁日,遂游说奉天地方收抚以冯麟阁为代表的东亚义勇军。中日双方几经交涉,清政府权衡利弊之后,最终同意日本的要求,将冯麟阁改名收抚。事实证明,对冯麟阁的收抚,在一定程度上增强了奉天防营力量,对于维护地方社会治安的稳定,不无裨益。不难看出,对于冯麟阁的处置,其实涉及治安与外交两个方面。冯氏及其部众被清政府收编而得以善终,除其旧恶无多、安心就抚之外,亦与日本的压力密切相关,故笔者将其归入"处理外交事务"一章,详见后文。

④ 赵尔巽全宗档案,第 135 卷(《盛京将军赵尔巽等关于日俄战争议和交涉撤军等事宜及东三省善后筹办各业之信札文件》),缩微号:0024-0025,中国第一历史档案馆藏。

一、收剿杜立山

对辽西巨匪杜立山的处理,经历了一个由抚到剿的变化过程。这一变化,是与其先归顺后反侧反复无常的个人表现密切相关的,也与其原本罪大恶极,而又不思悔改密不可分。

杜立山,原名杜国义,行三,辽中县青麻坎人。出身于土匪世家,在打家劫舍过程中以"杜立三"报号。[①] 称霸一方的同时,亦以俄人为打击目标,因而被誉为"包打洋人杜立三"。日俄战争中,该股势力亦加入了"东亚义勇军",与田一本等协助日军作战。但是并不受冯麟阁指挥,亦不为日军约束,而是单兵作战,利用机动灵活的优势打击俄军。没有利用价值之后,日本对于杜立山的处理意见一如对冯麟阁一样,劝诱清政府予以收抚。但是,鉴于此人匪气极重,日方建议清政府在收抚过程中宜先冯后杜,冀收以冯制杜之效。杜立山股"义勇军"从日俄战争前线退下来后,即回到辽阳州老巢。因此,日军首先向地方官施加压力。最终,署辽阳州牧被迫将其先行草草收抚,由地方百姓就地筹饷供其开支。然而,这并未从根本上解决问题,亦绝非经久之策。事实上,此次收抚后,该股势力数百人仍盘踞于辽西,依然我行我素,掠夺民财,胡作非为。因而控案不断,海城、辽中等地所接呈状已达十数张之多。[②] 辽阳地方官的做法与敷衍行径,也遭到了赵尔巽的否定与批评。赵尔巽得知该股匪徒在地方尚有劫掠情形且查有确据之后,即明确表示:"似此反复狡悍,收之必为巨患,苦无实力可以制之。"因而,坚决反对收编杜立山。[③] 北洋大臣袁世凯也持相同意见,认为对于该股胡匪而言,"收抚实非上策,既有劫掠确据,正可藉口设法廓除"。[④] 于是,赵尔巽密派发审处委员殷鸿寿会同右路巡防统领张作霖相机严拿,就地正法。光绪三十三年(1907)四月二十六日,张作霖、殷鸿寿二人将杜立

---

① 王寿山:《辽西巨匪杜立三》,中国人民政治协商会议辽宁省暨沈阳市委员会文史资料研究委员会:《文史资料选辑》第 5 辑,辽宁人民出版社 1965 年版,第 182 页。

② 赵尔巽全宗档案,第 140 卷(《袁世凯那桐等关于磋商收抚冯麟阁事与赵尔巽往来密电及有关文件》),缩微号:0025,中国第一历史档案馆藏。

③ 赵尔巽全宗档案,第 193 卷(《盛京将军赵尔巽给军机处外务部袁世凯等电报信函之抄录本》),缩微号:0031,中国第一历史档案馆藏。

④ 赵尔巽全宗档案,第 140 卷(《袁世凯那桐等关于磋商收抚冯麟阁事与赵尔巽往来密电及有关文件》),缩微号:0025,中国第一历史档案馆藏。

山设计诱捕,当晚将其正法。① 随后清剿其余匪众,收缴其地亩等财产,将此股势力彻底铲除,为奉天地方消除了为害一方的一大祸患。因而,光绪三十三年(1907)七月初八日,东三省总督徐世昌为此次剿匪出力人员请奖,获准"以剿获奉天著匪杜立山,予都司张作霖等五员奖叙"。②

二、打击小股胡匪

对于小股匪徒的处理,则以严厉打击为主,意在稳定地方,兼以防止其各股联动,最终坐大。北洋淮军出关之后,与当地防营及警队联合行动,首先对于稍具规模的马贼队伍加强打击力度,特别是重点打击活动于无外兵驻扎之昌图、洮南等处的马贼队伍,以防其坐大。其余零星小股势力,则责成州县团练随时缉捕。同时,各营队加强巡防,以疏通商路,沟通南北。③通过借兵清剿、加强警力打击等种种努力,奉天的剿匪事务取得了重大进展。各股胡匪稍稍敛迹,地方渐归平静。除零剿不计外,光绪三十一年(1905)下半年,分别在辽西大龙湾等处、兴京平顶山等处、奉化太平山等处取得剿匪巨大胜利,"剿遏巨案不下五六十起,击毙、伤毙及擒获正法之匪不下八九百名"。④ 光绪三十二年(1906)夏间,又在青堆子合军痛剿,有力地稳定了地方社会秩序。秋后,各营队在昌图、海龙、洮南分途穷搜力剿,前后斩获不下七八百人。⑤ 仅奉军各路,即先后剿办大小匪案不下百余起,各处有名匪首纷纷落网,击毙伤亡及擒获正法之匪不下千数百名。⑥光绪三十三年(1907)初,奉天地方又将旧恶昭彰之九指手、韩香九、赵小偏等十余名巨匪先后抓获。该匪等为害一方,经数载缉诛而不得。日俄战争

---

① 王寿山:《辽西巨匪杜立三》,中国人民政治协商会议辽宁省暨沈阳市委员会文史资料研究委员会:《文史资料选辑》第5辑,辽宁人民出版社1965年版,第199页。

② 《德宗景皇帝实录》卷567,《清实录》第59册,中华书局1987年影印本,第625页。

③ 赵尔巽全宗档案,第186卷(《知县李鼎元李时敏等人关于整顿地方筹款练兵开荒采矿开埠通商兴学理财改革宪政官制等方面条陈奏稿》),缩微号:0030,中国第一历史档案馆藏。

④ 赵尔巽:《盛京将军赵尔巽奏各路剿捕迭次获胜情形折》(光绪三十一年十二月二十日),中国第一历史档案馆、北京师范大学历史系:《辛亥革命前十年间民变档案史料》上册,中华书局1985年版,第88—91页。

⑤ 赵尔巽全宗档案,第134卷(《赵尔巽盛宣怀端方吕海寰岑春煊等人为筹议日俄战争对策日俄议和善后事宜之奏折稿》),缩微号:0024,中国第一历史档案馆藏。

⑥ 赵尔巽:《盛京将军赵尔巽奏遵旨汇保各路攻剿尤为出力文武员弁折》(光绪三十三年正月十九日),中国第一历史档案馆、北京师范大学历史系:《辛亥革命前十年间民变档案史料》上册,中华书局1985年版,第98页。

后,该股匪徒或谋在奉乘隙起事、或于吉江两省肆意扰民,将其一举扑灭,又消除了地方治安的一大隐患。[①]

对小股胡匪的有力打击,表明了地方政府对于胡匪势力的鲜明态度,发挥了以儆效尤的积极作用。更为重要的是将各地小股力量各个击破、分别消灭,消除了以往多股联合,最终坐大的隐患,对地方社会治安的稳定与经济发展具有重要的现实与长远意义。

小　　结

为了稳定地方,重建统治秩序,赵尔巽留守陪都期间对胡匪问题剿抚相济的处理,显然是囿于实力不足,综合考虑各种条件,权衡利弊之后的无奈选择,颇合时地之宜。客观地说,就当时奉天的内外情形而言,主政者也只能采取如此办法。

一方面,战争善后与新政改革无疑需要尽快重建社会秩序、稳定地方政局。更为重要的是,奉天地方的稳定不仅关乎内政,在两强虎视的特殊时地,更是与主权密切相关的外交问题。地方的动荡不安,为强邻藉端干涉、染指主权提供了口实。如此,则稳定社会秩序尤为刻不容缓之举。另一方面,奉天地方其实并无足够实力灭尽胡匪。几经兵燹打击破坏的奉天地方防营,营务废弛,士兵良莠不齐,装备零散落后,战斗力极其低下。在与胡匪交火时,往往势均力敌,有时还寡不敌众,不仅不能有效打击胡匪,还会助长其嚣张气焰,愈加不利于地方的安靖。而欲练新兵,一则财力不济,再则有外力的阻挠,很难实现。而且新兵之编练,缓不济急。所以,只能一面提高现有力量的战斗能力,一面商请援兵,增强军力。

囿于实力限制,对于胡匪,则根据具体情况剿抚兼施,剿灭、打击小股力量,收抚大股胡匪,冀得一时之安靖。剿抚兼施的处理办法,为各项战争善后与新政改革举措的顺利实施提供了相对稳定的社会环境。同时,也有效地壮大了地方防御力量,既增加了对于各种不安定因素的震慑力度,又在一定程度上杜绝了强邻藉端侵略的借口。

---

① 　赵尔巽全宗档案,第 134 卷(《赵尔巽盛宣怀端方吕海寰岑春煊等人为筹议日俄战争对策日俄议和善后事宜之奏折稿》),缩微号:0024,中国第一历史档案馆藏。

　　但是,不可否认的是,招抚收编政策同时也带来了一些恶果,一些被收抚者匪性难驯,加之相应管理上的缺失,往往成为腐败警兵的又一个源头。① 尽管经过如此清剿,一些胡匪势力依然气焰嚣张,一些地方依然匪患不断。光绪三十二年(1906)六月十六日,有报纸报道称:"奉天锦州一带胡匪,旧日本异常猖獗。自本年正月北洋陆军第三镇步马炮等营开驻锦州,乃稍稍为之敛迹。然因不知陆军虚实,屡次尝试。"②除辽西之外,在其他地方亦有小股胡匪频繁活动,尤以中、北部为甚。虽屡经打击,但此拿彼窜,很难将其完全消灭,依然恣意妄为。光绪三十二年十一月二十六日晚,又有多名胡匪登上由哈尔滨开往公主岭的火车,抢劫乘客财物。二十七日晚,火车由昌图府开至新民屯东 6 里之路,有 5 名胡匪上车将乘客洋银抢去 700 余元,并用刀刺伤客人 4 名。③ 同一区域,接连发生同样的治安案件,一方面反映了胡匪的猖獗,另一方面说明政府打击的不力。这些小股乌合之众尚且敢于与地方防营公然对阵,其他如杜立山等大股巨匪之嚣张情形,就不难想见了。一个多世纪后,我们重新审视这段历史,既要看到奉天警政改革及地方社会秩序状况的整体不足,又要顾及当时匪患的严重程度。如此,则更能客观审视以赵尔巽为首的清政府奉天地方当局为重建社会秩序的种种努力及其成绩。

---

　　①　田志和、高乐才:《关东马贼》,吉林文史出版社 1992 年版,第 10 页。

　　②　《锦州胡匪近复猖獗(录〈中外日报〉)》丙午(1906)六月十六日刊,国家图书馆分馆:《(清末)时事采新汇选》,北京图书馆出版社 2003 年版,第 8791 页。

　　③　《胡匪可畏》,《大公报》光绪三十二年十二月初三日第六版,时事,奉天。

第八章　处理外交事务

中国作为日俄战争的既定受害者,兵燹所及,创巨痛深。日俄开战后,清政府实无力阻止两强在自己的领土上兵戎相见,"局外中立"的同时,寄希望于通过战争善后维护主权。此事不仅关乎国家主权的恢复以及东北边圉之安全,更在一定程度上决定着清王朝"龙兴之地"的未来命运。因此,清政府对于战后与日本的谈判极为重视,除此前广泛要求各大臣建言献策之外,更要求东北各地方政府详细汇报地方情形,派熟悉官员将相关文件赍送北京,以备顾问。日俄媾和后,战争的胜利者日本在攫取了俄国长春以南东北地区控制权之后,尚且觊觎更多的侵略权益,对奉天地方事务多方染指。所以,处理战争遗留问题,在收回地方行政权的同时,奉天当局更时刻面临着如何应对日本的侵略要求,维护国家主权的重要任务。作为日俄战争善后的一部分,与日本相关事务的处理成为一项重要内容。无论是间接参与清廷外务部的对日谈判还是与日本驻奉天军政当局的直接交涉,身为奉天地方最高军政长官暨战争善后地方主持者的赵尔巽均不能厕身事外。

第一节　参与日俄战争善后外交

留守陪都三年间,赵尔巽所参与的善后外交事务,主要包括对战争遗留问题的处理与日常外交问题。对日俄战争遗留问题的处理,一方面表现为间接参与清政府与日本的善后谈判,围绕清政府善后工作重心为中日谈判提供技术支持并就其中关系重大的具体事务提出建议。另一方面,则是直接处理战争遗留问题。地方日常外交事务,大多是战争遗留问题或者由此引起的相关问题,其外交事务更多地是以维护国家主权为中心与日本驻奉天军政当局展开的交涉。

一、间接参与日俄战争善后谈判

日俄讲和的《朴次茅斯和约》签订之后,中日于北京开议,讨论俄国侵略权益转让及战争遗留问题。相关事务,与东北关系甚大。为更好地掌握战中、战后地方情形,光绪三十一年(1905)十月初六日,外务部要求东北三个将军辖区将"庚子以后与俄交涉各案,分别已奏咨、未奏咨及日俄交战时办理中立,为两国强占擅据之公私权利、产业各节,检查卷读(牍——引者),详细开列清册,遴派熟悉情形妥员一二人携带来京,留备顾问"。① 三省之中,尤以奉天地方与战争关系最为密切。十月中旬,赵尔巽即率先派遣奉天交涉局总办钱鑅、补用知府于驷兴、留奉补用知县陶彬等3人携带日俄战争相关文件,于十月十七日晋京②,咨送外务部。③ 为配合清政府与日本的善后谈判,其他两省大吏亦均派干员晋京。

除此之外,为了加深各大臣对奉天地方情况的了解,在谈判中更好地维护各项权益,赵尔巽还提出了有关收回国家主权的18条建议,由3人带呈议约大臣等枢要,并责成3人当面禀陈详细情形,供议约时参考。具体内容包括:营口为已开商埠,日本必须于撤兵以前先行交还;营口所收关税须全数交还中国,以备地方善后之用;营口副税务司须由中国自派;营口须重新划定租界;新奉铁路由我自办;新民军政署须先行撤销,其所收地面捐项,全数交还中国;大连湾设关收税;争取收回金州厅治理权;安东租界由我自定;公私房产不得作为战利品;电报、邮政,撤兵以前必须交回;缩短18个月撤兵期,并由我先行派兵保护地面;铁路护兵由中国自练;商明撤回安奉铁路;铁路30里以内之煤矿不能阻华人自办,其他各矿不在例;不得损害华商对鸭绿江林木的权利;未经中国允许,俄国强行占据的地方权益,不得作为日军战利品;辽东半岛之盐收归中国购运。④

---

① 《赵尔巽为派钱荣(鑅)等将庚子以后与俄交涉案卷送京事给奉天财政总局札》(光绪三十一年十月初八日),辽宁省档案馆:《日俄战争档案史料》,辽宁古籍出版社1995年版,第235—236页。

② 《奉员晋京》,《大公报》光绪三十一年十月十九日第四版,时事,本埠。

③ 《赵尔巽为派钱荣(鑅)等将庚子以后与俄交涉案卷送京事给奉天财政总局札》(光绪三十一年十月初八日),辽宁省档案馆:《日俄战争档案史料》,辽宁古籍出版社1995年版,第235—236页。

④ 赵尔巽:《前奉电称小村来京会议等情,已派钱道、于守、陶令前往陈述。兹将愚虑各节之关于会议者,开具节目呈备甄采由》(光绪三十一年十月二十二日),《东三省善后总案》,清末抄本,国家图书馆古籍馆藏。

上述赵尔巽所提出的维护各种权益的 18 项主张,涵盖了政治、军事、经济、领土等各个方面,不仅为谈判过程中清政府的外交主张提供了重要的参考与事实依据,而且表现了此次战争善后中清政府内外同心协办,维护国家主权的积极态度。

二、就日俄战争遗留问题的直接交涉

作为奉天地方最高军政长官暨清政府日俄战争善后的地方主持者,除了对中日善后谈判提出建议之外,尚有许多战争遗留问题需要赵尔巽解决。在处理这些问题的过程中,赵一方面广泛听取意见,一方面积极斡旋,最终使很多棘手的外交问题得以圆满解决。其中,尤以收抚冯麟阁以及索还被日军羁押的康平县令殷鸿寿等问题的解决,颇具代表性。

(一)收抚冯麟阁

冯麟阁是当时辽西著名的地方武装首领,原名玉琪,奉天海城县民人,同治六年(1867)生。[①] 光绪二十六年(1900),俄军入境,辽沈失陷。俄兵烧杀抢掠,地方动荡,民不聊生,土匪乘机蜂起,各地乡绅纷纷组织乡团自卫。冯氏于辽阳、海城、广宁、新民等地倡办乡团保卫地方,颇有成效。所带队伍发展很快,共有大小 108 帮,是当时力量最强的一支。其本人在当地士绅推举之下,出任辽河东西两岸十六局总巡长,抽饷编队,负责地方社会治安。屡次率领队伍剿匪抗俄,成绩显著,因而遭忌于俄人。俄军多次商讨对策,企图消灭这支力量。终在光绪二十七年(1901),将冯诱捕,辗转解至海外。其所带队伍,由招抚局委员管带安抚。翌年,招抚局裁撤,部分人员被安排进入巡警局队。是年夏,冯麟阁由海外逃回当地。随着日俄关系恶化,双方竞相招募地方武装为其效力。冯麟阁被日人林宾宜招邀,组织"东亚义勇军",于光绪三十年(1904)春天起随日将乔铁木差遣委用,率所部数千人,"扰俄后路,毁铁道、焚辎重,声势甚大"。[②] 随着日俄战局日益明朗,陆战基本结束,冯队势力对日本已无太大价值,日军"空费饷银,亟欲遣散。然既为日本效力,又不愿遽失该党之心,

---

　　① 赵尔巽全宗档案,第 140 卷(《袁世凯那桐等关于磋商收抚冯麟阁事与赵尔巽往来密电及有关文件》),缩微号:0025,中国第一历史档案馆藏。
　　② 赵尔巽全宗档案,第 193 卷(《盛京将军赵尔巽给军机处外务部袁世凯等电报信函之抄录本》),缩微号:0031,中国第一历史档案馆藏。

故力劝我收抚"。① 并多次向清政府施加压力,迫其就范。② 对于该股力量的处置,清政府同样进退两难,颇多投鼠之忌:收抚,一则怕俄国不满,藉端发难,二则地方确实没有足够力量以资震慑、控制其部众,恐其反侧;不收,既恐遣散后为害地方,又恐开罪于日本。"似此情形,并无面面周到办法,而又不能不办。"③关于如何处理冯氏及其所部力量,一时间众说纷纭。时任署理盛京将军的奉天府尹廷杰起初认为应全部收抚,旋恐俄有责言,改持收抚不如资助之主张,署奉天府府尹增韫亦赞同此议。也有人主张将其全部遣散。在赵尔巽看来,既然冯麟阁聚党甚众,即使奉天一时收抚,仍恐其不受羁縻,又生衅端。而遣散必将增加区域社会的不稳定因素,更不可行。鉴于其训练有素,如果加以有效约束与良好的引导,这支已有相当军事基础的数千人队伍不难成为清政府军事力量的有益补充。所以,面对日本咄咄逼人的收编要求,赵尔巽主张既不能由奉天匆匆收抚,又不能立即遣散,妥善的解决办法是将其调离奉天老巢,归北洋收编,以便借其军力羁縻之。光绪三十一年(1905),赵尔巽取道天津出关赴任途中与袁世凯会面时,二者亦曾就此事进行了磋商。他的这一主张,也得到了袁世凯的认可。④

赵尔巽下车伊始,驻奉日军参谋长福岛安正即连日纠缠,劝诱奉天地方收编冯麟阁股力量。⑤ 然而,面对日本的收编要求,赵尔巽并未立即同意,而是寻找各种理由加以拒绝。其目的有二:其一为尽量拖延时间,等待日俄议和。此事涉及俄国利益,须待日俄和议后方可操作。此时收编,恐贻俄人以口实。其二是待价而沽,以日人急于求成为筹码,争取在博弈中获得更加有利的条件。面对赵尔巽的推托,福岛软硬兼施,穷追不舍。先后以冯氏"真心归顺,毋虞反侧"以及"冯队可以制杜(杜立山——引者)"等

---

① 赵尔巽全宗档案,第140卷(《袁世凯那桐等关于磋商收抚冯麟阁事与赵尔巽往来密电及有关文件》),缩微号:0025,中国第一历史档案馆藏。

② 赵尔巽全宗档案,第140卷(《袁世凯那桐等关于磋商收抚冯麟阁事与赵尔巽往来密电及有关文件》),缩微号:0025,中国第一历史档案馆藏。

③ 赵尔巽全宗档案,第193卷(《盛京将军赵尔巽给军机处外务部袁世凯等电报信函之抄录本》),缩微号:0031,中国第一历史档案馆藏。

④ 赵尔巽全宗档案,第140卷(《袁世凯那桐等关于磋商收抚冯麟阁事与赵尔巽往来密电及有关文件》),缩微号:0025,中国第一历史档案馆藏。

⑤ 赵尔巽全宗档案,第193卷(《盛京将军赵尔巽给军机处外务部袁世凯等电报信函之抄录本》),缩微号:0031,中国第一历史档案馆藏。

为辞,利诱清政府收抚。又以若清政府不收,必将其遣散恐为地方之患,威逼清政府就范。赵尔巽则先后以"有碍中立"和"无强兵足资震慑",若将其收抚,"冯在此地党羽太多,万一生变,彼此有碍",拒绝了福岛的收抚要求。然后将计就计,假意提出"将其所带四千人一律遣散,收缴枪械。而令头目就抚,贷其一死,责以后效"。① 显然,福岛不会同意此项主张。赵尔巽遂做出让步姿态,提出冯麟阁如肯入关归北洋约束,尚可与北洋大臣商量。但是,福岛又以冯不肯为言反对此议,仍然力主由奉天地方收抚,并提出可以将冯麟阁改名后收抚,以杜俄国诘责之词。

在与福岛磋商的同时,赵尔巽将双方商议情形及时呈报北洋大臣和军机处、外务部,咨请各方意见,商讨应对策略。袁世凯的态度很明确,即"当此战事未已,如遽明收,实难照办。倘各国群起责备,与日本国体亦有损碍"。② 在不违反公法的前提下,不妨暂时暗中多助资费,等日俄和议后再视具体情形而定。"如显违公法,利害悬殊,殊不可也。"③因为冯部助日攻俄,中外共知。"即改姓名,究难掩人耳目。一中立国人佐战国,犯公法,我应治以罪。乃反明收,是显违公法,不但俄将责我偿其所失,恐各国均将责备。此事关系交涉全局,必须格外审慎。"④因此,两国和议之前,"最好暗中多助饷,将冯队全遣散,只留冯数人,给薪暗养。或在奉,或来直,俟和议大定,再与差委。次则少限人数,或一二百人,酌量收用。此外,似无办法"。⑤

赵尔巽再次做出让步姿态,主张可将冯麟阁改名,令其赴津,归袁世凯收编。部众由奉天给饷若干解散,使其各安生业。福岛又以冯勤于治军,御下极严,若能收抚,必有益于奉天,弃之可惜相利诱。且声称不知冯是否肯于赴津,又一次拒绝了赵尔巽的主张。几经磋商,双方终未能达成一致意见。其时,日俄尚未议和,收抚时机仍然未到。为了等待有利的时机,赵

---

① 赵尔巽全宗档案,第 193 卷《盛京将军赵尔巽给军机处外务部袁世凯等电报信函之抄录本》,缩微号:0031,中国第一历史档案馆藏。

② 赵尔巽全宗档案,第 193 卷《盛京将军赵尔巽给军机处外务部袁世凯等电报信函之抄录本》,缩微号:0031,中国第一历史档案馆藏。

③ 赵尔巽全宗档案,第 193 卷《盛京将军赵尔巽给军机处外务部袁世凯等电报信函之抄录本》,缩微号:0031,中国第一历史档案馆藏。

④ 赵尔巽全宗档案,第 193 卷《盛京将军赵尔巽给军机处外务部袁世凯等电报信函之抄录本》,缩微号:0031,中国第一历史档案馆藏。

⑤ 赵尔巽全宗档案,第 193 卷《盛京将军赵尔巽给军机处外务部袁世凯等电报信函之抄录本》,缩微号:0031,中国第一历史档案馆藏。

尔巽主张暂缓办理收抚事宜,即"令其暂仍在日军地界聚扎,而我助其至多二三月。和定,我可明收。和不成,仍可为彼用。但此二三月内如有滋事,惟冯是问"。[①] 福岛认为两三个月内难保和议必成,如果不成,日本亦无所用之,总须遣散,同意"本月以内仍为彼所雇用,下月再商办法"。[②] 延迟一个月再议,为清政府妥善解决问题赢得了宝贵的时间。袁世凯甚至认为:"福岛既允下月商办,或可就我范围。"但是收抚的人数,以愈少愈妙。[③] 经过激烈的讨价还价,双方商定清政府每月由津饷内拨解营口助饷 1 万两,按月交福岛转给。有关冯队去留具体事宜,俟日俄和定后再议。[④]

日俄协约签订后,冯麟阁改名为冯德麟,连同其部众由清政府奉天营务处总办夏怡山负责收编。但是,日本仍在队伍内安插日人,企图继续控制这支队伍。后经赵尔巽反复交涉,终归奉天地方调遣。"冯麟阁被收抚后,清政府把他的队伍改编为奉天巡防营,冯先后任后路巡防队帮统、左路帮统、统领。"[⑤]

赵尔巽在收抚冯麟阁问题上与日本驻奉天军政当局的周旋,实现了急事缓办的目的,为事情的妥善解决赢得了时间。最终得以在日俄和议后将这支武装收编,能够在很大程度上杜绝俄国的诘责之词。而在收抚之前,则以较小的代价维持了地方治安,同时缓解了地方兵员不足的压力。事实证明,对冯麟阁的收抚,不但有力地约束了这支地方武装,减少了社会不安定因素,而且增强了地方防营力量,对于打击胡匪,维护奉天地方社会稳定,具有积极意义。除苑五等极少数叛变者,该股力量大多成为地方安宁的守护者。有舆论报道称:

> 冯凌(麟——引者)阁亦洗心向化,该队驻扎于辽阳之西北刘二堡子地方。……该营兵法极严,日日训练,与民秋毫无犯。有事则勇往直前,故辽左之民咸称赖焉。[⑥]

---

① 赵尔巽全宗档案,第 193 卷(《盛京将军赵尔巽给军机处外务部袁世凯等电报信函之抄录本》),缩微号:0031,中国第一历史档案馆藏。

② 赵尔巽全宗档案,第 193 卷(《盛京将军赵尔巽给军机处外务部袁世凯等电报信函之抄录本》),缩微号:0031,中国第一历史档案馆藏。

③ 赵尔巽全宗档案,第 140 卷(《袁世凯那桐等关于磋商收抚冯麟阁事与赵尔巽往来密电及有关文件》),缩微号:0025,中国第一历史档案馆藏。

④ 赵尔巽全宗档案,第 193 卷(《盛京将军赵尔巽给军机处外务部袁世凯等电报信函之抄录本》),缩微号:0031,中国第一历史档案馆藏。

⑤ 李鹏年:《冯麟阁与东亚义勇军及其被收抚》,《历史档案》1984 年第 2 期,第 106 页。

⑥ 《奉天降队情形》,《中华报》第 407 册(光绪三十二年正月初十日),第 4 页。

　　(二)索还殿令的谈判

　　日俄战争中,不但战区内外的公私财产蒙受巨大损失,而且因为中国地方行政权的丧失,奉天官民的生存权利亦遭到严重侵犯,生命时虞不保。据统计,战争直接造成三省三万余人伤亡。① 显而易见的是,此伤亡绝大部分发生在战场所在的奉天。此外,尚有大量官民因两国疑心而遭到拘押甚至被无辜杀害。交战双方出于战事需要除各自拉拢地方武装为其效力之外,还分别收买一些中国人充当密探,为自己搜集情报。因此,两国军队都不免疑心重重,经常怀疑奉天地方官民不守中立,成为另一方的间谍而任意将其拘押,甚至加以戕害。其背后所隐藏的,往往还有借此除掉忤逆其意之地方官员,为其侵略活动扫清障碍的险恶用心。日俄两国的这一野蛮行径,严重侵犯了中立国家的主权,构成对地方行政权的极大破坏。战争爆发后,地处战区的辽阳州就有知州鲜俊英、②巡捕队巡长张永清、署知州陈良杰等多名地方官员先后遭到日军怀疑并被拘押。③ 随着日军节节胜利,战线北移,奉天省城北部的地方官员同样不能幸免于难。光绪三十一年(1905)四月二十七日,西丰县令德凯因拒绝俄人无理要求而被俄兵带走拘押④,几经交涉,始于七月初释回。⑤ 五月初十日,又有康平巡警营总巡穆克德善,因被日军怀疑曾为俄军带路而遭拘押,清政府外交机关屡商索回未果。⑥ 后来,日军竟擅自将该总巡枭首示众,造成了极其恶劣的影

---

　　① 《调查东三省居民之损害》,《大陆报》第三年(1905年)第十五号,纪事,内国之部,第6页。

　　② 光绪三十年(1904)十月,辽阳知州鲜俊英被日军辽阳军政署免职,诬以通俄罪押送海城监狱羁押。见辽阳市志编纂委员会办公室:《辽阳市志1》,辽宁人民出版社1993年版,第46页。

　　③ 在拘捕了知州鲜俊英之后,光绪三十年(1904)十二月,日本宪兵队又轻信谣言,将辽阳州巡捕队巡长张永清等三人拘传至面敌。并将巡长严刑拷打至奄奄一息,勒逼口供,令其承认该州署知州陈良杰为俄人坐探。又将陈良杰之书役、幕友、家人等一一传唤,并将门丁拿至军政署拷问,逼认俄探口供。随后,即以保护该州牧为名,派兵将其软禁。近一个月过后,所传二十余人仍无一释放。该州牧因日军疑忌被禁,不仅事关国家治体,且关系辽阳地方治乱。外务部乃照会日使要求电饬日本军官将所拘押人等从速释回,并另向日军武官诘论。几经交涉,终于在光绪三十一年(1905)三月,将该州牧释禁。见《关于日本宪兵在辽阳州拷打巡长拘押知州的文件》(光绪三十年十二月二十六日—三十一年四月十四日),辽宁省档案馆:《日俄战争档案史料》,辽宁古籍出版社1995年版,第199—202页。

　　④ 《收署盛京将军奉天府尹致外务部电》(光绪三十一年五月十三日),北平故宫博物院:《清光绪朝中日交涉史料》卷85,北平故宫博物院1932年铅印本,第24页。

　　⑤ 《收(署)盛京将军致军机处外务部电》(光绪三十一年七月十二日),北平故宫博物院:《清光绪朝中日交涉史料》卷86,北平故宫博物院1932年铅印本,第10页。

　　⑥ 《收(署)盛京将军奉天府尹致外务部电》(光绪三十一年五月二十二日),北平故宫博物院:《清光绪朝中日交涉史料》卷85,北平故宫博物院1932年铅印本,第27页。

响。反将责任推卸给清政府，称其之所以杀害该总巡，系因中国地方官员处理不当，催之过急所致。有鉴于此，为避免授人以柄，赵尔巽在处理类似交涉事务过程中显得尤为小心谨慎，以避免事态激化，伤及无辜官民性命。

康平县令殷鸿寿是战争期间另一个被掳走的奉天地方官员，此人先被俄军疑为日奸遭到拘押，后又被日兵指为俄奸而掳走，囚禁于法库门日本宪兵处。清政府外务部以及出使日本大臣向日本外务省一再索还，未果。几经交涉，最终才被告知实情：殷令一事，决定权在驻奉天日军总司令处，"总司令官有全权，不为遥制"。① 光绪三十一年（1905）七月十六日，外务部电告赵尔巽与日本驻奉天军方直接磋商，务使殷令交回自办。② 于是，索回殷令一事的主要交涉任务便落在了赵尔巽身上。鉴于日人声称其杀害穆克德善乃因清政府逼要过急，有激而为，所以，在索要殷鸿寿的过程中，赵尔巽尤为小心谨慎，以避免事态激化，适得其反，并能够把握良好时机，最终成功解决问题。接电后，赵尔巽首先与日本驻奉天军政官小山秋作商议，全力要求将掳去之康平县令等人释放，交由中国政府处理。然小山谓军队送来证据太实太多，不能破其证据，虽总司令亦无可奈何。针对小山的托辞，赵尔巽指出，该县令曾被俄掳，并指为日奸，此即不可能为俄奸之确据，且军队所送证词乃刑讯逼供而成，不可为据。但小山依然表示爱莫能助。③ 虽几经努力，日方始终未答应放人。在得知日军已将殷令解回省城之后，赵尔巽又立即面见驻奉日军参谋长福岛安正，当面索要殷令。福岛称此事系军事会议时所定罪名，即使日本政府有意平反，亦难从命。赵尔巽强调殷令口供断不确凿，福岛言系其手下仆从所供，确有凭据。经赵尔巽与之力辩再三，福岛才道出实情，此乃法库门军政官之意，他实无权做主。赵尔巽动之以情，游说福岛代为说项，最终获允俟殷鸿寿口供送到时，再为细酌有无转圜办法。仔细分析双方数次接触情形之后，赵尔巽认识到欲使日本迅速释放殷令，恐怕很难办到。因为在与福岛的交谈中，明显感觉到日方不愿中方就此事催之过急，赵尔巽担心操之过急会使日方采

① 《发驻日本杨大臣电》（光绪三十一年六月二十七日），北平故宫博物院：《清光绪朝中日交涉史料》卷 88，北平故宫博物院 1932 年铅印本，第 22 页。
② 赵尔巽全宗档案，第 193 卷（《盛京将军赵尔巽给军机处外务部袁世凯等电报信函之抄录本》），缩微号：0031，中国第一历史档案馆藏。
③ 赵尔巽全宗档案，第 193 卷（《盛京将军赵尔巽给军机处外务部袁世凯等电报信函之抄录本》），缩微号：0031，中国第一历史档案馆藏。

取相同的极端方式处理此事。所以,殷令之索回不能急于求成,万不可以意气相争,而应当与日方委婉相商,"无论如何,必当贷其一死"。① 最终,在盛京将军赵尔巽、清政府外务部、北洋大臣袁世凯以及出使日本大臣杨枢等多方力量的共同努力之下,交涉工作终获成功,日本驻奉天军政当局在光绪三十一年(1905)十月初七日日皇天长节那天将殷鸿寿等人全部释放。②

殷令及其他被掳人等的成功索回,有力地维护了中国人的生命权、清王朝的国家主权及其外交尊严。客观地说,此举也在一定程度上抵制了日本的侵略,打击了日本驻奉天地方军政当局的嚣张气焰。

第二节　维护地方权益之交涉

日俄战争后,长春以南的东北地区被日本控制。奉天地方中日势力交错并存,时有冲突:清政府要求收回更多的国家主权;日本战胜而骄,挟其战场余威觊觎更多的侵略权益,染指地方事务。此时的盛京将军,既是清王朝皇权在其"龙兴之地"的最高代表又是清政府日俄战争善后的地方主持者,在负责地方军民各政的同时,自然负有处理战争遗留问题、维护各项权益的责任。赵尔巽到任之后即会同清政府外务部以及驻日公使一道,要求日军驻奉天部队尊重并保护中立国家及其人民的各种权益。更与清政府外交机构相配合,就日本的侵略行径展开交涉,维护国家主权。这些交涉主要围绕着两个中心展开——保卫民众权益与维护国家主权。

一、保卫民众权益的交涉:以杨尊三案为例

保卫地方民众权益的外交活动,以对民人杨尊三无辜被害案的交涉处理为代表。杨尊三案的起因是该人在乘车过程中被日本铁路警察拘

---

① 赵尔巽全宗档案,第135卷(《盛京将军赵尔巽等关于日俄战争议和交涉撤军等事宜及东三省善后筹办各业之信札文件》),缩微号:0024—0025,中国第一历史档案馆藏。

② 《收奉天将军致外务部电》(光绪三十一年十月初八日),北平故宫博物院:《清光绪朝中日交涉史料》卷86,北平故宫博物院1932年铅印本,第21页。天长节为日本在位天皇的生日。当时在位的是明治天皇(1852—1912),生日为11月3日,1905年11月3日对应的农历日期为光绪三十一年十月初七日。

押,当晚即被杀害。得知此事后,奉天地方当局立即与日本驻奉总领事交涉,要求严惩凶手,保证中国民众的生命安全。赵尔巽首先依据国际公法指出,无论杨尊三所犯何罪,均应交中国政府处理,更不能将其无端杀害。继而援引日本法律对正当防卫的规定以子之矛,攻子之盾,反驳其照覆中所称出于正当防卫需要的说法,指出即便存在如日本照会中所言,该人在审讯过程中欲夺剑而逃,对担任警卫任务的日本巡查铃木重五郎生命安全造成威胁,"依正当防卫,但能拔剑威吓或斫伤其肢体,使不得逞夺取行为而已。是竟加斩杀,即属逾越防卫必要之范围,实属不法之处置"。① 与此同时,又迫使日本同意由双方共同对死者进行尸检,以清查真相。结果显示:死者杨尊三实系束手被戕,并非日方所诬称因其拒捕且欲行凶而被害。事实的澄清,为奉天地方与日本的交涉提供了极其有力的武器。奉天地方遂以这一确凿证据以及国际公法、日本法律作为武器,最终迫使日本驻奉天军政当局就范,同意按照中方要求惩处凶手:免除杀害杨尊三之巡查铃木重五郎的职务,并将其驱逐出奉境,两年之内不准进入奉天地界。② 虽然未能将凶手严惩并如愿获得补偿,但是在那个强权横行的时代,面对战胜而骄的日本,能够迫使其接受中方的惩处条件,已属难能可贵。颇为可贵的是,身为一个封建王朝的封疆大吏,赵尔巽在处理该案过程中充分运用国际公法、日本宪法法律武器来论证日本巡查无辜杀人的违法之处,驳斥驻奉总领事的无理主张,最终赢得该项交涉事务的胜利。

二、维护行政权的交涉:以奉天警察权为中心

日俄战争结束后,日本侵略势力取代沙皇俄国控制了奉天大片地方。其各级驻奉领事机构以及关东都督府借口约束、保护日本侨民,强行设立警务机构染指地方警政。为了维护国家主权,清政府各级相关官员与日本驻华外交机构展开了一场旷日持久的交涉。实际上,日本侵略势力对奉天警政觊觎已久,虎视眈眈。③ 日俄战争尚在进行中,日军进入奉天省城之

①　《照复(覆——引者)日总领事转报日本铁路警队拘获民人杨尊三拘留奉天警务署斩杀身死文》,《奉天交涉案牍》,清末抄本。

②　《奉天交涉案牍》,清末抄本。

③　见《奉天巡警总局致各报馆书》,《大公报》光绪三十二年七月二十一日第九、十版。

后,便迫不及待地以卫生不善为借口干涉地方警政。赵尔巽尝言,日本驻奉天总领事萩原守一"到奉以来,时思攘我警权。其领事馆内于警察、卫生均有专员、专科,初次晤面即以此为请"。① 经赵尔巽等地方官员据理力争、严词峻拒,其阴谋终未得逞。随后,又借口保护、约束日本侨民,在省城奉天、本溪湖等地非法设立警察派出所。早已有学者指出:"这种设置于领事馆内外的领事馆警察机构,是日本国内警察机构向海外的延伸和扩张。是日本军国主义对外进行侵略的重要组成部分,是日本对外侵略的突出特点之一。"②日俄战争过后,日本结束对奉天的军事占领和管制状态,裁撤军政署,改设关东都督府。关东都督府借口保护日人生命财产,在安奉铁路沿线非法派驻护路警兵并在一些地方设立警察官吏出张所,继续大肆侵蚀奉天警察权。③ 这些非法设立之警务机构,不但妨碍奉天近代警政的推广,而且严重侵犯了中国的国家主权。面对日本的侵略行径,赵尔巽除报告朝廷要求阻止之外,多直接与日本驻奉天殖民当局进行交涉,殚精竭虑,据理力争,竭力维护各项权益。这些外交努力,尤其以赵尔巽等与日本驻奉天总领事萩原守一就撤废日本警察派出所的交涉为集中体现。这一事件的整个交涉过程,包括逐步升级的三个步骤,相应涉及两国政府机构的三个层面:第一,奉天交涉总局与日本驻奉天外交机构的交涉;第二,奉天地方最高军政长官盛京将军赵尔巽与日本驻奉天总领事萩原守一的直接照会往来;第三,清政府外务部与日本驻华公使的最高级别交涉。从内容上看,交涉主要围绕两个方面展开:其一是有关奉天省城及本溪湖等地日本警察派出所问题;其二是安奉铁路护路警兵问题。

(一)就撤废日本警察派出所的交涉

光绪三十二年(1906)闰四月初十日,日本在奉天省城设立驻奉总领事馆,同时附设警察机构,有警察 22 名。④ 随即,日本驻奉总领事以奉天警

---

① 赵尔巽全宗档案,第 106 卷(《赵尔巽筹办奉省乡镇巡警设立工巡总局的奏底有关巡警薪饷警务学堂及举办团练等文件》),缩微号:0020－0021,中国第一历史档案馆藏。

② 李洪锡:《日本驻中国东北地区领事馆警察机构研究:以对东北地区朝鲜民族统治为中心》,延边大学出版社 2008 年版,第 1 页。

③ 安奉铁路是日本在日俄战争期间,借口战时军事运输需要,强行修筑的轻便铁路。从安东(今丹东)到苏家屯,长 261 公里。战争结束后,日本又通过不平等条约迫使清政府允许其继续经营 15 年。

④ 李洪锡:《日本驻中国东北地区领事馆警察机构研究:以对东北地区朝鲜民族统治为中心》,延边大学出版社 2008 年版,第 38 页。

务不善为辞,借口保护日本侨民,在奉天巡警总局辖区内非法设立警察派出所两处:一处在1区第198号门牌户部衙门院内,有日本外务省巡查萩原市太郎、上原助五郎、井上定之郎等3人;另一处在小西边门外善缘寺,有巡查伊藤义助、宫尾武八、今井直吉等3人。同年八月,日本非法私设的警务派出机构被奉天巡警总局第一分局警员发现。① 中日所订条约并无允准日人在奉天设立警察之条款,保安地方之责自然皆归奉天巡警总局全权承担。日本驻奉天总领事馆于城关内外分设警察派出所,不仅违背中日条约,而且在通过不平等条约攫取侵略权益之外进一步侵犯了中国的主权。

八月初十日,奉天巡警总局将此情形报告给盛京将军赵尔巽,请其饬知奉天交涉总局立予辩驳。② 十二日,巡警总局移知奉天交涉总局照会日本驻奉天总领事,要求迅即将上述非法设立之派出所撤去。③ 第二天,交涉总局向日本驻奉天总领事萩原守一递交了一封措辞温和的照会。照会对日本的行为给予了一定的理解,并未要求将领事馆外非法设立之警察派出所立即撤去,只是以"此等名称究与本国地方警察名目相混,不独易启猜嫌兼恐难清权限",要求酌量更换名称。④ 二十日,奉天交涉总局收到日本驻奉总领事馆照覆。日方不但根本无意按照奉天巡警总局的要求更换上述两处警察派出所名称,还强词夺理,为其侵略行径狡辩曰:"查彼此警察权之范围依条约之主意自然明确,本馆设立警察派出所于城内及小西边门外二处,与贵国之治权并无何等之侵害,实系管束散居城内外之日人及法权执行上最适要之措置。"并且嚣张地声称:"本馆不特于此二处,此外或须再为添设。兹特先行声请接洽。"⑤ 照覆还提出:"关于警察权一事,察核贵局屡次所来照会,似贵处于根本上尚许误解,不知彼我之警察各异其权限,虽两国警察同在一处设立,亦不致有所妨碍。故特备文照请贵局毋再误解为盼。"⑥ 日本恶人先告状,不但要求奉天交涉总局"毋再误解",而且提出"此外或须再行添设警察派出所",大有得寸进尺之势。

---

①　军督部堂档,第1778卷,辽宁省档案馆藏。
②　军督部堂档,第1778卷,辽宁省档案馆藏。
③　军督部堂档,第1778卷,辽宁省档案馆藏。
④　军督部堂档,第1778卷,辽宁省档案馆藏。
⑤　军督部堂档,第1778卷,辽宁省档案馆藏。
⑥　军督部堂档,第1778卷,辽宁省档案馆藏。

面对日本侵略者的嚣张气焰,奉天交涉总局意识到了事态的严重,当即致函日本驻奉天总领事萩原守一,开门见山驳斥其荒诞主张:

> 所称敝局误解之处,实属并未误解。查从前军队未撤之先,所有军政官于各处悬挂之牌、于范围内所行之事,悉未过问。而现在则兵队已撤,按照约章,贵国即不应有此等含混之名称、嫌疑之举动。东三省善后条约第一款奉天为自开商埠,故已划定埠界在小西边门外。此时贵国居留商民住居城中,系属暂时之计。奉天城内止有我国警察之权力可以遍及,而他国不得干预。此义极为明确。以故贵领事凡遇约束日本人民之各种方法及各种处所,只可于贵领事馆行之。至于条约,从无在租界以外许他国设立警察之文。而来文声称依条约即能明警察权限之范围,不知何所引据。且从前甲午以后约开之杭苏等四处,其租界警察尚属中国管理,而又有山东之济南,均系自开商埠,并无他国设立警察之事。就目前而论,贵国人民暂居城内,敝国有保护之责即应有管理之权。设有事端,应由我处警察妥为保护管理。此系责任权限所在,决不容他国有所侵扰。用特先行函商,应请贵总领事仍即撤去两处派出所,收入馆内,以全治权而符埠章。想贵总领事和平素守,必可照允也。①

此函措辞严厉恰当,分析精辟透彻,深入揭露了日本在驻奉总领事馆外设立警察派出所的违法行为,并一一驳斥了其无理依据。明确要求日本驻奉总领事将其非法设立之警察派出所即行撤去,表达了中方维护国家主权的坚强决心。当天,奉天交涉总局还将日方照覆呈报给盛京将军赵尔巽。②赵尔巽批示指出:日本驻奉总领事馆的言论、行为,实于条约不合。应即迅

---

　　① 军督部堂档,第 1778 卷,辽宁省档案馆藏。按照光绪二十九年(1903)八月十八日在上海订立的中美《通商行船续订条约》以及中日《通商行船续约》,奉天府(即省城奉天)由中国自行开埠通商(北京大学法律系国际法教研室:《中外旧约章汇编》第二册,生活·读书·新知三联书店 1959 年版,第 187—200 页),是为自开商埠。作为主权在我的新型通商口岸,其各项管理权利均不容侵犯。此外,奉天现在尚未开埠,当然更不容日本在此设立警务机构,染指警察权。将来省城开埠之后,亦当按照光绪三十年(1904)奏准自开之济南同样办理。其管理权仍归地方警察机构所有,他国无权干预。即便如约开商埠杭州(光绪二十一年由日本约开)。见孔庆泰:《1921 年前中国已开商埠》,《历史档案》1984 年第 2 期,第 55 页),其租界警察事务同样均属中国管理,并无他国设立警察之事。奉天已在小西边门外划定埠界,准备开埠。此时城中日本商民皆属暂住,日本领事虽有权管理其本国臣民,却不得在城中设立警察派出所。
　　② 《交涉总局呈覆日人在城乡设立警察现准日领事照覆系管束日人并称此外或须再为添设由》,军督部堂档,第 1778 卷,辽宁省档案馆藏。

速照会磋商,将警察派出所撤废。①

　　然而,日本驻奉天总领事馆对于奉天交涉总局的要求置若罔闻。一个月过后,非法设立之警察派出所仍然存在,奉天交涉总局亦未收到其照覆。九月二十三日,奉天巡警总局再次禀请赵尔巽札饬交涉总局即日照请日总领事,将警察派出所迅速议撤。巡警总局的呈文从不符合条约旧例、侵害中国主权以及违反国际公法等三个方面,深入分析了日本在奉天设立警察派出所的蛮横无理行为。同时指出,面对奉天交涉总局的正当要求,日本驻奉总领事已无理可辩,因而采取拖延敷衍的办法来应付奉天交涉总局的照会,"殊非正当交际之道"。②

　　九月二十五日,奉天交涉总局遵照赵尔巽指示,再次照会萩原守一,要求立即查照前文,迅即将派出所牌号撤去。③ 照会援引奉天巡警总局分析的几个方面,进一步驳斥了日本照覆提出的无理依据:根据条约,奉天为中国自开商埠,与北京、长沙相同。在商埠地界划定及一切章程颁行之前,有关事务自应按照北京、长沙成规办理。光绪二十九年(1903)的中日《通商行船续约》规定,长沙开作通商口岸之后,"各国人民在该通商口岸居住者,须遵守该处工部局及巡捕章程,与居住各该处之华民无异,非得华官允准,不能在该通商口岸之界内自设工部局及巡捕"。④ 此就条约论之,日本驻奉总领事不能在领事馆外设立警察派出所。对于日本驻奉总领事所谓两国警察各异其权,虽同在一处不致有所妨碍的说辞,照会明确指出,警察系属内政,不容他国染指。各地方的警务机构在其辖区内行使独一无二的行政权力,警务章程当为其所辖区域内各国人民共同遵守。如果在我警察管辖区内而有他国警察派出所驻扎、行政,必将对我警察权有所侵蚀、妨害,这是任何一个主权国家所不能接受的。此就我国主权论之,不能听日总领事设立警察派出所也。日总领事声称为管束散居之日人而设立警察派出所,实无此必要。日人既在奉天巡警总局辖区之内,自应受其管束。如为执行治外法权起见,则国际法中自有借用驻在国警察襄助之条,自不必另

---

　　① 军督部堂档,第 1778 卷,辽宁省档案馆藏。

　　② 《巡警总局禀请照会日总领事将警察派出所议撤等情饬局查照由》,军督部堂档,第 1778 卷,辽宁省档案馆藏。

　　③ 军督部堂档,第 1778 卷,辽宁省档案馆藏。

　　④ 北京大学法律系国际法教研室:《中外旧约章汇编》第二册,生活·读书·新知三联书店 1959 年版,第 194 页。

设警察机构。此为日总领事计,亦毋庸设立警察派出所。就客观条件而言,奉天开埠通商,各国势利均衡,利益同沾。"倘以日本设立警察派出所之故,而俄、而美、而英法德诸国各布警察于奉天,使奉天警察成一极复杂之品。歧错牴牾,事变百出。非特大碍当地之治安,恐作俑之咎亦非日总领事所乐受也。"①故而,日本驻奉总领事馆理应遵照条约及照会要求,将警察派出所迅速撤去。

　　然而,照会发出半月过后,日方仍无音讯。十月十二日,奉天交涉总局呈请赵尔巽饬准照催日本迅速回复,并按要求撤去非法设立之警务机构。提议援引中日《交收营口条款》第三条"警察及卫生事务应归中国地方官管理,务期尽善,以保公共治安,为此兼用日本警察教习及医生。如有未尽妥洽之处,日本领事官可告知地方官随时酌办",进一步驳斥日本的无理主张。②赵尔巽的批示,则进一步对照各地租界巡警卫生办法以及交还营口先例,指明日本此举的违约之处:

　　　　查奉天开埠,各地凡租界内巡警卫生事宜,照自行开埠办法,均应由我自办,以保主权,前次户部于核议奉天等处开埠经费片内业经奏明。是无论租界已否划定,日总领事皆无设立警察之权。此次交还营口,特由外务部向日使商定专条,所有巡警卫生各事均交由华官接办,又属最近之实例。至按照中日各项条约查照各省商埠章程,均无由领事设立警察之文。③

命令交涉总局如呈照会日本驻奉天总领事,要求速为照覆,毋再拖延。④

　　十月十五日,奉天交涉总局再次照会日本驻奉天总领事萩原守一,要求将非法设立之警察派出所即行撤去并迅速照覆。⑤照会发出后,一时间

---

　　①　军督部堂档,第1778卷,辽宁省档案馆藏。
　　②　军督部堂档,第1778卷,辽宁省档案馆藏。按:《交收营口条款》第三条原文:"按北京所订另单第三条载明'警察及卫生事务应归中国地方官管理,务期尽善,以保公共治安,为此兼用日本警察教习及医生。如有未尽妥洽之处,日本领事官可告知地方官随时酌办'等语。现经两国委员商定,雇用日本警察教习及医生,除薪水外,一切章程均按天津雇用日本警察教习及医生一律办理。倘日后警察、卫生办理有未尽妥洽之处,一经日本领事函告,应由地方官随时酌办。"(北京大学法律系国际法教研室:《中外旧约章汇编》第二册,生活·读书·新知三联书店1959年版,第360页)
　　③　军督部堂档,第1778卷,辽宁省档案馆藏。
　　④　军督部堂档,第1778卷,辽宁省档案馆藏。
　　⑤　军督部堂档,第1778卷,辽宁省档案馆藏。

竟如石沉大海,毫无音讯。直到十一月十二日,日本驻奉总领事才做出回应,断然拒绝了中方的要求:

> 为照覆事:本月初一日、十月十五日又准贵局照请撤去本馆警察署派出所前来。准此,查此事前次公文中缕述本馆警察署在本地设立后,尚须在相当之地添设派出所之意。是贵局素知本警察署之存在,今仍要求撤去派出所,实为颠倒本末之议论。贵照会谓派出所之存置与贵国之主权及地方行政权有所侵蚀,立论未免过虑。盖贵国之警察权不但可遍及于贵国人全体,且地方卫生巡警各事办理,完全于我警察派出所之存置无毫末之关系。至管束帝国臣民之行为、监查帝国臣民之营业起见,我警察派出所之存置不但一日不可缓,且其存在与贵处警察官完全职务上亦有多大利便。现在贵我两国警察各守本分,互相亲睦,且缓急相助,实能尽警察之责任。此为本馆与贵局所共知。若贵局仅因无根据之疑念要求撤去,非所以副贵我敦睦之情谊。且本馆为公共之安宁及本馆之职守起见,断难同意也。[1]

其回复要点有三:第一,贵局素知本警察署之存在,仍要求撤去派出所,实为颠倒本末之议论;第二,警察派出所之设置是为约束日本臣民起见,其设立一日不可缓,更不可撤;第三,警察派出所之设置不但并未侵蚀贵国主权以及地方行政权,而且缓急相助,对贵国警察事业具有相当之帮助。不难看出,日本驻奉总领事的回复存在如下问题:其第一个方面偷换概念,混淆视听。根据不平等条约,日本在中国取得了领事裁判权。在其驻奉天总领事馆内部允许设有警务机构,但是从功能与职权范围讲,这种领事馆警察机构只应作为司法警察而设,其所部警察只应监护领事署内事务暨逮捕犯罪之日本臣民。其他地方事务绝非该警务机构暨其警察所能过问,更不得在领事馆外设立警察派出机构,这是其应当严格遵守的外交底线。奉天交涉总局要求撤废的乃领事馆外非法设立之警察派出所,而非领事馆内的警务机构。日本驻奉总领事非但不按照条约规定撤去其领事馆外非法设立之警察派出所,反而强词夺理,诬蔑奉天交涉总局本末倒置,指责赵尔巽等官员不应对此产生疑义。其第二、第三两

---

[1]　军督部堂档,第 1778 卷,辽宁省档案馆藏。

个方面,则老生常谈,属于纯粹的借口与狡辩。显然,萩原守一之所以一口咬定其警察派出所不会对奉天地方权利有所妨碍,意在为其非法设立之警务机构寻找继续存在下去的理由。可见,虽然日本驻奉总领事已经理屈词穷,但是依然矢口否认其侵略行径,根本无意撤去非法设立之警察派出所。

中日之间的警务交涉如此胶着下去,其非法警务机构依然我行我素,大肆侵蚀地方警察权。这对于被害一方而言,显然十分不利。为了尽快促成日本按要求撤去警察派出所,赵尔巽遂亲自照会日本驻奉天总领事萩原守一,重申上述要求。于是,中日奉天警务交涉升级为盛京将军与日本驻奉天总领事之间的直接照会往来。

赵尔巽强调指出,对于领事馆外设置警察派出所,"约开之商埠且明示限制,则自开之商埠,贵国更不能设置警察,此又不待解释即可明了。再就我国与各国订约自开之商埠实例言之,如山东之济南、湖南之岳洲(州——引者)等处亦无外国设立警察之事,想贵总领事笃念邦交,决不愿有条约范围外之行动。本军督部堂重视职守,亦不便为条约外之通融。况奉省既开公共商埠,各国商民交通频烦。若因贵国设立警察,他国亦援例请设。彼时事变百出,不特有碍地方之治安,亦且有害商务之安全。贵总领事仰体贵国保全和平之苦心,必能设法裁撤。合行照会贵总领事,请烦查照。早日见复,以免疑虑而敦睦谊"。[①]

不难看出,赵尔巽的照会援引最近成案实例,批驳日本设立警察派出所的非法行为。并对日本可能利用的种种托辞预先进行了深入的驳斥,最终使其无隙可乘。然而,日本驻奉天总领事依旧恃强狡辩。所议各项,终因"彼皆虚词搪拒,迄无成议"。[②]

按照约定,作为自开商埠,奉天租界内之警察权当操之自我。况且其时租界尚未议定,奉天城内又纯系内地,更不容任其侵越,而日本的非法警务机构还成为日人在奉天从事私设屠宰场、开设赌场、私开小押等违法活动的护符。在其纵容之下,有日人未经地方警察局批准擅自在奉天开设戏园,并且违背逢高宗忌辰不准演戏的禁令,于光绪三十三年(1907)春节过

---

　　①　赵尔巽:《照会日总领事撤废警察派出所文》,《奉天交涉案牍》,清末抄本。

　　②　徐世昌:《密陈考查东三省情形折》,《退耕堂政书》卷5,天津徐氏退耕堂刻本1914年版,中国书店1984年重印本,第2页。

后强迫中国人演戏。日人之所以如此嚣张,公然无视中国法令,推究其源,全在日总领事干预我警察行政权所致。虽然日方一再声称这些警务机构对中国警政不致有所妨碍,但是其警员经常越俎代庖,大肆染指地方警政,奉天警务往往不免受其牵掣。这些警务机构的存在不但严重侵犯了中国国家主权,而且影响到奉天警政的正常运行。虽屡经禁阻,大多置若罔闻,①抑或托词不妨害我警察权,强言巧辩,拒绝按要求撤去警察派出所。"非从设置警察上与之力争,则各种问题皆无从解决。若再迁延,我退彼进。全局攸关,贻害甚大。"②正月初十日,赵尔巽将此间奉天警务交涉情形一并咨呈外务部,请其严切照会驻京日使,分别饬该总领事撤废警察派出所,转商关东都督,不得于护路兵外更添警察,借设警察署于奉天。即使将该警兵正名为护路兵队,日后对于沿铁道事务系如何权限,亦应明定办法,以示限制。③

于是,中日奉天警务交涉进一步发展为清外务部与日本驻华公使之间的最高级别交涉。三月初一日,外务部据咨照会日本驻华公使林权助,指出:现在贵国军队业已撤退,办理警察属中国自治全权,凡属该省内政自应由中国地方官全权筹办,外人不得越俎代庖。请其转饬日本驻奉总领事,将已设之警察署及派出所等一律撤去。④直到三月二十二日,日本方面才做出回应,声称接到外务部照会"当即札行驻奉日本代理总领事声覆去后,兹准覆称始知此事系属误解"。⑤可见,林权助的说辞与萩原守一如出一辙,根本无意撤去非法设立之警察派出所。甚至要求外务部咨行地方官不可以上述两端相混,致起无谓之辩论。⑥

三月二十五日,外务部再次照会林权助,引用中日《通商行船续约》中有关长沙开埠的相关规定,据理驳斥其荒诞主张:

奉天开埠通商与长沙事同一律,按照条约,贵国自不能在该处自

① 《巡警总局呈请咨呈外部照会日本公使严饬驻奉领事遵守约章由》,军督部堂档,第 1778 卷,辽宁省档案馆藏。
② 《巡警总局呈请咨呈外部照会日本公使严饬驻奉领事遵守约章由》,军督部堂档,第 1778 卷,辽宁省档案馆藏。
③ 军督部堂档,第 1778 卷,辽宁省档案馆藏。护路警兵的交涉起因及具体内容见下文。
④ 军督部堂档,第 1778 卷,辽宁省档案馆藏。
⑤ 军督部堂档,第 1778 卷,辽宁省档案馆藏。
⑥ 军督部堂档,第 1778 卷,辽宁省档案馆藏。

设警察。驻奉日本领事虽有管辖该处日本臣民之权,至在领事馆外分设警官派出所,无论职守如何,均非条约所认许,且此项警察派出所即与中国警务毫不牵碍,究与地方行政权不免触混,而与现行条约亦属不符。①

再次要求林权助转饬驻奉总领事,将奉天城内及小西边门等处之警察派出所按约撤去。日本公使旧调重弹,断言其所设立之警察派出所,是专为管束散住城内之日本商民而设,是条约内理所应当之事,与中国警察事务毫不牵碍。最终将这一问题推给日本驻奉天总领事,继续周旋。

尽管中国官员频繁照会日方,要求撤去非法设立之警察派出所,与日本驻华外交机构据理力争,几至舌敝唇焦。但由于没有强大的国力作后盾,很难对日本的既定侵略方针产生实质性影响。日本非但拒绝撤去在奉天省城内外非法设立的警察派出所,而且在本溪、安东等地如法炮制,进一步扩大对奉天地方警察权的侵蚀。于是,撤废日本驻奉总领事馆所设警察派出所之交涉未决,关于安奉铁路护路警队之争议又起。

(二)安奉铁路护路警兵问题的交涉

日俄战争结束后,日本迫使清政府承认日本拥有其战时强行修筑之安奉铁路为期15年的经营使用权。并在该铁路沿线强行设置护路警队、警务署以及警察官吏出张所,还以保护旅客生命财产安全为词,在车厢内派遣警察。日本此举,"不特有碍我行政主权,且欲各潜布其势力于奉天全省"。② 日本安奉铁路护路警队之设本已违反条约规定,其所部警察又经常越出铁道界限,粗暴干涉中国地方事务,是为对中国权益的进一步侵犯。安奉铁路护路警兵问题的争议,即因之而起并主要围绕上述两个问题展开。

光绪三十二年(1906)冬,日本护路警兵强令奉天车栈商业德元栈等商家公举董事、编订门牌、呈验店簿,各商家不从。翌年二月十三日,该日员巡查复来催办前事,仍遭各商家反对。不料他们竟殴打一些商家,并限期回话,否则立令歇业、搬移。日本护路警兵之所为,"按之中日会议录第一

---

① 军督部堂档,第1778卷,辽宁省档案馆藏。

② 《巡警总局呈请咨呈外部照会日本公使严饬驻奉领事遵守约章由》,军督部堂档,第1778卷,辽宁省档案馆藏。

节,中国将撤兵地方按自治全局,妥筹经理;第七节,护路兵队不致辄行障碍中国地方治理之权,亦不得擅出沿铁路界限以外等款,均不符合"。① 奉天巡警总局接报后,立即与相关日人当面交涉,并阻止其非法举动。二月十八日,奉天交涉总局又照会日本驻奉天总领事萩原守一,要求转饬阻止。对于奉天交涉总局的要求,日本驻奉总领事馆仍迟迟未作回复。而其警察机构根本无视中国的反对,对其侵略行径未作任何收敛。四月初八日,又有日警务署忽然散发传单,差传西塔附近各家华人于初九日上午十点钟往议卫生事件。未及此事解决,其非法设立之日本警务署又于西塔左右地方各客栈门首编贴警字号牌,并令我兵弁将户口号牌揭去。针对日本的嚣张气焰,四月初十日,奉天交涉总局向日本驻奉总领事馆连发两封照会,要求撤销警务署号牌,迅饬该署勿得再有此等举动,并即撤废警署。②

在安奉铁路沿线其他地方,日本同样大肆侵犯中国警察权。日俄战争结束后,日本在一些地方仍然驻扎军队,中日双方约定撤兵期限为十八个月。就在驻军期限届满之际,驻本溪湖的日军换防。光绪三十三年(1907)二月初八日,原驻扎之第五十三联队开赴别处,新来填扎的是从日本本土开来的日军第四大队。"观其新兵远来,似无撤兵之意。"其第一中队占据本溪县河东街一处民房存放军用品,并设小队守护。被本溪县委员偶然发现,经询问得知,日本欲利用此处民房设立警察官吏出张所。③ 日本的此项主张,显然与既定条约不符。按条约规定,驻奉各属日军即将撤出,撤兵期限一到,所有驻军时所占用公私产业应一律交还中国。不得以租用为名,强行占据。此外,居留于各地之日人亦应归中国政府保护、管束,日本无权另行设置警务机构自行管理,即如省城将来开埠之区亦不得如此。"是已设者尚不能继续,何得藉词复设。"④ 几经交涉,日方仍然据绝让出该处房舍。鉴于兹事体大,光绪三十三年(1907)二月二十一日,试办本溪湖设治委员周朝霖将此情禀报赵尔巽。二十三日,赵尔巽札饬交涉总局迅即照商日总领事,将撤废警察一事早日解决,并饬该处占租民房之日人即日

① 赵尔巽:《致务部照会日使转饬日总领事撤废警察派出所并商关东都督护路警队应照约正名为护路兵咨》,《奉天交涉案牍》,清末抄本。

② 军督部堂档,第 1778 卷,辽宁省档案馆藏。

③ 周朝霖:《试办本溪县设治事宜委员呈报新到日兵在县街设立警察官吏出张所请照会查阻由》,军督部堂档,第 1778 卷,辽宁省档案馆藏。

④ 军督部堂档,第 1778 卷,辽宁省档案馆藏。

退出,以免扰害地方。① 翌日,又将此情咨呈外务部。在咨文中,赵尔巽深入分析了日本此举的违约之处及其危害所在:

> 查东三省附约第四款有占用之中国公私各产业,撤兵时悉还中国官民接受明文。该县正值撤兵之时,该处拟租充局用之屋,又系民产。自应遵约办理,何得藉词占租。至设置警察,既非根据于条约上所许,又何得藉词复设。似此着着进步,若不严切据约诘阻,则前次并非军用必需者勿致再有干预中国吏治之约,几成虚设。他款亦不可恃。奉省交涉必日形艰险,无从措手。②

要求日本驻奉总领事查照以前咨文,将交涉事宜迅速议结。

外务部接到赵尔巽咨文之后,即与日本驻华公使商讨奉天警务事宜。日本公使避重就轻,并未表明对日人强租民房设立警察出张所一事的态度,且混淆护路警察与护路兵,强调"护路兵俟营防造齐即行迁入,现暂须分驻铁路界外,请勿误会"。③ 企图以此掩盖其侵略事实。日使的回复真的起到了混淆视听的作用,给清廷外务部造成困扰。光绪三十三年二月三十日,外务部致电赵尔巽询问,"究竟护路警察与护路兵有无区别、所云护路警察署是否即系护路兵分驻处所,希密查速电"。④ 赵尔巽的复电揭露了日本公使避重就轻,蒙混过关的企图,强调指出:"日人设立警察派出所,系在奉天城内及小西边门外。奉天警察署系为护路兵以外之警队特设",日使所云乃专就护路兵而言。⑤ 建议外务部分两层照会日使,以杜绝其搪塞之辞:

> 一、警察派出所应行撤废;二、沿铁路之护路警队,约内并无明文。不得于护路兵外添设,且不得藉此特设警署。⑥

日本驻华公使给外务部的回照故伎重演,继续混淆安奉铁道的性质,为其非法派驻护路警兵寻找合理依据。以铁路沿线治安混乱,保护安奉铁

---

① 军督部堂档,第 1778 卷,辽宁省档案馆藏。
② 军督部堂档,第 1778 卷,辽宁省档案馆藏。
③ 军督部堂档,第 1778 卷,辽宁省档案馆藏。
④ 军督部堂档,第 1778 卷,辽宁省档案馆藏。
⑤ 军督部堂档,第 1778 卷,辽宁省档案馆藏。
⑥ 《盛京将军赵尔巽致外部日设护路警队请照会撤废电》(光绪三十三年三月初一日),王彦威纂辑,王亮编,王敬立校:《清季外交史料》卷 202,书目文献出版社 1987 年影印本,第 3118 页。

道为借口,为其侵略行径开脱。① 对于林权助的托辞,赵尔巽明确指出:
"安奉铁道性质,全与东清铁道不同。日军撤退以后,该铁道当全归我国保
护。此次日本擅设守备兵于铁道外,又派警官于车内,均属违约。若不及
早据约驳阻,彼将视为默认。"②三月二十日,赵尔巽札饬奉天交涉总局再
次照会日本驻奉总领事,要求速将该守备兵及警官撤废。

三月二十八日,奉天交涉总局遵照赵尔巽指示照会日本驻奉天总领
事。照会指出,日本于安奉铁路沿线派驻护路警兵,系非法行为。要求明
确日军于安东铁道附属地外所屯驻之守备队撤尽日期,并说明于此驻屯的
根据:

> 查《中日议订东三省附约》第二款载明,护路兵队系专指南满洲铁
> 路而言,并无安奉铁路驻兵守护之语。又贵总领事声明奉天、铁岭两
> 处守备队因兵房建设未竣,须在附属地外暂驻。俟兵房竣工,仍回附
> 属地内,亦未言及安东驻兵界外之语,不知安东何以有守备兵队、又何
> 以驻在附属地外之民房,此附属地究以何种根据定界,用特照会贵代
> 理总领事请烦查明见覆,以凭转呈。③

尽管事实已经非常清楚,但是日本驻奉总领事馆见习领事事务代理吉
田茂的照覆仍然坚定地认为安奉铁道在性质上为南满洲铁道之支线。既
如此,则中方自然不应有疑义,继而诬蔑赵尔巽小题大做,妄起争端:

> 查安奉铁道其性质上为南满洲铁道之支线,事实上无论何人所不
> 疑也。至关于满洲之北京条约,贵国政府已承认该铁道为日本铁道,
> 则该铁道保护必要上配置守备队又为保安取缔上派遣警察官,系帝国
> 政府当然之行为,与南满铁道无可区别之理由。现在南满洲铁道既已
> 承认,特对安奉铁道端起异议,藉区区之理由致两国间开无益之争端,
> 本官甚为遗憾。贵总督所云派遣军队及警兵一事,我断不能承认。要
> 之,此事之结局无何等效果之论议,尚望深鉴此事之性质及事实上之

---

① 奏办奉天交涉事务总局:《呈为遵札照会日军在本溪县占民房设警察官一事覆称为在铁
道保护乘客货物等因呈请由》,军督部堂档,第 1778 卷,辽宁省档案馆藏。
② 奏办奉天交涉事务总局:《呈为遵札照会日军在本溪县占民房设警察官一事覆称为在铁
道保护乘客货物等因呈请由》,军督部堂档,第 1778 卷,辽宁省档案馆藏。
③ 军督部堂档,第 1778 卷,辽宁省档案馆藏。

必要与公理,又广考各方面之情势,两面间毋起交涉。至附属地,仅由铁道经营上观之,亦属必要之事。无论何人,皆所共认。贵总督之亦当承认,不待言也。现因改筑工事尚未着手,境界亦未明定,是以守备队等暂时驻屯附属地外,系不得已之事。自为贵总督所洞悉。对此等必然之事理致两国间徒起无用之争议,终当为多少之考量也。为此照会贵总督查照可也。①

面对奉天交涉总局要求撤去在安奉铁路沿线非法所设之警务机构的频繁照会,日本固然无言以对,但是依旧强词狡辩,对其侵略行径根本无意作任何收敛。

直到赵尔巽离任,上述交涉事件仍无结果。曾有学者指出,推原其故,皆因"日本侵略者一开始就极尽无赖之能事",恃强狡辩,尺寸必争,断断不已。② 与赵尔巽主政奉天时期的警务交涉情形无异,继其而来的东三省总督徐世昌与奉天巡抚唐绍仪,很快也体验了赵氏的窘境。六月间,二者请军机处代奏的电文中写道:"臣等抵任以来,深见日本交涉之难,格外加劲慎重。前将军赵尔巽与日本领事萩原守一未结之件,近日屡经提议……而所议无一办理者,实因日本外交狡猾,图进不已,有非情理所能喻。"③七月,安东警务交涉再起。④ 明知以地方之力难以议结,二人除批饬地方官员随时阻止之外,一如交涉后期的赵尔巽所为,亦将这一情节咨呈外务部。请其查照前将军赵尔巽所呈日人在奉天城内及小西门外铁路附近商埠界内设置警察派出所,以及在本溪县占居民房、设置警察各节,并案办理。⑤ 面对日本的蛮横无理,其继任者也只好采取同样办理方法。其实,早在光绪

---

　　① 军督部堂档,第 1778 卷,辽宁省档案馆藏。按:光绪三十三年二月末,萩原守一归国休假,见习领事吉田茂被任命为事务代理。
　　② 李洪锡:《日本驻中国东北地区领事馆警察机构研究:以对东北地区朝鲜民族统治为中心》,延边大学出版社 2008 年版,第 69 页。
　　③ 《东三省总督徐世昌奉天巡抚唐绍仪致军机处请代奏电》(光绪三十三年六月二十七日),北平故宫博物院:《清光绪朝中日交涉史料》卷 71,1932 年铅印本,第 6 页。
　　④ 在安东地区,日本领事不但在新市场设立警察,复在安东街内分设警察派出所,是为有意侵我主权。安东商埠局与之辩论,叠经交涉,几至笔秃唇焦,竟无效果。光绪三十三年七月初六日,安东商埠局呈请东三省总督与奉天巡抚"咨请外部与日使力争"。详见《安东开埠局呈为日领事于埠街设立警察派出所屡经商阻不允请咨部力争由》,军督部堂档,第 1778 卷,辽宁省档案馆藏。
　　⑤ 《安东开埠局呈为日领事于埠街设立警察派出所屡经商阻不允请咨部力争由》,军督部堂档,第 1778 卷,辽宁省档案馆藏。

三十二年(1906),徐世昌赴东北考查后即曾断言,中日奉天警务交涉之所以收效甚微,"非必事局之万无可为与其(当指赵尔巽——引者)才力之果有未逮,亦由种种阻碍、种种牵掣有以使然"。[①] 诸人所言,道出了不论是地方大吏还是清廷外务部,均无力根本改变中日交涉被动局面的苦衷及其无奈。

小　　结

除了主持纷繁复杂的各项内政之外,处理与日本棘手的外交事务也是盛京将军赵尔巽日常行政工作的重要组成部分。赵尔巽虽然不是与日本进行交涉的唯一力量,但是作为一些具体交涉事务的主持者,其对于日俄战争后中日外交的贡献不容忽视。综观日俄战争后三年间清政府在奉天地方的各项交涉事务,对冯麟阁的收编以及对殷令的成功索回,对杨尊三案的处理,可以说是此间地方中日交涉的成功个案,均在很大程度上实现了交涉的初衷,也在一定程度上打击了日本驻奉天军政当局的嚣张气焰。不可否认的是,这些交涉所涉及的问题,其实并非与日本的根本利益密切相关。大概也正是因为如此,日本才能够在一定程度上作出让步,部分满足清政府的诉求。同样不可否认的是,这种成功与相关外交事务参与者的外交技巧及其努力也是密不可分的。留守陪都期间,赵尔巽为维护国家主权堪称尽心竭力。然而,有些外交事务尽管竭力争辩,再三交涉,但终无结果。个中缘由,根本的,在于清政府的国力衰弱。随着中日双方交涉的不断深入,日本的蛮横无理与清政府的软弱无能,均一一暴露无遗。正所谓"弱国无外交",残酷的历史事实再一次证明,在强权横行的时代,弱小的被侵略国家仅仅依靠外交照会发出微弱抗议,根本不可能阻止侵略者既定的贪婪脚步。晚清外交事务参与者面对强权,内无实力外无奥援,在竭力维护国家主权之余,也只能望洋兴叹。[②] 今天重新梳理这些交涉的来龙去

---

① 徐世昌:《密陈通筹东三省全局折》,《退耕堂政书》卷7,天津徐氏退耕堂刻本1914年版,中国书店1984年重印本,第13页。

② 对此,也有国外学者不无遗憾地指出,赵尔巽所受的传统教育以及长期担任省级地方行政长官,且熟悉财务等等特长,使得内政改革得心应手,颇有成效,但是地方外交则不尽如意,未竟问题只能留给继任者去解决。详见:Michael Houston Hunt, *Frontier Defense and the Open Door*: *Manchuria in Chinese-American Relations*, 1895—1911, New Haven and London, Yale University Press, pp. 132—133.

脉,既可以清楚地看到日本对中国东北政治权利的觊觎与染指,又可以深刻感受到赵尔巽等清政府官员的不懈努力及其无力改变现状的无奈。此中艰窘,恐非亲历者所能想见。

结　　论

从光绪三十一年（1905）四月日俄战争接近尾声至光绪三十三年（1907）五月东三省全面改制，赵尔巽留守陪都，是为盛京将军辖区的最高军政长官。此间虽不过两载有奇，但它既处于日俄战争善后的关键时期，又是东三省改制的前期准备暨清末东三省新政的发轫阶段，不论对于清王朝还是东北地方而言，都是极为重要的历史节点。

以赵尔巽主政日俄战争后的奉天地方，可谓人地相宜。赵氏之膺斯任，既是地方战争善后的客观要求，也与其执政能力、勇于任事、锐意进取的个人性格以及切实可行的善后主张密不可分。此一时期的盛京将军，一身而二任，既是留守陪都的最高军政长官，又是清政府日俄战争善后地方事务的主持者。对于积弊甚深的战后奉天而言，在处理战争遗留问题与赈济难民同时，迅速恢复正常秩序，推动地方发展，无疑成为当务之急。相应地，其主要任务，一为推行新政，一为战争善后。为此，赵尔巽将地方改革与战争善后有机整合，内政外交各项举措，既是清政府日俄战争善后的有效手段，又是清末东三省改制的发轫与前期准备，兼具战争善后与新政改革的双重功用。

一、赵尔巽与清末东北新政

综观清末十年间整个东北新政历程，盛京将军赵尔巽可以被称为这一事业的开拓者。留守陪都期间，其各项改革整顿，有奏请办理者、有奉旨承办者，以奏办之政为主。各项举措实居承上启下地位，承上少而启下多，多开创之功。此前的盛京将军增祺、奉天府尹署盛京将军廷杰等人，虽有新政之举，然迫于时势纷乱、条件所限，只是就警务、学务等方面略加尝试，即因战事破坏而被迫中断，最终未能全面深入展开。赵尔巽莅任之后，致力于重建社会秩序的同时，即首先从裁撤重叠机构、统一行政管理权入手，尝试彻底改革地方行政体系。在他的积极推动下，盛京地方政治、经济、文化教育、财政、警务等各个方面的早期现代化改革得以启动并全面展开,并取得了长足进步。

各项新政举措的推出,顺应了历史发展的潮流,推动了奉天各项事业的早期现代化转型,为清末东北新政改革的全面铺开,开辟了一个良好局面并奠定了坚实的基础。其各项治绩,有目共睹。由王树枏等主纂的《奉天通志》对此间赵尔巽的评价颇为中肯:

　　　　　莅奉期年,励精图治,百废俱举。①

此短短十二字,高度概括了赵氏留守陪都期间的执政状态并肯定了各项改革整顿之成绩。以后见之明看来,赵尔巽改革整顿的影响颇为深远,大概亦非"百废俱举"四字所能完全概括,约略言之:

其一,拉开了清末东北新政改革的序幕,并为全面改制奠定基础。赵尔巽提出盛京行部计划,调整陪都多元行政体管理架构,推行近代警察制度,引进与推广先进生产技术并利用竞争的刺激作用以及招徕投资等手段推动经济发展,推广新式学堂、倡导出洋留学,整顿财政、简化税收等举措,多取得了显著成就,开通了社会风气。作为全面改制前的局部试验,各项举措在推动地方各政发展进步的同时,开启了其近代转型的历程,既是清末东北新政的准备与发轫之举,又为继起的全面改制奠定了基础,拉开了清末东北新政的序幕。

其二,维护了东北边疆安全。在赵尔巽所推行的各项改革整顿举措中,维护国家主权的民族大义无不寓于其中。特殊的地缘政治格局,使得各项施政始终围绕着抵制强邻侵蚀的核心诉求展开。对财政金融秩序的整顿、对蒙荒的大规模丈放、对地方行政区划的整合、对盐务的整理、对近代警政的推广以及对社会秩序的重建等,无不始终蕴含着抵制侵略、维护主权的深远用意。

其三,进一步坚定了清政府东北改制的决心。前已言及,日俄战争爆发后,清廷决定战后改革其"龙兴之地"。日俄两国通过战争暂时调整了在东北的利益冲突,战争过后依然虎视眈眈,觊觎更多的侵略权益,对地方行政动辄染指,以致日俄战争后的东北地方,"无内政不与外交有密切之关系"。② 从

　　① 　王树枏、吴廷燮、金毓黻等:《奉天通志》卷141,1934年铅印本,第49页。
　　② 　徐世昌:《经营东三省说贴》,《退耕堂政书》卷33,天津徐氏退耕堂刻本1914年版,中国书店1984年重印本,第3页。

这个角度说,赵尔巽在奉天的改革整顿,既是东北全面改制前的局部试验,也是对列强,尤其是日俄两国态度的一种试探。

或曰赵氏改革举措的主体部分仍与内地省份的新政大同小异,诚然,就具体内容而言,无非整顿各政,推动地方各业发展,很多举措的确与内地省份并无二致,大体上可以作为清季各省新政改革的一个缩影。所处地位与时代局限,决定了其改革终究无法摆脱清末新政的总体框架。然而,若将这些工作放在日俄战争后奉天地方特殊的内外形势之下,结合日俄战争善后的大背景来考察,那么其各项改革又呈现另一番景象。奉天地处东北一隅,不同于一般内地省份,特殊的主观诉求、陪都所在的特殊身份,加之强邻虎视、列强垂涎的地缘政治局势,使得清廷在东北的改革与其他地方的新政不尽相同。既有与内地省份相类似的、普遍化的早期现代化改革,又有调整陪都地方旗民权力架构、加强东北边防的种种特别举措。抛开具体手段,所不同者,尚主要有三:

其一,使命不同。这是由战争善后任务与特殊的地方局势决定的。除了与内地省份相同的早期现代化改革任务之外,东北势处两强虎视之下的特殊地缘政治格局与清政府的日俄战争善后目标,决定了其各项举措肩负着与内地新政不尽相同的历史使命,兼具日俄战争善后与抵御强邻侵略的双重用意。这些举措,在消除战争影响与推动地方发展的同时,往往还具有维护国家主权的主观诉求。除此之外,赵尔巽的改革,还肩负着推动清季地方行政改革的重任。这一任务主要体现在对盛京地方特殊行政体制的整顿处理上,赵尔巽对盛京五部与奉天府尹的裁撤、设立盛京行部主张的提出,不仅是要改革陪都体制,而且从实际上拉开了清王朝对其"龙兴之地"的管理由军府制向行省体制转变的序幕。从这个角度说,赵尔巽在奉天的行政改革,既是东三省改制前的局部尝试与发轫之举,又是东北三个将军辖区由军府改制行省之津梁。换言之,日俄战争后赵尔巽的改革,为东三省改制暨徐世昌任内的新政改革奠定了坚实基础。

其二,基础与难度不同。清廷对东北地方的封禁政策与特殊管理体制、盛京陪都所在的尊崇身份暨多重管理机构以及由此造成的种种积弊,加之屡次兵燹的破坏,致使奉天地方推行新政改革的基础多较内地省份大为薄弱,内政不修、外交棘手,内忧外患交错并存、内外各政纠缠不清,改革整顿尤难。从内政看,政治腐败、经济凋敝、财政枯竭,且人才匮乏,胡匪大行其道,社会动荡不安,诚可谓百废待举。要推行新政,其难度已非其他省份可比。此外,尚有外交上之种种阻碍。日本战胜而骄,觊觎更多的侵略权益,对奉天地方事务在在染指,百般牵掣,致使各项举措不无投鼠之忌。赵尔巽曾有言曰:"奉命莅东,在战事未停之际。嗣虽两国议和,而撤兵之期较远,辽东全境均在日人肘腋之下。军政官事事牵掣,几于无从措手。"①要进行改革整顿,其难度绝非内地省份可比,各项成绩之取得,尤属难能可贵。惟其如此,直隶总督袁世凯对赵尔巽留守陪都期间的治绩赞赏有加:

> 我公莅奉年余,从容整理。于吏治、营务、外交、财政诸端,百废具举,顿易旧观。闳识毅力,在疆吏中独为其难。②

揆诸赵尔巽留守陪都三年间之作为及其成绩,可见其评价并非过誉。尤其是"在疆吏中独为其难"一语,的确是赵尔巽艰难处境的真实写照。正所谓:"以积弱难为之地,为两雄争胜之场。若束手待时,则振兴无日;若任情施设,则牵掣横生。"③于内外交困之中改革整顿地方,各项要政不能不办而又不能放手办理,赵尔巽时刻面临着两难的抉择。

其三,主观诉求不尽相同。东北新政改革与日俄战争地方善后同期展开。东北特殊的地缘政治格局使得该地的内政、外交局势与内地多有不同,战争过后开始的改革整顿,固然是推行新政的具体手段,但是与日俄战争破坏同样密不可分,也是清政府的战争善后举措。新政与善后,各项举措其实互为表里。以往谈及东北新政,只是单纯地讲改革本身,而忽视了另一个重要的方面,即日俄战争善后的大背景及其主观诉求。事实上,很多改革举措,既是新政的重要内容,也是战争善后的客观需要。在日俄两强虎视之下,内外各政,既要推动地方发展,又要抵御强邻侵略。改革手段虽与内地大同小异,但主观诉求却不尽相同,这也是东北新政与内地改革的一个重要区别所在。

---

① 赵尔巽全宗档案,第134卷(《赵尔巽盛宣怀端方吕海寰岑春煊等人为筹议日俄战争对策日俄议和善后事宜之奏折稿》),缩微号:0024,中国第一历史档案馆藏。

② 赵尔巽全宗档案,第135卷(《盛京将军赵尔巽等关于日俄战争议和交涉撤军等事宜及东三省善后筹办各业之信札文件》),缩微号:0024—0025,中国第一历史档案馆藏。

③ 赵尔巽全宗档案,第178卷(《赵尔巽提学使司张鹤龄等关于废科举兴学堂筹经费选官员改察学务等事之札禀电函》),缩微号:0029,中国第一历史档案馆藏。

二、赵尔巽与清政府日俄战争善后

作为战后留守陪都的最高军政长官,赵尔巽同时也是清政府日俄战争善后的地方主持者,从战争善后的筹议、准备到地方善后的具体实施,始终参与其间。其相关活动,基本上涵盖了清政府日俄战争善后事务的各个阶段与各个方面。善后筹议阶段,赵尔巽提出了颇为全面的战争善后方案,既有对战争遗留问题的处理,又包含对战后地方的改革整顿,是一项将战争善后与地方改革有机整合的通盘整改计划,不失为日俄战后改革、建设东北地方切实可行的施政纲领。留守陪都期间,各项善后内政——对灾民的救济①、行政系统的改革、财政金融的整顿、经济的发展、行政区划的整合、盐务的清理、近代警政的振兴以及社会秩序的重建等举措——除了给予战争难民以有效救助、恢复战后地方社会秩序之外,也推动了地方多项事业的近代转型与长足发展,对于维护国家主权、抵制列强的侵略大有裨益。

正所谓“战在日俄而害在中国”,无论结果如何,日俄战争对中国而言均是一场不折不扣的灾难,无辜的第三方要承受二者战争与和平的双重破坏:兵燹所及,创巨痛深;战争后果,贻害无穷。然而,作为既定的受害者,

---

①　赵尔巽对灾民的赈抚,是在其前任原有工作基础上,根据不同情况,利用直接赈济、以工代赈、接济生产资料、减免行政收费等多种手段继续大力推行善后赈抚工作,帮助灾民恢复生活生产。日俄战争爆发后,盛京将军增祺会同奉天府尹廷杰设立筹济、平籴等局,与善后局一道负责全省战争灾民的赈抚事宜。赵尔巽到任后,为节约开支,将原设之筹济、善后两局事务归并于新设之奉天财政局统一经理。选派干员至灾区查明被灾轻重情形,“或设粥厂,或散粮米,或放棉衣,会同地方官分别妥办”。因战事所毁民房,酌量给予资金,使其得以修葺。《东三省政略》记:“三十一年,将军赵尔巽特筹常年款三万两开设四关粥厂,散给贫民。三十二年,议设男女小学堂,招生两班,并收养残废病民入栖流所。”(徐世昌等编纂,李澍田等点校:《东三省政略》,吉林文史出版社1989年版,第918页)与直接赈抚并行的,尚有间接赈济:“择难民中之少壮堪供工作者,拨往修路及各项建造工程,酌给工资,以工代赈。”春间青黄不接之际,酌给籽种耕牛,帮助农户恢复生产(赵尔巽:《奏为敬陈奉省筹办赈抚情形事》[光绪三十一年九月二十六日],宫中硃批奏折,04－01－02－0100－042,中国第一历史档案馆藏)。对于一些受战争破坏严重的地区,如北部之昌图、海龙一带,在蠲免应缴钱粮的同时加大赈抚力度:于城关地面设立粥厂十余处,委员监视熬粥施食。光绪三十二年(1906)三月,赵尔巽奏准将奉天光绪三十一年(1905)应完地租以及光绪三十年(1904)以前民欠地租完全蠲免,同时将受灾严重的昌图等处当年地租酌量蠲缓。多样化的赈济手段,最大限度地保证了对不同阶层、受灾程度不同灾民的赈济,有效地缓解了战争对奉天地方的破坏,有利于社会的稳定与发展。

中国既无从阻止战争的爆发,又无力调停二者之争而促使战事早日结束。于是,在别无选择的情况下,清政府除了被迫执行"局外中立"政策,划定奉天辽河以东为交战区供二者厮杀之外,而只能期盼战事早定,寄希望于通过战争善后收回主权。然而,通过战争与和谈,两国只是暂时完成了对侵略权益的瓜分,依然觊觎更多的未得利益。换言之,战争过后,东北边疆依然面临着严峻的外部形势。因此,清政府通过战争善后捍卫主权的主观诉求加之列强虎视之下的东北亚国际关系格局,使得此次战争善后在赈济难民与处理战争遗留问题、消除战争后果之余,还被赋予了另一项重要使命——抵制日俄侵略。

其实,东北新政的推行,显然也具此深意。战争乃因日俄争夺东北与朝鲜而起,两国通过战争完成了对侵略权益的暂时瓜分,依然对中国东北垂涎三尺,觊觎更多的未得利益。与日俄等国的外交接触固然是处理战争善后不可避免一项的重要工作,但是,对于日俄战后的奉天而言,对内政的改革整顿无疑更为重要。日俄之战凸显了东北边防的重要作用,清廷决定亡羊补牢,改革其丰沛故地以更好巩固东北边疆。战后如何发展地方、充实边疆,不仅是外交工作的基础,更是巩固东北边防,立足于长远抵制日俄侵略的重要手段。战争善后内政改革整顿暨新政举措,有力地推动了地方各业的发展转型,对于充实边疆、增强抵御侵略能力的积极意义,毋庸置疑。

就善后外交而言,赵尔巽主持下的清政府奉天地方当局,对于维护主权可谓尽心竭力。面对日本等国家提出的各项侵略要求,均能以理相抗,据理力争。对于其恃强施压的伎俩,相关事务参与者针锋相对,竭尽全力交涉,以期最大限度地维护和挽回国家主权。种种交涉,在一定程度上抵制了日本等强邻对中国权益的侵蚀,尽管未能从根本上扭转外交的不利局面,但考虑到当时的综合国力对比情况,相对于善后外交的总体失败而言,仍尤为难能可贵。总体言之,善后外交仍与清政府的主观目标相去甚远。其主要原因,在于清政府综合国力的绝对弱势,非相关事务参与者用心不专或力有未逮。诚如时人所言,"此事自关国力,非可以空言抵制"。①

———————

① 锡良档案,甲 374—174 号,中国社会科学院近代史研究所档案馆藏。

三、赵尔巽与日俄战争后的奉天
——兼论善后与新政关系

　　事实证明，日俄战争后清廷以赵尔巽留守陪都，堪称得人。不论是战争善后还是新政改革，赵氏皆可谓尽心竭力，不辱使命。锡良代徐世昌主政东北后，有御史对比此前赵、徐二人之政绩，曰："东三省未改官制以前，尚能自给。赵尔巽在任年余，事无不举。濒行时库中尚有存储，外交虽棘手而竭力磋磨，未尝轻损利权。自徐世昌到任后，虽曰认真整顿，而外交着着失败，巨款虚糜，亏累日深。各新政未尝稍见效果，不得谓非徐之咎也。"①后世学人对于此间赵氏的治绩，同样持肯定态度，称赵尔巽"整顿吏治、财税，不遗余力。虽不无操切之处，但颇负人望"。② 另一方面，从社会发展的视角来看，上述举措在迅速医治战争创伤、抵御侵略的同时，有力地推动了奉天地方乃至东北的近代转型，为继起的全面改制开辟了一个良好局面并奠定了坚实基础。赵尔巽去世后，其继任者徐世昌的挽联"雄边旧事念萧规"一语，所言不外此意。③ 徐氏此言固有特定的背景，然而揆诸其督东期间主要改革与此前赵尔巽之改革主张与施政举措，可见其评价绝非溢美之言。而继徐世昌出任东三省总督的锡良，对于日俄战争后赵尔巽对地方改革整顿的开创之功，同样念念不忘：

　　……巡警系赵次帅所创办，……奉省之有学堂，始于赵将军。自张小圃为提学司之后，极力提倡，至于今日，已大有可观。……自赵将军督东，乃改革税制，从前中饱之弊因之一清，虽不能滴滴归公，扫清积习，然公家之入则因之而大增。徐帅督东，仍行前制，无所更革。④

锡良此言，足为徐氏挽赵联语之旁证。

　　民国年间，有署名"警民"者曾比较先后留守陪都的赵尔巽与徐世昌，有谓：

---

①　《御史参徐之严厉（北京）》，《申报》宣统元年四月十四日第一张第三版，紧要新闻。
②　赵中孚：《辛亥革命前后的东三省》，《中研院近代史研究所集刊》第 11 期（1982 年），第129 页。
③　《无补老人哀挽录》，民国年间铅印本，第 39 页。
④　锡良档案，甲 374－174 号，中国社会科学院近代史研究所档案馆藏。

　　……尔巽又世昌东三省之前官,皆以开通关东风气自命。然尔巽
降尊纡贵,屏除仪文,尚略具维新之精神;世昌则仅得形式矣。[①]

　　两国之争凸显了东北局势的危急,边疆危机陡然加剧。战争过后,亡
羊补牢,消除战争影响,是清政府战争善后的直接诉求。其终极目标,无疑
在于巩固边疆,维护主权。不论是对战争难民的赈济,还是对战后生产生
活秩序的恢复,抑或是处理战争遗留问题以及与日本的交涉,事实上都是
在努力消除战争影响,维护国家主权。与此同时,本已弊端丛生的东北地
方各项行政又屡遭兵燹破坏,愈加窳败不堪。要有效保护"龙兴之地"、巩
固边疆,必须大力改革整顿,推动地方发展。由此,消除积弊、改革地方,自
然成为清政府在东北新政改革的主观诉求。其终极目标与战争善后一致,
皆在巩固边围,抵制侵略。而且很多善后举措与改革手段如出一辙,既是
善后需要,也是改革措施,兼具善后与新政双重身份与双重功用,二者并无
明显分野。由此,不论是具体手段还是终极目标,清政府的日俄战争善后
与东北新政改革不可避免地出现了交集。而清政府亦有意"毕其功于一
役",即在推行战争善后的同时,开始对丰沛故地的改革整顿。

　　在赵尔巽的主持下,奉天地方将战争善后内政举措与新政改革有机整
合,很好地适应了日俄战争后奉天地方的内外形势,满足了清末新政大背
景之下战争善后与地方新政的双重要求。很多举措,既是恢复地方各项行政的
客观要求,也是消除积弊、改革地方的重要手段。日俄战争地方善后与新政
改革形成了良性互动,各项内外举措相得益彰。其间关系,具体言之:

　　其一,善后与新政两项施政显然均与日俄战争有关,即战事本身及其
结果导致的边疆危机的加剧。战争善后总体上是对战争遗留问题的处理,
与战事本身及其结果的关系自毋庸赘言。就新政改革而言,日俄战争则可
以说是促使清廷改革东北的重要因素。两国的战争及其对中国东北的掠
夺暨对侵略权益的交易,凸显并进一步加剧了东北边疆危机,促使清王朝
决心进行全面改革,以更好地保卫其"龙兴之地",巩固东北边防。职是之
故,清廷在东北的新政改革与日俄战争善后基本上同期展开。

　　其二,两项施政的终极目标一致,统一于巩固东北边防,维护清王朝统

---

　　① 警民:《徐世昌》,沈云龙:《近代中国史料丛刊》第一编第 4 辑,台湾文海出版社 1967 年
版,第 110 页。

治。新政改革的主观诉求自不必多言,就战争善后而言,列强虎视之下特殊的地缘政治格局以及日俄两国对中国权益的掠夺与瓜分,使得发展地方,以巩固东北边防、抵制列强侵略,自然成为此次战争善后的一项主要目标,与新政改革无异。作为此次战争善后的主体,清政府并未参与战争,但是作为日俄双方的一个争夺目标暨战场所在,却成为战争的最大受害者,被迫承受着两个强邻战争的破坏与对自己权益的瓜分。无论是兵燹的直接破坏还是谈判桌上的权益转移,对中国而言,无疑都是不折不扣的无妄之灾。正因为如此,此次清政府的战争善后,除了一般战争善后的主观诉求之外,还有一个更为重要的目标,即巩固边防,抵制列强侵略。

其三,新政改革是战争善后的重要手段与核心内容。由于奉天陪都所在的特殊身份,地方各政积弊甚深。本已不尽如意,而又屡经战争破坏,特别是日俄战争之后,地方各政窳败已极。加之清末新政大背景的影响,战争过后,要恢复地方各项秩序、消除战争影响,则战争善后的目标已不可能是恢复到战前的水平,而是寓战争善后于新政改革之中。以改革整顿来结束地方战争状态,恢复生产生活秩序,推动地方发展。因此,新政改革,既是战争善后的重要手段,也是战争善后的核心内容。

其四,战争善后为新政改革提供了良好的社会环境与前提保障。战争善后对地方各项行政以及生产生活秩序的恢复,尤其是行政秩序以及社会治安,为新政改革提供了一个相对稳定的社会环境。而同时期的对外交涉,在一定程度上抵制了日本的侵略,阻止了对于奉天地方行政的干扰,为改革整顿提供了一个相对良好的外部环境。总体说来,战争善后各项举措在迅速医治战争创伤的同时,有力地推动了东北地方的发展,既为同时期的新政改革提供了稳定的内外环境,又为继起的行省改制开创了一个良好局面并奠定了坚实基础,进一步坚定了清廷东北改制的决心。

总的说,尽管赵尔巽汲汲于消除战争影响,推行新政改革,然而,不无遗憾的是,囿于种种内外因素、历史积弊与现实条件,终未能——事实上也不可能——完全实现其留守陪都之初衷。聊以欣慰的是,赵氏的种种努力,对于迅速消除战争影响,推动日俄战争后的奉天发展及其近代转型毕竟还是起到了巨大的作用,而且为继任者的进一步改革,奠定了基础。于清政府的日俄战争善后以及战后奉天乃至东北的近代转型,诚可谓功不可没。

主要参考文献

一、未刊档案文献

宫中硃批奏折,光绪朝,中国第一历史档案馆藏。

军机处电报档,光绪宣统朝,中国第一历史档案馆藏。

军机处录副奏折,光绪宣统朝,中国第一历史档案馆藏。

军督部堂档(赵尔巽任内),辽宁省档案馆藏。

锡良档案(东三省总督任内),中国社会科学院近代史研究所档案馆藏。

外务部全宗档案,台湾中研院近代史研究所档案馆藏。

赵尔巽全宗档案(盛京将军任内),中国第一历史档案馆藏。

二、其他文献资料

〔澳〕骆惠敏:《清末民初政情内幕——〈泰晤士报〉驻北京记者、袁世凯政治顾问
    乔·厄·莫理循书信集》上卷(1895—1912),刘桂梁等译,严四光等校,知识出版
    社1986年版。

《东三省善后总案》,清末抄本,国家图书馆古籍馆藏。

《奉天交涉案牍》,清末抄本,国家图书馆古籍馆藏。

〔美〕包华德:《民国名人传记辞典》第二分册,沈自敏译,中华书局1980年版。

〔美〕勃德:《中国近代名人图鉴》,张睿译,台湾天一出版社1977年版。

〔英〕杜格尔德·克里斯蒂著,伊泽·英格利斯编:《奉天三十年(1883—1913)——
    杜格尔德·克里斯蒂的经历与回忆》,张士尊、信丹娜译,湖北人民出版社2007
    年版。

《钦定原任山东商河县署理阳谷县知县文公忠义传》,清国史馆光绪年间抄本,国家
    图书馆古籍馆藏。

《清实录》(光绪朝),中华书局1987年影印版。

《无补老人哀挽录》,民国年间铅印本,国家图书馆古籍馆藏。

《赵尔巽等文札》,清光绪年间铅印本,国家图书馆古籍馆藏。

《赵氏族谱》,1910年刻本,国家图书馆古籍馆藏。

北京大学法律系国际法教研室:《中外旧约章汇编》第二册,生活·读书·新知三联书店1959年版。

北京市档案馆:《那桐日记》,新华出版社2006年版。

北平故宫博物院:《清光绪朝中日交涉史料》,北平故宫博物院1932年版。

步平、郭蕴深、张宗海、黄定天:《东北国际约章汇释(1689—1919年)》,黑龙江人民出版社1987年版。

大陆杂志社:《中国近代学人象传》,文海出版社1985年影印本。

端方:《端忠敏公奏稿》,民国年间铅印本。

高文、王水主编,政协辽宁省文史资料委员会:《辽宁文史人物录》,辽宁人民出版社1993年版。

郭廷以:《近代中国史事日志》,中华书局1987年版。

国家图书馆善本部:《赵凤昌藏札》,国家图书馆出版社2009年版。

故宫文献编辑委员会:《宫中档光绪朝奏折》,台北"故宫博物院"1973年版。

故宫文献编辑委员会:《袁世凯奏折专辑》,台北"故宫博物院"1970年版。

故宫博物院明清档案部:《清末筹备预备立宪档案史料》(全二册),中华书局1979年版。

胡玉海、里蓉:《奉系军阀大事记》,辽宁人民出版社2004年版。

嵇璜等:《皇朝文献通考》,鸿宝书局1902年石印本。

孔庆泰:《1921年前中国已开商埠》,《历史档案》1984年第2期。

昆冈等:《钦定大清会典》,商务印书馆1911年石印本。

昆冈等:《钦定大清会典事例》,商务印书馆1911年石印本。

李春光:《清代名人轶事辑览》,中国社会科学出版社2004年版。

李澍田主编,张文喜等整理:《蒙荒案卷》,吉林文史出版社1990年版。

辽宁省档案馆:《日俄战争档案史料》,辽宁古籍出版社1995年版。

辽阳市政协文史资料研究委员会:《辽阳文史资料》第1辑,1985年版。

林乾:《清代衙门图说》,中华书局2006年版。

刘瑞霖拟订,孙凤翔、赵崇荫辑:《东三省交涉辑要》,1910年铅印本。

刘寿林、万仁元、王玉文、孔庆泰:《民国职官年表》,中华书局1995年版。

骆宝善、刘路生:《袁世凯全集》,河南大学出版社2013年版。

明志阁:《满洲实业案》,游艺社1908年版。

钱公来:《辽海小记》,1947年版。

钱实甫:《清代职官年表》,中华书局1980年版。

秦国经:《中国第一历史档案馆藏清代官员履历档案全编》,华东师范大学出版社

　　1997 年版。

沈云龙:《近代中国史料丛刊》,台湾文海出版社 1966 年版。

苏振申:《中日关系史事年表》,台湾华岗出版有限公司 1977 年版。

孙学雷、刘家平:《国家图书馆藏清代孤本外交档案》,全国图书馆文献缩微复制中
　　心 2003 年版。

王民信:《中国历代名人年谱汇编》,台湾广文书局 1971 年版。

王彦威纂辑,王亮编,王敬立校:《清季外交史料》,书目文献出版社 1987 年影印版。

文安:《晚清述闻》,中国文史出版社 2004 年版。

沃邱仲子(费行简):《现代名人小传》,中国书店(据崇文书局 1918 年版影印)1998
　　年版。

吴廷燮:《东三省沿革表》,台湾文海出版社 1965 年版。

吴相湘:《民国政治人物》,台湾传记文学出版社 1970 年版。

惜秋:《民初风云人物》,台湾三民书局 1976 年版。

谢小华:《日俄战争后东三省考察史料(上)》,《历史档案》2008 年第 3 期。

谢小华:《日俄战争后东三省考察史料(下)》,《历史档案》2008 年第 4 期。

熊希龄:《熊希龄先生遗稿》,上海书店出版社 1998 年版。

徐珂:《清稗类钞》,中华书局 1984 年版。

徐世昌:《东省筹办重要事宜分类简明说略》,民国年间铅印本。

徐世昌:《退耕堂政书》,天津徐氏退耕堂刻本 1914 年版,中国书店 1984 年重印。

徐世昌等编纂,李澍田等点校:《东三省政略》,吉林文史出版社 1989 年版。

徐曦:《东三省纪略》,商务印书馆 1916 年版。

徐一士:《一士谭荟》,中华书局 2007 年版。

虞和平:《近代史所藏清代名人稿本抄本(第二辑)》,大象出版社 2014 年版。

恽毓鼎著,史晓风整理:《恽毓鼎澄斋日记》,浙江古籍出版社 2004 年版。

中国边疆史地研究中心、辽宁省档案馆:《东北边疆档案选辑:清代民国》,广西师范
　　大学出版社 2007 年版。

中国第一历史档案馆:《光绪朝硃批奏折》,中华书局 1995 年版。

中国第一历史档案馆:《光绪宣统两朝上谕档》,广西师范大学出版社 1996 年版。

中国第一历史档案馆:《清代军机处电报档汇编》,中国人民大学出版社 2005 年版。

中国科学院历史研究所第三所:《锡良遗稿·奏稿》,中华书局 1959 年版。

中国人民银行总行参事室金融史料组:《中国近代货币史资料》,中华书局 1964
　　年版。

中国人民政治协商会议辽宁省暨沈阳市委员会文史资料研究委员会:《文史资料选

辑》第 5 辑,辽宁人民出版社 1965 年版。

荣孟源、章伯锋、顾亚:《近代稗海》,四川人民出版社 1985—1989 年版。

张海鹏:《中国近代史稿地图集》,中国地图出版社 1987 年版。

张謇著,张謇研究中心、南通市图书馆编:《张謇全集》,江苏古籍出版社 1994 年版。

张之杰主编,环华百科全书编辑委员会编辑:《环华百科全书》,台湾环华出版事业
　　股份有限公司 1982 年版。

郑孝胥著,中国历史博物馆编,劳祖德整理:《郑孝胥日记》,中华书局 1993 年版。

周秋光:《熊希龄集》,湖南出版社 1996 年版。

朱寰、王恒伟:《中国对外条约辞典(1689—1949)》,吉林教育出版社 1994 年版。

朱寿朋编,张静庐等点校:《光绪朝东华录》,中华书局 1958 年版。

朱有瓛:《中国近代学制史料》,华东师范大学出版社 1987 年版。

『日本外交文書』第 37 巻・第 38 巻別冊日露戦争,日本国際連合協会,
　　1958—1960。

The South Manchuria Railway , *Report on Progress in Manchuria* 1907—1928,
　　Darien,1929.

三、报刊

《大公报》

《大陆报》

《东方杂志》

《近代史资料》

《满洲日报》

《盛京时报》

《时报》

《顺天时报》

《台湾日日新报》

国家图书馆分馆:《(清末)时事采新汇选》,北京图书馆出版社 2003 年版。

商务印书馆编译所:《日俄战纪》,商务印书馆 1906 年版。

《中华报》

四、地方志

陈荫尧等修,宋作宾等纂:《海城县志》,1937 年版。

陈艺修,蒋益龄等纂:《铁岭县志》,1917 年版。

大连市史志办公室：《大连市志·水产志》，大连出版社 2004 年版。

丹东市地方志办公室：《丹东市志(1)》，辽宁科学技术出版社 1993 年版。

法库县志编纂委员会：《法库县志》，沈阳出版社 1990 年版。

高乃济等修，夏祥祺等纂：《岫岩县志》，1928 年版。

黄世芳等修，陈德懿等纂：《铁岭县志》，1931 年版。

李毅修，王毓琪纂：《开原县志》，1929 年版。

辽阳市志编纂委员会办公室：《辽阳市志(1)》，辽宁人民出版社 1993 年版。

辽宁省地方志编纂委员会办公室：《辽宁省志·大事记》，辽海出版社 2006 年版。

辽宁省地方志编纂委员会办公室：《辽宁省志·民政志》，辽宁科学技术出版社 1996
　　年版。

廷瑞修，孙绍宗等纂：《海城县志》，1924 年版。

翟文选、臧式毅修，王树柟、吴廷燮等纂：《奉天通志》，1934 年铅印本。

营口市史志办公室：《营口市志(修订本)》，中国社会科学出版社 2004 年版。

营口县公署：《(民国十九年)营口县志》，辽宁民族出版社 1999 年影印版。

章启槐修，赵家翰等纂：《开原县志》，1917 年版。

赵恭寅修，曾有翼等纂：《沈阳县志》，1917 年版。

五、研究著作

〔美〕吉尔伯·罗兹曼等：《中国的现代化》，比较现代化课题组译，江苏人民出版社
　　1995 年版。

〔美〕马士：《中华帝国对外关系史》，张汇文等译，上海书店出版社 2000 年版。

〔日〕实藤惠秀：《中国人留学日本史》，谭汝谦、林启彦译，生活·读书·新知三联书
　　店 1983 年版。

常城：《东北近现代史纲》，东北师范大学出版社 1987 年版。

陈本善：《日本侵略中国东北史》，吉林大学出版社 1989 年版。

陈功甫：《日俄战争史》，商务印书馆 1934 年版。

陈觉：《日本侵略东北史》，上海：商务印书馆 1933 年版。

陈清泉等：《中国史学家评传》，中州古籍出版社 1985 年版。

陈旭麓：《近代中国社会的新陈代谢》，上海人民出版社 1992 年版。

崔丕：《近代东北亚国际关系史研究》，东北师范大学出版社 1992 年版。

丁海斌、时义：《清代陪都盛京研究》，中国社会科学出版社 2007 年版。

定宜庄：《清代八旗驻防研究》，辽宁民族出版社 2003 年版。

董守义：《清代留学运动史》，辽宁人民出版社 1985 年版。

方乐天:《东北国际外交》,商务印书馆 1933 年版。

冯尔康:《清代人物传记史料研究》,天津教育出版社 2005 年版。

高旺:《晚清中国的政治转型:以清末宪政改革为中心》,中国社会科学出版社 2003 年版。

关晓红:《从幕府到职官:清季外官制的转型与困扰》,生活·读书·新知三联书店 2014 年版。

侯宜杰:《二十世纪中国政治改革风潮——清末立宪运动史》,中国人民大学出版社 2011 年版。

黄定天:《东北亚国际关系史》,黑龙江教育出版社 1999 年版。

黄文焯:《中日俄竞争下之东北铁道网》,南京书店 1932 年版。

贾小叶:《晚清大变局中督抚的历史角色——以中东部若干督抚为中心的研究》,上海书店出版社 2008 年版。

贾逸君:《民国名人传》,岳麓书社 1993 年版。

金毓黻:《东北通史》上册,重庆五十年代出版社 1943 年版。

孔经纬:《清代东北地区经济史》,黑龙江人民出版社 1990 年版。

李华兴、张元隆、李海生:《索我理想之中华:中国近代国家观念的形成与发展》,安徽教育出版社 2005 年版。

李洪锡:《日本驻中国东北地区领事馆警察机构研究:以对东北地区朝鲜民族统治为中心》,延边大学出版社 2008 年版。

李文海:《世纪之交的晚清社会》,人民大学出版社 1996 年版。

李喜平:《辽宁教育史》,辽海出版社 1998 年版。

李细珠:《地方督抚与清末新政——晚清权力格局再研究》,社会科学文献出版社 2018 年增订版。

李细珠:《张之洞与清末新政研究》,中国社会科学出版社 2015 年增订版。

李澍田主编,宋抵、王秀华、潘景隆等整理:《清代东北参务·清代吉林盐政》,吉林文史出版社 1991 年版。

李治亭:《东北通史》,中州古籍出版社 2003 年版。

刘厚生:《张謇传记》,上海书店 1985 年版。

刘志超、关捷:《争夺与国难:甲辰日俄战争》,辽海出版社 1999 年版。

刘增合:《鸦片税收与清末新政》,生活·读书·新知三联书店 2005 年版。

刘子清:《中国历代人物评传》,黎明文化事业公司 1976 年版。

刘子扬:《清代地方官制考》,紫禁城出版社 1988 年版。

卢明辉:《清代蒙古史》,天津古籍出版社 1990 年版。

马汝珩、马大正:《清代边疆开发研究》,中国社会科学出版社 1990 年版。

马汝珩、马大正:《清代的边疆政策》,中国社会科学出版社 1994 年版。

马大正:《中国东北边疆研究》,中国社会科学出版社 2003 年版。

孟庆超:《中国警察近代化研究——以法文化为视角》,中国人民公安大学出版社
　2006 年版。

穆景元、毛敏修、白俊山:《日俄战争史》,辽宁大学出版社 1993 年版。

清史编委会:《清代人物传稿》,辽宁人民出版社 1993 年版。

瞿同祖:《清代地方政府》,范忠信等译,法律出版社 2003 年版。

曲晓范:《近代东北城市的历史变迁》,东北师范大学出版社 2001 年版。

沈予:《日本大陆政策史(1868—1945)》,社会科学文献出版社 2005 年版。

宋志勇、田庆立:《日本近现代对华关系史》,世界知识出版社 2010 年版。

滕绍箴、滕瑶:《满族游牧经济》,经济管理出版社 2001 年版。

田志和、高乐才:《关东马贼》,吉林文史出版社 1992 年版。

佟冬:《沙俄与东北》,吉林文史出版社 1985 年版。

佟冬:《中国东北史》,吉林文史出版社 1998 年版。

汪向荣:《日本教习》,中国青年出版社 2000 年版。

王鸿宾、向南、孙孝恩:《东北教育通史》,辽宁教育出版社 1992 年版。

王刚:《清末中日关系研究:以日俄战争时期的中日交涉为中心》,知识产权出版社
　2016 年版。

王贵忠:《东北职业教育史——从远古到民国》,辽宁大学出版社 1999 年版。

王惠民:《近代东北通货之演变》,国立东北大学东北史地经济研究室 1942 年版。

王开玺:《晚清政治新论》,商务印书馆 2006 年版。

王魁喜、吴文衔等:《近代东北史》,黑龙江人民出版社 1984 年版。

王晓秋:《近代中日启示录》,北京出版社 1987 年版。

王芸生:《六十年来中国与日本》,生活·读书·新知三联书店 2005 年版。

乌廷玉等:《清代满洲土地制度研究》,吉林文史出版社 1992 年版。

谢俊美:《政治制度与近代中国》,上海人民出版社 1995 年版。

熊大桐:《中国林业科学技术史》,中国林业出版社 1995 年版。

熊月之:《西制东渐:近代制度的嬗变》,长春出版社 2005 年版。

薛虹、李澍田:《中国东北通史》,吉林文史出版社 1991 年版。

杨余练、王革生、张玉兴等:《清代东北史》,辽宁教育出版社 1991 年版。

衣保中:《东北农业近代化研究》(长白丛书研究系列之三),吉林文史出版社 1990
　年版。

营口市史志办公室:《营口通史》第 1 卷,北方联合出版传媒(集团)股份有限公司万卷出版公司 2012 年版。

于春英、衣保中:《近代东北农业历史的变迁:1860—1945 年》,吉林大学出版社 2009 年版。

袁世凯原著,骆宝善评点:《骆宝善评点袁世凯函牍》,岳麓书社 2005 年版。

张德泽:《清代国家机关考略》,学苑出版社 2001 年版。

张光照等:《发展经济学——发展理论与中国经济发展》,西南财经大学出版社 1995 年版。

张革非、杨益茂、黄名长:《中国近代史料学稿》,中国人民大学出版社 1990 年版。

张海鹏:《追求集:近代中国历史进程的探索》,社会科学文献出版社 1998 版。

张士尊:《清代东北移民与社会变迁:1644—1911》,吉林人民出版社 2003 年版。

张伟、胡玉海:《沈阳三百年史》,辽宁大学出版社 2004 年版。

张志强:《近代辽宁城市史》,吉林大学出版社 2001 年版。

赵云田:《清末新政研究》,黑龙江教育出版社 2014 年版。

赵云田:《中国边疆民族管理机构沿革史》,中国社会科学出版社 1993 年版。

赵云田:《中国治边机构史》,中国藏学出版社 2002 年版。

中国社会科学院法学研究所:《中国警察制度简论》,群众出版社 1985 年版。

中国社会科学院近代史研究所:《沙俄侵华史》,中国社会科学出版社 2007 年版。

中国社会科学院近代史研究所编,张海鹏主编:《中国近代通史》,江苏人民出版社 2006 年版。

周秋光:《熊希龄传》,百花文艺出版社 2006 年版。

周振鹤主编,傅林祥、林涓、任玉雪、王卫东著:《中国行政区划通史·清代卷》,复旦大学出版社 2013 年版。

朱国宏、林尚立、张军:《中国社会变迁:反观与前瞻》,复旦大学出版社 2001 年版。

朱卫斌:《西奥多·罗斯福与中国:对华"门户开放"政策的困境》,天津古籍出版社 2005 年版。

朱英:《辛亥革命前期清政府的经济政策与改革措施》,华中师范大学出版社 2011 年版。

江夏由樹·中見立夫·西村成雄·山本有造編,『近代中國東北地域史研究の新視角』,東京:山川出版社,2005。

Meribeth E,Cameron, *The Reform Movement in China,1898—1912*, Stanford Calif. Stanford University Press,London, Oxford University Press, 1931.

Michael Houston Hunt, *Frontier Defense and the Open Door:Manchuria in Chi-*

nese-American Relations,1895—1911,New Haven and London,Yale University Press,1973.

Robert H. G. Lee,*The Manchurian Frontier in Ch'ing History*,Cambridge,Massaschusetts,Harvard University Press,1970.

Yoshiki Enatsu,*Banner Legacy: The Rise of the Fengtian Local Elite At the End of the Qing*,Ann Arbor,Michigan,Center for Chinese Studies,The University of Michigan,2004.

六、研究论文

陈向阳:《90 年代清末新政研究述评》,《近代史研究》1998 年第 1 期。

陈向阳:《晚清新政与社会的变迁》,《历史档案》1998 年第 3 期。

崔志海:《日俄战争时期的上海外交》,《史林》2005 年第 2 期。

戴一峰:《清末东北地区开埠设关及其关税制度》,《社会科学战线》1988 年第 2 期。

邓京力:《关于历史评价标准的反思》,《史学月刊》1999 年第 3 期。

伏传伟:《新朝与旧主的抉择——清史馆设置缘起与赵尔巽的就任》,《学术研究》2006 年第 5 期。

高月:《清末东北新政改革论——以赵尔巽主政东北时期的奉天财政改革为中心》,《中国边疆史地研究》2006 年第 4 期。

高月:《清末东北新政研究——近代中国民族国家构建视野下的疆域统合》,博士学位论文,中国社会科学院研究生院,2011 年。

郭建平、常江:《清末东三省官制改革及其影响》,《辽宁大学学报(哲学社会科学版)》1988 年第 4 期。

郭瑞:《沙俄"黄俄罗斯"计划始末》,硕士学位论文,吉林大学,2011 年。

郭艳波:《清末东北新政研究》,博士学位论文,吉林大学,2007 年。

关捷:《赵尔巽在辛亥革命时期的政治行为》,《满族研究》1992 年第 1 期。

何宇:《清末赵尔巽执政东北研究》,硕士学位论文,辽宁大学,2009 年。

黄晓通:《赵尔巽与清末东北学务变革》,《兰台世界》2011 年第 5 期。

金凤:《日俄战争时期中日关于东北矿产资源的交涉研究》,硕士学位论文,辽宁大学,2011 年。

康沛竹:《日俄战争后的清廷东北防务》,《近代史研究》1989 年第 3 期。

李皓:《浅析盛京将军赵尔巽的奉天警务改革》,《社会科学辑刊》2008 年第 6 期。

李皓:《赵尔巽与奉天新式教育的崛起》,《历史档案》2009 年第 2 期。

李皓:《盛京将军赵尔巽赴任准备述论》,《历史档案》2013 年第 1 期。

李皓：《赵尔巽籍贯与名号考辨》，《历史档案》2015 年第 1 期。

李节传：《有关〈奉天交地暂且章程〉史料的考证》，《天津师大学报》1983 年第 3 期。

李侃：《赵尔巽与辛亥革命前后的东北政局》，《历史档案》1991 年第 3 期。

李鹏年：《冯麟阁与东亚义勇军及其被收抚》，《历史档案》1984 年第 2 期。

李侠：《奉天官银号的建立与货币发行》，《江苏钱币》2005 年第 2 期。

李秀莲、杜伟：《清末徐世昌改革东北地方官制述评》，《北方论丛》1998 年第 3 期。

林璧属：《历史人物评价两难题》，《史学理论研究》1999 年第 2 期。

刘丽楣：《赵尔巽与东三省辛亥革命活动》，《历史档案》1986 年第 4 期。

刘文波：《盛京将军增祺既未离职亦未复任考》，《内蒙古师范大学学报（哲学社会科学版）》2007 年第 6 期。

刘真武：《三国干涉还辽与日俄战争爆发》，《世界历史》1983 年第 3 期。

卢仲维：《蔡锷在桂始末》，《广西师范大学学报（哲学社会科学版）》1998 年第 3 期。

罗志田：《科举制废除在乡村中的社会后果》，《中国社会科学》2006 年第 1 期。

罗志田：《清季科举制改革的社会影响》，《中国社会科学》1998 年第 4 期。

马鸿儒：《清末新政与教育改革述评》，《历史档案》1993 年第 4 期。

马平安：《北洋集团与清末东三省新政》，《中国边疆史地研究》2001 年第 4 期。

马永山：《日俄战争后东北地方官反对日本掠夺路矿利权的抗争》，《史学集刊》1998 年第 4 期。

彭法：《试论日俄战争时期中国普通民众的心态》，《兰州学刊》2007 年第 1 期。

曲晓范、周春英：《近代辽河航运业的衰落与沿岸早期城镇带的变迁》，《东北师大学报》1999 年第 4 期。

权赫秀：《日俄战争对近代中韩关系的影响》，《近代史研究》2005 年第 6 期。

任玉雪：《清代东北地方行政制度研究》，博士学位论文，复旦大学，2003 年。

孙昉：《试论日俄战争时期清政府的外交政策》，《烟台大学学报（哲学社会科学版）》2007 年第 2 期。

陶文钊：《日美在中国东北的争夺（1905—1910）》，《世界历史》1996 年第 1 期。

田承军：《赵尔巽家族与泰安》，《历史档案》2005 年第 2 期。

王笛：《清末新政与近代学堂的兴起》，《近代史研究》1987 年第 3 期。

王刚：《日俄战争时期的中日交涉研究》，博士学位论文，北京大学，2008 年。

王刚：《日俄战争期间中日两国围绕海上中立权的交涉》，《郑州大学学报（哲学社会科学版）》2008 年第 2 期。

王建中、贾诚先：《试论清末东北"新政"》，《学习与探索》1988 年第 1 期。

王金梅、董慧云、刘学：《日俄战争给东北人民带来的灾难》，《兰台世界》2004 年第

11 期。

王克强:《从赵尔巽档案看清末四川禁烟》,《清史研究》2003 年第 2 期。

王琦:《清末东北三省盐务机构述略》,《辽宁大学学报(哲学社会科学版)》2000 年第
　　2 期。

王述词:《清末东北农业教育的兴起》,《东北地方史研究》1987 年第 2 期。

王晓超:《赵氏家族:老照片记载百年沧桑》,《新华文摘》2002 年第 11 期。

吴廷嘉:《历史人物研究中的几个理论问题》,《安徽史学》1986 年第 3 期。

谢丰:《清末新政时期湖南官绅对书院改制政策的不同思考——以俞廉三、王先谦、
　　赵尔巽的教育改革活动为例》,《湖南大学学报(社会科学版)》2006 年第 6 期。

徐建平:《锡良东北经济改革方略述论》,《河北大学学报(哲学社会科学版)》2000 年
　　第 3 期。

闫冬:《日俄战争中日俄军队在中国东北的暴行研究》,硕士学位论文,东北师范大
　　学,2007 年。

杨国栋:《日俄战争期间清政府中立政策研究》,硕士学位论文,东北师范大学,
　　2005 年。

阳信生:《赵尔巽与湖南近代教育的发展》,《船山学刊》2005 年第 2 期。

阳信生:《赵尔巽与清末湖南新政》,《株洲师范高等专科学校学报》2006 年第 6 期。

杨勇玲:《赵尔巽与四川清末新政中的经济改革》,《商业文化(学术版)》2008 年第
　　12 期。

衣保中:《清末辽宁地区农业经济的近代化》,《辽宁师范大学学报(社会科学版)》
　　1988 年第 2 期。

衣保中:《论清末东北经济区的形成》,《长白学刊》2001 年第 5 期。

衣保中:《清代以来东北草原的开发及其生态环境代价》,《中国农史》2003 年第
　　4 期。

衣保中、吴祖鲲:《论东北农业近代化》,《社会科学战线》1997 年第 1 期。

余阳:《赵尔巽对清末奉天省财政的整顿》,《满族研究》1992 年第 4 期。

喻大华:《日俄战争期间清政府"中立"问题研究》,《文史哲》2005 年第 2 期。

张大伟:《熊希龄与赵尔巽关系述论》,《康定民族师范高等专科学校学报》2002 年第
　　12 期。

张华腾:《袁世凯对东北问题的关注与东三省改制》,《中国边疆史地研究》2010 年第
　　2 期。

张蕾蕾:《历史人物评价的多维视野》,《探索与争鸣》2004 年第 1 期。

张士尊:《清代盛京移民与二元行政管理体制的变迁》,《东北师大学报》2004 年第

4 期。

张士尊:《清末辽河航运与东北经济一体化的进程》,《学术交流》2008 年第 6 期。

张同侠:《日俄战争后清政府在满洲的外交政策及其失败》,《宜宾学院学报》2006 年
    第 5 期。

赵金金:《日俄战争中清政府的"局外中立"》,《牡丹江教育学院学报》2007 年第
    2 期。

赵维和:《清代盛京旗地研究》,《满族研究》1999 年第 1 期。

赵玉杰、谭美君:《清末新政时期的东北文化教育改革》,《学习与探索》2003 年第
    1 期。

赵云田:《清末边疆地区新政举要》,《中国边疆史地研究》1996 年第 4 期。

赵云田:《清末边疆新政研究述评》,《清史研究》2002 年第 3 期。

赵云田:《清末新政期间的"筹蒙改制"》,《民族研究》2002 年第 5 期。

赵云田:《清末新政期间东北边疆的军事改革》,《社会科学辑刊》2003 年第 4 期。

赵云田:《清末新政期间东北边疆的政治改革》,《中国边疆史地研究》2002 年第
    3 期。

赵中孚:《清代东三省的地权关系与封禁政策》,《中研院近代史研究所集刊》第 10
    期(1981 年)。

赵中孚:《清末东三省改制的背景》,《中研院近代史研究所集刊》第 5 期(1976 年)。

赵中孚:《近代东三省胡匪问题之探讨》,《中研院近代史研究所集刊》第 7 期(1978
    年)。

郑川水:《清代陪都盛京的建置及其影响》,《辽宁大学学报(哲学社会科学版)》2005
    年第 1 期。

郑芳、王芳:《试论日俄战争对清末政治的影响》,《北方论丛》1998 年第 6 期。

中国近代现代史论集编辑委员会:《清季立宪与改制》,台湾商务印书馆 1986 年版。

周厚清:《日俄战争中清政府的局外中立与列强态度》,《惠州大学学报(社会科学
    版)》2000 年第 3 期。

朱淑君:《赵尔巽研究综述》,《满族研究》2012 年第 2 期。